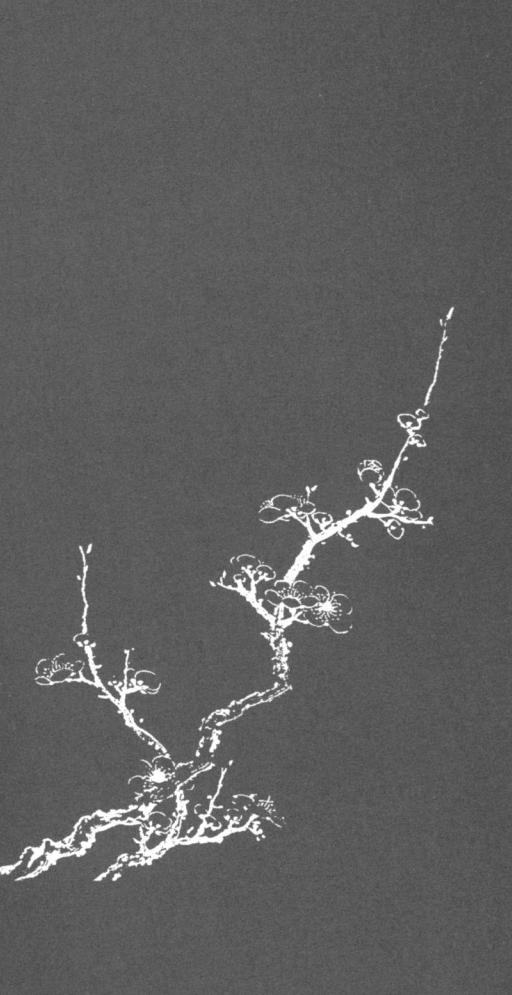

韓家往事

徐泓——著

商務印書館

图书在版编目(CIP)数据

韩家往事/徐泓著.—北京:商务印书馆,2024(2024.8重印)
ISBN 978-7-100-23173-2

Ⅰ.①韩… Ⅱ.①徐… Ⅲ.①韩氏家族—研究 Ⅳ.①K820.821

中国国家版本馆 CIP 数据核字(2023)第 209526 号

权利保留,侵权必究。

韩家往事

徐泓 著

商 务 印 书 馆 出 版
(北京王府井大街36号 邮政编码100710)
商 务 印 书 馆 发 行
北京雅昌艺术印刷有限公司印刷
ISBN 978-7-100-23173-2

2024年1月第1版　开本 880×1230　1/32
2024年8月北京第4次印刷　印张 18　插页 1
定价:88.00元

目 录

第一章　南柳巷 25 号 / *1*

一、天津"八大家"之"天成号"韩家 / *5*
二、韩家的女人们 / *11*
三、韩诵裳：士大夫型的银行家 / *44*

第二章　燕京大学 / *105*

一、母亲与音乐 / *107*
二、父亲与燕大 / *134*
三、韩德章：一介书生　书生一世 / *154*
四、韩俊华、李莲普：弥久不衰的玉簪花 / *165*
五、韩升华、傅铜：三位千金进燕大 / *177*
六、韩德庄：燕大女学生　长眠黑土地 / *188*

第三章　清华园甲所 / *225*

一、梅贻琦：生斯长斯　吾爱吾庐 / *227*

二、西南联大　教育奇迹 / *253*

三、台湾清华　筚路蓝缕 / *284*

四、韩咏华：落叶归根　定居北京 / *313*

第四章　麻线胡同 2 号 / *343*

一、韩权华：万里姻缘一线牵 / *346*

二、卫立煌：铁马冰河入梦来 / *349*

三、韩恂华、邝寿堃：海归世家　实业救国 / *401*

四、李惠年、汪德昭：鸾凤和鸣　科学报国 / *422*

五、韩德扬：半生蹉跎　半生辉煌 / *441*

第五章　燕东园 40 号 / *461*

一、童年时光 / *464*

二、母亲创作传世的幼儿歌曲 / *483*

三、父亲学术生涯的重大转折 / *502*

四、韩德刚：德泽惠人　无欲则刚 / *521*

五、高珍：跨过了三个世纪的老人 / *537*

六、数学是解释世界的，音乐是表现世界的 / *546*

后　记 / *569*

家　谱 / *573*

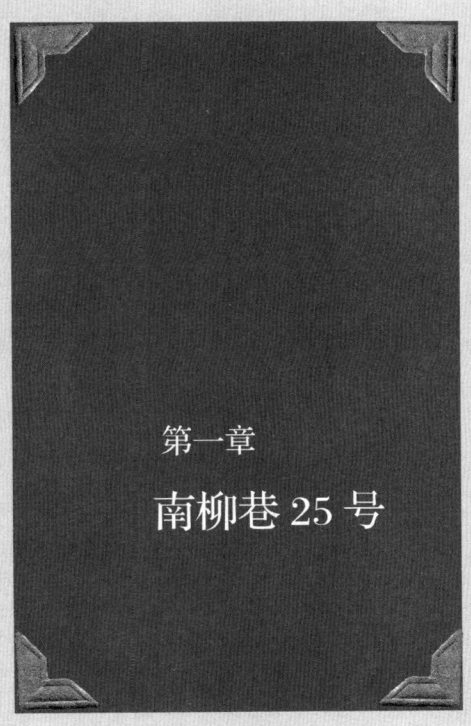

第一章

南柳巷 25 号

母亲韩德常在"铸新"照相馆拍摄的
人生第一张标准像,摄于1916年

第一章　南柳巷 25 号

我的母亲韩德常，1915 年 11 月 13 日出生在北京南城：宣武门外南柳巷 25 号。

翻开母亲留下的老相册，逝水流年，厚重、沧桑、斑驳的历史碎片，在褪色的黑白影像中流淌出那一个时代的风情。

老话说"七坐八爬"，讲的是小儿七个月会坐，八个月会爬。左页照片中，高背椅上，母亲坐姿自如，神色恬静，显然年龄已经在七个月以上了。

母亲拍照的这家照相馆叫"铸新"，位于北京琉璃厂中间海王邨公园[1]内，走出南柳巷北口，不远的地方就是。

母亲的生母王敏，身体不好，生孩子多，大多夭折，只剩下一子一女——我的母亲和大舅韩德章，兄妹二人相差十岁。在母亲还不满三岁的时候，王敏便因肺痨去世。母亲的生父韩诵裳，那时在中国银行供职，相继任南昌、营口、大连、哈尔滨等支行的经理，常年在外。因此，母亲是在祖父韩渤鹏和祖母卞氏身边长大的。

母亲的祖父韩渤鹏（名耀曾）走的是仕途，但与曾祖父韩荫菜不同，他不是参加科举考试入朝廷当文官，而是进了军校，成为中国最早的新式陆军军官之一。他毕业于天津的北洋武备学堂，这是晚清非常著名的陆军军官学校，由直隶总督兼北洋大臣李鸿章于 1885 年创建。当时设步、马、炮、工程四科，后又增了铁路科。

韩渤鹏毕业后即入荣禄幕府，当了主管文案的贴身副官，到清季维新时任山东候补道，民国初年在北洋政府国务院任谘议。1917 年，王士珍受聘出任国务总理，韩渤鹏担任了总理秘书。不过，好景不

---

[1] 海王邨，即今东琉璃厂西口路北的中国书店和古玩商店处，当年叫"海王邨公园"。

这张富有民国特色的贴板照，摄于1919年左右，那时母亲三四岁光景。自左至右：韩渤鹏、韩德常、卞氏

长，本已厌倦政治的王士珍只干了三个月，次年2月就"引疾告归"，从此"龙隐京城"。韩渤鹏的仕途好像也到此为止。

上面这张照片中，母亲的祖父韩渤鹏微谢顶，八字胡，穿一身大襟长袍，戴一副细边圆框眼镜，右手握着一把折扇，左手扶着头梳两只朝天辫的小孙女。

母亲的祖母卞氏着深色的袄裤，身板笔直，双手微合在膝上，裤脚下露出一对着白袜黑鞋的小脚。

母亲拍照的这家照相馆叫"同生"，位于北京廊坊头条。清末民初，廊坊头条是北京城一个较早开化的繁华地界，胡同两边的建筑多为中西合璧式，各地商家常寄宿和聚集于此。据载，这里发迹于明永乐年间，朝廷改建都城，在北京南城前门外兴建廊房，移民来此居住并鼓励商业活动，街道遂以廊房为名。清代这里已发展成京师重要的商业区，五方杂处，五业杂陈。清宣统年间改称"廊坊头条"。

此处有两三个照相馆，名气最大的当属"同生"。西洋照相术传入中国的轨迹是从南方到北方，这家照相馆的老板谭景棠（又称"同生谭"）就来自广东香山。清光绪三十年（1904）前后，他在同业里已经创下了五个第一：第一个采用弧光摄影，第一个采用"软片"为底片，第一个采用大型"转镜"照团体照，第一个采用镁光灯泡照相，第一个采用柔光镜，而且采用的设备一水儿的都是柯达公司的洋设备。

其实，母亲拍人生第一张标准像的"铸新"照相馆当年的实力也不弱，它的翻版照在北京城内可谓首屈一指。这家照相馆的橱窗摆满了文玩、字画、瓷器、铜器、陶器、碑帖的照片，而门首上高悬的"南海普陀山观世音菩萨圣像"更显不凡。照片中，慈禧扮观音，李莲英装扮一番，侍立一旁。这还是光绪庚子年（1900）之前"铸新"被传进宫中拍摄的。

掐指一算，母亲在"铸新"和"同生"照的这两张照片足足有一百多年的历史了。一个世纪以前，能够在这样的照相馆里留影，多为达官显宦或经商的殷实家族，寻常百姓怕是消费不起。追根溯源，记录母亲的家族史，还要回到天津"八大家"之首的"天成号"韩家。

一、天津"八大家"之"天成号"韩家

母亲的祖上经商，"天成号"韩家原在天津。

据史料记载，从咸丰初年开始，一个有关"八大家"的口诀就在天津流传开来：韩、高、石、刘、穆、黄、杨、张。坊间在各大家族

的姓氏之前，还冠以堂名字号或居住地点："天成号"韩家、"益德裕"高家、"杨柳青"石家、"土城"刘家、"正兴德"穆家、"振德"黄家、"长源"杨家、"益照临"张家。

天津"八大家"的形成，与明末清初天津兴办海运、粮业、盐务有直接关系。据史料记载，早在元、明两代，天津就成为漕粮北运的枢纽，并由此成为华北、东北的粮食集散地。到了清代，海运和粮食贩运业继续发展，天津的经济地位日益重要，而且它历史上即位于长芦海盐场的中心。精制的长芦盐品质纯净，洁白如雪，行销各方。明万历年间，盐务实行"纲法"，将宋代以来的商人凭盐引销盐的制度改为盐商垄断的引岸专卖制度，并准许世袭经营。清初，又将长芦盐运使署从沧州移到天津城内鼓楼东街南，于是天津又成为各家商号的聚集地，其经济地位进一步提升。

大富非富　撒手成空

天津"八大家"中主要依赖盐务发家的有四家：高、黄、杨、张；主要依赖粮业发家的有三家：石、刘、穆；主营海运业的只有一家，就是母亲的先祖韩家。"八大家"被称为天津民族资产阶级的本帮派，韩家又被称为"八大家"中最纯正的老天津。其实查查"八大家"各家的祖籍，就会发现他们皆为来自天南地北的移民，只不过母亲的先祖来得最早，大约明朝就从安徽迁徙到海河边了。

韩家祖籍位于皖鄂赣三省交界的安徽省望江县。此地风水不错，一面负山，三面临水。该县东部曾水网密布，积水成池，统称为大雷池，"不敢越雷池一步"一典即出于此。但母亲的先祖越了雷池，曾有文字记述"韩家前十代已走出安徽"。我的舅舅韩德扬讲得更形象:"我们老韩家的祖上,挑着箩筐和大枣,跟着朱元璋进了京。"

按照"前十代"的说法,韩家先祖离开安徽望江的时间大约在1360年,正是安徽同乡朱元璋率兵攻占南京、北伐中原的年代。至于韩家祖上是否贩枣起家,并无确切资料可兹证明,但经查,安徽历史上确实产枣,至今安徽省广德县的蜜枣还被称为"天下第一枣"。

韩家先祖北上创业发家,后来落户天津,借力"河海通津"的优势,在此开设了"天成号"商行[1],专养海船,经营近海运输,来往东北贩运粮食。乾隆至咸丰初年,"天成号"已养海船九十九艘,其航线自沿海各埠直至朝鲜、日本等地,几乎垄断了天津当时的海运业,在清朝被称为天津的"船王"。老韩家还兼营海上货物保险,开设银号、当铺,一般海船业主根本无力与之抗衡。

老韩家从祖上起就在天津的沿河三岔口居住,地处城东,又称"东门外韩家"。在天津新"八大家"谚语中提到的"东韩西穆",就是以地点为标识的"天成号"韩家和"正兴德"穆家。当年,天津东门外沿河马路那片位于玉皇阁至天后宫之间的房子,几乎都是老韩家的产业。这里早年是渡口,浩浩汤汤地停满了韩家的海船。祖宅院落阔朗,并有一个大花园。无论春夏秋冬,高大的门楼前的空地上总是停着数十辆车马,两人一抱的大红灯笼高悬在门楼两侧。

老韩家的盛世到咸丰十年(1860)戛然而止。这一年的农历七月初八,英法联军攻陷天津。在《天津条约》签订之后,天津作为通商

---

[1] 也有一说认为是"天盛号"。盛、成同音,20世纪50年代汉字简化,加之听话听音,"天盛号"便成了"天成号"。

口岸被迫开放，外国轮船陆续来津。1872年，李鸿章发起成立轮船招商局。

"天成号"传统的木船运输生意，在钢铁货轮以及先进的航海技术面前，在官办的轮船公司的挤压下，颓然败下阵来，衰落得那样迅速，几乎没有一点儿过渡。到了光绪二十六年（1900）夏天，八国联军占领天津，一路抢掠城厢，韩家老少逃到亲戚"杨柳青"石家避难，劫后还家，迎接他们的是满目疮痍：家财被哄抢殆尽，海船全遭劫掠，所经营的十八家当铺被抢光了十七家，祖宅的花园也被强占。至此，没有了海运主业支撑的老韩家，连副业也没有了，彻底被瓦解，从此一蹶不振，成为天津"八大家"中最先凋敝的一家，乃至流传下来的资料与故事都极少了。

唯一残留在天津老辈人记忆中的只剩"天成号"韩家当年花钱如流水的奢华。最舍得花钱的地方竟是办丧事，当时称为"大出殡"："韩家从发家起，每有丧事，必大肆铺张，出丧时所用执事亭台旗幡极为考究，单就出殡时用的头号杠，就需要六十四个人肩抬手扛，从亮罩到亮杠，全用的是京式的。除此之外，两天开吊，三天款客，'七七'伴宿及'三献礼'等程序，有板有眼，名目繁多且复杂。出丧时，奔丧的队伍连绵数里，所走过的街道里巷全部堵塞，天空中飘飞的纸钱，似漫天白雪。"两边走着的是仆从，他们"一刻不停地沿途舍钱"，"围看的穷苦百姓们抢成一团，那场面，带着一种苦涩的壮观"。[1]

母亲的曾祖父韩荫棻有个外甥叫华世奎，出自天津新"八大家"的"高台阶华家"。这位华大人，官一直做到正二品，清亡后，作为前清遗老，回到天津赋闲，只管诗文书画，不问政事。他的书法，走笔取颜字之骨，骨力开张，功力甚厚，居现代津门书法四大家之首。他为老韩家奢靡的大出殡写过一副挽联：

> 大富非富大贫非贫撒手成空何物带将身后去；
> 似睡非睡似醒非醒回头一笑凡人都在梦中忙。

三十八个字，为"天成号"韩家三百年风云跌宕的经商史拱手送行。

宣南置业　庭院深深

在韩家祖业尚未完全崩盘的时候，老韩家有一支的长房，即母亲的曾祖父韩荫棻，参加了殿试，金榜题名中了进士，在晚清朝廷里觅得一个官职——户部江南司郎中。清朝除了在第二次鸦片战争后设立的总理衙门（专门负责洋务及外交事务，后改为外务部）外，在中央一直设有六个常规部门：吏部、户部、礼部、兵部、刑部、工部。其中的户部，下设十四个司，分别主管江南、江西、浙江、湖广、福建、山东、山西、河南、陕西、四川、广东、广西、云南、贵州的财政。韩荫棻就在户部江南司担任郎中。这个郎中，可不是看病的大夫，而是司的一把手，相当于今天的司长。

进京做官后，韩荫棻动了在京城置房的念头。清朝在北京实行"旗民分城居住"，即满汉分居，八旗居内城，汉人居外城。即便汉人当了官，也只能住在外城。于是，北京宣武门以南的外城地区，逐渐形成了一个以汉族朝官、京官及士子为主要居民的地域，人们称之为"宣南"。

宣南这一带有三多：寺庙多、名人多、会馆多。北京旧时会馆原有四百多座，绝大多数集中在宣南地区。先后参与编纂《四库全书》的几千位清代士人，多在会馆住过；进京赶考的学子从全国各地汇聚而来，也客居会馆之中。

早年间，或许由于北京城水系发达，河湖相连，岸边种柳颇多，每当阳春三月，柳絮纷飞，便成为一景，由此留下多条以柳树命名的街巷。仅宣南就有椿树地区的北柳巷、南柳巷、北柳夹道，陶然亭公园北面的双柳树胡同、双柳树头条、二条、三条等。其中南北柳巷是宣武门外一条南北走向的胡同，形成于近九百年前的金中都时期，得名于北边的河流故道，河岸两侧种着株株柳树。明代，南北柳巷统称为柳巷儿。清乾隆年间，厂甸往西形成琉璃厂西街，从柳巷中间分开，始称北柳巷和十间房，到民国初年十间房改称南柳巷。

南柳巷，胡同不长，但四通八达，出南口是接西草场、魏染胡同、前孙公园的交叉口，出北口是琉璃厂西街——以经营文房四宝和字画出名的最热闹的一条街市，老字号荣宝斋就在这条街上。

走进南柳巷北口，胡同两边密布着平房院落，路西45号有一座永兴庵，民间传为明代寺院，现存建筑多为清中叶以后所建；路东40号、42号是晋江会馆，朱红的大门上有一对狮子开口的大铜环。再向南走，晋江会馆斜对面的路西25号就是韩荫菜选中的宅子——"天成号"韩家在京城落脚的地方。

南柳巷25号，庭院深深，有正院、南院、后院、偏院等几层院落，共一百零一间房。青砖灰瓦，门墩石雕，木刻影壁，彩绘游廊。正院迎面五间坐西朝东的正房，一明四暗，宏敞高大，俗称大客厅。左手边一条走廊引向南院和偏院，右手边一条走廊引向长条状的后院。后院里有一长溜儿七间坐北朝南的正房,左右为东西倒座房,对面还有三间南房。后院的大门开在椿树胡同,所以韩宅的另一个门牌号码是"椿树胡同14号"。

韩荫荣当年频频出入南柳巷和椿树胡同,坐的马车套的不是马,而是一头花骡子,因而被坊间称为"花骡子韩荫荣"。南柳巷25号正门有上马石,据老人回忆,进大门右边深处,有间破房,原来是马厩。

韩荫荣、韩渤鹏父子两代在京城做官时置下北京南城这处宅子,但他们的"根"仍然留在天津。直到1910年前夕,韩渤鹏正式买下南柳巷25号,才完成了"天成号"韩家长房这一支改换门庭的"战略转移":从天津迁到北京,从经商转为仕途,家眷们也陆续来北京定居了。

二、韩家的女人们

母亲的奶奶卞氏,深眼窝,高鼻梁,面容清癯,衣着简朴,神态端庄。她是天津"乡祠卞家"的女儿卞珩昌。在孙辈的回忆中,这位老太太才是南柳巷25号的实际掌门人:"每临大事有静气,不言自威。家里家外,但凡有事,任爷爷怎么说,奶奶坐在炕上,纹丝不动。等爷爷发过火了,她才开口,说一句是一句。"

卞家也属天津"八大家",不过是新"八大家"。咸丰年间口诀中的"八大家",有的后来逐渐败落了,新的又不断生成,于是崛起的家族取代了衰落的家族。坊间又流行起新"八大家"的口诀:"天津卫,有富家,估衣街上好繁华。财势大,数卞家,东韩西穆也数他。振德黄，益德王，益照临家长源杨。高台阶，华家门，冰窖胡同李善人。"

乡祠卞家，是天津新"八大家"的首富。卞家的祖上是江苏常州武进人，来天津落户，应该是在康熙年间。卞家专营进口纱布，以"隆顺号"货栈发迹，后来又开办了众多的棉布庄、海货店、当铺等。第四代卞树榕又开始研习药理，制作丸散膏丹，开设了天津第一家药局。到了卞煜光这一代，卞家靠着"隆顺榕"和"隆聚"这两家商号已成为天津商界的大佬，位居首富了。

位于东门里乡祠南的卞家大院，占地约一万平方米，分为两个大院，所有房屋均为砖木结构：青瓦铺顶，四梁八柱，南北房用的是大圆柱，东西厢房用的是略细的方柱。平时卞家兄弟十四人分户独居各院。家中办红白喜事时，各院堂便把屋后的山墙板门同时打开，形成一个整体庭院。卞家大院院墙又长又高，多年后，百姓借墙建房，渐渐形成了一条胡同巷子，名字就叫"卞家大墙"，这个名称一直沿用到老城厢拆迁。

母亲的爷爷韩渤鹏娶了卞煜光的女儿卞珩昌，老"八大家"的首富韩家和新"八大家"的首富卞家成为一对亲家。

铁干虬枝的七大姑八大姨

旧时的天津，社会圈子分得明白，首推老"八大家"，其次是新"八大家"，以此为基础，形成了所谓的本帮。本帮内自成一体，世家之间互相联姻，一环套一环，结成蛛网般的社会关系。母亲的奶奶卞珩昌的一个姐妹卞璜昌嫁到了"长源"杨家。由于卞家姐妹分别嫁进了韩家和杨家，韩家与杨家成了姨表亲。"长源"杨家也属天津"八大家",而且与韩家一样,同时上榜新老"八大家"。清朝咸丰年间,杨家从一破落的盐商子弟手中买到了邯郸、武安、涉县、磁县四县盐引的专卖权,开始经营盐务,以开设"杨成源"盐店致富。后来又开设了一家"长源号"银楼,开办了"长源号"钱庄,数年之间,陆续开办了"中裕""中祥""中昌"等大小当铺三十余家,遍布天津及河北各地,成为典当业的首富。

在老一辈的回忆中,杨家大宅院大略是这个模样:"前院高,后院低,从前院到后院须下台阶十余级。前院建筑共分北、中及南三组,正厅为较高砖木结构。穿堂门通中院,南北厢房各三间,最后是宗祠院,正房是宗祠楼,上下各三间,楼下供奉佛像及历代牌位,楼上存放历代祖宗的影像。南北厅房各三间,北房为佛堂,南房为书房。自宗祠楼后身下台阶十余级即为后院部分。南半部为石砌假山,有两座凉亭和花池等,北半部沿老铁桥大街修建住房。杨家房屋构造多为青砖墙瓦顶,四梁八柱,多采用木花棂支墙窗和花格木门。山墙驳风头有绚丽砖雕。室内多是木隔墙和木花棂平窗,做工精巧,砖雕、木雕具有天津民间工艺独具一格的特色。"[②] 新老"八大家"的宅院大多是这种晚清的建筑格局,其砖雕、木雕带有津门特色。

此外还有姑表亲,我很早就发现母亲的"表叔数不清",比如来往多、名气大的袁复礼、袁同礼。在几张20世纪40年代的韩家全家大合影中都出现了袁复礼、袁同礼的身影。这两位声名显赫的文化人与他们的堂兄弟袁敦礼,在20世纪30年代被称为"袁氏三杰",当时社会上流传着"宋氏有三龄(宋霭龄、宋庆龄、宋美龄),袁氏有三礼(袁复礼、袁同礼、袁敦礼)"这一说法。请教长辈方知,我的外公韩诵裳与他们以表兄弟相称,我母亲称呼他们"二表叔""三表叔"。

这究竟是怎样一层亲戚关系呢？梳理脉络，我发现"袁氏三杰"的祖父袁廷彦与我外公韩诵裳的祖父韩荫菜曾同时在清廷做官。袁廷彦，字际云（也作寄耘、季筠），安肃（河北徐水）人，祖辈为官宦人家。他精通经史，文质彬彬，曾任刑部主事，后又到了法部，升为员外郎，最后为郎中衔。韩荫菜则一直在户部。两家结了儿女亲家：袁廷彦的儿子袁承忠娶了韩荫菜的女儿韩毓曾，生了两个儿子——袁复礼、袁同礼，被袁府上下尊称为"韩太夫人"。

三舅妈刘璐从美国发来信息进一步证实说："袁同礼的外孙女整理她妈妈袁静保存的老文件和往来书信时遇到些疑难，弄不清楚谁是谁，曾问过我。韩、袁两家关系较近，资料中出现的袁承忠和韩毓曾应是袁复礼、袁同礼的父母，因为韩渤鹏名耀曾，与韩毓曾应是兄妹或姐弟关系，也就是说你外公（韩诵裳）的姑姑嫁给了袁家，所以他们是姑表亲。"

与韩家一样，袁家也是自祖父袁廷彦起就开始在北京南城置房产。他们的祖宅——南横街20号（现南横东街155号）是个三进四合院。各进院内有用卵石砌边的砖铺人行道。第三进院子北房的堂屋和两边房间的隔墙是硬木雕花的，上有雕刻的花卉图案，极为精致考究。南横街的袁府与南柳巷的韩府相距不远，两家的内眷走动很方便。

韩家、卞家、杨家、袁家的后人都有一大堆表兄弟、表姐妹，有如《红楼梦》里的四大家族——贾、史、王、薛相互联姻，姑表亲、姨表亲数不胜数，由此可见，中国传统亲情社会盘根错节的关系网，正是以七大姑八大姨作为铁干虬枝而伸展。

当我收集到母亲的三表叔袁同礼的结婚照后，通过人脸识别、爬梳史料等读出了照片背后深一层的人物关系和社会关系，由此可以进一步推断，从母亲的曾祖父韩荫莱起，"天成号"韩家已经把儿女联姻的目标从新老"八大家"内部开始转向仕宦书香望族。当然，这个重要的转向，关键的一步在与严修[1]先生家的联姻。严范孙先生在老韩家长辈心中具有极重的分量。但凡提起严家，提起严范孙老先生，韩家老一辈不仅以"世交""通家之好"称之，而且言语间充满感激之情：当年韩家的房子不够用，母亲的祖父为安顿家眷向严老借房子住，这一住就是十几年。那时候，"天成号"韩家已经家道中落，韩荫莱、韩渤鹏两代都在京做官，他们把家眷留在天津，多亏严家照拂，不仅借房居住，而且韩家子女都进了严家私塾读书识字。

韩家与严家的第一层联姻关系是母亲的祖父韩渤鹏有一位姐妹嫁到了严范孙先生家。这位韩家小姐名叫韩静茹，是严范孙先生的第五个儿子严智钟之妻。当年，他们举行的是新式文明婚礼，曾轰动天津。两人生有一子严仁覃。严家的"仁"字辈和我的外公韩诵裳是同一辈分，但年龄与我母亲这一辈相当，严仁英、严仁赓、严仁莉等后来都与韩家有往来。再下一辈是"文"字辈，例如严文凯、严文典、严文苓等，他们与我们兄弟姐妹都曾是同学，大家常常以辈分之差互相打趣。

韩家与严家的第二层姻亲关系实际上是卞家与严家的"姑嫂换

---

[1] 严修（1860—1929），字范孙，天津人，曾任清朝翰林院编修、国史馆协修、贵州学政、学部侍郎等职。他倡导新式教育，曾奏请光绪帝开设"经济特科"，改革科举制度。他的最大贡献是与张伯苓一起创办了独具特色的南开系列学校（小学、中学、女学、大学），被誉为"南开校父"。

亲"。一是卞家娶了严家的女儿。母亲的祖母卞珩昌有一个侄子卞肇新（卞俶成），他是卞家振兴家业的一个重要的核心人物，娶了严范孙的长女严智蠲为妻，两人生有十三个子女，都学有所成。卞家后代众多，和母亲同一辈分的是"学"字辈。我只知道其中一位是在美国的卞学鐄，他是麻省理工学院的终身教授、航空航天学专家，一直和韩家保持联系，尤其与母亲的五姑父梅贻琦相交甚深，算是母亲的远房姨表亲。二是严家娶了卞家的女儿。这门亲事我没有查证清楚，因为卞家是母亲的姥姥家，所谓的外亲属于出了五服的亲戚，能获得的线索就很少了。

世界本来就不大，更何况是那时的精英阶层。写作之时，每每发现笔下涉及的一个新人物，若寻根问祖、拐弯抹角，则或多或少都能和韩家、卞家、严家、杨家、袁家等扯上关系；画个家谱图，勾个社会关系网，交叉纵横，常有恍然大悟、茅塞顿开的乐趣。

【附】 识别一张婚礼照片

袁同礼、袁慧熙的婚礼照片,1927年5月摄于欧美同学会

1927年7月3日,北京《晨报副刊·星期画报》曾在显著位置刊登过上面这张照片,并在其旁标注了照片中的人物:"证婚人颜惠庆(新人身后中立者),介绍人汪大燮(颜右边的长须老者)、梁漱溟(颜左边),主婚人王锡炽,奏乐杨仲子(新郎右)、刘天华(最左边)。"

婚礼的具体日期在吴宓写于1927年5月21日的日记

中得到确认:"下午三时,至南河沿欧美同学会,观袁同礼与袁慧熙女士婚礼。甚为铺张热闹,宾客众多,晤城中相识多人。五时礼毕,宓独赴北京饭店阅书。"③

有研究文史的学者曾对这张照片中的人物做过解读:"杨仲子、刘天华为袁慧熙在北京女子高等师范学校音乐系学习时的老师,请来奏乐助兴自然是近水楼台之举;王锡炽早年获哈佛大学医学博士学位,时任北京协和医学院副院长,其叔父即王正廷,曾在汪大燮内阁任外交总长,欧美同学会创始人之一;而汪大燮、颜惠庆皆政界要人,在此不表。唯梁漱溟与袁同礼的关系为笔者所好奇,二人年龄相近且均在文化、教育界做事,梁漱溟有此媒妁之举,想来绝非泛泛之交……"④

我则对"在此不表"的证婚人颜惠庆和介绍人汪大燮更为好奇,两位都是北洋政府时期著名的政治家、外交官,出使多国,也多次参与过国际谈判,还先后出任过北洋政府的国务总理。母亲的祖父韩渤鹏也曾在北洋政府国务院任谘议。1917年,当王士珍被聘出任国务总理时,韩渤鹏还当了总理秘书。看来,他们应该是一个圈子的人。

得知新娘袁慧熙是清末太常寺卿袁昶的孙女时,我顿有醍醐灌顶之感。袁昶是清光绪二年(1876)恩科进士,授户部主事,与母亲的曾祖父韩荫荣金榜题名的时间大约是前后脚,而且他们还都曾在户部供职。袁昶才干出众,放外任时兴水利,办教育,增税收,实施了多项变革。1898年,他被朝廷召回,后官至太常寺卿。后来义和团起事，慈禧想利用义和团的力量对付列强。袁昶三次上奏疏，力陈"奸民不可纵，使臣不宜杀……严劾酿乱大臣"，结果反被慈禧下令在菜市口处死。这是历史上著名的一起"名臣忠谏"的公案。

　　看来我最初对袁同礼婚礼盛况的理解还是肤浅了。这盛大场面不单单是因为袁同礼的社会身份举足轻重（留美归来的图书馆学家，当时正参与筹建故宫博物院图书馆），更因为新郎与新娘，尤其是新娘的家世背景深厚。这个婚礼聚集了晚清到民国初年主张谈判议和的改良派人士，因而"甚为铺张热闹"，并上了副刊头条。

韩家五姐妹，20世纪20年代摄于南柳巷25号正院大客厅廊下。
自左至右：韩俊华、韩升华、韩咏华、韩恂华、韩权华

一团静气的韩家姐妹

韩渤鹏与卞氏生有二子五女，长幼序列为：韩俊华（女）、韩振华（男）、韩缙华（男）、韩升华（女）、韩咏华（女）、韩恂华（女）、韩权华（女）。其中，老三韩缙华在不满二十岁时早逝，于是韩家这一支只剩下唯一的男丁，也就是我的外公韩振华。

老韩家阴盛阳衰，韩家老太太生的女儿多，且在对女儿的教养上留心用意。"天成号"韩家后来更多是依靠韩家姐妹光宗耀祖，续写家史，这与韩家老太太的洞彻事理、审时度势、思想开通分不开。

韩家闺阁教育严格，德容言功、规矩礼节，逐一规训。韩家的女儿们个个举止温婉端庄。从一个细节可窥一斑：她们进餐时姿势优雅，左手端着饭碗，大拇指扣住碗边，食指、中指托住碗底，翘起小

指；右手执筷夹菜，垂头吃饭，严守"食不言"。

左页这张照片中，五姐妹沿台阶次第而立，身后的旧式木质屏门、棂条花格窗户清晰可见。她们都身着立领、斜襟、宽袖口的薄棉旗袍。五姐妹中有三位已经出阁，四姑韩升华正怀着身孕。尽管已不年少，但五姐妹自有一种气质，正如一位民国老人所言："气质是从静中养出来的，底子里还是一团静气。"

韩家老太太的不同寻常之处，更在于她很早就接受了新一代女性要"大脚、带着文凭出嫁"的观念：首先，她解放了女儿们的脚，除了生于1882年的大女儿韩俊华被缠足裹脚，后来生的四个女儿都放了天足；其次，她鼓励女儿们读书，把她们一个个送进严氏女塾，并支持她们上大学乃至出国留洋继续深造。

1902年，严范孙先生去日本考察教育，对女子教育产生了浓厚的兴趣。回国后，于同年冬天在家中创办了严氏女塾。念书的主要是严家的女子，也有几个亲友家的孩子，这里面就包括韩家姐妹。据韩咏华回忆："严范孙老先生先收我长兄韩振华入了他的家塾。后来他说韩家的女孩子也可以一起来读书。于是我在十岁那年……进入了严氏家塾。"⑤

严氏女塾设在严家的偏院——酒坊院中，可不是"蓬门僻巷，教几个小小蒙童"的传统私塾，其课程设置已是中西合璧：上午学缝纫、洗衣、织布，下午有国文、英文、算术、日文、音乐、图画、手工等，初创时还聘请了几位日籍教师。严范孙先生亲自讲授作文课，并编写了《放足歌》，教女学生们演唱。

严范孙先生把培养学生注意容貌举止以及养成好习惯也列入教育范畴。他手书了四十字的"容止格言"，要求男女学生人人默诵、个个遵守："面必净，发必理，衣必整，钮必结；头容正，肩容平，胸容宽，背容直；气象：勿傲，勿暴，勿怠；颜色：宜和，宜静，宜庄。"⑥

1905年，严氏女塾改为严氏女学，这是天津最早的女子小学堂。同年，严范孙先生又参照日本模式创办了保姆讲习所。

那一年夏天，严宅院子中央盖起了一座活动室，里面有用玻璃做的顶棚、高大的窗户，宽敞、干净、明亮；墙角摆着一架风琴，四周挂满了动植物图。日本女子大野铃子在此当起了教员，主讲保育法、音乐、钢琴、体操、手工和儿童游戏。基础文化知识，如英文、算术、生理、化学等课程则请张伯苓[1]及南开学堂的其他教师讲授。这个保姆讲习所师资力量之雄厚，由此可见一斑。因此，这所学校培养出来的女学生，专业素质过硬。与此同时附设的蒙养园（幼稚园）也办起来了。

保姆讲习所是中国最早的培养幼儿师资的学校。据可查到的资料记载，第一批学员有严智蠲、严智闲、严智圆、张祝春、韩升华、韩咏华、刘清扬。前三位是严范孙先生的女儿，张祝春是张伯苓的妹妹，韩升华、韩咏华则来自严家的世交韩家。韩氏姐妹两人同在严氏女塾读书，同在严氏幼儿师范上学，毕业后还同在严氏幼稚园任教。严家按照韩家的排行称呼她们为"韩四姑""韩五姑"。

韩升华、韩咏华相隔两岁，当年她们到严氏女塾上学的时候，一水儿的男孩子打扮：素净的长棉袍、厚厚的毛坎肩，一头长发盘进帽

---

[1] 张伯苓（1876—1951），天津人，中国现代职业教育家。他早年毕业于天津北洋水师学堂，后获得上海圣约翰大学、美国哥伦比亚大学名誉博士，曾受教于美国教育家、哲学家杜威、桑代克等人。他把教育救国作为毕生信念，先后创办南开中学、南开大学、南开女中、南开小学和重庆南开中学，形成了著名的南开教育体系。

子里。

韩咏华在严氏女塾读了三年书以后上了幼师："当时我还只有十三岁，又是严老先生一句话：'韩五姑可以上幼稚师范。'于是我便上了幼师。"⑦她十六岁从严氏幼师毕业，本想南下去金陵女子大学继续求学，却遭到父亲韩渤鹏的反对——"严老培养起来的人，应给严老效力"，于是韩四姑、韩五姑留下来成为严氏幼稚园最年轻的教师。1908年，天津《醒俗画报》上刊登了一幅时事图片，标题为《参观蒙养院纪盛》，图片说明为"韩升华女士教小学生唱歌，日本老师大野铃子弹琴伴奏"。

严范孙先生的孙女、著名妇产科大夫严仁英回忆童年时代时，对教她音乐课的另一位韩老师——"韩五姑"韩咏华也记忆犹新："韩老师琴弹得好，歌儿也唱得好。"她们的妹妹"韩六姑"韩恂华也在严氏女塾读过书，还演过新戏："严修……1906年就在自己家里组织儿孙们演出新剧，并搭凉棚由张伯苓、韩恂华等参加演出《箴膏起废》一剧，据说这是在天津最早演出的第一个新剧。"⑧算起来，那时候登台演戏的韩恂华还只有七岁。

韩恂华和妹妹韩权华高中毕业后正赶上了蔡元培先生在北京大学首开女禁。从1920年初开始，北京大学先后分三批招收了九名女生为旁听生：江苏三名，甘肃一名，贵州一名，四川两名，安徽一名，天津一名。其中来自天津的就是韩恂华。同年秋，蔡元培决定正式在北京大学招收女生，于是以上九名旁听生都被录取。这一年，韩恂华二十一岁，她成为北京大学哲学系一年级的正式生。

《北京大学日刊》曾特辟"本校女生"一栏，介绍了招收的九位女生。因是前所未有的创举，连北大的师生也感到新奇。顾颉刚先生在《悼蔡元培先生》一文中说："有一天我去取北大《日刊》，哪知早已被同学们一抢而光，原来这天报上登着这些女同学的姓名，大家要先睹为快呢！"两年以后，韩家最小的女儿韩权华也考入了北京大学文科预科。

韩恂华、韩权华大学毕业后都立志赴美留学继续深造。当年，女学生随丈夫出国留洋的不少，只身一人留洋的比较少见。更何况，两个女儿年纪都不小了，早已到了谈婚论嫁的时候。当时的社会舆论对"女子晚婚"和"女子留洋"多有苛责，缺乏善意，但韩家老太太不在意外面的飞短流长，她一锤定音，先后送两个女儿远渡重洋：韩恂华二十六岁时去美国学习营养学，韩权华二十四岁时由河北教育厅保送官费留学美国，在离华盛顿不远的巴尔的摩城皮博迪音乐学院专攻音乐史。

"山川清秀"的韩权华

最小的女儿韩权华故事最多。我总感到她在韩家老一辈的口中仿佛一个传奇。她生于 1903 年，与大姐韩俊华相差二十一岁，比六姐韩恂华小四岁。

韩家出美人，这个说法最初就源于韩权华。1922 年，她考入北京大学文科预科，1924 年转学国立北京女子师范大学，在沙滩红楼仅上了两年学。著名报人许君远在《读书与怀人》一书中留下了这样一段经典的记述："乙部（文预）女同学较多，最漂亮的是韩权华，长身玉立，洒然出尘。"⑨

韩权华的美在北大校园里引来无数追求者。她接到不认识的人的来信不知凡几。据家里老人回忆："当年追求她的人排队，时常要把找上门的轰走。"北大历史系已婚教授杨栋林是追求者之一。他的纠缠以及此事在校内引起的舆论，终于逼得韩权华愤而反击。她在1924年5月7日的《晨报副刊》上发表署名文章，文中将杨栋林写给她的一封情书全文转发。行文最后，她言辞锋利地说："不意中国最高学府的教授对本校女生——素不认识的女生竟至于如此。我以为此等事匪但与权华个人有关，实足为中国共同教育（co-education）[1]之一大障碍。我北大女生，我北大全校皆足引为不幸。若再不理，恐怕有更甚于此者。"

此文一经刊出，北京大学学生即发起了"驱杨运动"，有人张贴告示，有人发布檄文。蔡元培校长也致函讽杨，促其辞职。《北京大学日刊》5月10日登出杨栋林的辞职通告。风波过后，韩权华也离开北大，转学到国立北京女子师范大学，改学音乐。

我一直好奇，当年的韩权华究竟有多漂亮。外婆高珍轻易不评论人的颜值，但说起韩权华，她不吝惜赞美之词："我过门的时候，七姑没结婚，还上学呢。她在北大。七姑长得特漂亮。那真是美人。你说美吧，但也不是什么双眼皮、大眼睛，就是特别秀气，那种秀气真是'山川清秀'。"

三舅韩德扬初见韩权华时还不满七岁，这个小男孩站在七姑面前惊呆了：漂亮极了！他印象里，这位姑姑"眼睛深，鼻子高，皮肤白，头发中分，发色特黑"。他还说："都说七姑的高鼻梁是我奶奶给揪出来的。"

---

[1] 此处指男女合校教育、男女同校制度。

我的母亲不到三岁时，生母王敏因病去世，只好由尚在闺阁中的姑姑们照看，先是五姑韩咏华，但她1919年与梅贻琦结婚后搬出了南柳巷；此后母亲就一直跟着比她年长一轮的七姑韩权华，两人相处时间最长，感情最好。韩家老人都夸母亲从小就会说话，多是因为老听姑姑们讲话的缘故，而她优雅得体的举止和审美趣味则受七姑的影响最大。

1924年，韩权华从北大转学至国立北京女子师范大学音乐系。这所学校的前身是京师女子师范学堂，创建于光绪三十四年（1908），1919年正式更名为"北京女子高等师范学校"（简称"女高师"）。1920年，萧友梅[1]与杨仲子在这里创办了音乐系，萧友梅任系主任，学制四年。我国的高等音乐教育正是从这所女校拉开序幕。1924年，"女高师"升格为国立北京女子师范大学（简称"女师大"），成为我国第一所国立女子大学，音乐系依然为专科建制。

韩权华正是在这一年入学的。她有两位老师：刘天华和嘉祉。

刘天华被誉为中国近代民族音乐的一代宗师。他没有出国留过学，但"中西兼擅、理艺并长，而又会通其间"。他改进了传统的二胡乐器，创作了多首二胡名曲；并以十二平均律制作了新的琵琶，使其不仅能够有准确的音准而且能演奏半音阶。他在北京大学音乐传习所、"女高师"、国立艺术专门学校任教，韩权华是他的嫡传弟子。据韩家老辈人说，七姑韩权华专攻琵琶，兼学二胡，是刘天华最欣赏的女学生。琵琶、二胡两种乐器，一个弹，一个拉，韩权华

---

[1] 萧友梅（1884—1940），广东香山人，作曲家、音乐理论家，是现代专业音乐教育的奠基人。1912年赴德国留学，1916年获莱比锡音乐学院教育学博士学位，1920年后在北京大学和国立艺术专门学校音乐系任教，1927年与蔡元培创办上海国立音乐专科学校。

都有绝技。

钢琴家嘉祉（Vladimir A. Gartz）是一位俄侨，约1920年来华，被萧友梅聘请为"女高师"的专业导师。1922年10月，北大校长蔡元培设立音乐传习所，又聘请嘉祉在北大教授钢琴。有史料可查的嘉祉教授的学生有十四位，韩权华和袁慧熙（袁同礼的夫人，即韩权华的三表嫂）均在列。二人同校同系，并同出一个师门。

嘉祉的钢琴教学效果如何？查到一篇文章说："学生们的专业演奏水平有了极大的提高。从最初诸如门德尔松的《威尼斯船歌》、柴可夫斯基的《雪橇》等钢琴小品的演奏，到后来对贝多芬的《悲怆》、肖邦的《波罗乃兹》、韦伯的《邀舞》等较大型作品的把握，他们的演奏水平已经达到中级之上的程度。"1927年5月29日下午3时，在东长安街平安电影院举办了"嘉祉告别音乐会"，他的不少学生登台演奏。副修钢琴专业的韩权华，在这场音乐会上演奏的正是肖邦的《波罗乃兹》。

在这次写作中我得到了中央音乐学院音乐学系蒲方老师的帮助，找到了一份韩权华当年的毕业作品：她创作的一首钢琴小曲《假日心境》（Vacation Moods）。有评论说："这是目前可以查到的第一部由华人女性创作的钢琴曲。此曲富家小姐味儿十足，高贵而不卑不亢。"[⑩]蒲方老师请青年钢琴家演奏了这首曲子，并告诉我"大家都很喜欢"。

韩权华钢琴弹得好，解了我心中一个谜。我的母亲从九岁开始学钢琴，她说她的老师就是七姑。可我觉得疑惑，因为我一直认为七姑婆是学国乐的，现在明白了，母亲九岁时正是1924年韩权华进女师大音乐系的时候，当时她中西乐兼学，中西乐兼通。看来母亲学习钢琴并走上音乐道路，是她的七姑韩权华一手带出来的。

母亲（前排右一）和她的七姑韩权华（后排右一）亲密地手拉手，摄于 1925 年

自左至右：李惠年、韩德常、韩权华，摄于1927年

三十多年以后，大约在1956年夏天，我在练习克莱门蒂的一支小奏鸣曲时，母亲俯身指点，并告诉我这是她此生第一次上台演奏的曲子。她说："那是在你七姑婆的琵琶独奏会上。我记得，台上灯光明亮，摆着好多花篮。七姑婆那一手琵琶弹得好极了。"

韩权华的琵琶弹得究竟有多好？这次写作时我得到一本台湾地区出版的《梅贻琦文集》，翻到1959年11月30日的日记时，眼前一亮。这天晚上，梅贻琦参加了一场二百三十多人出席的招待会，他写的这篇日记的最后一行字为"饭后有孙君奏琵琶《十面埋伏》（但不似刘天华或韩权华之韵味）"[11]。虽然加了括号，此句却是画龙点睛之笔。梅贻琦把韩权华与国乐第一人刘天华并列，可以想见他对韩权华琵琶演奏技艺的高度嘉许。

韩权华1927年10月提前毕业赴美留学。她是当年女师大音乐系唯一的毕业生，音乐系特意为她举行了毕业欢送会，音乐系的同人和教师全部参加并合影留念。这张合照刊登在《世界画报》1927年第111期。

韩权华赴美前与家人告别时留下了一张三人合影，光影柔和，有油画效果，很像"同生"照相馆的作品。

上页这张照片珍存在母亲的私人相册里。李惠年表姨的后人在整理老人的遗物时，也发现了保存完好的同一张照片。李惠年是母亲的表姐，也是在韩家大宅门里长大的。

我也因此对韩家往事有了一个新的认识：在南柳巷25号大宅门里，存在过以韩权华为中心的情深义重的"三姐妹"。按辈分来说，这是姑侄或姨甥关系：韩权华是母亲的七姑，是李惠年的老姨儿（七姨）；但她们三人之间亲如姐妹，更胜似姐妹。在韩权华这一偶像的带动下，李惠年和韩德常后来都学习了音乐，走上了音乐教育的道路。这张照片，让我真切地触摸到了这段友谊、这段深情、这段历史的温度。

韩权华1927—1936年这段时间的经历破碎而模糊。留下的老照片中，有她在美国与梅贻琦一家的合影，也有她在国内和娘家人的合影。关于这一段历史，老一辈的记忆也很跳跃。这次写作我找到了线索。根据女师大的记载，韩权华1927年毕业后赴美留学，回国后曾任本院、艺院助教、教师，女院副教授，1936年她再次请假赴美求学。结合老照片和老人的回忆，可以把韩权华1927—1936年的经历大致梳理清楚了：她1927年赴美留学，大约在1930年回国探亲，之后又赴美继续求学；1932或1933年回国任教，先后在几所学校教音乐，担任助教、教师、副教授；1936年，她再度出国，赴美研习音乐。根据这一脉络就可以判断最新挖出的一张母亲家族照

台阶自下而上：韩德常、韩俊华、韩恂华、李惠年、李鸿年、韩权华、李瑞年、韩德章

片的拍摄时间了。

  此前还没见过韩家老照片中出现过上面这张照片中的背景，问到邝宇宽表姨，她说："大概率是在门头沟我们家门口拍的。"邝家，就是母亲的六姑韩恂华家。真没想到那个年代位于北京远郊山里的门头沟煤矿竟有如此洋气的建筑。邝宇宽表姨说："那是英国人管的煤矿。矿区有两个高管住宅区——东山和西山，我们住的是西山区，是主区。办公室和医院在半山区，再往上走是警察局和洗衣房，继续往上是个大操场，可以打网球，那里还有秋千供孩子玩。山顶有三座房，我们住中间一座。西侧那座叫白房子，相当于招待所。我记得，韩家长辈来都住白房子，小辈都在我家客厅地毯上打地铺。"

韩权华，摄于 1930 年夏天

　　地点确定了，时间就好推测了。首先，六姑韩恂华 1930 年结婚，婚后即搬到门头沟来住，从此韩家的人一到夏天就出城到位于门头沟的邝宅避暑。其次，照片中有李家的大哥李鸿年，他 1930 年 9 月中旬即赴美留学了，因此可以判断这张照片是 1930 年夏天所摄。照片中的七姑韩权华，应该是刚从美国回国探亲。且看那身装束——西服裤系皮带、西式衬衫系领带，带着留洋归来的叛逆与不羁，混在与她年龄相差无几的三位侄子、外甥之中，几乎"以假乱真"。

　　上面这张拍摄于同一地点的单人照是我见到的唯一一张韩权华着男装的单人照，那飒爽帅气的中性美让我屏住呼吸。

找到这些照片以后,我开始穿越岁月重新认识韩家这位出名的美人,也开始重新理解她后来的婚姻:她打破了韩家女婿都是海归、"不要当官的"这一惯例,在四十二岁时嫁给了国民政府陆军副总司令、抗日英雄卫立煌将军。

女大当嫁

女大当嫁,韩家老太太会选择什么样的人当东床快婿呢?

大女儿韩俊华在辛亥革命前就出嫁了。那时还是"父母之命,媒妁之言"的时代,讲究门当户对,依循津门"八大家"互相联姻的老规矩,她被许配给了"茶叶李家"。女婿李莲普,号仰白,早年曾赴日本学习铜版印刷,回国后就职于清度支部印刷局。1914年,全家从天津迁至北京,离开了已家道中落的祖宅。

1920年前后,轮到接受过现代教育的韩升华和韩咏华出嫁时,情况就不一样了。韩家老太太把为她们择婿的事托付给她们的恩师严范孙先生。两家本就是世交,热心肠的严老先生欣然当起月下老人,后来果然送出两根红线,成全了两对姻缘。

严范孙先生为韩家选的两位夫婿秉承的是同一个标准——出身书香门第的海归,他们后来还都有一个共同的身份:大学校长。韩升华嫁给了西北大学前校长傅铜,韩咏华嫁给了清华大学前校长梅贻琦。韩家的四姑升华与五姑咏华仅相差两岁,两人容貌神态相似,常被人误认:韩升华到清华,常有人向她打招呼,以为她是梅校长的夫人;而韩咏华参加什么聚会,也有人感到惊奇:"怎么傅校长的太太也来了?"

这张照片摄于 1922 年左右，坐者自左至右为韩德章、韩咏华、韩德常、傅铜、傅愫斐、韩权华、李瑞年；后排站立者是韩升华。两姐妹一坐一站，是否长得很像？

这张照片摄于 1925 年左右，韩家的两位海归姑爷——一位从英国留学归来，一位从美国留学归来，难得同框。傅家、梅家当时都住在香炉营头条胡同，彼此为邻。
后排左起：卞氏、梅贻琦、李惠年、韩咏华；前排左起：李鸿年、傅铜

韩家的六女儿韩恂华是自由恋爱，她的婚事没让韩家老太太操心。经留学时的朋友介绍，她回国第二年便结婚成家。丈夫邝寿堃也是一位海归，而且出身于一个海归世家。他1926年从美国学成归来，在门头沟煤矿任总工程师。六姑爷言谈举止皆是西洋作派，和太太通电话、写家信都用英文。我的两个舅舅当时还在上高小、初中，有一点令他俩印象深刻："六姑父离开韩宅的时候一定会打电话从车行叫车，所以那时候我们就知道什么叫'打的'了。"他俩都记得，邝寿堃一来就和梅贻琦、傅铜聚在南柳巷韩宅的院子里谈笑风生，而且往往中英文混杂。只有一次，他们全程都用英文交谈，那是1946年冬天，三个人不顾严寒，站在韩宅的廊檐下窃窃私语，我的两位舅舅听出来他们说的是"沈崇事件"。

我之所以对母亲的家族史产生兴趣，最早就是因为对母亲的这几位姑姑感到好奇。进入我的记忆时，她们都已年过半百，但她们那份气质脱俗的民国范儿，无论遭际如何也不失体面和风度的从容，高龄之后依然保持的娴雅，着实令人过目难忘。我对她们的生命历程尤为感慨，母亲的几位姑姑都是20世纪初中国女性中接受现代教育的一代先驱，她们的婚姻又将各自的人生不可避免地卷进了时代的漩涡。她们的命运也与中国共产党的统战政策结下了不解之缘。

三代同堂

1920年以后，几个结婚的女儿陆续搬到了北京。韩家姐妹开枝散叶，各家人丁兴旺。于是，韩渤鹏与卞氏的每日生活里便多了外孙绕膝的乐趣，我的母亲也多了玩伴儿。

母亲与她的爷爷奶奶以及表姐妹合影,摄于南柳巷25号正院正房廊下。我原来一直辨认不出那个有"奔儿头"的小男孩是谁,后来经指点得知是梅贻琦六弟的儿子梅祖培,也随之判断拍照的时间在1924年左右,那时母亲也就八九岁。

自左至右:后排为李惠年、韩渤鹏、卞氏、韩德常;中排为梅祖彤、梅祖彬、梅祖培;前排为梅祖杉

拍摄左页这张照片时，西风渐进，国人的服装已开始洋化，但照片里韩家祖孙两代还是传统的中式装扮：母亲的爷爷韩渤鹏头戴瓜皮帽，身着立领、对襟的深色织锦马褂；母亲的奶奶卞氏一身绣花绸缎料的大襟棉旗袍；母亲和她的表姐穿着大襟棉旗袍，俏皮的喇叭袖还上翻一段异色的袖口；其他几个小孩穿的是长短棉袍、坎肩，用料也都是上等绸缎、丝绵。两个大点儿的女孩子清一色都是齐眉短发，男孩则剃着宝盖头；最前排那个小女孩还是雌雄莫辨的幼童模样。照片中，母亲和她的四个表弟妹胸前都戴着串珠的项链。虽然梅贻琦是留美归来，但梅家的孩子们到姥爷家来仍然要着"正装"。可见，当时的南柳巷25号还基本上是一个传统的、保守的中式大家庭。

1920—1935年这段时间是韩家老太太当家。我的外婆高珍自嫁进韩家就很佩服这位不威自重的婆婆。20世纪80年代，我妹妹徐浣曾录下外婆高珍的一段口述，回忆了当年大宅门里的持家之道：

> 每天晚上，老太太和老太爷一起在灯下记账、算账，拨拉着算盘珠儿数铜板儿，一块大洋换两百个铜板儿，用钱板子勒着，都摆在那上边。白天则要操持家务。一个大院子百十间房，要照料一家三代的饮食起居，一年四季还要添置单夹皮棉衣服。老太太治家有方，一切都安排得井井有条。
>
> 几个结了婚的女儿相继搬回北京，在城里城外安顿下来。她们隔三差五地回娘家，都带着孩子，那个热闹啊！大姑太太李家，一女两男；四姑太太傅家，四女二男；五姑太太梅家，四女一男；六姑太太邝家，一女三男。外孙辈里女孩比男孩略多一点。
>
> 大姑太太韩俊华每天都来。她家就住在偏院，都不用出大

门，走几步拐个弯儿就到了。说是陪老太太聊天，可也没有多少话说，娘儿俩在正房炕上对坐着喝茶。她一般上午就来了，在这里吃午饭，有时候还吃晚饭，有时候不吃晚饭。

四姑太太韩升华的家离南柳巷不远，在宫门口西三条2号，叫上洋车就过来了，而且她一来就带着一溜儿小孩。那时候孩子们还小，都没上学。

五姑太太韩咏华1932年也从美国回来了。梅家住在城外清华园，她一般礼拜天来，也是带着一溜儿孩子来。

姑爷们也都跟着来。四姑爷傅佩青爱转悠，里屋外屋地转悠，不爱听家长里短的，爱说笑话。五姑爷梅贻琦倒是能够坐得住。对了，老太太爱打牌，梅贻琦他们坐一块儿陪老太太打牌。

各家来了吃顿饭，就呼噜呼噜都走了。

韩家中午开饭差不多总有十多个人。不用点菜，也不用吩咐，韩家有厨子，自会预备。

那时韩家有四个用人，其中两个男的，一个是门房，看门，也负责买东西，一个是厨子；两个女的是保姆，老太太一个，我一个。男的管打扫院子，侍弄花草树木，女的管收拾屋子里头，做针线细活儿。门房住在这儿，是老听差了。厨子只买菜做饭，做完饭他就回家，他自己有家。厨子姓王，天津人，一直等老太太没了才走的。他十六岁到老太太那儿，起初不会做什么，慢慢练出来的。他自个儿挺爱钻研，做完了饭就到小馆子去学。他一直在韩家待到四十来岁，过去用人不像现在这样三天两头老走。有一个老李待了三十年，实在太老了，他的儿子给接走了，后来我们才换新的。

大家庭特别讲究"三节两寿",三节是五月节、八月节和元宵节,两寿是姑太太和姑爷的生日。届时都要给姑太太各家送礼。四样礼:点心、水果、干的、鲜的,从打点、包装、起盒到派人送出,老太太都一一过目,环环检查,滴水不漏。

　　外孙子女的生日,她也都记着。到日子了,她出门坐洋车,自己去给他们过生日。反正住得都不远,她也借机会出去走走。那时候,南柳巷口就有洋车摆着停放在那儿。那里通着琉璃厂,老太太要出门,一个听差的——负责看门扫院子的男用人,迈出大门喊一嗓子,洋车就来了。那会儿都是和车夫现讲价钱,付的是铜板,近的去处几个子儿,远的地方十几个子儿,顶多二十个。

　　韩家正房堂屋的大门背后挂着一张红色硬纸做的日历式记事板,上面详细记着家里所有人的生日。我小时候在外公家门后边就看到过,还在上面找到了自己的名字。我的表妹韩艺思从小在爷爷家长大,她在回忆往事的时候也一下子就想起了这张精致的红纸板。

　　六姑太太韩恂华1929年从美国学成回国,第二年结婚,婚后就随丈夫邝寿堃去了门头沟煤矿。她的三个孩子都出生在那里。外婆高珍说:"六姑在门头沟住的时候常带着孩子回娘家。门头沟那时是乡下,她不能当天来回,在娘家一住就是一个月。老太爷老太太喜欢孩子,从不嫌闹。"

　　六姑太太的女儿、我的表姨邝宇宽也说:"我八岁前家住门头沟,那时候经常和妈妈进城去看姥爷姥姥,也常在南柳巷留宿。我们一家就住在花厅——俗称'九道湾'的房子。四姨、五姨家的孩子也常

韩家、梅家大合影。
后排左起：梅祖培、韩德常、方诗云、韩俊华、梅贻玲、梅祖彬、韩权华、梅祖彤、韩咏华、傅恽斐；中排左起：韩德庄、梅祖彦、韩德刚、梅祖杉；前排左起：梅家老太太（张氏）、梅祖芬、沈家老太太、邝宇宽、韩家老太太（卞氏）、韩德扬

来。记得我妈说过，老太太最喜欢听大彦（梅贻琦的儿子梅祖彦）'白话儿'。祖彦爱信口编故事，说得跟真的一样。他趴在姥姥的炕沿上'白话儿'，逗姥姥开心。"她还记得南柳巷韩家的饭厅："一进大门，左手边有一长排东倒座房，就是饭厅。厅很大，请客吃饭时可以摆下三桌。旁边就是厨房。"她还特意指出南柳巷院子里两处具有现代色彩的地方："一处是洋茅房，里边有抽水马桶、带自来水管的洗脸盆、浴缸、锅炉，地上还铺着瓷砖。还有一处是电话房。正房通向后院（椿树胡同14号那个院）的廊子中间有个电话房，面积很大，三十多平方米；屋子很空，就摆着一张桌子，上面放着电话。"

这次寻访韩家历史还看到了一张珍贵的影像，就是这张三位老太太领衔三代同堂的二十人大合影。此照自梅家人手中流出，拍摄地点也是在梅贻琦家的院子里，从背景可以看到八十多年前清华园甲所门前的草地以及周围的茂林。我向梅贻琦的小女儿梅祖芬表姨请教这张照片时她回答："这张照片我见过，是有一年我的奶奶和姥姥都到清华我们家时照的。照片上的人我都能认出。"

要解读这张照片，首先要说一下梅家老太太张氏，即梅贻琦的母亲。1926年，梅贻琦的父亲梅曾臣携全家从天津迁居北京，落户在前门内的旗守卫10号——一所两进的四合院。大门旁有个闪亮的铜牌，上面写着"梅宅"。1929年，老爷子去世，母亲张氏健在，她住在主院正北房靠西边的两间，还带一耳房。廊下东边种了一棵海棠，西边种了一棵白丁香。老人家的生日在阳历4月初，每年此时都能赶上两棵树盛开出红白相映的花朵。

梅家老太太不简单，她并未受过学校教育，识字有限，但天赋很高，才智过人，养育了五子五女，处理家务，有条有理。在天津老家时，因为她是"全人"（丈夫、子女俱全），戚族中有婚丧嫁娶都要请她到场，以保无虞。亲友中偶有抵牾纠纷，也会请她出面主持公道，往往一言而决。后来她迁至北京颐养天年，平素喜好打牌娱乐，梅贻琦的小弟梅贻宝回忆说："母亲打牌算和，迅速准确，诸子女均不及。"

母亲的奶奶韩家老太太也喜欢打牌，不知两位亲家母互相走动时是否经常以牌会友。梅贻琦更是出了名的喜欢打麻将，他在日记中多处记有"看竹"。他无论到母亲家还是到岳母家，都会坐下来陪老太太打几圈。不过，这次两位亲家母联袂出城到清华园梅家来，还带着女儿及孙辈多人，甚是隆重，显然不是来打牌的，更像是给谁过生日来了。当被证实这张照片摄于1936年夏天，我有了新的推测：他们是借梅家的地方送别韩权华再度赴美留学的。

照片里属于梅家系统的有梅家老太太、梅家九姑、梅家六叔的儿子梅祖培，还有梅贻琦家——韩咏华、梅祖彬、梅祖彤、梅祖杉、梅祖彦、梅祖芬，只有男主人梅贻琦在照片上缺席。

韩家老太太（卞氏）所率的阵容就更可观了。首先是两个女儿——最年长的韩俊华和最年轻的韩权华，其次是孙辈——韩德常、韩德刚、韩德庄、韩德扬以及长孙媳方诗云。四姑韩升华本人没来，姥姥带了傅家的老大傅愫斐；六姑韩恂华本人没来，姥姥带了邝家的老大邝宇宽。

我在辨识韩家老太太左边那个小孩（照片中最小的一位）时产生了疑惑：分明是男孩子发型、男孩子装束，梅祖芬表姨却说："这是女孩啊，是六姨家的宇宽！"我把照片转给邝宇宽表姨，请她确认，她让她的老公吴鹤龄也参加辨认。吴鹤龄毫不犹豫地说："一看站姿和表情就认出你了，和当年留存的照片一模一样。"

从见到这张照片起我就被其中一位女性吸引了：修长的身材，中分的发型，高贵的气质。当确认她就是韩权华时，我暗暗佩服，民国时期对这位北大校花的形容还真是贴切：长身玉立，洒然出尘。

我的母亲韩德常站在照片左侧，从面容看，也是一位漂亮人儿，只可惜穿的旗袍不够修身。她身边站着的梅祖培，正是那个在南柳巷合影中有个"奔儿头"的小男孩。只是十年左右，照片中的孩子们变化多大啊。

一直没有提及照片最中心位置的那位老人，梅祖芬表姨只记得那是沈家老太太，但她究竟是何方神圣就很难查实了。如果日后查到，或许此行的目的又要有新的解释。

母亲的爷爷韩渤鹏 1935 年病逝。我的外婆高珍在口述录音中谈到了当年韩老太爷的丧事："1935 年，老太爷患'噎嗝'去世了。他当时饮食不下、食入即吐，大概就是西医所说的食道癌。老太爷的丧礼甚是风光：南柳巷大院从前门到后门一溜儿打通，四门不关，院子里外搭棚，几步一帐幔。你外公当时任盐业银行北平分行副经理，银行的职员们轮流来此值班，还请来和尚做道场。丧礼之后，没用完的成卷的蓝布和白布，家里用来做被面、被里，或者染色之后做衣裳，用了好多年。"

"天成号"韩家大出殡的排场，宛若回光返照。

老太爷韩渤鹏过世后，韩家老太太就把当家的那串钥匙交给儿媳妇高珍了，从此不再管事。

第二年，1936 年，韩权华再度赴美留学。韩俊华的女儿李惠年也考取了赴法公费留学，远赴巴黎。

韩家老太太，母亲的祖母卞珩昌 1942 年病逝，正值抗日战争、北平沦陷、兵荒马乱的年月。战时交通困难，一个女儿（韩权华）远在国外，一个女儿（韩咏华）在昆明大后方，都没能回来奔丧。我原来以为丧事会含糊一些，没有详细询问过老一辈人。不承想，邝大表姨在看书稿时告诉我："姥姥出殡时排场极了。最前面打幡的是舅舅，也就是你外公，戴着重孝，后边跟着一帮人。再后边是八九辆马车，第一辆是你外婆的，也就是我舅母的，然后依次是大姨、四姨、我妈的车。跟在车后的是我们这一辈人，后边还有亲朋好友的车，一大长队，把南柳巷胡同几乎挤满了。坐马车和步行的人，都到了城外的老韩家墓地，上午九、十点钟走的，天黑了才回来。送殡回来，大家进了祖先堂，跪在一个蓝布垫子上给姥姥磕头。我这辈子就磕过这么一次头。"

南柳巷 25 号正院大客厅后边有一个小套院，院里有一排房子，其中一间叫"祖先堂"。现还在世的老亲戚们都说有这么一个处所，但没人能说清里边的一二。我猜想，我所费力查找的韩氏家谱、祖宗牌位应该就在那里。但"祖先堂"在 20 世纪 50 年代被"经租"，里边的物件早已不知去向了。

韩荫棻、韩渤鹏两代人的墓地就在北京。二舅韩德刚说："韩家的祖坟在西直门外魏公村一带，即现在的农科院，当时叫小小泥湾。看坟的姓庞，好几代都在此。他们每年都进城送桃李瓜果和杂粮来。"

三、韩诵裳：士大夫型的银行家

韩渤鹏之子韩振华是我的外公，号诵裳，他一直用的是号，尤其是在出任公职时，因此下文就都用韩诵裳了。

舅舅家在整理旧信件时，找到了一份外公亲笔写的履历，时间应为 1953 年，那时他六十九岁。这应该是他最准确的个人信息了。在写作这一部分时，我基本以这个履历表为线索进行求证、追述，力争还原外公韩诵裳的一段段人生经历。

求学与办学

韩诵裳 1884 年阴历十一月十一日生于北京。那是清光绪十年，甲申年（猴年）。按履历所记，1891—1899 年，韩诵裳在家塾读书，此处的家塾应是指祖宅天津"天成号"韩家所设的私塾。1900—1905 年，韩诵裳被韩家的世交——严范孙先生收入自家开办的家塾（时

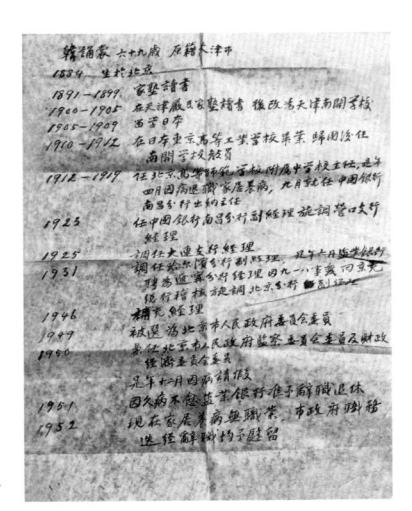

韩诵裳亲笔写的履历

称"严馆")读书,同窗的有严家子弟以及其他几家亲友的子弟。《张伯苓年谱》1901年这部分有这样一段记载:"春,严修与林墨青率严氏家馆学生严智怡、严智崇、严智惺、王宝璐、韩振华(诵裳)、林静、严智庸、林涵、陶履恭(孟和)、严智钟、张彭春[1]共十一人誓于严宅北书房。严修作誓词云:'尔十一人者,或为累世之交,或为婚姻之谊,辈行不必齐,而年龄则相若。尔父若兄,道义相劘,肝胆相许,志同道合而患难相扶持,尔诸生所亲见也。尔十一人者,自今日始,相待如一家,善相劝,过相规,毋相谑,毋诟争,毋相訾笑,毋背毁,毋面谩,同心一力,从事于学问。以绳检相勖,远非僻之友,

---

[1] 张彭春(1892—1957),天津人。1910年赴美留学,1915年获哥伦比亚大学教育学院文学硕士、教育学硕士学位。后又赴美,获博士学位。曾先后任教于南开大学、西南联大,后进入国民政府外交部。1946年,他作为中国正式代表参加了联合国大会第一届会议,提出了创立"世界卫生组织"的建议。

严氏家塾合影。经计算机比照，左起第五人为韩振华（诵裳）

警浮伪之行。毋做无益害有益，毋偷惰，毋轻躁。兄弟婚姻，互为师友，敦品修业，以储大用，是余等所厚望焉。'"⑫

"严馆"当年引进西学，首开天津现代教育之先，学生半日读四书五经，半日读西学。西学由张伯苓先生执教，课程有英文、数学和自然科学基本知识。1904年，严氏家塾改为私立中学堂，后易名"敬业中学堂"，1906年迁址改称南开学堂，这就是以后声誉日隆的南开大学的前身。

南开中学第一届师范班只有五个学生，韩诵裳是其中之一。我查到了另外两名：一是陶孟和，他与韩诵裳一起赴日留学，两人是终生好友；一是严约敏，严范孙先生的侄子，毕业后留校任教，主教代数。1913年，严约敏不幸病故，学生们为纪念他捐资修建了一座建筑，叫思敏堂。

1905年，韩诵裳东渡日本，进了东京高等工业学校，在这里学

这张照片拍摄于1918年前后，居中的是我的母亲韩德常，她当时三岁左右，坐在高门槛上，一只手扶着石门墩，备受呵护。左二是韩诵裳，左四是韩咏华，也可证实那时的母亲是由五姑照看的。左一是母亲的哥哥韩德章，左五是母亲的表哥李鸿年，两人都着童子军服装。一直没能辨认出拍摄这张照片的确切地点，只能确定不是在南柳巷25号的大门，姑且留下一个悬念

了四年的电气化学。也正是在这一年，已结婚成家的韩诵裳喜得一子韩德章，这也是"天成号"韩家的长房长孙，光绪皇帝特赐"五世同堂"匾，从此此匾高悬于南柳巷25号的门厅之上。

1910年，韩诵裳学成归国，发现所学的专业没有用武之地，苦恼彷徨之际，严范孙先生招呼他回到南开学校教书。

大约1912年的下半年，韩诵裳回北京接受了一份新差事。北京城和平门外原有一所五城学堂，是1901年创建的。1902年，更名为五城中学堂。1912年，又更名为"北京高等师范学校附属

中学"（简称"师大男附中"）。韩诵裳担任了第一届校主任，即校长。

上页这张照片留下了韩诵裳在师大男附中办学期间的影像，那时他三十四岁，长袍马褂，戴礼帽，穿皮鞋，身材颀长，气质儒雅。对于韩诵裳这段过去很少有人知晓的办学经历，我的舅舅韩德扬讲得清楚又具体：

> 和平门外的那个师大男附中是我父亲一手创办的。他是第一任校主任，那时候不叫校长，叫校主任。他一直担任了七年。
>
> 我父亲治校很严。北大历史系教授郑天挺是我父亲做师大男附中校长时的学生，他的儿子在南开时与我同班。有一次，我到他们家，我喊郑天挺先生"郑老伯"，他说："你错了，你不能管我叫郑老伯，咱们俩是兄弟，你爸爸是我的老师。"他还说："你爸爸在师大男附中当校长时治校之严在北京是出了名的。那会儿学生不许抽烟，冬天我们就跟校长开玩笑。冬天穿的都是棉袍，我们这帮学生淘气，在袖口里憋一口气，然后再一哈气，遇上冷空气，袖口里就有烟（白气）冒出来，校长马上查问：'谁抽烟呢？'"

二舅韩德刚也曾说起："汤佩松先生，就是那位著名的植物生理学家，当年也是师大男附中的学生，因为顽皮，被我爸爸开除了。1949年后，他来南柳巷还说起过韩老先生有多严厉。"

师大男附中入学分数高，在北京从来拔头筹。这点是韩诵裳立下的传统。1938年左右，我的两个舅舅小学毕业了，可他们因分数不够都没能考进师大男附中,只能去了私立的教会学校——育英中学。三舅韩德扬说:"我爸做师大男附中的第一任校长,我却没考上师大男附中,你二舅也没考上,他为这件事真难过,嫌我们不争气。这是他觉得最丢脸的事情。"

著名教育家张伯苓先生谈到他在南开中学教书时曾培养出一大批优秀的学生,他们后来成为著名的大学或者中学的校长。其中,大学校长他所举的例子是南开中学首届毕业生的第一名梅贻琦,他考取了庚子赔款留美学生资格,回国后做了十七年的清华大学校长,其间还主持了几年西南联大的校务。中学校长他所举的例子是南开中学师范班的首届毕业生韩诵裳,他留日归来后参与了师大男附中的扩建,并担任校主任七年,使该校从享誉北京进而享誉全国。

三舅向我介绍韩诵裳的生平时,曾提到他1917年参与发起成立中华职业教育社一事。这一点没有旁的佐证,韩诵裳本人的履历中也没有提及,我只能从历史资料中搜寻。我检索中华职业教育社时发现这是中国现代教育史上一个著名的社团组织,以倡导、研究和推行职业教育、改革脱离生产劳动和社会生活的传统教育为职志,还第一次提出了职业教育的目的:"谋个性之发展,为个人谋生之准备,为个人服务社会之准备,为国家及世界增进生产力之准备","使无业者有业,使有业者乐业"。这个社团的生命力延续了百年之久。2017年,北京还曾隆重集会纪念其百年诞辰。这个社团是由现代著名教育家黄炎培先生联合蔡元培、梁启超、张謇、宋汉章等社会知名人士共同发起的,发起人共计四十八人,于1917年5月6日在上海创立。我进一步检索这四十八位发起人的具体名录及职衔时,在倒数第二名的位置上看到这样一条信息:"韩振华:盐业银行北平分行经理。"韩诵裳确实榜上有名,只是他的职衔不是当时所任的师大男附中校主任,而是多年以后才担任的盐业银行北平分行经理,这一点让人有些不解。

韩诵裳办学七年,直到 1919 年才卸任。三舅说:"我爸因为胃病吐血,吐得很厉害,医生建议他休息。他说太累了,就离开了学校。"在韩诵裳亲笔写的履历中记载:"1912—1919,任北京高等师范学校附属中学校主任,是年四月因病退职家居养病。"

入职中国银行

下页这张父女合影是"铸新"照相馆的作品。民国初年的照相馆布置得像话剧舞台,有精致的风景画作为陪衬,还有小围栏的实景搭配。母亲倚着栏杆,梳着童花头,穿着小碎花棉袍,面容端庄秀气,已初露"美人胚子"之相。外公韩诵裳则是长袍马褂,头戴瓜皮帽,脚穿棉鞋。

这张合影母亲一直珍藏在自己的照相簿最重要的位置上。我曾经问过她这是什么时候照的,隐约记得母亲回答说是外公要离开北京去外地高就之时。这次梳理韩诵裳的生平,找到了时间的对接口。韩诵裳在家养病时,有人介绍他去中国银行任职,劝他说:"别在学校做了,教育界太辛苦。"他心有所动。1919 年 9 月,他离开北京南下江西,走马上任中国银行南昌分行出纳主任。这大约是韩诵裳离京前带女儿在照相馆照的,为彼此留个念想。那时,他的原配王敏病故不久,留下的女儿不满四岁,成了他心中的一份牵挂。

中国银行的前身是清政府所开设的户部银行,1905 年在北京成

自左至右：韩德常、韩诵裳

立，后来改称大清银行。1912年1月初，大清银行"商股联合会"上书临时大总统孙中山，建议就原有之大清银行改为中国银行，重新组织，作为政府的中央银行。此建议被采纳，改组新建事务迅速展开。1912年1月24日，孙中山先生下令批准成立中国银行，官商合办，与交通银行同兼国家银行职责。2月5日，中国银行在上海市汉口路3号开张营业。

中国银行从成立之初就面临外商银行的高压态势。那时西方国家已经打开了中国市场，纷纷在华设立银行，至1935年，仅在天津地面上就有英、美、日、法、德、俄、意、比八国开办的二十多家外商银行，它们大多坐落在中街（现解放北路），那里被称为"东方华尔街"。而中国民族金融业，那些官商合股或者私人资本的银行，如中国银行、交通银行、兴业银行以及"北四行"等，都在夹缝中苦苦生存并寻求着在逆境中崛起。

1912—1928年，中国银行在全国各地布点，设置分行、支行，步步为营，行使国家银行即中央银行的职责，开展吸款、贷款等各项业务。自1919年秋入职起，在之后的十二年里，韩诵裳始终投身于银行业，并不断获得调动与升迁，这点有他亲笔书写的履历为证：

> 1919年9月就任中国银行南昌分行出纳主任；
> 1923年任中国银行南昌分行副经理，旋调营口支行经理；
> 1925年调任大连支行经理；
> 1931年调任哈尔滨分行副经理。

1928年，中国银行经历了一次重要的职能转型。那时候担任总经理的是中国金融界翘楚张嘉璈。他曾留学日本，在东京庆应大学财政系学习，1916年，他不到三十岁就已担任中国银行副总裁，实际主持行务。在张嘉璈的管理下，这家银行通过商股化成功保护了其自主经营权，成为"中国资本最巨与最成功之民营股份公司"。

1928年，宋子文任南京国民政府财政部长后，打算增加官股比例，将中国银行改组为中央银行。据魏文享的《金融巨子张嘉璈》一文披露，当时张嘉璈强烈反对。他认为："中国银行信誉已深入社会和民间，骤然改变必影响人们对它的信任，官股多于商股必放弃十余年来奋斗所求的独立经营之目的，而银行人事也将随政府官员的更换而变动，因而不能贪虚名而将中国银行改组，否则对商股股东和国家均不利。"南京政府只好另组中央银行，但因立行时间短，社会信誉及资本实力均无法与中国银行、交通银行两行相比，出现了国家银行不如民营银行的尴尬局面。为避免与中央银行争权，张嘉璈主动建议将中国银行改组为国际汇兑银行，实行专业化经营。

1928年10月，中国银行正式改组为外汇专业银行，张嘉璈当选为常务董事兼总经理，继续主持行务。与此同时，交通银行也改组为辅助工农商矿的专职银行。

中国银行获得了国际汇兑的政府特许后，张嘉璈亲自考察西欧的银行制度，研习国际汇兑银行经营法则，同时广揽人才，扩充机构，将中国银行的汇兑业务迅速推及海外。1929年，中国银行成立了伦敦经理处，这是中国银行业在外正式设立的第一个分支机构，后来又陆续建立了国外直接通汇处六十余个，特约代理店近百家，在西方及东南亚的主要国家都布下了分支机构。

张嘉璈把赴日本考察的任务指派给韩诵裳去做，因为他精通日语。舅舅韩德扬曾说过："我爸爸在日本留过学，日本话讲得非常地道、非常漂亮。"韩诵裳受命率队在日本考察了九个月，回来以后提交了报告。不承想，事情还没有完，张嘉璈找他谈话，说总行决定委派他再赴日本去开办东京分行。这个新职位被他一口谢绝了，拒绝的理由很简单：父母在，不远游。作为韩家的独子，韩诵裳顾家，毕竟上有老，下有小，他为人之子，为人之父，是家庭的顶梁之柱、经济的主要来源。

此事，外婆高珍曾说过：

> 上海总行让你外公到日本考察，说要在东京立个分行，就派他去了。他在日本考察了九个月，回来交了报告。总行又让他去日本立这个分行。那时候，家里有老太爷、老太太，还有你妈和你大舅，两位老人，两个孩子，他不愿意出国，去那么远的日本，就告诉总行"父母年老，不愿远行"。总行很不高兴，他索性就提交了辞呈。他从来不跟我商量，就辞职回北平了。我就是个家庭妇女，丈夫的事从来也不管。反正问他，他也不说。我在营口、大连、哈尔滨前前后后待了八九年，他一个人挣钱，养活一大家人。我没去时，他一个人，不花什么钱，所有的薪水差不多都寄给家里。等我去了，他一月只给我二十块钱，他自己留一点儿，其他也全寄给家里。

从韩诵裳亲笔写的履历看，从中国银行辞职以后，他并没有立即离开东北，因为那时有另一家银行向他发出了聘书。1931年6

月，韩诵裳被聘为盐业银行辽宁分行经理，不料三个月之后就发生了"九一八事变"，新位子还没有坐热又走了。他在履历上这样记述以后的经历：因"九一八事变"回北平充总行稽核，旋调北平分行副经理。

1932年初，韩诵裳终于结束了外放生活，带着夫人和三个孩子回到了南柳巷25号。

续　弦

1923年，韩诵裳在丧偶五年后再婚了。新夫人高珍（字浣薇）也是天津人，毕业于直隶女子师范学校，年龄比韩诵裳小一轮。

高珍本来与韩诵裳的弟弟韩缙华定有婚约。韩缙华行三，在清华大学读书，后不幸亡故，死因说法不一，有说是得急病去世的，有说是游泳溺亡的。高珍没有当成韩二嫂，等到商量为韩诵裳续弦时，韩家几个姐妹异口同声地一致力推她当韩大嫂。于是，高珍最终还是嫁进了韩家的大宅门。

外婆高珍年轻时漂亮，大眼睛，目光清澈，发型多年不变。她从来都用一把剪刀自己对镜修剪头发，直发斜分，两边头发抿于耳后。她只用一种头油，头发梳理得光滑柔顺，一丝不乱。她举止优雅，孙女韩艺思形容奶奶吃芝麻火烧的样子时说："一小口一小口，细嚼慢咽。落在桌上的芝麻粒，她用兰花指一一点起来，嘴角一抿，都吃干净，秀气得很。"

她出身于天津一个官绅家庭，父亲据说当过张北县县长。高珍结婚时已经二十七岁，婚后十五天就跟着丈夫去了东北。她说："我在南柳巷住了十五天就到了营口。那时候，你外公是中国银行营口的经理，那个银行是支行、小行。营口那地方那时还很土呢，不怎么兴旺，人

高珍，摄于 1930 年左右

口也不多。中国银行完全是国家的银行，总行在上海，分行、支行各地都有。我们在那儿待了一年，后来又调到大连，任支行经理，局面也大了一些。在大连一住就是六年半，后又调到哈尔滨，还是分行，但变成副经理了。行大了，官小了。在哈尔滨一住又是一年半。"

在大连的生活相对稳定，1926 年，高珍为韩家生了一对龙凤胎，儿子韩德刚 4 月 15 日晚上呱呱坠地，女儿韩德庄到第四天早上才姗姗来迟。韩德刚与韩德庄是孪生兄妹，生日却相差三天，户口本上的这个日期经常引起人们的好奇。

两年以后，1928 年阴历十月初十，高珍再为韩家喜添一丁：儿子韩德扬。于是我的母亲在十三岁以后，有了两个弟弟、一个妹妹。

1935 年，老太爷韩渤鹏去世，韩家老太太（卞氏）不再主掌家

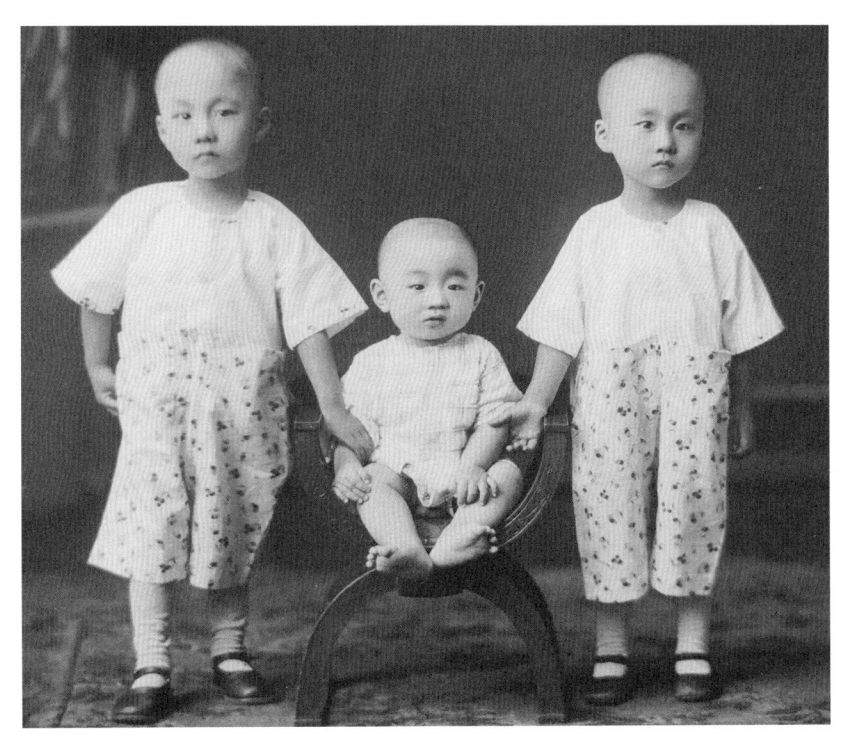

自左至右：韩德刚、韩德扬、韩德庄

务，高珍成为韩家大宅门新的女主人。她当家做主后遇事沉着，谋定后动，里里外外，平平顺顺。韩家的五个姑奶奶个个都是了不得的人物，她这个当嫂子的岁数还比四姑、五姑年轻不少，但她礼数周全，办事周到，不卑不亢，大家一直和睦相处。对前房留下的儿女她更是尽心尽责。我的大舅韩德章仅比高珍小九岁，但非常尊敬她，总是尊称"娘"。母亲1944年出嫁的时候，时局很乱，经济凋敝，但高珍尽力打理，陪嫁了好多漂亮的旗袍，她说："不是自己生的女儿，要做得更好。"

【附】生母的身世之谜

在韩氏家族里,母亲的生母王敏无论在文字、照片还是口口相传中都没有留下太多踪迹,只能从我的母亲和大舅的面容推测她的长相应该端庄秀丽、肤色略黑。我一直对她怀有很强的好奇心。当得知外公韩诵裳喜欢诗文,擅书法,曾有墨宝流传后,我推测可能会有一些描述早年生活的诗文散落出去,于是开始留心搜寻一些拍卖网站,试图从中找到一些蛛丝马迹。

功夫不负苦心人。一篇题为《[书跋]韩诵裳题记王守恂稿本〈待终草〉等六种》的博文闯入我的眼帘。文字篇幅较长,且配有多幅影印截图。我反复读了多遍,终于看懂了,不由得长出一口气:原来此文竟揭开了我母亲的生母、韩诵裳原配夫人王敏的身世之谜。

此话要从天津近代知名学者、"津门诗坛三杰"之一的王守恂说起。

王守恂(1865—1936)是天津人,字仁安,号阮南,晚署拙老人。清光绪二十四年(1898)进士,曾官至河南巡警道,辛亥革命后曾任浙江钱塘道尹。1918年,他结束了长达二十年的宦游南北的从政生涯,定居天津。著有《王仁安集》《天津政俗沿革记》《天津崇祀乡贤祠诸先生事略》等。

我找到了这篇博文的出处：韦力先生的《芷兰斋书跋五集》中的那篇《韩诵裳题记王守恂稿本〈待终草〉等六种》的原文。作者在文中出示了拍卖场购得的王守恂稿本六种，分别为《阮南诗再存》《集外杂存》《海天集》《拙老人余话》《任自然斋剩稿》及《待终草》，其中《拙老人余话》厘为两册。七册稿本或诗，或文，或笔记，每册封面及封二皆有王守恂自题集名及题记，兼有年款。作者发现其中《阮南诗再存》的封面上还有另一人的文字，即韩诵裳的小字题记，末钤"诵裳珍藏"白方："册内夹有子瀹禀三件，先岳在开封巡警道任内之通信，述德章儿时事，历历如绘。爱女钧儿亦尚在人间，今一并保存之，去今四十三年矣。辛卯五月，病叟诵裳识。"他在封面右侧又题："附德配刘太夫人诗稿于后。诵裳谨识，时年六十有八。"[13]

从这两处落款的时间可以判断这通题记是韩诵裳在1951年、他虚岁六十八岁时写的。对照他的亲笔履历可见那时他已告病辞职，与他自称"病叟"也相符。

"去今四十三年矣"，他在重读四十三年前的书信，称王守恂为"先岳"，还提及德章和爱女钧儿。博文作者由此解读出韩诵裳正是王守恂的东床快婿，我也恍然大悟，原来母亲的生母王敏是王守恂的女儿。《阮南诗再存》中间部分收入的数通家书给予进一步的证实："（家书）署款'敏'，信中多有言及大雄、大钧两孩童，尤言大雄趣事为多。""大雄"是母亲的哥哥韩德章的乳名，"大钧"是韩诵裳在题记中所说的爱女钧儿，1908年以后病故。传闻中母亲前边有个姐姐,长得白净漂亮,可惜早夭,想必说的就是"大钩"了。

王守恂稿本《海天集》中有一首七言诗——《喜韩德章至自北京》,更把王守恂、韩诵裳、韩德章祖孙三代的关系交代得一清二楚。诗云:"终年埋首在尘埃,一岁稀逢笑口开。怪底眉间添喜色,雪天得见外孙来。"

王守恂博学多才,不但擅长诗赋,其笔记文稿也很出色,写作风格真诚、典雅。他与弘一法师李叔同的交往尤其令人心动。李叔同年少时即以他为师,尊称他为先生。王守恂任浙江钱塘道尹时,李叔同正在杭州第一高等师范学校任教,两人经常会面并伴有书信往来。1917年1月,李叔同致信王守恂,寄去了"贺年明信片",并且邀约王守恂前去虎跑寺晤谈。后来,王守恂记录了这次会面的感受——"晤天津李叔同,清癯绝俗,饱尝世味,已在剥肤存液之时,自愧不如",并对李叔同的淡泊名利"喜慰万状"。1918年,李叔同来到虎跑寺过年,又邀请王守恂来寺中与他会面。王守恂写下了《虎跑寺赴李叔同约往返得诗二首》,后人多推断王守恂是最早知道李叔同出家消息的人。

王守恂事业有成,文名甚盛,且琴瑟和鸣,夫人刘纹也写得一手好诗,韩诵裳在《阮南诗再存》封面右侧再题的"附德配刘太夫人诗稿于后。诵裳谨识,时年六十有八"指的就是稿本中所附的岳母刘纹的诗作。

王守恂有人生一大悲,即子女都先他而去。他有一子二女,幼子十三岁夭折,两个女儿也在年轻时相继故去,其中之一即韩诵裳的夫人王敏。王守恂在1918年为老友赵元礼(幼梅)的亡子赵士希作传时,提到过王敏的去世,他说:"余与幼梅交三十年,情如兄弟,两家眷属往来。余女敏与士希相若。今年敏死,士希亦于是年故去。少者先逝,为之父母者,其悲悼为何如耶?"

至此,母亲的生母、韩诵裳原配夫人王敏的身世已从层层史料中呼之欲出:她是天津名士、诗人、学者王守恂的大女儿,生于1886年,逝于1918年,享年三十二岁。这也解开了我的一个疑惑:天津"八大家"极重视儿女姻亲,韩诵裳作为"天成号"韩家长房一支的长子,他的婚事必然马虎不得。如今终于证实了这门亲事的分量,并可进一步推测出月下老人恐怕正是严范孙先生。王守恂与严范孙志同道合,惺惺相惜,"津门诗坛三杰"指的就是王守恂、严范孙与赵元礼。王守恂辞官归隐后即与严范孙一起组织了城南诗社和崇化学会。而严范孙先生与韩家是世交,还有姻亲关系,这点前文已多有描述。严家和卞家也是世交,存在姻亲关系,韩诵裳的母亲卞氏最信任严范孙先生,她的两个女儿四姑韩升华、五姑韩咏华的月下老人也是严范孙先生。儿子的婚事,老太太当然更信任严老。看来老辈人反复强调的"韩家、严家亲如一家"不是妄语。

只剩下一个疑惑:韩诵裳20世纪50年代初获得并珍存的这个稿本怎么会流落出去呢?博文说,此稿本每册卷末皆钤"王力存书"朱方,作者认为这些稿本自王守恂之后，先为韩诵裳所得，又一度归王力（"中央文化革命小组"之王力）所有，最后"由芷兰斋自拍场携归"。我想起三舅曾经讲过："我父亲1963年去世后没几天，荣宝斋的人就急慌慌地赶来南柳巷，翻腾那几箱字画，挑来拣去，抢着回购。"那副林则徐的对联即被收购去，后被邓拓所得。王守恂的《待终草》稿本是否也是当时被荣宝斋收购后为王力所得，王力倒台之后流入了拍卖场，如今已不得而知了。

母亲和她的新妈妈高珍以及弟妹们在南柳巷 25 号院中。
自左至右：韩德常、高珍、韩德扬、韩德刚、韩德庄

长女韩德常

都说"韩家出美人"，这在母亲身上又应验了。花季年华的母亲，亭亭玉立，眉目清秀，神态温柔。她和高珍亲密地并肩而立时，母女两人个头差不多。

上面这张照片是母亲的弟妹们初进南柳巷 25 号时拍下的，他们站在花木繁盛的大院子里，明亮的日头底下，神色还有些拘谨。小弟韩德扬紧紧依偎在高珍身边，怯生生地抬起眼睛看着镜头。母亲说："德刚、德庄、德扬刚回家时，说话还带着大连腔儿，很好玩儿，德庄把粉扑叫作'粉扑（音普）子'。"

1932 年，外公韩诵裳回到北平时，我母亲十七岁，正在读高中。

白衣黑裙的四个女学生,姿态各异,坐在枝叶繁茂的花树下合影,应是 1934 年以前的影像了。尽管年代久远,但青春的气息仍洋溢于纸张之上。
自左至右:夏承瑜、邵乃偲、方秀卿、韩德常

她的学业应该是在北平市立第一女子中学完成的。这所学校创建于 1913 年。1926 年,在该校任教的李大钊与北洋政府交涉后争得原清内务府会计司南花园旧址作校址,因此搬进了建筑与环境俱佳的北长街 44 号,1931 年改名为北平市立第一女子中学。

母亲有了三个闺蜜,这三个女孩家都住在南柳巷附近,其中两家的父辈与外公韩诵裳还是多年的至交好友。

母亲的闺蜜之中第一位便是夏承瑜。她的父亲夏仁虎和母亲张玉贞育有八子一女,夏承瑜居末,昵称"小九妹"。夏仁虎精通诗文词曲,既当过清朝的官员,也是北洋政府的政要,后来弃官归隐,读书自娱。夏家在宣武门外永光寺街置了一处房产,门牌为 1 号。房子是

母亲和夏承瑜、方秀卿同岁,又因父辈为世交,关系很亲密。上学时她们常常一起吃午饭,每次三个人只花一毛七分钱,被同学们戏称为"一毛七"。自左至右:方秀卿、韩德常、夏承瑜

自己设计建造的,两层灰色楼群有几十间房,还带有院落,住着好几房人,连带老妈子、车夫、厨子、裁缝一共三四十口人,是个标准的中国大家庭。院子里花木扶疏,有许多马缨花、白丁香,还有和韩宅院子里一样的葡萄架、藤萝架。此宅离南柳巷不远,外公韩诵裳因喜好诗文和书法常到夏家同夏仁虎请教。他们还有一个酬唱往来的去处:中山公园柏树下的春明馆茶座。二人常常约上几位好友,在那里品茗、下棋、论诗、谈天,再吃上一碗冬菜肉丝面,天黑后各自回家。

夏承瑜有一位知名度颇高的六嫂,她的六哥夏承楹娶了林海音女士为妻。林海音一家是从福建迁居北平的。1931年,林海音的父亲林

焕文去世，家庭经济拮据，她的母亲只好带着孩子们搬到福建和台湾乡亲专用的晋江会馆，因为住在这里不用交房租。这家会馆就坐落在南柳巷，与韩宅恰好斜对门，不过几步之遥。春天，会馆院子里的槐树开花的时候，槐花落了满地，仿佛下了雪，飘出院外的就撒在南柳巷胡同的路边。后来，林海音去了台湾，成了作家。她的名著《城南旧事》被拍成了电影，主人公是小英子，她眼里的景物与人物，展现出一幅20世纪二三十年代城南生活的画卷，也重现了当年母亲家大宅门外的市井风情。

母亲和夏承瑜的同窗之谊一直延续到大学时期。她俩先后考取了上海国立音乐专科学校（简称"上海国立音专"），母亲主修钢琴，夏承瑜主修声乐。1937年，上海沦陷。外公不放心母亲孤身在外，将她转学至北平的燕京大学音乐系。1939年，夏承瑜嫁给了上海国立音专的学长、主修钢琴的张隽伟，安家落户在上海。20世纪50年代，夫妻两人都供职于上海音乐学院，张隽伟曾任钢琴系主任。

另一位闺蜜便是邵乃偲。两家住得很近，二人上下学常常结伴同行。南柳巷是南北走向，25号位于胡同中段，大门朝东。从韩宅出来向南走，百余步后东拐就到了魏染胡同。这条胡同因30号的住户而出名。这是一栋灰色的中西合璧的两层小楼，大门两侧立着两根欧式石柱，门口上方镌刻着"京报馆"三个大字，正是《京报》创始人邵飘萍亲笔所题，这里也是他的住宅。

邵飘萍出生于浙江金华，是著名的报人。他1912年任《汉民日报》主编，1916年7月在北京创办了北京新闻编译社，1918年10月在北京创办《京报》并担任社长，开始了独立办报的生涯。馆内正前方影壁上自右至左镌刻着四个大字：铁肩辣手。它是邵飘萍先生亲笔题写的。原句出自明嘉靖年间名臣杨继盛的诗句："铁肩担道义，辣手著文章。"邵飘萍非常推崇这两句诗，用于自勉，也勉励同人。1926年4月，邵飘萍被奉系军阀以"宣传赤化"的罪名在北京天桥东刑场杀害。临刑前，他向监刑官拱手说"诸位免送"后从容就义，年仅四十岁。

邵飘萍与第一任夫人沈小仍育有二子三女，邵乃愬正是邵飘萍的次女。1923年，沈小仍病逝，1926年，邵飘萍遇难，邵家的五个孩子自此由邵飘萍的另一位夫人汤修慧女士抚养。1929年，汤修慧女士又独自扛鼎《京报》，担任社长，使其再次复刊。邵飘萍的家业与事业都被这位了不起的女性继承下来。

邵乃愬后来嫁给了陈传熙。陈传熙是母亲和夏承瑜在上海国立音专时的同学，当年他和母亲一样也是主修钢琴。陈、邵这段姻缘，想来应与母亲及夏承瑜有关，也许是闺蜜们一手牵的红线。陈传熙聪颖好学，后来兼修指挥，20世纪50年代被调往上海电影乐团，自此执棒四十余年，为几百部电影配乐演奏担任指挥。"陈传熙"一度成为中国电影银幕上出镜率最高的名字。

第三位是方秀卿，她来自一个中日混血家庭。父亲方宗鳌，祖籍广东普宁，早年留学日本，入日本山口县商业学校，后自明治大学商科毕业。回国后，他先后在几个大学教书，曾在中国大学做了十几年的教务长，后曾任伪国立北京大学法学院院长。母亲方政英（日本名字是古贺政子）1915年随丈夫定居北京，曾在大学担任日语教师，后渐渐融入中国社会，习得一口流利的北京话，还常以临摹王羲之的

《十七帖》为消遣，写得一手好字。方宗鳌有五子二女。长子方纪生刚一出生母亲即去世，他在乡间由祖辈带大，小时候蛀牙严重，做手术时在下巴上留下一个大疤，引为终身之憾。我看过一些韩家留下的老照片，一见到这个有些古怪的脸型就可判定这张照片是和方家有关系的。方纪生以下的弟妹均为方政英所生，拥有一半日本血统，方秀卿是长女。

方公馆位于宣武门外方壶斋5号，这个窄胡同的尽头就此一家，前后三进四合院，庭院的地面用青砖和石板铺就，花草繁盛，土润苔青。第一进院子左角生的一株白丁香，春日花发之时，全院便化作了"香雪海"。

方秀卿也是学音乐的。大约1934年，她从国立北平大学女子文理学院音乐系肄业，到日本东京音乐学院深造，师从德国著名音乐家尼凯夫人学习声乐。1936年，她回国后每星期去两次协和礼堂，跟着燕京大学一位音乐教员练习唱歌，还在一所小学教音乐课。

在闺蜜中，母亲和方秀卿家来往最多，因为方家和韩家是有亲戚关系的。母亲的嫂嫂方诗云也来自广东普宁方家，方秀卿叫她"四姐"。她应是方秀卿伯父的女儿，一直住在叔叔家。外公韩诵裳与方宗鳌是多年好友，后来他们又结为亲家，方诗云嫁给了韩诵裳的长子、我的大舅韩德章，成为母亲的嫂嫂。

方家的客厅多，前后各院都有，规模和功能各有不同。前客厅最正式，面积最大，沙发、地毯、窗帘、贴有墙纸的墙围都是西式的。下页这张照片的背景正是前客厅镶有菱形图案的西式落地玻璃门窗，可见方公馆当年气势不凡。

在我的记忆中，母亲原有三四本私人相册，开本大小不一，封面

摄于方家前客厅外廊下，由此韩家与方家的亲戚关系一目了然。
后排左二起：方文卿、方秀卿、韩德常、方诗云、古贺政子、韩德章、方纪生、方则慈、方鸿慈；前排中立者为方绍慈

装饰素洁，按照童年、少年、青年排列。最吸引我的是母亲青年时期的照片，让人看过一次就忍不住想再看。小时候的我常常要求看"妈妈的照相本"，这时母亲就从抽屉深处取出来，放到我伸出的双手上。埋头翻看之时，情不自禁，我口里会不断吐出惊艳之下的各种语气词："啊""哇""呦""啧啧""哎呀"。

让我惊艳的这些照片，不少是母亲与方秀卿的合影。母亲是美人，方秀卿也是美人，两人在一起的"双美照"非常养眼。可惜，这些照片在20世纪60—70年代都被母亲毫不犹豫地付之一炬了。让她担忧、害怕的不仅是"封资修"，还有由这些照片被追索出的和

方家的社会关系,这点让她更忧心。1937年"七七事变"之后,北平沦陷,方宗鳌即进入伪华北政务委员会任职,做过伪教育署署长、伪议政委员会秘书长,再加上他又娶了一名日本太太,被社会舆论认为是最先"附逆下水"的,进过汉奸名单。1940年7月,方宗鳌乘坐汽车途经一铁路道口,被道口栅栏拦住,一个学生模样的刺客从路边跳出来,开枪击中了他的面颊。方宗鳌被立即送往医院抢救,后来脱险。

抗战胜利后,国民政府开始处置汉奸,方宗鳌后来的命运如何,这段历史以何为结论,至今仍是一笔糊涂账。他的情况与"文化汉奸"周作人非常相似,两人都是当时的文化名人,都曾担任伪职,都娶了日本太太,但周作人被判刑,方宗鳌并没有,一直到新中国成立,他和他的家人始终住在方壶斋5号。只有大女儿方秀卿在1948年接受了在北平美国军事顾问团工作的爱德华先生的求爱,匆匆带上一只小皮箱,乘坐最后一班美国军用飞机飞离了北平,从此定居美国。

这次写作,我意外地收到了一封电子邮件,对方称自己是方则慈的儿子方书楣,方家的第三代,现定居澳大利亚悉尼。他也在寻根,从老照片、旧材料和老辈的口中,他发现他的大姑方秀卿和我母亲韩德常的闺蜜之谊,也发现了他的祖父方宗鳌和我的外公韩诵裳长达三十年的世交之情。他补充了这样一段往事:

> 1950年春节,祖父因感冒转肺炎,不幸病逝。祖父的葬礼是在家里办的。那时,家里已不富裕,又正值春节,银行关门,在上海美国米高梅电影公司任经理的三叔想为祖父办丧事,无奈因

银行放假无法汇钱给家里。可质地好的棺木又很贵，家中一时不知如何是好。幸好，祖父的好友韩诵裳老先生出资买了上好的棺木，并与他的公子（指韩德章）一同为祖父戴孝，来家里吊唁，抚棺大哭，送最后一程。

西河沿大街 7 号

20 世纪 20 年代中期，天津、北京、上海陆续开始了城市现代化建设，一批西洋式的高楼广厦拔地而起，其中以财力雄厚的各家银行办公大楼崛起最快，且造型豪华、装饰精美，往往落成不久便成为所在城市的地标性建筑。

坐落在北京前门西河沿大街 7 号的北京盐业银行办公大楼，就很值得一讲。这是一座钢筋混凝土砖混结构的三层楼房，以红砖墙为主调。大片红外墙上饰有粗大的白色腰檐和白色窗套。门窗的洞口较大，一层为弧形拱券，二层、三层为方型。这座建筑推测是中国工程师沈理源设计的，但整个造型仿欧美银行常见的风格。1932—1951 年，我的外公韩诵裳一直在这里办公，常年出入于那些被欧式廊柱装饰的大门和走廊。

北京盐业银行旧址 1995 年被立为北京市文物保护单位，保护牌上标注说这是中国民族资本成长的实物遗存。

盐业银行所在的西河沿大街位于前门外，护城河南岸，自明代起即称"西河沿"，那时街中多书铺，书画交易十分活跃。清代街内有了肉、菜、鱼市，后这些市场迁出，金店、银行等迁入，逐渐成为京城金融业的集中地。这条大街距离南柳巷不远，1940 年以前，韩诵裳一般坐洋车上下班，常年包车，雇着一位拉洋车的车夫。当时跑在西河沿大街上，可以看到路边还有门牌91号的察哈尔兴业银行、门牌9号的交通银行。

成立于1915年3月的盐业银行是由袁世凯的内弟、久任长芦盐运使的张镇芳创办的。这是一家私人资本的商业银行，与1917年成立的金城银行、1921年成立的中南银行和1919年成立的大陆银行合称"北四行"。"北四行"与北洋军阀有一定的渊源，均以华北为业务重心，并曾一度开展广泛的协作，合办"四行储蓄会"和"四行准备库"，联合发行钞票。1927年之前，盐业银行在"北四行"中实力最强，存款额曾一度位居全国私营银行之首。

盐业银行除了利用北洋军阀的背景发展业务、扩张势力之外，还与天津"八大家"关系密切。天津分行开业时，"八大家"中的杨、黄、石、卞等豪门大户纷纷入股，踊跃"堆花"。天津水陆通达，又有以盐业为主的经济条件，兼有通商口岸，便于分行吸纳民间游资，以多种方式掌控了大批纱厂以及航运、盐业、化工等企业。韩诵裳从中国银行辞职之后，旋即被盐业银行挖走，延聘为北平分行副经理，应该与他出身天津"八大家"的背景有关。

那时，盐业银行北平分行的营业重点在放款上，以北平电灯公司为主要对象，放款持续十二年之久，总数一说达四百万元。这个电灯公司的前身是京师华商电灯公司，创立于1905年。该公司有两处发电厂，旧厂在前门西顺城街，新厂在石景山永定河畔。发电厂所用之煤，大半是河北井陉烟煤，也有门头沟的无烟煤。这个电灯公司的总办是冯公度（名恕，号华农），他在河北有自己的煤矿。冯公度是京城知名人士，擅书法，京城诸多老字号的匾额均为他所题写，固有

"无匦不恕"之说。外公韩诵裳和冯公度很早就认识，1920年他们曾同时担任北京电器工业学校的校董。

据资料记载，20世纪30—40年代，北平电灯公司自石景山到北平城里有两条输电线路，还有两路高压线，一路送至门头沟，一路送至青龙桥。那时在青龙桥设有变电厂，向清华大学、燕京大学等地供电。这些线路供电情况一贯稳定，与盐业银行放款支持像冯公度这样的实业家，支持民营公用企业有直接关系。难怪曾听母亲说过："你外公很清楚燕大的电灯亮不亮。"

盐业银行北平分行还有一位特殊的人才——北平分行经理岳荣堃（号乾斋），人称"岳大爷"。他身材魁梧，四方大脸，麻面长髯，大嗓门，说话瓮声瓮气。他本出身贫寒，早先在京城前门西河沿一家金店当学徒，后来自己开了金店，从内蒙古运来金沙进行冶炼，发了大财。岳荣堃经商头脑灵活，眼界宽，在京津的官场和商界广交朋友，帮一些达官显贵买卖黄金或者将钱财存放在金店里吃利息，张镇芳就是其重要的客户之一。岳荣堃还是承办前清皇室典当抵押珍贵文物的中介人。1916年以后，前清皇室人员由于断了经济来源，只好逐年变卖宫中宝物度日，以物作抵押向银行借钱。岳荣堃究竟经手承办了多少前清皇室抵押品变现的业务？只能说不计其数。[1] 张镇芳创办盐业银行的时候，正是看中了岳荣堃的人脉以及他对中介、抵押、汇兑等业

---

[1] 网上至今都能搜索到一纸著名的前清皇室抵押合同：时间是民国十三年（1924）五月三十一日；签字人是内务府绍英、耆龄、荣源和岳乾斋；抵押品为金编钟、金册、金宝和其他金器，其中最珍贵的文物当属那十六只金编钟。日本人占领华北时，盐业银行将这些金钟藏来藏去，先是放在天津法租界，后来又藏在英租界"北四行"储蓄会的地下室小库房里，直到1949年后才收归故宫珍宝馆。

务的熟悉才特聘他担任分行经理。

岳荣堃名动京城，还与他在民国初年购买的一座大宅子有关。

在东四南大街与南小街之间，有一条胡同叫内务部街，胡同里有个四合院，晚清时原为明瑞府（也称公主府、驸马府）。这座府邸是一组坐北朝南的四进大院，按照"天地玄黄，宇宙洪荒，日月盈昃，辰宿列张，寒来暑往"（《千字文》）划成二十个小院子，共计三百来间房。院子北端还有一个阔朗的后花园，假山、亭台、涵洞、荷池，错落有致。岳荣堃住在这里的时候，大门上挂着牌子"山阳郡岳"，宅内有几十名仆从，里边院子套院子，假山的大涵洞连小涵洞，迷宫一般，据说都是当年他藏宝的地方。

韩诵裳正是与这样一位江湖人物共事多年。两人出身、学历、资历、品性截然不同，但一直相安无事，你办你的业务，我办我的业务，各行其道。1945年，岳荣堃病逝，后来韩诵裳接替他出任盐业银行北平分行经理。

蜗居北平　不就伪职

1937年7月7日，日本侵略军在北平附近挑起"卢沟桥事变"。7月底，北平、天津沦陷；11月，上海沦陷；12月，南京沦陷，日军制造了骇人听闻的南京大屠杀。

国破山河碎。中华民国的金融系统濒于崩溃，信用难以维持，多家银行的命运如风中的飞絮，一部分银行随国民党政府内迁，一部分银行在沦陷区处于日伪政府的管控之下，惨淡经营。

在这样的高压环境中，北平盐业银行本已业务萧条，而韩诵裳还需要应对一个更危险的局面。为控制北平的经济与金融，侵华日军在搜罗人才，拟筹建"中国联合准备银行"。三舅韩德扬回忆："有一个日本人，他不是军人，是个政治人物，叫黑田什么的。他和我父亲在日本东京时是同学，所以来中国以后就动员我父亲出任当时日伪的'联合准备银行'总裁、行长。"还有几位老熟人也登门游说，想拉韩诵裳出来。三舅韩德扬提到过那时到南柳巷25号游说的三个人的名字：王克敏、王揖唐、汪时璟。

我查了一下他们的背景，原来三人先后留学日本，与韩诵裳同为留日海归：王克敏1900年是以中国留学生监督的名义赴日的，王揖唐1904年赴日本东京振武学校学习军事，汪时璟1916年入日本陆军经理学校高等科第二期学习。其中两人还曾在中国银行供职，先后与韩诵裳成为同事：王克敏1917年出任中国银行总裁，在此任上他因记忆力惊人，能背诵簿记的数目字，被人称为"活账本"，又因擅长聚敛钱财，被称为"钱鬼子"。汪时璟从日本留学归来后曾先后担任中国银行武汉分行副经理、沈阳分行经理。

再搜了一下这三个人的生平，我惊出了一身冷汗：原来他们都是历史上铁板钉钉的大汉奸。

王克敏1937年12月14日出任日军扶植的傀儡政权伪中华民国临时政府行政委员会委员长一职，1940年3月又出任伪华北政务委员会委员长。1945年8月，日本投降后，王克敏被国民政府以汉奸罪逮捕，1945年12月25日于狱中自杀身亡。

王揖唐在抗日战争时期公开投敌，官至伪最高国防委员会委员、伪全国经济委员会副委员长、伪华北政务委员会咨询会议议长。1948年9月10日，以汉奸罪在北平姚家井第一监狱被处以死刑。

汪时璟则接受了日本军方的委任，出面组建"中国联合准备银行"，1938年1月在北平松树胡同成立办事处，从中国银行沈阳分行调了大批人力开始筹备工作。之后他担任总裁，掌握华北财经大权达八年之久。抗战胜利后，汪时璟被国民政府以汉奸罪逮捕，判处无期徒刑。1952年8月12日，他病死于上海提篮桥监狱。

万幸外公韩诵裳没有接受日伪政府的这个差事。据三舅说："我母亲坚决反对，她说：你要是出来做这个，我拉着孩子们就走。"

外婆高珍从来不大声说话，遇事向来沉得住气，怒而不言，喜而不语，老辈人评价她：处变不惊。可这次对于韩诵裳是否接受日本人的差事，她一改往常的轻声慢语，放出重话："我拉着孩子们就走。"一语定乾坤。韩诵裳自此在这个问题上泾渭分明，态度坚决。

二舅韩德刚对当年的事也记得很清楚："父亲结交广，三教九流无所不包，但绝不做汉奸。他与王克敏是世交，通家之好，家眷互有走动（我没有查出韩家与王家的这层关系），但他几次来劝，我父亲都坚决不从。"

1945年8月10日，我的姨姨韩德庄在她的日记本上写下了这样一段：

> 晚上二点钟刚迷糊入睡，被一个声音惊醒了。"浣薇，降服了！浣薇，降服了！"原来爸爸刚回来，还没开门在院里就嚷上了。

一个具有历史意义的镜头，被姨姨用文字记录定格了。

交友见心性

韩诵裳长期供职银行业，社会交际面广，外婆高珍说："你外公平时不在家，家里见不着人，礼拜天也是有饭局、牌局的。"

他的朋友圈是些什么样的人，这也是我感兴趣的问题。因为要了解一个人的心智和品性，从其交友上可见一二。那么，谁是外公的牌友，谁是南柳巷25号的常客呢？前文已经发现了两位——夏仁虎和方宗鳌，下文继续探寻。

第一个浮出水面的是张伯驹。是的，就是那位集收藏家、书画家、诗词家、戏曲家于一身的名士张伯驹。我恍然大悟，原来外公自中年以后迷上了收藏字画是受张伯驹的影响。当然，他与小自己十四岁的张伯驹，还有更深一层的关系。

这要从张伯驹的身世说起。张伯驹幼年时即被生父张锦芳过继给伯父张镇芳为子。张镇芳曾出任晚清最大的盐官——长芦盐运使，与盐业打了几十年交道，以善于理财出名，还署理过直隶总督、当过河南都督。他还是袁世凯的内弟，袁家的小辈称他"五舅"。民国初年，他协助袁世凯称帝、张勋复辟，失败后避居天津，弃政从商，创办了盐业银行。张镇芳是盐业银行的老东家，张伯驹正是盐业银行的少东家。张伯驹从1925年协助父亲打理银行业务。

1932年，韩诵裳在盐业银行北平分行副经理任上时，张伯驹已迁居北平，住在父亲张镇芳购置的一个大四合院里：西四弓弦胡同1号。1933年，张镇芳去世，张伯驹成为盐业银行最大的股东，但他生性博雅通脱，心怀坦荡超逸，对时政意兴阑珊，对经商也无多大兴趣，他把总经理的位置交给吴鼎昌来做，自己甩手当了个总稽核，只求守住家业即可。当时社会上流传说"大少爷办银行是大怪人办银行"。幸亏吴鼎昌熟谙金融业，一度把盐业银行经营得风生水起。

张伯驹从盐业银行头绪繁多的业务中发现了一个闪光点。那时，岳荣堃作为中介人承办着前清皇室典当抵押珍贵文物的业务，因此有大量书画珍品被抵押在盐业银行。张伯驹经常接触这些书画，渐渐对研究、鉴赏和收藏名画、墨宝产生了浓厚的兴趣。

弓弦胡同1号被命名为"丛碧山房"，就与一次墨宝收购有关。1927年，张伯驹在去银行的路上，一时兴起，拐进了琉璃厂的古玩字画店。他一眼就相中了一件康熙皇帝御笔亲书的"丛碧山房"，没有丝毫犹豫，也不讨价还价，拍出一千块大洋就将这件作品收入囊中。因为太喜欢这幅字了，张伯驹将自家宅院命名为"丛碧山房"，后来，他把自己的号也改成了"丛碧"。这是他文物收藏生涯的开始。那时他还不满三十岁。

丛碧山房的宅院模仿颐和园排云殿规模建造，雕梁画栋，亭台楼阁，游廊宛转。庭院里遍植竹林芭蕉，廊前摆满盆花。

丛碧山房经常高朋满座，文人雅士荟萃，被称为"中国现代最后的名士生活圈"。韩诵裳应该是这里的常客。张伯驹喜好诗词，经常结诗社词社，唱酬应和。与他一起挑头结社的夏仁虎（枝巢），正是韩诵裳的好友和经常走动的邻居。当时京津两地一些书法家、画家也在丛碧山房聚会。外公韩诵裳留给我母亲四张花卉条屏：一幅松枝，一幅芭蕉，落款署名石雪；一幅菊花，落款署名石雪居士；还有一幅山茶花，落款为徐宗浩，上面题着"诵裳道兄雅正"。石雪、石雪居士与徐宗浩其实是同一人，而徐宗浩正是与张伯驹同时代的著名书画

20世纪30年代的张伯驹，玉树临风，没有一丝烟火气

家、收藏家。他于书画篆刻、吟咏鉴藏，以至装潢字画碑帖等无所不精，当年经常出入张伯驹先生的丛碧山房。此外，至今在网上还可以搜到陈半丁为韩诵裳篆刻的印章，而陈半丁也是丛碧山房书画家结社的中坚人物。

据舅舅们回忆，张伯驹经常来南柳巷，还带着他的夫人潘素一起来。二舅说："他的太太潘素，曾是青楼头牌，后来画得一手好画。我母亲看不起她，说'不是正路子'。潘素经常来南柳巷，我母亲不能不接待，但不在正堂，而在侧房。他们家也常请客，我母亲从来不去，说'不与潘素同桌'。"

张伯驹还是有名的京戏票友，擅长老生，师从余叔岩学过戏，和梅兰芳同台唱过戏。他还与梅兰芳、余叔岩等组织了"国剧学会"。

舅舅们说:"父亲不爱听戏,但与梅兰芳多有往来。梅兰芳送给父亲一幅自己画的梅花。"我猜想这也是因为韩诵裳进入了张伯驹的这个朋友圈吧。

当然,韩诵裳、张伯驹去的最多的地方还是当时的古玩汇聚中心琉璃厂,这里有荣宝斋、一得阁、德古斋、庆云堂等。

二舅说:"收购字画门道很深,张伯驹是行家,真懂,我父亲却老上当。他以为买的都是真品,还挺得意。他在琉璃厂的荣宝斋、德古斋受骗不少回。"

三舅也说:"1949年以后,荣宝斋的人来了说:'韩先生,我们卖给您的画,现在得跟您说真话,没有几幅画是真的。'但我父亲1963年去世后没几天,荣宝斋的人就急慌慌地赶来南柳巷,翻腾那几箱字画,挑来拣去,抢着回购。据他们说,只有一副林则徐写的对联是真的,却拼命压价,说什么越是真的越不值钱,因为真的不能出口。书画摊了一地,正在讨价还价之际,忽然门口报告:'邓大姐来了!'我母亲摆摆手,十二块钱就卖了。荣宝斋的人一看到周总理的夫人来了,也赶紧夹起对联溜走。后来听说荣宝斋转手就把林则徐这副对联卖给邓拓了,也不知赚了多少钱。"

1946年,张伯驹为了从古董商人马霁川手中购下隋代大画家展子虔所绘的《游春图》,变卖了弓弦胡同的老宅,一家迁至燕京大学西门外的承泽园。收购《游春图》又是一段故事。隋代大画家展子虔所画的《游春图》(绢本,青绿设色)卷前有宋徽宗赵佶题写的"展子虔游春图"六个字。画面描绘了人们在春光明媚的季节踏青游玩的情景。在设色和用笔上,充分展示出"青绿重彩,工细巧整"的风格。原来由宫廷收藏,后来流落民间,被古玩商马霁川所得，他想将《游春图》卖到国外。当听说这件"国宝中的国宝"可能流失海外时，家道已经中落的张伯驹马上找到故宫博物院，希望能由国民政府和故宫博物院出面购回，但国民政府无暇顾及，故宫博物院财力困窘、无能为力。张伯驹最后心一横，把"丛碧山房"卖了，又求妻子潘素卖掉了一批首饰，自己买下了这幅"天下第一画卷"。

张伯驹搬进承泽园之后，难掩收藏展子虔《游春图》的喜悦，立马把承泽园改名为"展春园"了。张伯驹举家迁居之后，与南柳巷韩宅相距甚远，但与韩诵裳仍多有往来，韩家小辈也跟着沾光。当时盐业银行的这两位老板出行都已配备了小汽车。我的姨姨韩德庄1945年考上了燕京大学，在她的日记中，仅1947年5月这一个月里就几次提到"搭张伯驹的小汽车进城"。

1956年，张伯驹把一百一十八件顶级字画文物捐献给了国家，包括西晋陆机《平复帖》、隋展子虔《游春图》、唐杜牧《张好好诗》、宋范仲淹《道服赞》、宋蔡襄自书诗册、宋黄庭坚《诸上座帖》、元赵孟頫《千字文》等。在乱世民国，为了收藏这些文物，他几乎耗尽了全部家财。

张伯驹说："予之烟云过眼，所获已多。故予所收蓄，不必终予身为予有。但使永存吾土，世传有绪。"[14]

韩诵裳其他的牌友和客人就比较复杂了，既有留日派的老同学、银行界的老熟人，也有家族的远亲近戚。舅舅们说："爸整天打牌，娘不高兴，警告我们一律不准沾麻将。"

不过也有例外，韩诵裳的同乡兼前同事、中国银行天津分行经理孙明哲还能入外婆高珍的眼。他后来还和韩家结了儿女亲。二舅描绘了一个有趣的场面:"我父亲爱打牌,饭局应酬多。东兴楼的伙计们都知道:'韩大爷来了,上余散丹[1]。孙一爷来了,上黄花鱼扇儿[2]!'一听伙计吆喝,韩大爷出手就给小费,特别大方。"

东兴楼在当年被称为"八大楼之首",是京城最高档的饭庄,坐落在市中心一个前出廊后出厦的大四合院里。孙明哲为什么被伙计们称为"孙一爷"?原来孙家祖上也是津门大商号,清朝初年,孙明哲的曾祖父孙起枝从事海运和米面经营,他的商号名叫"永盛厚"。孙起枝有两个儿子,一子孙浩继承了"永盛厚",另一子孙治创立了"增兴厚"米面铺,后来又创立了"增记"米面铺。到了同治年间,"永盛厚"和"增记"先后倒闭,只剩下"增兴厚"生意还不错,于是从东郊迁到市内,先在东浮桥(现金汤桥)西,后来搬到西大湾子。

"增兴厚"迁到市区后,掌柜的已由孙治的儿子孙俊卿接手,他在家族大排行中行八,人称"八爷"。孙八爷大刀阔斧,改造了原有的经营模式,1933年成立了天津寿丰面粉股份有限公司,后成为华北最大的面粉生产企业。他还首次采用了产品质量分级体系,通过包装的差异来区别产品质量,于是市场上出现了泰丰"绿桃"一等粉、"红桃"二等粉、"蓝桃"三等粉,还有无商标、白袋子的四等粉。孙八爷成为天津的"面粉大王"。可惜事业有成的孙俊卿没有子嗣,他的七哥把自己的两个儿子过继给了他,一个儿子叫孙明鉴,又

---

[1] 余散丹是东兴楼一道独家特供菜,正名叫作"汤爆散丹"。用滚开的高汤,把散丹爆熟,并搭配香菜梗,撒上胡椒末。散丹是羊的瓣胃,口感非常脆嫩。
[2] 黄花鱼扇,正名叫作"软溜黄鱼扇",天津菜系代表作之一。其主料黄花鱼大片经烹制后,鱼皮遇热收缩略卷曲,色泽浅金黄,其状如扇贝形,鱼肉鲜嫩,味甜酸略咸。

名孙冰如，担任了泰丰公司的副经理，后来接了八爷的班。另一个儿子就是孙明哲，他走了出国留学的路。孙明哲在孙家第四辈中大排行为"十一"，按照天津的叫法，排行老大的称大爷，排行十一的称"一爷"。

孙明哲早年就读于南开中学、清华大学留美预备班，后官费派遣至美国费城宾夕法尼亚大学修读经济学，并在美国银行工作。1925年，他回国以后即进中国银行任青岛支行经理，此时韩诵裳正在中国银行大连支行经理任上。

在后人的回忆中，这位留过洋又当洋差的天津富商子弟，打的一手好太极拳，酷爱中国烹饪，几乎吃遍了天津、北京城里的饭馆。他与天津"杨柳青"王家的一个女儿结婚，生有四子二女。长子孙方（孙会方）在读中学时就参加了"一二·九"学生运动，加入了中国共产党，1938年远赴西南联大上学，和家里断了音讯，听说不久即投笔从戎参加了新四军。1946年1月，孙方回到北平时，身份已是军调部中共代表团叶剑英团长的秘书。同年10月，他去了延安，1949年后再回北京的时候，他以开国上将李克农女婿的身份随李家搬进了北京东城米粮库胡同的一个大院里。无巧不成书，这处住宅的斜对门，另一个大院里就住着他的父亲孙明哲。孙明哲这时已经从天津搬到了北京，和韩诵裳也结为了亲家，他的二儿子孙会元与我的姨姨韩德庄订婚了。由于父辈有几十年的交情，他俩从少年时代就彼此熟悉了。

1948年10月17日前后，外公韩诵裳虚岁六十五。为祝寿，韩诵裳带着全家人最后一次进照相馆拍摄全家福。

后排自左至右：韩德刚、徐献瑜、韩德扬；中排自左至右：
韩达明、韩德常、韩德章、方诗云、韩德庄；前排坐者为
高珍和韩诵裳，站立者为徐泓

这张照片还是"同生"照相馆的作品。这家照相馆早已从廊坊头条迁至王府井大街，但始终保持着自己的看家手艺：用光柔和、光线富有层次感。

照片中，站在中间、梳偏分发型、目光没有和大家保持一致的小女孩就是我，外婆两只手握着我的右胳膊。

外公韩诵裳时任盐业银行北平分行经理。大舅韩德章执教于清华大学农学院，我爸徐献瑜任燕京大学数学系主任，二舅韩德刚在辅仁大学读书，姨姨韩德庄在燕京大学读书，三舅韩德扬在南开大学读书。

男士们都着西装打领带，女士们每人一袭合身又素雅的旗袍，既

尊严体面又温馨祥和，完全看不出当年的时局已经到了共产党和国民党决战的关头。

1948年10月17日，长春宣告和平解放；11月2日，沈阳解放，同日营口解放。辽沈战役胜利结束。11月9日，锦西、葫芦岛地区的国民党军队从海上撤至关内，至此东北全境解放。两个多月后，1949年1月31日，北平宣告和平解放。

这张照片为即将永远逝去的一个时代留下了最后一份记忆。

短暂从政

1949年初春，中国共产党开始紧锣密鼓地组建新政权。北平市人民政府需要在工商界选择一位代表人物，韩诵裳被选中了。

二舅、三舅共同回忆说："当时的北平市长兼军管会主任叶剑英找我父亲谈了一次话，说他们调查发现北平所有这些银行经理都不怎么规矩，都是倒黄金、美钞的，只有韩经理还比较清廉。"

于是，韩诵裳先进入了北京市工商联筹备委员会，担任了北京市工商联副主任委员。我查到了史料：1949年11月15日，北京市工商联推选出主任委员傅华亭、副主任委员浦洁修、凌其峻、刘一峰、韩诵裳，秘书长孙孚凌。随后在北京市第二届第一次各界人民代表会议上，韩诵裳当选为北京市人民政府委员。

综合各家媒体的报道，北京市第二届第一次各界人民代表会议于1949年11月20日至22日在中山公园中山堂召开。参会代表一共425人。其中，政府代表15名，选派代表325名，邀请代表85名。人民团体和机关工作人员代表超过总人数的70%。在人民团体中，工人代表 80 人，占第一位；工商界代表 57 人，占第二位。妇女代表占到了总人数的 13%。

按照民主协商的原则，全体代表以无记名联记投票方式选举北京市市长、副市长、市人民政府委员。选举结果当场宣布。聂荣臻当选为市长，张友渔和吴晗为副市长，薛子正、牟泽衔、罗瑞卿、程宏毅、王文斌、梁思成、严镜清、翁独健、韩诵裳、徐楚波为政府委员会委员。12 月 9 日，新政府宣誓就职。

当时坊间还对进入新政府的五名非中共人士有所分析。梁思成的当选，舆论普遍认为是新政府要对教育和建设事业下大力气了。其他四位，严镜清代表医药界，翁独健代表高等教育界，韩诵裳代表工商界，徐楚波代表中小学教育界。

二舅韩德刚说："我看到过父亲任北京市第一届人民政府委员会委员的证书，上边有叶剑英的签字。"他还说："父亲去开会非常认真，拿个本子记录，为金融界确实做过一些工作。"

两年以后，这个班子的人员组成又有新的变动。《人民日报》1951 年 10 月 1 日刊登的中央人民政府委员会第十二次会议通过的各项任免名单，其中有关北京市的部分如下：北京市市长为彭真，市政府委员会委员由原来的十名增至二十六名。韩诵裳仍然名列其中。

在韩诵裳亲笔写的履历中，对这段经历的表述是："1949 年被选为北京市人民政府委员会委员；1950 年兼任北京市人民政府监察委员会委员及财政经济委员会委员，是年 12 月因病请假。"也就是说，外公实际从政的时间很短。

在 1950 年韩诵裳告病请假的前几个月，他还参与了新中国第一个公私合营的投资公司的组建。有关资料显示，北京市兴业投资股份有限公司[1]1950年5月29日成立筹备委员会，乐松生是主任委员，韩诵裳、傅华亭为副主任委员。9月1日，公司成立，股东会选举产生二十三名董事，其中公股有贾星五等七人，私股有傅华亭、韩诵裳、乐松生等十六人。

翻查了一堆史料，我发现新中国成立初期，韩诵裳确实被列入了中共统一战线的名单，给了他较高的社会地位。三舅说："后来我们一度听说酝酿让父亲当北京市副市长。崔月犁那时候是北京市委统战部部长，是崔月犁找他谈的。老爷子说身体不好，而且也不愿意做这个，后来是乐松生做了。"

作为北京市工商界代表人物，与韩诵裳同时被列为重要统战对象的还有乐松生和傅华亭。乐松生是同仁堂第十三代传人，1948年接任同仁堂经理。1954年，同仁堂率先实行了公私合营。1955年初，北京市市长彭真亲临同仁堂会见了乐松生，毛泽东和周恩来又在中南海接见了乐松生。同年，乐松生出任北京市副市长。1956年，乐松生代表北京工商界登上天安门城楼，向毛泽东递交北京市私营企业全面实行公私合营的喜报。

傅华亭原来是北平市唯一面粉厂的总经理，先后担任过北平市财政局局长、北平市机制面粉业同业工会理事长、北平市粮食市场

---

[1] 查资料发现，兴业公司在成立当年即募集到第一期股金100亿元，其中公股30亿元，私股70亿元，私股股东有500余户。兴业公司用这笔资金扶植了一批濒临倒闭的老字号，如全聚德、丰泽园、鸿宾楼等，又先后从上海、天津等城市引进老正兴、四川饭店、义利食品公司等著名企业，还筹资、设计、建成了联合饭店、前门饭店、全国工商联办公楼等大厦。其中建在王府井大街金鱼胡同的高档涉外饭店联合饭店，规模与水平仅次于北京饭店。1952年10月，亚洲及太平洋区域和平会议在北京举行，联合饭店圆满地完成了接待来自37个国家和地区的367位代表的任务，自此更名为和平宾馆。

整理委员会主任委员。他走的是民主党派从政的路子。1948 年，他加入中国国民党革命委员会，1949 年加入中国民主建国会，之后一路高升，担任民建北京市分会第三、第四届副主任委员和第五届主任委员，北京市工商联第一、第二届主任委员，全国工商联第一届副主任委员。

看来外公韩诵裳有点"不识抬举"，他以生病为由，在仕途上急流勇退，也没有参加任何民主党派以图进取。1951 年，他与盐业银行的关系也结束了。他在简历中写道："因久病不愈，盐业银行准予辞职退休。"这一年 9 月，盐业银行在社会主义改造浪潮中加入了"北五行"联营联管，又于 1952 年 11 月加入私营金融业的全行业公私合营，从此完成了历史使命。

也是在这一年，张伯驹参与了盐业银行公私合营前的资产评估，以个人无股票不能再任董事为由，退出了他父亲一手创办的这家银行。两袖清风，净身出户，这位盐业银行的少东家走得好生洒脱。

居家养病

韩诵裳个人简历的最后一句是"1952 年：现在家居养病无职业，市政府职务迭经辞职均予慰留"。

这份简历写于 1953 年，此时他六十九岁。所被慰留的市政府职务主要指北京市人民政府委员会委员以及兼任的北京市人民政府监察委员会委员及财政经济委员会委员。这些头衔在不久以后进行的换届中自然就被免去了。他以社会贤达人士的身份还留在北京市政协常委的名册中，1959 年又进入了第三届全国政协委员的名单。虽然不领工资，但每月有公家发的两百多元生活费，相当于当时大学二级、三级教授的工资水平。

这一年的9月，我上小学一年级了，开始对世界有了比较清楚的记忆。

那时候每年春节，母亲都带着我们进城给外公外婆拜年，这是生活中的一件大事。南柳巷25号对我们有着奇妙的吸引力，那里有太多和自己家里不一样的地方。两扇大门临街向东开，门前两旁有门墩、上马石。迈过高门槛，走进门厅，两旁有长两米左右的"懒凳"（凳身较矮，凳面用整木做成）。门厅的西面上方悬有"五世同堂"的匾。

出门厅就是正院，20世纪50年代我们去时正院还有一道"┐"形的木墙，遮住了五间大客厅，以及有一排坐北朝南的正房的长条形后院。这些房屋和院子都已实行社会主义改造，经租给中华书局做职工宿舍。外公家只留下南院的正、偏两套小院，共二十八间半房，占南柳巷25号房舍的近三分之一。

沿院子里的石板甬道左拐向南，上台阶，进一道廊子，迎面四扇绿漆门，正是大姑婆、大姑老爷（韩俊华、李莲普）的李宅。沿廊子继续向西走，没有多远，再上台阶，跨进一道对开的门，就是外公韩诵裳的家了。

曲径通幽，还要先走上一小段弯弯曲曲、雕梁画栋的中式游廊方能进入。廊的一边有假山石、葡萄架、枣树。廊檐的终点处，左边的山墙下蹲着一只青铜水缸，里面有时养荷，有时养鱼（后来我才知道水缸其实是防火用的）。从这儿再上两步台阶，就进入外公外婆住的正房那宽大的廊檐了。

正房三大间，两进格局，上有梁，下有隔扇，东西间前后都各有两扇大玻璃窗，明亮宽阔。正房三间当中的那间是客厅，我们拜年就在这里。进屋是一个大硬木方桌，围着数把椅子，人多吃饭时，可以立起四边成为圆桌；左右各有通向东西两房的木门，门旁有木制隔扇，每个隔扇都交错裱着一书一画，书是外公韩诵裳的行书，画则是外婆高珍的山水。再往里，一对摆放古董的雕花硬木玻璃柜，分别立在左右两边，柜里收藏着各色鼻烟壶、印章和官窑瓷器。再往里走就到了客厅最里边：一铺大炕紧靠着两大扇玻璃后窗，明亮的光线洒进来；炕沿很宽，炕上铺着厚厚的褥子，上面放着硬木炕桌、靠垫，炕两头立着通顶的推拉门式壁柜。这是我们最稀罕的去处，每次都要抢着爬到炕上玩，饭后挤在炕上睡午觉。

外公家正房前有廊，廊外有檐，檐下有宽宽的好几级石阶。站在廊檐下，眼前是一个方砖墁地的院子，右边两间东屋当年是三舅家的住处，左边一溜儿西屋（又称"花厅"或"九道湾"）是大舅一家的住处。对面，上几级高台阶后可以看到一间房，被称作"藏书楼"，其实只有一层。我的表弟李楯（大姑婆韩俊华的孙子）小时候随我外公上去过，他说里面放着木制的书架，摆满了线装书。

北京的四合院讲究花木葱茏。最常栽的花木类是丁香、榆叶梅、海棠，攀藤类是葡萄、藤萝，乔木类的是枣树、槐树。这些外公家院子里几乎都有：左边是一大架藤萝，底部那粗壮的主干大人用两手都握不住；右边是一大株白丁香树，半个院子都树影婆娑；满院子还有不少花，地里栽着芍药、茉莉、牡丹，沿墙种着一长列的玉簪，廊子、台阶上摆放着盆栽的菊花。

1954年的暑假，我在外公家住过一个礼拜，国庆节我和大弟弟徐澂为看天安门礼花烟火又在外公家住了两天。这下可有机会把外公

爷爷和孙女（韩渤鹏、韩德常）
在南柳巷家中

家转了个遍，院子、回廊、廊檐、假山、正房、厢房、后院夹道的房间、"九道湾"，以及带着大灶的中式厨房，有抽水马桶、浴缸、锅炉的西式厕所（老辈人称为洋茅房），每处都令我们好奇，忍不住跑进去打量。

当然，我那时最好奇的还是进大门时正院里那道"┐"形木墙挡住的部分，后面有一大片经租充公的房子。我只是在老照片上看过它们的模样，在那后边应该有一处架着竹篱笆门的大院子，母亲小时候留下不少在院里玩耍的照片。不知母亲的闺房是否也在那边？可惜，我始终没来得及探寻，以至于这个遗憾至今还偶尔会入梦而来：小小的我，走到了从来没有见过的南柳巷25号的正院和后院，在一片影影绰绰中东张西望，寻找母亲当年的闺房。

这个夏天和国庆节，我和外公外婆在日常生活中有了更多的接触。

外公是个不苟言笑的老人,胡子刮得干净,微谢顶。正房的西屋后窗下,摆着一张大理石面硬木中式书桌,下面带有脚踏。外公经常端坐在一把太师椅上,面对笔墨纸砚,做每日的功课。他给我布置的暑假作业也是描红模子。

外婆比外公年轻很多,她爱穿颜色素洁的斜襟袄儿,肤色白皙,举止文雅,言语温和。正房东屋的前窗下,也有一张大理石面硬木中式书桌,外婆每天在这里研墨运笔,手把手教我画竹子:竹节、竹枝、竹叶,我一笔一笔学。外婆说:"画竹最与书法相通。"

外婆喜欢花。她常走出大门,在胡同里卖花的挑担上买几个白茉莉花骨朵穿成的花串,别在自己的衣襟上,拴在我的衣扣里。晚上坐在院中乘凉,众人身上戴的花串清香袭人。

外公家的书多是线装的,有全套的《本草纲目》《芥子园画谱》,其余的则是成套的文史资料,成套的《良友画报》,此外还有一些西洋画册。据说外婆学过油画。我找不到想看的,就到三舅房里的书架上翻,翻出一本竖排刻印本《脂砚斋重评石头记》,捧着它坐在廊下很吃力地啃。外婆看到了,把书收了回去,说:"你还小,不宜看这种书。"第二天,她就带我到琉璃厂的中华书局,给我买了两本书:简写版《史记》和《左传》。等到我回家时,外婆又送我了一本《芥子园画谱·竹谱》。

后来我才知道,外婆虽为女儿身却怀男儿志,她从来不爱看《红楼梦》,却爱看《三国志》,并为书中的忠义之举落泪。

南柳巷离天安门广场不远,我们站在自家的院子里就能看到夜空的灿烂。

我和弟弟住在东厢房大舅屋里。这里有一个长长的过道,通向尽

我和大弟弟徐濚在外公家，摄于1954年国庆节。那年我八岁，弟弟四岁。后排正中站立者是外公韩诵裳，他一身中山装，领口扣得严严的。他不看镜头，目视前方，一副高瞻远瞩的姿态。右一坐者是外婆高珍，她微微侧着头，低眉含笑。左一坐者是大舅韩德章的女儿韩达明，我们称呼她"达明姐姐"。前排站着的就是我和弟弟

头宽敞的正房，过道的两边都是小格子间。我和弟弟分别睡在两个格子间里。这套房子就是"花厅"，也就是所谓的"九道湾"，它有三十六扇窗户，格局很巧妙。当年还是高中生的达明姐姐去参加广场联欢，半夜回来时蹑手蹑脚地进门，老式的木门"咯吱"一响，惊醒了我，她轻声说："泓泓，是我，睡觉啊！"她又到对面的格子间看了一眼熟睡的弟弟，然后一闪身进了里屋。

弟弟来住，外公和我们相处的时间多了一些。韩家重男轻女，弟弟是外公的第一个外孙子，自然金贵得很。记得母亲多次提过，百天以后，她抱着弟弟回娘家，外公端详着襁褓中的弟弟，连连说："比

十八人的大合影。照片中，外公和外婆并肩端坐正中。两人怀里各抱一个小孩，外公抱的是大舅韩德章的小儿子韩晓明，外婆抱的是三舅韩德扬的女儿韩艺思；外婆右边两位是姨姨韩德庄和姨夫孙会元。从姨夫俯身进入镜头的姿势来看，他是这张照片的摄影师。最前排坐在台阶上的从左到右是我家老三徐潊、老二徐溶、我、老四徐浩以及达明姐姐；后排站立者从左至右依次为二舅韩德刚、大舅韩德章、大舅妈方诗云、我的母亲韩德常抱着我家小五妹徐浣、三舅韩德扬以及我的父亲徐献瑜。照片中只少了一人，那就是三舅妈刘璐，她当时在中国科学院语言研究所工作，1954年1月离京去云南出差，直到1956年夏末才回来

下去了,全都比下去了。"得意之态,溢于言表。弟弟的名字也是外公起的。"澂,清也。从水,徵省声",是个古字,形容水清而静。60年代弟弟去黑龙江兵团插队时,嫌这个字太偏,把它改为成功的"成"了。

一年以后,在与上张照片相同的地点——外公家正房廊檐下,留下了上页这张十八人的大合影。这张照片应该是1955年10月16日拍摄的,是一个礼拜天,第二天——10月17日就是外公七十一岁的阳历生日。韩家三代聚会,为外公祝寿。

说到为外公祝寿,必然要说到韩家人最爱吃的打卤面,这个嗜好保留了津门的习俗。按照老天津的规矩,为老人做寿或者结婚必备的吃食就是打卤面。此外,旧历年初二是"姑爷节",女儿带女婿回娘家拜年,也讲究吃打卤面。我们跟着母亲去外公家,不是为外公庆生,就是给外公拜年,因此回回都吃打卤面。

外公家的打卤面好吃,面条筋道,面卤地道。香菇、木耳、黄花菜、肉片、虾米加上好汤煮,勾芡收汁成卤,再把鸡蛋打匀甩在卤上;起锅之前,用铁勺炸点花椒油,趁热往卤上一浇,"嘶啦"一响,椒香四溢,成了。据说,吃正宗的津味打卤面,还需加一点儿天津的独流老醋。此醋与山西陈醋、镇江米醋齐名,有三百多年的酿造历史。

我不记得当时吃的是什么醋了,但记得即便吃打卤面,桌上也一定会放一小碗炸酱。外公家的炸酱面更让我们大饱口福。猪肉丁炸酱香味喷鼻,周围摆着好几碟"面码儿":青蒜、香椿芽、掐菜、青豆、小水萝卜缨、焯过的鲜豌豆、黄瓜丝、扁豆丝、韭菜段等。炸酱面讲究冷天吃"锅儿挑"热面,热天吃过水凉面。我们冷天去的多,自然吃"锅儿挑"热面。

韩家吃面有一景：外公鼻尖出汗，我母亲鼻尖出汗，我们兄弟姐妹几个都鼻尖出汗。众人吃寿面时，大桌围着一圈人，每人面前一碗热面条：打卤面、炸酱面。呼噜呼噜吃得尽兴，吃得热气腾腾，老少三辈个个鼻头上汗珠晶莹。

鼻尖爱出汗，是韩家的遗传密码。大舅韩德章也爱鼻尖出汗，据老人们说，当年他结婚的时候，几个姑太太都提醒他："别出汗！别出汗！别出汗！"

韩家人爱吃面，各种面条都能招呼。二舅到老了还记得："琉璃厂边有一个哈记牛肉面，是哈氏兄弟开的，还卖北平最出名的风筝'沙燕儿'。在那里吃面的人，蹲在地上，端着大海碗，挑起的面条特粗，像铁条儿。"最能欣赏饭菜的五姑姥爷梅贻琦，在他的日记中屡次记有"去韩府食面"。

这次过完生日，外公家就没有再照过全家福了。

转年就是 1956 年，从那以后平静的日子一去不复返，政治运动的风声越来越紧，对知识分子的思想改造一波接一波。我的父母和三位舅舅都在大学里教书，均或深或浅地被时代潮流裹挟，惶恐、紧张又忙乱。姨姨韩德庄和姨夫孙会元也于 1956 年 7 月随农垦部部长王震到黑龙江牡丹江农垦局下放锻炼。

南柳巷 25 号凋零了。

外公晚年居家养病，身体一年不如一年，心情如何已无从得知。我猜想他可能有许多不解。老友张伯驹向来不问政治，但后来他表达了态度，加入了中国民主同盟，支持学生们的反饥饿、反内战、反迫害运动；北平解放前夕，他与一些社会名流呼吁保护古城，为和平解放北平奔走斡旋；1956 年，张伯驹更是把一百一十八件顶级字画文物捐献给了国家，但 1957 年他却因所谓的"宣扬坏戏"莫名其妙地被划成了右派，从此命运多舛，一度漂流在东北。

外公的另一位老友、亲家孙明哲也被划成了右派。这位富商子弟留美归国后，一直从事金融业。他拒绝和日伪合作，也拒绝了国民党政府为他安排的海外高薪工作。他的哥哥孙冰如应该算"红色资本家"。孙家所控股的两个寿丰面粉厂 1948 年抵制了国民党政府要求企业南迁的命令，响应共产党的号召，围城的炮声刚落就开工生产，加班加点，在天津解放后的第一个春节让老百姓吃上了饺子。

1955 年由周恩来总理指示，经中央统战部推荐，孙明哲担任了中国进出口公司专员。1957 年，他响应"大鸣大放"的号召，对外贸口的一些官僚主义现象提了点意见，不幸"落网"。住在对门的亲家李克农将军也救不了他，因为李克农连自己的女婿也保护不了。孙方 1957 年也被划为右派，下放北大荒劳动两年多。孙方去世后，在生平介绍中对这一段遭遇盖棺定论为"遭康生迫害被错划"。

还有一位是外公自少年时代就结交的朋友陶孟和（原名履恭），他比韩诵裳小三岁。20 世纪初，两人一起在天津严家私塾读书，一起毕业于南开中学第一届师范班。1901 年春，严范孙先生为"严馆"最初的十一名学生做的誓词中特意提到陶孟和："陶履恭，孤儿也，当厚自策励，而去其童心。尔十人之待履恭也，悯之，爱之，砥砺之，使无坠其家学，是则今日此举为不虚矣。"⑮

陶孟和比韩诵裳晚一年以官费生身份赴日本留学，1910 年又赴英国伦敦大学政治经济学院学习社会学和经济学，获经济学博士学位，1913 年归国后任北京高等师范学校教授，1914 年起任北京大学教授。这段时间韩诵裳正在北京办教育，两人多有交往，互有切磋，陶孟和自然成为南柳巷 25 号的常客。

陶孟和后来的学术贡献主要在社会学方面，1929 年他在北平主持成立了社会调查所，广泛开展对中国近代经济史、政治制度、经济理论、工业经济、农业经济、对外贸易、财政金融、劳动问题、人口问题、统计等的社会调查。我的大舅韩德章 1928 年毕业于燕京大学理学院农学系，第二年就加入陶孟和麾下，在北平社会调查所任职。1934 年，社会调查所并入中央研究院社会科学研究所，仍然由陶孟和担任所长。到 1948 年底，国共两党最后的决战关头，中央研究院各所的所长们分裂为两派，一派以傅斯年为首，主张随国民党迁往台湾地区；一派以陶孟和为首，主张留守南京，等待解放。陶孟和那时患有心脏病，他不顾年老体弱，单身住在社会研究所办公室，照常主持所务，以稳定人心。到 1949 年 4 月下旬南京解放时，中央研究院的一些研究所留在了南京或上海，其中社会所更是没有一个人跟随国民党去台湾，全所财产，包括图书资料都没有一丝一毫的损失。

南京解放第二天，中国人民解放军第三野战军司令员陈毅将军身着灰布军服，带着一位警卫员，来到社会研究所办公楼，专程看望陶孟和，向这位老先生表达敬意。几个月后，陈毅力荐陶孟和出任中国科学院副院长。

20 世纪 50 年代初，陶孟和常来南柳巷串门，与外公叙旧。当时三舅韩德扬新婚不久，三舅妈刘璐就在中国科学院语言所工作，正是陶孟和分管的四个所之一（其他三个所是社会、历史和考古）。外公介绍说："我这个儿媳妇就在你们科学院工作，她的工资是每个月二百四十斤小米。"

陶孟和回答："那相当于二十四块钱工资。好干部！好干部！"

三舅妈至今记得陶孟和笑容可掬的样子，她告诉我："他和你外公谈得很热闹，熟络得像一家人。你外婆特地端出一小碟中式酥皮点心请他用，还递上一双筷子。后来陶院长说：'韩家可真讲究，招待我吃点心用筷子，我原来想抓起来就吃了。'"

1957年整风运动时，陶孟和提意见，认为"旧知识分子未得其用"。在反右斗争的高潮中，他仍然直言不讳地表示应发挥知识分子的作用，而不应当敌视他们。他表示很痛心看到知识分子遭到政治运动带来的浩劫。由于这些言论，他被内定为右派分子，虽然中国科学院副院长的职务未动，全国政协常委的地位未变，但从此有名无实。而他专长的社会学，从新中国成立之初就被当作伪科学遭到否定和批判，甚至被取消（1953年中国科学院社会所改名为经济研究所）。他晚年只能把精力投入到中国科学院的图书、出版等事业的建设上，他的学术地位由中国社会学、社会教育学的奠基人萎缩为中国科学院图书馆的创始人。

1960年4月，陶孟和抱衰病之躯赴上海参加中国科学院第三次学部会议，抵达上海后的第三天，突发心肌梗死，经抢救无效去世，享年七十三岁。外公痛失这位有一甲子交情的老朋友。

告别祖宅

下页这张照片中，外公戴的还是深色玳瑁框眼镜，穿的中式制服，领口扣得严整。不记得外公什么时候留起了胡子，但这把美须，再加上难得一见的温煦微笑，让老人家的面孔生动起来。这文质彬彬的风度，不像官员，不像银行家，更像一位儒雅的学者。

韩诵裳留下的最后一张在照相馆里拍摄的标准像

1959年4月17日至29日，中国人民政治协商会议第三届全国委员会第一次会议在北京召开，共有1071名委员出席。韩诵裳的名字出现在本届全国政协委员308名特别邀请人士的名单之中。

这届政协是在一个特殊的背景下召开的，历经反右、"大跃进"，1959年初，全国农村已出现饥荒，开始了三年困难时期。中共中央提出"弛"的方针，采取各种措施，调整关系，重提"统一战线"政策，以调动各种人士的积极性，克服暂时的经济困难。

这次政协与以往相比，有两点不同。第一，它与全国人民代表大会同时召开，全国政协委员旁听全国人大的重要议程。也正是从1959年开始，"两会"同时召开成为惯例。第二，会议结束的当天，4月29日，召集六十岁以上的委员开茶话会，周恩来总理在讲话中希望过了六十岁的委员都能把自己的知识和经历留下来，以此作为对社会的贡献。因此，这届政协委员当得比较辛苦，休会期间各种小会也开个不停。

三舅妈刘璐说："老爷子不愿意参与政治，他后来频告病假，不再去开会。"

进入60年代，韩诵裳病情加重，下身瘫痪，卧床不起。南院正房的西间改成了他的病房。1963年7月22日，韩诵裳在协和医院病逝，享年七十九岁。

追寻外公一生的踪迹，我越来越感到老人家骨子里还是一位士大夫型的文人。他自幼接受了严格的中国传统文化教育，长于书法，喜爱赋诗填词，后来虽然多年供职于银行业，出入金融界，但无意追求发财升官，始终淡泊名利，更乐于结交名士、收藏字画、谈诗论道。

如果藏品可以透露藏主的心境，那么我推测在历史人物中外公很敬重林则徐。上文提到过他收有林则徐手书的一副对联，荣宝斋判定为真迹。在家中"九道湾"的正房里，左右两根门柱上还嵌刻着林则徐的一副对联。可惜没有一位后人记得上述两副对联的内容了。

李家后代在清理旧物时，发现了一个扇面，一面有韩诵裳抄录的杜甫的一首诗，另一面是高珍画的松与石，送给"仰白姐夫大人"作生日礼物。这首题为"暮归"的诗应当作于768年，当时杜甫漂泊在湖北公安。在杜甫留下的千首诗中，韩诵裳独独选择了这首，以欧体抄录，是否也在表达一种寂寞的心境。"年过半百不称意，明日看云还杖藜"，穿越一千多年的时空，他与杜甫是共情的。

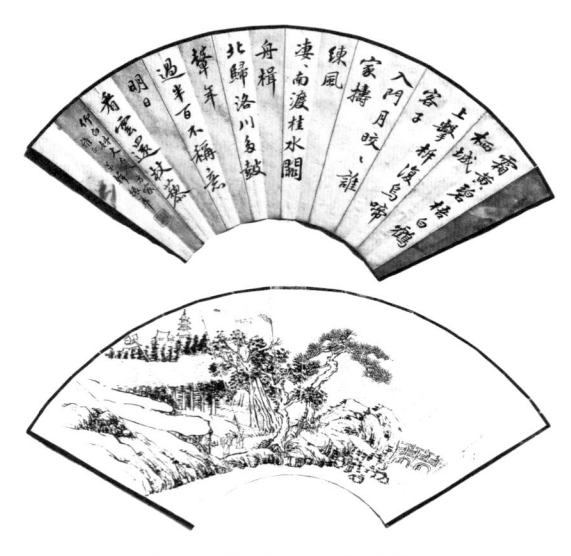

一面是韩诵裳抄录的杜甫的一首诗,另一面是高珍画的松与石

韩诵裳的告别仪式在北京八刹之一的嘉兴寺[1]举行。仪式上,摆着周恩来总理送来的花圈,吊唁队伍里有中央统战部副部长徐冰、邓颖超的秘书张元等。

韩诵裳的丧事办完不久,邓颖超就来到了南柳巷25号,由我的姨姨韩德庄陪着。韩德庄提前从燕京大学毕业后,1949年加入中国共产党,参加革命工作,从1950年起在全国妇联担任机要室秘书、档案组组长,1955年还担任过邓颖超的代理秘书。据她回忆:"解放后,我父亲第一次见到周恩来时,总理对他说我们两人是先后同学,我们

---

[1] 嘉兴寺:建于明弘治十六年(1503),位于地安门外西黄城根五福里南口外,1950年以后成为京城著名的殡仪馆之一。不少名人,例如晚清摄政王载沣、画家齐白石、书法家陆和九、辅仁大学校长陈垣,还有京剧名演员肖长华、梅兰芳等,都是在这里治丧的。

两人的夫人也是先后同学呀。"原来,周恩来1913年考上了南开学校,上了四年学,而韩诵裳是南开中学师范班首届毕业生,日本留学回来后还在南开教过书,因此周恩来一直称他为"大学长"。而外婆高珍毕业于直隶女子师范学校(后改名为直隶第一女子师范学校),邓颖超也是这所学校的学生,比高珍低两届。

据家里人回忆,邓颖超和高珍是在正房卧室里谈话的。她问高珍:"有什么困难吗?政府都可以帮助解决。"高珍回答:"没有任何困难,孩子们都大了,有工作,也有收入,不用麻烦政府。"邓颖超提出给高珍安排个工作,想让她补韩诵裳的全国政协委员这一职位。高珍婉言谢绝了:"我是家庭妇女,这一生没有接触过政治。"

两人聊起当年在学校里的事,邓颖超提到校刊,她说:"我记得有一期上登着咱俩的文章,你一篇,我一篇。"于是高珍把保存多年的一份校刊拿出来,展开一看,果然如此。邓颖超喜出望外:"借给我看看吧。"高珍交给她说:"你拿走吧,送给你吧。"

后来,邓颖超对姨姨韩德庄说:"你母亲高珍,高大姐,在女师是非常有才华的一个学生,可惜嫁到韩家大门,这辈子就淹没了。"

一年以后,1964年夏天,外公家(我们以后改口叫外婆家了)就搬出了南柳巷25号,在朝阳区金台路水碓子的一处公寓楼安家。与祖宅的告别很急促,也很彻底,说搬就搬,说走就走,颇有外婆高珍的风格。据说这也是她的意思,她说过:"什么花枝柳巷的,不像正经人住的地方。"

幸亏搬家果断及时,两年以后,1966年夏天,"文化大革命"横扫一切,南柳巷25号在劫难逃。

注 释

① 参《天成号韩家》，刊于《每日新报》2008年9月27日。
② 说说天津卫——天津八大家的长源杨家，喜马拉雅（ximalaya.com）。
③《吴宓日记（1925—1927）》第三册，吴宓著、吴学昭整理注释，生活·读书·新知三联书店，1998年，第341页。
④《梁漱溟信札四通》，雷强著，刊于《文汇学人》2018年4月20日第5、6版"学林"栏。
⑤《同甘共苦四十年——记我所了解的梅贻琦》，作者韩咏华，引自《梅贻琦先生纪念集》，黄延复主编，陈岱孙、尚传道审订，吉林文史出版社，1995年，第267页。
⑥ 引自《南开四十年校庆纪念特刊》，南开大学编印。
⑦《同甘共苦四十年——记我所了解的梅贻琦》，作者韩咏华，引自《梅贻琦先生纪念集》，第267页。
⑧ 参《天津近代著名教育家严修》，刊于《天津文史资料选辑》（第25辑）。
⑨《读书与怀人：许君远文存》，许君远著，眉睫、许乃玲编，中国长安出版社，2010年，第185页。
⑩《民国钢琴志》，张奕明著，海南出版社，2017年，第44页。
⑪《梅贻琦文集：[日记]一九五八——一九六〇》，杨儒宾、陈华主编，台湾清华大学出版社，2007年，第201页。
⑫《张伯苓年谱长编（上）》，梁吉生撰著，人民教育出版社，2009年，第24—25页。
⑬《芷兰斋书跋五集》，韦力撰，国家图书馆出版社，2018年，第10—11页。
⑭《张伯驹：予所收蓄，永存吾土》，作者王琦、施雨芩，引自《新华每日电讯》2018年4月13日。
⑮《张伯苓年谱长编（上）》，第25页。

第二章

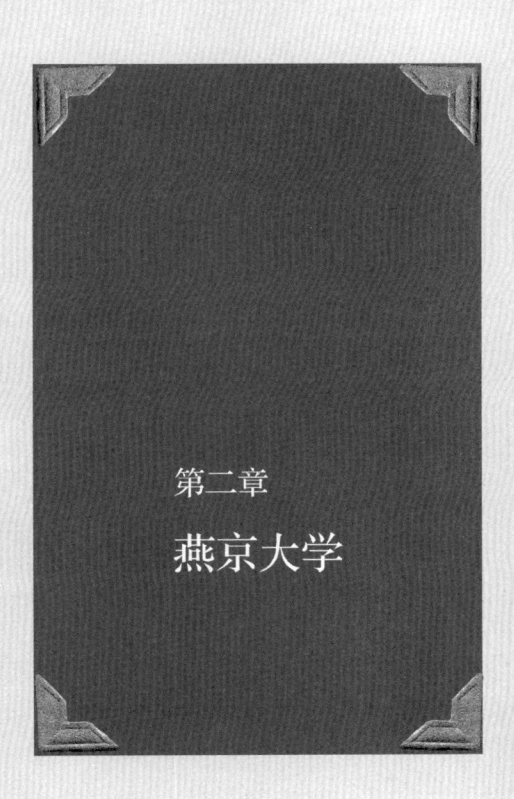

燕京大学

1930年，燕京大学的鸟瞰图（引自《燕京大学画册》，1952年以后为北京大学的校园）

1919年，司徒雷登先生创建了燕京大学（男校），第二年春天，他再建女校，于是燕京大学就与北京大学——一所私立，一所国立——并肩成为当时北京仅有的两所男女合校的大学。但燕京大学由于校舍紧张，并未真正实现男女合校，男校、女校分别位于北京城内东南角的盔甲厂和佟府夹道。

　　1926年，燕京大学在西郊海淀的新址落成，男女两校正式搬迁。新校舍选址在一片冈峦起伏、水流萦绕的园林废墟上，是由美国建筑师亨利·墨菲精心规划与设计的。他采用中国古典建筑形式和造园艺术，建成了一座中西合璧、古今互融的现代大学，当时被誉为"世界上最美丽的大学"。

　　选择燕京大学作为本书第二个叙事空间，是因为老韩家第四代共有八人在这里完成了大学学业，包括韩家的长子韩德章、长女韩德常（我的母亲）、次女韩德庄，大姑韩俊华家的长子李鸿年，四姑韩升华家的长女傅愫斐、三女傅愫冬、四女傅愫和，六姑韩恂华家的长女邝宇宽。如果再算上女婿们——韩家的大女婿徐献瑜（我的父亲）、二女婿孙会元，邝家的大女婿吴鹤龄，那么韩氏家族共有十一人与燕京大学结缘，在未名湖畔留下了他们的青春足迹。

一、母亲与音乐

考入上海国立音专

　　1935年9月，母亲离家南下，考入上海国立音专。

　　此时正是这所学校发展最好的时期。位于中心区市京路456号的

韩德常，摄于 1935 年

新校舍落成了：主体楼是三层砖混结构，主立面采用对称构图，建筑外墙为清水红砖墙面，墙角粉水泥假石，屋面铺青色瓦片。主楼西翼是两排琴房，琴房中间是一大片绿草如茵的广场。在校舍落成纪念特刊上首次刊出了校训——"诚庄毅和"，公布了三角形蓝底黄钟银琴的校徽。

母亲这一届入学时的开学典礼就在新校舍举行。在一张通栏标题为"国立音乐专科学校廿四年度开学典礼"的大合影中，我从第三排女生群里找到了母亲青春秀美的面孔。这张照片还特别用小字标注：廿四年十月廿一日在新校舍。

这所学校的校长是中国高等音乐教育的奠基人萧友梅先生。也正是在这一年，他主持再次修订了学校的组织大纲：本校设本科、研究

第二排左一、左二分别为夏承瑜和韩德常,摄于 1936 年

班,附设高级中学班、高中师范科及选科。本科分理论作曲、有键乐器、乐队乐器、声乐、国乐、师范六组。

从图鉴上查到了 1935 年 2 月、10 月录取的部分新生的名单,和母亲同年入学的有窦立勋、吴乐懿[1]、陈传熙、刘啸东、郎毓秀、周小燕等(这些名字我后来从母亲的口中多次听到过)。查阅校刊资料,我得到了更精确的信息:韩德常(学号 541)最先进入高中师范科,主修钢琴,副修声乐,1935 年 10 月 8 日完成新生缴费注册并正式入学。

翻查图鉴还纠正了我之前的一个错误认识,我一直以为母亲和她中学时的闺蜜夏承瑜是同一年入学的,但在图鉴上一张题为"1934 年

---

[1] 吴乐懿(1919—2006),祖籍浙江。钢琴家、音乐教育家。1949 年赴法留学,1954 年回国任教于上海音乐学院,担任教授,后又担任钢琴系主任。

秋国立音专新旧师生同乐会"的照片上我辨认出了夏承瑜的倩影，原来她是 1934 年入学的，比母亲早一年，她和她后来的先生张隽伟才是同一届。中学时的闺蜜到了大学仍然是闺蜜。在一张摄于新校舍旗杆下的照片中，我找到了母亲和夏承瑜，她俩亲密地依偎在一起，在众人的合影中显得格外动人。

母亲说过，她的钢琴是俄侨老师教的。查了一下资料，当年上海国立音专聚集了不少俄侨音乐家，组成了钢琴、小提琴与声乐等专业的教学中心。其中最著名的是俄罗斯裔钢琴家鲍里斯·查哈罗夫。他当时旅居上海，萧友梅用比普通教授高两倍的月薪聘请他为特约教授兼钢琴系主任。查哈罗夫在上海国立音专执教十二年，把中国原来处于较低水平的钢琴演奏和教学工作迅速推进到了当时世界高等专业钢琴教学的水平。直到 1942 年病逝，他再也没有回过自己的祖国。

1935 年，母亲入学那一年，查哈罗夫的一位得意弟子丁善德[1]以优异的成绩毕业于音乐本科钢琴组高级班。二十五年以后，丁善德去波兰担任了肖邦国际钢琴比赛的评委。那一届的评委会主席是苏联钢琴界泰斗涅高兹，他看到参赛的中国选手展现出很高的艺术造诣，就好奇地向丁善德打探中国钢琴学派的渊源。丁善德谈到了老上海国立音专，谈到了"高高、大大、壮壮"的查哈罗夫，涅高兹恍然大悟，长叹一口气："原来他到中国去了。"

母亲的钢琴教师不是查哈罗夫（他只教了七个学生），而是欧萨科夫先生，副修声乐时的老师是谢利诺娃女士，但谢利诺娃 1935 年

---

[1] 丁善德（1911—1995），祖籍浙江。作曲家，曾任上海音乐学院教授、作曲系主任、副院长。曾任第三、第四届中国音乐家协会副主席。

左右就离开了学校，母亲没有和她学上几天，后来跟随另一位俄侨老师学了一段时间的小提琴。母亲学过声乐、学过小提琴，这些我还是第一次听说。

欧萨科夫教母亲钢琴时效法查哈罗夫先生，以莫扎特、贝多芬、舒曼、肖邦、李斯特、格里格、德彪西等的经典钢琴名曲为教材，并给母亲布置上台演奏的任务。据资料记载，母亲参加了三次学校音乐会：分别为第三十六次、第四十六次和第五十一次学生演奏会，演奏了巴赫的《创意曲集》中的曲子、舒曼的《阿拉伯风格曲》、肖邦的《F大调夜曲》《a小调圆舞曲》等。母亲参加了四次学期考试，我在《新制高师二年级》名单中查到母亲在校三个学期已获七十三个学分。

母亲在校学习期间，和郎毓秀[1]是好朋友，多次为郎毓秀弹钢琴伴奏。母亲的相册中有几张照片，三角钢琴旁，坐在琴凳上伴奏的是母亲，引吭高歌的站立者是郎毓秀，她那如满月般标致的脸庞给我留下了很深的印象。郎毓秀1933—1937年在上海国立音专从预科读到选科，一直是学校里最杰出的女高音。周小燕[2]当年下决心学习花腔女高音，还是受了她的影响："他们给我介绍郎静山的女儿郎毓秀时说她也是学唱的，比我还小一岁。我那时候是唱电影歌曲的，我记得她开口就唱歌剧《托斯卡》，声音那么响、那么高，把我镇住了。好，我也要学！"

母亲和郎毓秀还有一个共同的好朋友叫刘啸东（字海皋）。刘啸

---

[1] 郎毓秀（1918—2012），上海人。女高音歌唱家、音乐教育家。1937年赴比利时留学，1941年回国，1957年后担任四川音乐学院教授、声乐系主任。

[2] 周小燕（1917—2016），湖北武汉人。歌唱家、中国美声声乐教育大师。1938年赴法留学，1947年回国，1949年后担任上海音乐学院教授、声乐系主任。

东主修男低音，副修钢琴，1935年10月和母亲同时入学。他出身于天津一个富商家庭，而母亲有"天成号"韩家的背景，两人的社会关系网不免有交集，过去虽不认识，见面即有自来熟的亲切。刘啸东就是著名钢琴家刘诗昆的父亲。我在母亲留存下来的照片中看到过两张照片，图中有两个活泼可爱的幼童：大一点的男孩，穿着西式短裤、短袖衬衫；小一点的女孩，一身裙装，活脱脱一个漂亮的洋娃娃。母亲说这就是刘诗昆和他的妹妹。

在研究上海国立音专有关资料时，有一本小册子引起我的注意——商务印书馆于1935年8月出版的《儿童新歌》，编者江定仙、陈田鹤、刘雪庵都是上海国立音专的学生。校长萧友梅特为此书作序。他在序中说："欲造就音乐人才，必须从儿童入手，而中国儿童音乐教材之缺乏，言之痛心。"[①]他还说："夫儿童歌曲，最忌艰深，一入简易，又多平凡。今观三君之作，虽最简易之曲调，亦能娓娓动听，使听者毫无单调之感觉，谓之佳作，谁曰不宜。"[②]我猜想母亲进校后应该接触过这本小书，不知是否是这本《儿童新歌》以及萧友梅校长的一席忠言为她日后致力于创作儿童歌曲、编写儿童音乐教材、选择学前儿童音乐教育为终身职业埋下了种子？

1937年8月13日，日军战机轰炸上海，上海国立音专的主楼、女生宿舍和操场遭袭。11月中旬，上海沦陷。学校处于艰难的境地，四次搬家，并曾一度化整为零，分散在三个地点坚持办学，最后迁至租界，1941年对外改称"私立上海音乐院"。

母亲在上海国立音专的学籍记录，截止到1937年6月参加完学期考试，再看到她的名字已经在燕京大学音乐系的录取名单中了。她的同学郎毓秀、周小燕也相继离校，分别赴比利时和法国留学。刘啸东退学回到天津，他耐不得干音乐的清苦，从此转而经商了。也有留在学校完成学业的：母亲的闺蜜、主修声乐的夏承瑜1940年师范专修科毕业；母亲的同窗、查哈罗夫的得意女弟子吴乐懿，修完钢琴高级班的课程毕业后留校工作。1942年，查哈罗夫患癌症去世，埋葬在一个简陋的公墓里，泥土堆起的坟前只有一块写着名字的木牌。吴乐懿举办了多场募捐性质的音乐会，筹到了一笔钱，为查哈罗夫修墓，立起石碑。

母亲1935—1937年求学的上海国立音乐专科学校就是现今上海音乐学院的前身。当年的校址，现为上海杨浦区民京路918号，是公安部上海消防研究所。

寄读燕京大学

1937年底，母亲被我的外公韩诵裳从上海接回北平，报名转学至燕京大学音乐系。

那时北平的大批教育机构跟随国民政府纷纷内迁，只有燕京大学在司徒雷登校长的主持下决定留守在沦陷区继续办学。司徒雷登校长在重压中继续他的事业和使命，燕京大学校园里升起美国国旗，校门口立起"日军禁止入内"的牌子。在日伪当局控制的北平，宛如孤岛绿洲。

1938年母亲转学考入燕京大学时，从东北三省、华北地区、江浙地区涌来大批考生。为了满足沦陷区学子的需要，燕大的招生规模急剧扩张，以往每年招生不足百人，而这一年截至7月已经录取新生605人。到1941年，燕大学生注册人数达到了创纪录的1128人。

韩德常燕京大学学士毕业照，摄于1940年。照片上款"彤存"，下款"小姐姐一九四〇"。彤是母亲的表妹，梅贻琦、韩咏华的二女儿梅祖彤

母亲寄读燕京大学时按规定通过了转学考试，包括三项内容：英文、国文、智力测验。学校根据她在上海国立音专所修的科目和学分，将她插班至音乐系三年级，学号是W38415。

燕京大学的学号有讲究，都是五位阿拉伯数字，起首的两个数字代表入学的年份，女生的学号前标有英文字母W。

在写作中我发现，燕京大学的学生档案可说是少见的完整与精细，其中以学生名录（或者叫毕业同学录）为代表。1931年10月，吴雷川校长为这本同学录作"序例"："燕京大学之有毕业同学录，始于民国十八年，其时以事属初韧，急遽辑印，故记载颇多漏略。乃者时阅两载，教务处校友科又从事改编，用志数言，说明略例。"这本同学录的编写体例是："首本校本科及研究院毕业者，次本校附设之各

专修科或速成科毕业者,次本校宗教学院毕业者,次前汇文协和及女子协和三大学毕业者。"

每位同学的资料包括学号、所学专业、籍贯,最有意思的是还有他们所住的宿舍:男生是一、二、三、四楼,女生是一、二、三、四院。[1]此次写作,我特意为本章所写到的燕大学生,在这本名录中查找了他们的学号,并一一注明。

燕京大学男女生宿舍的设计独具匠心,以未名湖中轴线为界,男校区在湖的北边,女校区在湖的南边。男校区有水,女校区有山;男生住楼,女生住院。

男生宿舍取"水北向阳"之意,沿未名湖的北岸,由西至东,四栋两层楼房依次排开,称之为"德、才、兼、备"四斋。再分为两组,每组的两个斋之间各有一座狭长的南北走向的仿清建筑连接,形成三合院的格局。四个斋均为砖混结构,有清代风格的歇山式屋顶、青瓦檐、红栋梁、白山墙、花格窗,还有彩绘的楣梁、青石的台阶。整个建筑外古内洋,宿舍内部采用了当年最新式的上下水系统,还有采暖、照明以及卫生设备。站在男生宿舍窗前眺望,湖光塔影尽收眼底,波光粼粼的湖水、湖畔的岛亭石船一览无遗。近处垂柳依依,远处水塔挺立。

一座石桥,从未名湖北岸跨至南岸。以一道小山为间隔,女生宿舍建在山后一个侧柏绿篱围成的花园里,那里有一片宽阔平展的草

---

[1] 2005年4月国民党主席连战访问大陆,到北京大学讲演,校方送给他的礼物中有一件珍贵的纪念品:他的母亲赵兰坤女士当年就读于燕京大学时的学籍档案复制本和放大的照片。这些资料就是从燕京大学学生名录中找到的:赵兰坤,学号:W30751;班级:宗教短(即她所修的是宗教学院社会专修科);籍贯:辽宁沈阳;住所:二院。

坪、连翘、碧桃、丁香、桃李等花木葱茏。太湖石堆砌的假山、星星点点的青石，点缀在绿草茸茸之间。四组由三合院组成的建筑群，坐落在花园的两边。一院、二院的院门朝东，三院、四院的院门朝西。每逢暮春时节，攀援在山墙上的层层绿色的爬山虎，垂落在门楼上的串串紫色的藤萝花，成为四个小院的标志性景色，历经近百年的风雨，至今不衰。

与男生宿舍的名称对应，这里原称"敬斋、业斋、乐斋、群斋"，但好像没有叫响，还是"一院、二院、三院、四院"这些昵称叫起来亲切，流传得久远。

1938年9月，母亲入校注册后选了宿舍，走进的是一院。这时已是秋天，山墙上的爬山虎被染成一片片红色，藤萝虬枝挂着一个个倒披针型的荚果。朱红色的对开院门并不大，门框右上方有个门铃。走进去，小院是方的，三面都有硬山顶卷棚式的两层小楼；古色古香的大花格窗，一律朝南，阳光洒满室内。

每院约住六十个学生。每间宿舍一般两人一屋，个别大房间住三人或四人。房间配有防沙、防虫的铜纱窗，书架，衣柜和取暖的气管。一层有舍监门房、活动室、阅览室。二层有膳厅，洗衣房在地下室——这是女宿舍的特点，那里有一个用砖砌起来的大灶，那时还没有煤气，由这煤炉供应热水。室内有个熨衣桌，用这煤炉烧的熨斗熨衣服。室内有四个大缸盆嵌在水泥台中供学生洗衣服。

到女生宿舍来，在松柏掩映、绿草如茵中，要先经过一对造型一模一样的方形楼阁，它们有着重檐四角攒尖的大屋顶，屋檐上蹲着七个小兽，与故宫博物院中坤宁宫的装饰、规制相似。两楼的楼门相向，貌似一对孪生的姐妹，1925年建成后被称为"姊妹楼"。南边的一栋，为纪念捐赠者——燕京大学首届女部主任麦美德,被命名为"麦风阁";北边的一栋,是甘伯尔夫人所捐,被命名为"甘德阁"。

甘德阁当年作为音乐教室,主要由音乐系使用,楼上是系图书馆,藏有大量西洋音乐史、作曲理论方面的中外文书籍,以及各种器乐、声乐的乐谱。楼下则是甘德阁音乐厅,所有的音乐大课都在这里上,小型学习演奏会在这里举行,合唱团也在这里排练。母亲当年的学业主要是在甘德阁完成的。麦风阁楼上也属于音乐系,设有十多间小琴房,一个个彼此相通,每到晚上工友老季会按时锁门。母亲和她的同学们天天在这里练琴,晚上想加班加点,还要和工友老季捉迷藏。

在偌大的燕园里,音乐系是个袖珍型的小系[1],1927—1952年(其中1941年12月—1945年9月燕京大学被迫关门)总共招收了九十五名主修生,平均每年仅有五六个学生。与上海国立音专的师资队伍以俄侨音乐家为主不同,燕京大学音乐系以美籍教师为主,开设了声乐、钢琴、作曲等本科专业,涵盖西方专业音乐教育的所有基础课程,包括乐理、和声、对位、练耳、音乐鉴赏、合唱、指挥、声乐、钢琴,对学生的基本功训练也要求严格。

查找母亲的资料时,我发现刘金定(W35053)的名字经常和母亲连在一起,她们同修钢琴专业。刘金定出身于美国旧金山的一个华侨家庭,1932年随父母寓居天津,1935年考入燕京大学音乐系。记得母亲说过,"刘金定是华侨,生在美国,英文极好,发音漂亮。她

---

[1] 1929年燕京大学音乐系与上海国立音专,一北一南,同时问世。这一年司徒雷登先生完成了燕京大学在中国的正式立案,遵照中国政府的章程分设了文、理、法三个学院,在文学院中正式设立了音乐系(当时的文学院包括中文系、英语系、欧洲语言系、哲学系、教育系、新闻系和音乐系)。

燕京大学音乐系师生合影,1938年摄于甘德阁前。后排左起第二位是我的母亲,前排左起第三位是母亲的好友刘金定,她旗袍外着一件长款呢子大衣

从来都是一身中式旗袍，很朴素，不穿洋装。她琴弹得极好，尤其伴奏的时候，拿起谱子就能弹，不会出一点儿错。学声乐的同学都喜欢请她伴奏，唱歌时被琴声裹着托着，非常舒服"。

当时燕京大学音乐系钢琴专业的教学是这样安排的：每周一次，老师单独授课；每月系里会举办一次学生音乐会，每年至少举办一次年度公开演奏会，结课时还要举办专场毕业音乐会。袁昱在考察燕大音乐系的音乐活动时曾找到了一张当年举办的十四场学生音乐会的节目单，母亲和刘金定同时出现在1939年5月8日晚8点在贝公楼礼堂举办的音乐会节目单上："钢琴部分：刘金定演奏莫扎特的《幻想曲与赋格》、贝多芬的《第三十钢琴奏鸣曲》、麦克·道威尔的《音乐会练习曲》；韩德常演奏勃拉姆斯的《g小调狂想曲》；崔莲芳演奏李斯特的《爱之梦》。"5月22日还有第二场，由母亲的另外八名同学演奏。

燕京大学音乐系在教学方面还有一个特点：注重引导学生学习西洋音乐并为发展中国音乐服务。学程总则的第三点提出："发扬中国固有音乐之美点，而用西洋音乐之技巧。"它最早开设中国音乐史课，还开设了有关中西音乐比较的课程，鼓励学生们创作中国化风格的作品，并做了明文规定："主修钢琴或唱歌之学生，于第四年级时应举行公开演奏一次，以代替论文。演奏时间至少须一小时；演奏之节目中，应有一部分关于中国乐曲之创作。"

查到了另一份资料，这次母亲和刘金定的名字又双双出现："钢琴和声乐专业的学生也曾在音乐会上演出他们创作或改编的中国风格的作品（如1935年钢琴主修生卢淇沃、1939年钢琴主修生刘金定、1940年钢琴主修生韩德常、1941年声乐主修生刘俊峰等人的毕业音乐会），这显示了燕大音乐系重视发展学生多方面专业才能的教育思路。"[3]其中韩德常的毕业创作为她改编的钢琴与管弦乐队幻想曲《阳关三叠》。

刘金定1939年从燕京大学毕业，回天津在中西女中担任音乐教师，同时也在家中私人授课。母亲仍经常说起她，因为她很快就收了一个小男孩当学生，这孩子叫刘诗昆，他的父亲正是母亲在上海国立音专的好友刘啸东。刘诗昆三岁时就被刘啸东送到刘金定家里，抱到琴凳上，稚声稚气地叫着刘金定"姑姑"，开始学琴。著名学者资中筠的钢琴老师也是刘金定，她在文章中曾有生动的描述："我见到她时她大约二十五六岁，风华正茂，给我的第一印象是眼睛很大，挺漂亮的，而又和蔼可亲。与现在通常对'归国侨胞'的印象不同，她家一点也不'洋气'，父亲是个瘦老头，母亲是个胖老太。两人都是典型的普通广东人，生活方式是中国式，家里说广东话，老太太夏天经常穿着一袭半旧黑香云纱的旗袍，家务事全家动手，不用保姆，是一个勤劳、朴实、和睦的家庭。"④

1941年太平洋战争爆发后，刘金定的父亲失业了，他原本是为美国米高梅公司工作。为维持一家七口的生活，身为长女的刘金定不得不给大量的业余钢琴学生开课。她的小弟刘畅标说："大姐最忙的时候一周七天（都开课），每天都是十个学生。"资中筠在文章中也为老师感慨：从早到晚，一个没有下课，下一个已经在外面等着。"就这样，年复一年，她几乎没有休息和游乐的时间，也没有时间交男友、谈恋爱，可以说为家庭牺牲了至少是一部分青春年华。"⑤直到1945年底，她与在天津善后救济分署工作的杨富森先生相识，才开始考虑自己的终身大事。杨富森（37245）毕业于燕京大学新闻系，曾任国民党中央通讯社记者。1946年6月，刘金定与杨富森特意回到母校燕京大学，在苍松翠竹掩映的临湖轩举办了订婚仪式，司徒雷登校长为他们证婚。

1947年12月，刘金定和杨富森随母亲离开天津赴美，在加州的奥克兰城两人举行了婚礼，从此定居美国。杨富森继续攻读硕士、博士学位，研究方向是中国文化，博士论文做的是元曲研究。他先后任教于华盛顿大学、南加州大学、宾州匹兹堡大学，长达三十五年。刘金定则相夫教子，筑巢谋生，只是不再教钢琴。1960年以后，两个子女都长大了，她又去图书馆工作，担任过两所图书馆分馆的馆长。在异国他乡，很少有人知道，她曾是20世纪40年代天津最好的私人钢琴教师。

用音乐帮助他人

燕京大学的校训很有名——"因真理、得自由、以服务"（Freedom through Truth for Service），个中所传递的价值观和基督教的博爱献身精神直抵人心，浸润沉淀为一代一代燕京人的精神底色。音乐系的教学宗旨也如出一辙般的明确而温暖："帮助学生借助音乐表现自己，并领导学生也去如此的帮助他人。"

音乐系的学生在老师们的教导下，要学习"用音乐帮助他人"。母亲在所修的学分里就有"完成一个学期钢琴伴奏"的内容，除了为本系同学伴奏，更多的要为燕大歌咏团，尤其是《弥赛亚》的大合唱排练伴奏。还有一个任务是为燕京女生的舞蹈课伴奏，1938—1939年，母亲和刘金定轮流上，为女生舞蹈课伴奏了整整一个学年。

正是在舞蹈课上，母亲认识了孙以芳（W36059）。孙以芳一家兄弟姐妹四人都毕业于燕京大学。她1936年考入燕京大学社会学系，一直念到研究生，还兼做过社会学系的助教，社会学系的几位名师——吴文藻先生、赵承信先生、杨堃先生都曾指导过她。读书之余，孙以芳酷爱舞蹈，连续几个学期选修了舞蹈课，还连任活动小组组长。在舞蹈表演会上，她跳的独舞《泰国舞》、五人集体蓝绸舞《飞翔》等都惊艳全场。在准备1940年女生表演舞会时，孙以芳想尝试表现中国风格的舞蹈，她选用音乐系同学韩德常翻译成五线谱的中国音乐《杜鹃啼》试编了表现中国古代仕女的短舞，意外博得场上热烈的掌声和欢呼。母亲和孙以芳自此成为好友，她们的友谊一直延续到80年代。

音乐在此有着特殊的位置。当年燕京大学被誉为"一个充满了歌声的校园"，不仅音乐系所在的甘德阁终日歌声、琴声不断，宁德楼礼拜堂、贝公楼礼堂、临湖轩以及各种学生团契活动的场所也经常飘出动人的乐声。很多燕京大学的毕业生都深深受惠于燕园的音乐氛围。学生音乐会、留声机音乐会、师生音乐讨论会、校外音乐家讲座、燕大歌咏团与管弦乐队的排演活动等，还有一年一度的圣诞节大合唱《弥赛亚》，这些都令他们终生难忘。

孙以芳的弟弟孙以亮是一位翩翩美少年，1938年秋天考入燕京大学哲学系。他热衷阅读世界经典著作，精通英文，熟谙德文、法文。燕京大学浓郁的音乐与文艺氛围深深地吸引了他，他参加了校合唱队："每星期一次在宁德楼排练大合唱，秋冬季唱《弥赛亚》，春夏季唱《安魂曲》。大概是1939年的圣诞节，我还参演了《弥赛亚》。"六十多年后，孙以亮在一篇回忆母校的文章中说，他虽然以学哲学为主，但对将来向什么方向发展并不清楚。如今回顾自己的一生，哲学课固然加强了自己的思辨能力，但是决定自己人生道路的还是在高中时就已种下的对文艺的爱好，进了燕园之后，多种因缘使这方面的爱好有了长足的发展。1941年12月8日，珍珠港事件发生后，燕京大学被迫关闭，孙以亮失学了。燕京大学外语系学生黄宗江（38145）介绍他到上海加入了演剧团体。1945年，抗日战争胜利，燕京大学复校，孙以亮立即返校修完了全部课程，于1947年毕业，他的毕业论文题目是《亚里士多德艺术论诠释》。1948年，他在上海正式进入电影业，出镜的名字改为"孙道临"。

《弥赛亚》大合唱的排练场在宁德楼二层。这栋楼建于1922年，是燕园的第一座建筑，也是宗教学院所在地。这是一栋两层楼房，上面罩着个清朝宫殿式歇山大屋顶。由甘维尔夫妇捐赠，以纪念前美以美会督威廉·宁德（William X. Ninde）。宁德楼二楼设有小礼拜堂，有钢琴、风琴，燕京大学的主要圣事都在这里举行。

范天祥，从名字上看会以为是中国人，其实他是位美国传教士，英文名Bliss Wiant，1895年出生于卫理公会一个牧师家庭，在十一个孩子中排行第七。1920年，他毕业于美国俄亥俄卫斯理大学，1923年他与新婚妻子范敏德（Mildred）来到中国，帮助司徒雷登校长在燕京大学成立了音乐系，1929年底—1932年、1938—1940年任音乐系主任，1947—1951年任音乐系主任兼燕大总督。

范天祥先生主教钢琴，是刘金定的老师。他的琴技甚佳，1925年3月，孙中山先生的葬礼仪式就是由他担任司琴。他在燕大执教期间建立和指导了多个合唱团，音乐界评价说由范天祥先生担任指挥的"燕大合唱团"是30年代北平最活跃、最优秀的一个合唱团，曾多次排练演出西方的大型宗教歌曲。

他的夫人也在音乐系教声乐，是一位优秀的女高音歌唱家。母亲的好友茅爱立（W38077）这样形容她："那时，大家最期待和最欣赏的就是范敏德的女高音独唱。她那动人的、充满抒情的甜美女高音，

歌诗班（唱诗班）合影，1940年摄于燕京大学的宁德楼侧。
前排左起第六位是我的母亲，前排左起第四位是茅爱立。照片
里唯一着西装打领带者即是音乐系主任范天祥先生

她那完美的歌唱技术，她笃诚的信仰以及面部表情全部注入音乐中，歌声像来自天堂般纯净。"

母亲曾经讲起燕京大学的圣诞之夜。贝公楼礼堂有一百五十人组成的合唱队与管弦乐队演唱《弥赛亚》，领唱者是范敏德，男高音和男低音分别是与母亲同时入学的刘峻峰（38436）和齐耐群（38751），恢宏神圣的歌声久久地在夜空飘荡。音乐会结束，音乐系的同学围着一辆小拖车，车上有一架风琴，范天祥先生一路弹着圣诞曲，大家欢欣雀跃地唱着"铃儿响叮当"，走遍教师们住的燕南园、燕东园。家家都会打开大门，请他们进去并以糖果、糕点招待他们。最后走到临湖轩，如果司徒雷登校长在家，他的招待一定最为丰富。

这应该是 1939 年的圣诞之夜。我在燕京大学女部主任桑美德当年的一份家书里,看到了对这个夜晚的另一种描述:"圣诞节晚上燕大教授的家向学生开放已经成了个传统……我们招待了一百六十五个学生吃茶、饼干和蛋糕……第二天最好玩了,临近几家人合起来请佣(用)人吃饺子。今年有十五个小孩和十个大人……热乎乎的饺子一下便消失了。真巴不得有能力将临近所有饥饿的孩子都喂饱。我们在村里现有两个供应热粥的厨房……但四周穷得慌的人太多了。"⑥

桑美德做女部主任的同时也在音乐系兼教钢琴,是母亲的老师之一。母亲讲过,她的老师们——桑美德和范天祥夫妇都是基督徒,有着极为虔诚的宗教信仰,过着严格的宗教生活。他们都住在燕南园。热爱中国文化的范天祥先生自费修建了他住的燕南园 63 号,整个建筑采用的是中式风格,有一排雕梁画栋的平房,一个大院子,栽着几丛竹子,用柏树墙围起来。这里被人称为"范庄",他自称"范寓·忆春庐"。音乐系的学生们,学钢琴的,学唱歌的,几乎踏破了范家的门槛。范天祥夫妇的三子一女均出生在中国,而且起的都是中国名字:范燕生、范雷登、范瑟闻、范泽民,他们也都在燕南园 63 号长大。

范天祥在青年时代写给友人的一封信中就曾提到:"我想献给中国教会一本全部是中国色彩的圣诗集,我想这将是我毕生的志愿。"1931 年,范天祥与燕京大学宗教学院的赵紫宸院长共同编著了一本圣歌集《团契圣歌集》。顾念到一般识字不多的平民信徒,这本诗集的曲调采用的都是中国调配和声。他在序里说:"本集所收调,都是中国旧调,未经丝毫修改,如民间音乐《小白菜》《助头歌》《如梦令》《江上船歌》等。"为了"学习西洋音乐为发展中国音乐服务",他在教学期间曾多次返美进修，先后写出《中国曲调复音处理的可行性》（硕士论文）及《音乐在中国文化之特点与功能》（博士论文），1946年获博士学位。

1947年10月，他从美国返回燕京大学，用两三周的时间收拾好了被日本人占用的"范府"，把家安顿下来，然后重新接管了燕大校合唱团，准备在圣诞之夜演出拿手的《弥赛亚》。但1948年初的北平西郊已不再安静了。到了夏天，在离燕京大学不远的地方就有枪炮声。作为一所美国教会资助的私立大学，燕京大学将面临什么样的命运？向来不问政治的范天祥也被卷入其中。当时在燕京大学教书和读书的美国教授、学生和职员还有三十余人。范天祥受中国基督教大学联合董事会托事部之托，暂时署理校长一职，还担任校财务总督。直到1950年，他都不愿撤离燕京大学。

1951年2月，燕京大学被中国政府全面接管了，基督教传教活动在校园内被全面禁止。传教士出身的范天祥夫妇在这里已无立锥之地。1951年4月21日，他们一家六口搬出燕南园，带走了三十一个大木箱和八大件随身行李，离开北京，途经天津、青岛、香港、台北，之后经欧洲返回美国。

1975年10月1日，范天祥博士于俄亥俄州德拉威市逝世，享寿八十岁。三年后，在一个简单而庄严的仪式中，范氏遗属把他们从中国带回来的中国乐器和其他珍贵的文物，总共二十五个大类，五百多件，送给俄亥俄州立大学图书馆，其条件是以范氏夫妇的名义指定在该校的文学院或人文学院设立一个专门研究中国文学与文化的教授席。

【附】燕大音乐系出身的两位歌唱家

母亲燕京大学音乐系的同学中,有两位著名的歌唱家:女高音茅爱立和男高音沈湘。

茅爱立

茅爱立阿姨和母亲同一年考入燕京大学音乐系。她笑声朗朗地回忆和母亲一起上课的趣事:"燕京大学文科各系的学生一年级都要选理科的一门课来读。我和韩德常选的是崔毓林教授的人类生物学。当我们学到'遗传和染色体'的时候,他要我们到实验室研究果蝇。我们将做两种果蝇的实验——一种长翅和一种短翅,要用两个星期孵出它们,实验结果应是 9∶3∶3∶1。春假到了,人家都参加各种旅行团出去散心,我们俩什么地方也没有去,待在宿舍中每天为了果蝇十分认真地工作。果蝇孵出来了,我们一数,与实验结果的标准答案相比,长翅比短翅多了四十多个。我们非常失望和沮丧。突然之间,我们想出了一个办法:把多余的长翅果蝇的翅剪短,不就成了吗?"

1941 年 12 月 8 日,日本军队闯进燕大校园,命令全体师生二十四小时内必须全部离开,不得再回来。茅爱立回忆起那个黑暗的夜晚:"我们在女生宿舍楼之间的庭院里生起大火盆,尽量把有英文的东西都烧掉,烧了很多英文文档,把所有的英文证书、证件和书信统统都烧了。"她和一个同学突然发现还有乐谱放在姊妹楼琴房的书架上,于是偷偷赶到楼前。那时正门已经被日本兵封了,她们只能从后门钻进去,悄悄取回了乐谱。第二天一早,她和几个同学推着自行车,驮着行李卷,徒步进城,从此离开了燕园。至此,她在燕园的上课时间是整整三年又一百天。

茅爱立不愿放弃学业。1942年,她辗转到了上海圣约翰大学插班念了教育学,同时在上海国立音专师从苏石林继续学声乐。后来因拒绝在汪伪政权举办的音乐会上演唱,她被上海国立音专贴出告示开除。茅爱立离开上海,陆路、水路走了一百零八天,到了重庆。她以音乐谋生,开音乐会,教声乐,几乎处处都与燕大校友不期而遇,得到过他们的帮助。1942年、1945年夏天,燕大校友会还特地在成都给她办了音乐会,好多老师、校友都去了。就在这场音乐会之后,她收到了邮寄来的燕京大学音乐系的毕业证书。

也是在这一年,茅爱立与国民政府外交部亚东司秘书莫德昌订了婚。莫德昌考取了联合国翻译一职,将去纽约工作。于是,茅爱立加紧申请赴美留学。1947年,她收到了美国两所音乐学院的录取通知书:纽约的茱莉亚音乐学院和俄亥俄州欧柏林音乐学院。赴美之前,在燕大校友会的帮助下,她在北平、天津举办了音乐会;在上海,靠燕大校友和圣约翰校友的支持,她得以在工部局演出,还在兰心大戏院和大华戏院开了两场独唱音乐会。茅爱立说："我是靠到处开音乐会挣的钱到美国读书的，除了船票、学费，我还挣够了一年的生活费。"

茅爱立到了美国以后，坚持不懈地继续学习歌唱。1949年夏，她拿到了哥伦比亚大学音乐教育硕士学位。1954年春，她在纽约市政厅会堂举行了在美国的第一场独唱音乐会。她对自己的演唱仍然不满意："许多艺术歌曲的重要曲目，如舒伯特、舒曼、勃拉姆斯、施特劳斯、马勒的作品都是德文的。只有把语言学好了，演唱时才能准确地表达更深的内涵。"于是，这一年秋天，三十四岁的茅爱立独自乘"伊丽莎白号"邮轮经大西洋去维也纳拜师。一年以后，茅爱立就在维也纳莫扎特音乐厅举办了独唱音乐会。

1959年11月，茅爱立一家三口用一本联合国护照得到了一次回中国的机会。阔别北京十二年，她终于回到了离北海后门不远的家。那是一个小三合院，种着海棠树。她也回到燕园看望了老朋友们，先到燕南园，后到燕东园，于是我第一次见到了母亲口中念叨的茅阿姨。

从这次回国以后，茅爱立开始致力于中美文化交流。她的演唱会上增加了中国艺术歌曲和民歌。她还灌制出版了《中国民歌28首》的磁带和CD。1972年，尼克松访华，中美关系出现好转，美国一些大学开了汉语课。茅爱立在纽约市立大学得到了在两个学院讲授中文的席位，还兼任声乐教授。1981年、1983年应中国文化部邀请，她再次回国，带领多位美国音乐家到中国各地教学与交流。

茅爱立还记得："1981 年回国时，我还被安排在北京与中央乐团合作演出，这是我出国三十四年以后第一次回国演唱。观众掌声不断，我也非常激动。那是我一生中最值得纪念的一次演出。遗憾的是原来想和沈湘再唱《饮酒歌》，可惜'文化大革命'把沈湘的身体搞垮了，他的心脏病很严重，已经唱不了歌了。"

2015 年 8 月，我赴美探亲，特意到风景如画的核桃溪拜访茅爱立阿姨。她二十年前从美东搬到美西，安家落户在加州东湾的这处养老社区。见到当时已九十五岁的老人，我惊叹不已。她一头银发，肤色白皙，目光明亮，应答机敏，动作利落，依然自己料理生活，开着一辆红色小车下餐馆、去超市、看医生、访朋友。她麾下还有十名学生。如同多年前一样，她依旧正规地教他们学声乐。她说："和青年人在一起，不要想着自己的岁数。学会唱歌、说话都用横膈膜呼吸，也就是中医说的气沉丹田，这是我长寿的秘诀。"

燕京大学是茅阿姨魂牵梦绕的情结。屋里墙上最正式的位置上挂着两幅她在燕京大学上学时候的照片。我落座不久，她就急急地取出支票本开出一张支票交给我："这是转交燕大校友会的，请你代我交会费！"

茅爱立阿姨还讲了一段逸事，勾起了我最大的好奇心："记得当年一位钢琴女老师回国度假一年，音乐系请来一位年轻的外籍男教师来代课。这个人不太严肃，有点轻浮，一看见韩德常，就认为她是天下最美的女人，追逐着向她表示好感。幸亏那时候数学系的徐献瑜教授魄力更强，韩德常才没有和洋人结婚。"

茅爱立阿姨狡黠地朝我们眨眼一笑："这些你们知道吗？"

沈 湘

沈湘 1940 年秋天考进燕京大学，主修英文，副修音乐，师从范天祥夫人学习歌唱。1941 年 12 月，燕大被迫关门之后，沈湘不甘心中断学业，很快转学到上海圣约翰大学，继续攻读英国文学专业，同时考入上海国立音专，与茅爱立一起师从声乐名师苏石林先生学习歌唱。1944 年，二十三岁的沈湘在上海兰心大戏院举行独唱音乐会，先后用德、意、法、俄四国语言演唱了著名歌剧的咏叹调，还有中国的艺术歌曲。他那圆润、丰满、宽厚的音色以及深刻的艺术表现力，使全场听众为之倾倒。

母亲和沈湘的交往始于 1952 年，那时母亲已到北京师范大学音乐系上班，教钢琴和儿童音乐。她和同事李晋瑗交上了朋友。在唠家常的时候，母亲得知李晋瑗的姐姐李晋玮正是沈湘的夫人，还是沈湘的学生。当时沈湘在中央音乐学院声乐系任教，李晋玮在中央歌剧院工作。1958 年，沈湘在俄罗斯歌剧《黑桃皇后》中扮演了格尔曼，名声大噪。李晋玮也开始以歌剧女主角 B 角的形象出现在舞台上。通过李晋瑗，沈湘夫妇为母亲提供了不少看歌剧的机会。

对我来说，那真是一段最幸福的时光。我也沾光，跟着母亲开始频频地走进新建的五道口剧场，看了一场又一场歌剧，包括《货郎与小姐》《茶花女》《蝴蝶夫人》《叶甫盖尼·奥涅金》等。母亲训练我看歌剧的礼仪，给我讲解歌剧里的咏叹调、宣叙调、重唱、合唱、序曲等，还矫正了我的一个不雅举止——看剧看到精彩处，我常常向前倾身，下意识地张开了嘴，母亲马上用手托托我的下巴，轻轻地说："坐正了，闭上嘴，看剧要有看相。"

后来母亲知道了更多关于沈湘的消息，但越来越不好。1958年以后，沈湘突然失声，不能上台演唱了，经过四年的嗓音训练方才治愈，却又患上了心脏病。国内、海外都曾传出他已离世的消息。十年动乱时，他饱受磨难，被戴上"特嫌"的帽子，受审查，被强制劳动改造，身体愈加虚弱。李晋玮说："我经常随着他到各地'劳改'，有一次差点被江青流放到新疆，还是周恩来总理及时发现，把我们安排到部队保护起来。"

直到进入80年代，国家恢复正常，有关沈湘的好消息才频频传来：1978年，中央音乐学院成立歌剧系，沈湘任教研室主任。他开始致力于声乐教育，形成了自己独特的一套声乐教学体系。1983—1992年，他指导的学生中，几乎年年有人在国际声乐比赛中获奖或夺冠，这被称为"沈湘现象"——因为由同一位声乐教师指导的男女高中低五个声部的学生都在国际比赛上获大奖，这在国际声乐界也是罕见的。

从 1987 年开始，受芬兰萨翁琳娜歌剧节和芬兰国家歌剧院之邀，沈湘和夫人（也是他的助手）李晋玮每年在芬兰开设"沈湘大师班"，培养"洋弟子"，成为将中国美声教学推出国门的第一人。母亲为之感慨："沈湘从来没有出国留学，他所受的全部教育，包括音乐教育都是在国内完成的。谁能说培养出他这样人才的燕京大学、上海圣约翰大学办得不好呢？"

1993 年 10 月 4 日，沈湘心脏病严重复发，与世长辞，身后没有留下一部专著，甚至连歌唱的录音资料也因"十年动乱"而残留无几。他逝世五周年时，他的夫人李晋玮和妻妹李晋瑗编著出版了《沈湘声乐教学艺术》，系统地记录了他的声乐思想、理论和方法。2003 年、2008 年，此书再版。2018 年，在沈湘去世二十五周年时，他的几十位学生，程志、殷秀梅、梁宁、迪里拜尔、关牧村、郭淑珍、杨比德、范竞马、黑海涛、丁毅等，在北京举办了盛况空前的"向沈湘先生致敬纪念音乐会"，并提出树立与弘扬"中国声乐学派"的主张。

遗憾的是母亲去世（1990 年）比沈湘还早三年。我记得，在母亲简朴的告别仪式上，李晋瑗带来了沈湘和李晋玮的致哀，落款是"老同学"。

二、父亲与燕大

我的父亲徐献瑜，1910 年 7 月 16 日子时出生于浙江省湖州府吴兴县。

杭嘉湖平原上的湖州府，自古以来就是富庶的江南鱼米之乡。府辖吴兴县坐落在波光粼粼的太湖之畔。引水入城，青瓦白墙的民舍，枕河而建。父亲对祖宅具有永生难忘的记忆："推开后窗，可以垂钓，还可见河上舟楫穿行。"

我的祖父徐廷选，经营夏布批发生意。父亲出生时，徐廷选主持着湖州两家夏布行中最大的一个，叫"久丰行"。坐落在湖州北门的久丰行，前院是商铺，后院是住家。房子很大，六开三进，木结构，廊柱很粗，到处都有雕花。主人走一个楼梯，用人走一个楼梯。这里有天井、有柴房、有灶房，后院楼上还有五大间。祖母吴金延主理家政，养育子女。在六个男孩中，父亲排行第五，他还有两姊一妹。

为寻访徐家的祖居，我先后去过湖州四五次，目光都只集中在寻找昔日的久丰行。这次写作才注意到湖州是近代"湖商"的发源地。如果说晋商发迹靠票号，徽商发迹靠贩盐，那么湖商的崛起靠的是贩蚕丝。

湖州"地阜物富"，拥有"蚕桑之利"，是有名的丝绸之府。所产的"辑里湖丝"自古以来就是皇家织造的指定原料。元代诗人韩奕的"南浔贾客舟中市，西塞人家水上耕"中的南浔是一个方圆不过十里的小镇，在清朝末年形成了以"四象、八牛、七十二金狗"为代表的中国近代最大的丝商团体。随着上海开埠，他们的买卖做成了国际贸易。19 世纪 60 年代的《上海新报》每天都有关于辑里湖丝的报价，丝的价格也像今天的股票一样，随着市场行情的变化而不断变化，就连在遥远的伦敦都有一个湖丝交易所。湖商还参与了上海的开发，一度控制了码头和租界的房地产。

徐家的久丰行做的是夏布批发生意，与湖商的货源路数不同。夏布以苎麻为原料，纯手工纺织成平纹布或罗纹布，又称苎布、生布、麻布、扁纱。它比丝绸起源更早，春秋战国时期江西古越族先民就已经开始耕种苎麻、手工织布。江西苎麻布在唐、宋时期被选为贡品。到了近代，仍以江西万载所产的夏布最负盛名。徐家久丰行的生意，就是每年冬天从"夏布故里"江西万载通过水路把夏布运出来，在湖州批发，主要行销杭嘉湖地区，也销往上海。

祖父徐廷选，苦出身，原来在湖州附近乡下一个小镇住，后来进城在布店做账房先生。他人聪明又能干，几年以后就自己做大股东，和别人合伙开行，慢慢发达起来。父亲上初中的时候，正逢久丰行的鼎盛时期，全家搬到了海门底乔梓巷。新居的建筑和老房规制基本相同，只是房间更多、院子更大。几进深的大院里，两厢都是客房。父亲说："江西织夏布的老板，夏天会到湖州避暑，我们家在这里接待他们。"

大门前面是衣裳街，两边是卵石路，中间是石板路，凹凸不平，黄包车走在上面"咯哒咯哒"作响。九十高龄时，父亲还依稀记得："新家附近有一条黄沙路，黄沙路上的'千张包子'香得来。还有河上的两座桥：一个是骆驼桥，一个是桥因桥（音）。"

商贾人家的第一个大学生

父亲六岁入绉业小学，这是湖绉生意人集资兴办的子弟学校，设在一座古庙里。课余，他跟着长他三岁的四哥学围棋，起初不过贪玩，后逐渐开窍入迷，常与夏布行内的店员对局，亦能下个平手。棋道启迪了他的智力，并成为终身的嗜好。

进入高小后，父亲始知好学，各科成绩在班上常能列在前几名。他殊喜算术，演算能力尤其突出。学数学时，先生出了一道题：当时钟在10点至11点之间，长针和短针何时走在一条直线上？班里只有父亲一人解出答案。当时他还不满十二岁。

1922年，父亲考入东吴大学第三附属中学（又称湖州海岛中学）。这所中学坐落在飞英塔旁，在红砖楼房里上课，教学正规，重视算学和英文。初二时，父亲醉心于速算研究。他自学背诵20以下每个自然数的自乘结果，但超过20以上的数字自乘则难以苦记。在悉心琢磨中，他发现凡尾数为5的数字，在自乘时有一个速算规律。比如要算数字35自乘，只要心算3乘以4为12，即得结果1225；75自乘，只要算7乘以8为56，结果是5625。他把这个发现写成一篇小文章发表在学校的通讯刊物上，颇得数学老师的器重。他英文也学得不错，在高中学数学时，已能自读英文原版教科书。

此时新文化运动正以摧枯拉朽之势冲击着封建的旧文化，即使是风气比较闭塞的湖州，也传入了大量的新书籍、新思潮。父亲得以接触各类书籍，如饥似渴地阅读起来。他与同窗好友潘孝硕[1]、沈福彭等七八人共同结社，起名为"启明"，专事读书。他们把湖州世界书局的新书几乎都看遍了。博览群书使父亲的知识面和眼界都开阔起来，

---

[1] 潘孝硕（1910—1988），浙江吴兴人。1938年赴美留学，1943年获麻省理工学院理学博士。1946年回国后，先后担任南开大学、南京大学教授，中国科学院应用物理研究所研究员。他是中国近代磁学研究的奠基者和开拓者之一。

文理科都打下了扎实的根底。他以初中第一名、高中第一名的成绩毕业，被保送至苏州东吴大学并获免学费奖。

父亲上有四个哥哥，大哥徐景堂在钱庄做事，年轻时患肺痨去世了，留下一个寡嫂。祖父徐廷选把久丰行交给老二徐礼堂打理，但后来洋布进来了，夏布市场急剧萎缩，生意越做越小。二哥拿着祖父给的十万大洋，抽鸦片，搓麻将，很快就把家产败光了。三哥徐楚堂在杭州银行做事，父亲对这位哥哥怀有很深的感情，他说："三哥人最好，很正派，不抽烟，不喝酒。我的很多事都由他来管，三哥把不少进步书籍、红色书籍给我看。可惜，他二十一岁时患肺病去世了。"四哥徐贵堂在苏州银行做事。

父亲高中毕业后，祖父徐廷选本打算把他送去投考当时被称为"铁饭碗"的邮电或者铁路行业，以早日自立养家，但父亲表示要继续读书上大学。徐廷选看到儿子的学业成绩出色，上大学的费用又不用家中负担，也就改变了自己的主张。于是，父亲成为这个商人家庭的第一个大学生，开始走上了与父兄不同的道路。几年以后，他的妹妹徐明媚、弟弟徐献琨（徐鑫堂）也相继走上了读书求学之路。

北上插班入燕大

东吴大学设在苏州天赐庄，1900年由美国基督教监理会创办，是中国第一所西方体制的大学，包含文、理、法三个学院，各院系均有特色。第一年入学的新生只分文理科，第二年方选专业与院系。父亲1928年入学，恰逢东吴大学第一年招收女生。杨季康从苏州振华女中（也是一所教会中学）考入这所大学，她修的是文科。第一年学业结

徐献瑜大学时期的照片，摄于 1932 年

束后，父亲徐献瑜是理科第一名，杨季康是文科第一名。

二年级选系，父亲本想学数学，但东吴大学数学系的师资力量不强，而物理系有一位从美国芝加哥大学获硕士学位归来的徐景韩先生，他建议父亲做他的学生。父亲动心了，在高中时他就读过介绍爱因斯坦和相对论的书，曾立下壮志："世界上没有多少人能读懂相对论，我要读懂它！"于是他进了物理系，主修物理，副修数学和化学。

大学课程对父亲来说驾轻就熟，在循序渐进的学业中他绰有余力。从这时开始，他逐渐形成了自己的学习方法，即独立地、大量地演算习题，通过反复实践，领悟和掌握其科学的原理。无论数学课还是物理课，他都在老师讲课前把习题全部解答出来。比如，二年级数学课采用的是美国葛氏微积分教材，而在一年级暑假里，他已把这本教材中所有的习题都做了出来。物理课上，老师留的题目做完了，他再去做未选的题目。整个大学期间，他解答物理和数学习题，乐此不疲，有时白天做不出来，竟夜里在梦中解出答案。风光旖旎的苏州城，拥有众多灿如明珠般的古典园林，但父亲在苏州的三年半时间里专心学习，很少走出校门。在他的记忆里，只逛过两三处园林，足见当时埋头读书之苦。

1931年"九一八事变"后，日本侵略军占领了东北三省。国土沦丧，时局混乱，学潮风涌，东吴大学于此际停课，看来一时不会开学。1932年初春，父亲与同学沈福彭、孙令衔、杨季康、周芬结伴自苏州北上，前往北平燕京大学寄读。临行前，祖母吴金延拿出私房钱一千块大洋给他，送别自家的"老五儿"。

吴学昭的《听杨绛谈往事》一书对这段行程有过记述："1932年2月下旬，阿季与好友周芬，同班学友孙令衔、徐献瑜、沈福彭三君结伴北上。那时南北交通不便，由苏州坐火车到南京，由渡船摆渡过长江，改乘津浦路火车，路上走了三天，到北平已是2月27日晚上。他们发现火车站上有个人探头探脑，原来是费孝通，他已经第三次来接站，前两次都扑了空，没见人。费孝通把他们一行五人带到燕京大学东门外一家饭馆吃晚饭。饭后，踏冰走过未名湖，分别住进燕大男女生宿舍。阿季和周芬住女生二院。他们五人须经考试方能注册入学。"[⑦]

接站的费孝通（30208）与他们五人是东吴大学的同届学生，他已先期转到燕京大学读社会学。他带着三位男生住进未名湖北岸的男生宿舍——备斋。没几天，杨季康与大家分道扬镳，转学到清华大学英文系了；其余四人经过考试，分别插入燕京大学不同的系科，继续完成大学的学业。

父亲插入物理系四年级寄读,系主任是曾受教于爱丁顿(A. S. Eddington)大师的英国学者班威廉先生(W. Band)。父亲选修了他的"张量分析"课,并以大量独立演题的学习方法再次获得佳绩。他把教材中的习题几乎全部做了出来,很受班威廉的赞赏。父亲同时旁听数学系的课,也遇到了一位兼课的好老师靳荣禄先生。靳先生授课条理清晰,丝丝入扣。在他的启迪下,父亲领悟到数学不仅包含复杂的演算和推理,还需深奥的理论去诠释和引导,数理研究还有许多未知的新领域。1932年,父亲大学毕业,获理学学士学位并被推选为斐陶斐(Fhi Tau Phi)荣誉学会会员,获"金钥匙"奖。燕大每届毕业生,凡品行优良、学业成绩在1.67以上又热心服务人群者,就有机会当选,并获金质会章一枚,上镂有会徽并铸成钥匙形。

父亲继续在燕大念研究生。当时物理系研究生的阵容特别强大,与他同时攻读的有袁家骝(32477)、毕德显(32466)、张文裕(31404)、王承书(w30048)、冯秉铨(32412)、陈尚义(32406)等十余人,后来他们相继成为国际知名学者、国内有关学科的奠基人。燕大物理系研究生的毕业论文大都以实验为主,父亲另辟蹊径,凭借他的数学功底,选择了从理论入手的新角度。1934年,他顺利完成了题为《波动力学和相对论》的毕业论文,成为当年系内唯一撰写理论论文的研究生。

在写论文的同时,班威廉推荐父亲到数学系讲授高等微积分。燕京大学数学系建立于1927年,是理学院中最小的系,创建的时候被称为天算系。这个系师资力量比较薄弱,系主任和两位外籍女教师都年事已高,无力开设新的课程,系里需要数学造诣较高的人去挑起大梁。父亲硕士研究生毕业后即被校方正式聘请为数学系助教。教了两年书以后，校方为了进一步培养他，决定送他到美国留学攻读博士学位，司徒雷登校长为他写了八封推荐信。

留学美国

1936年8月，父亲在海上旅行二十一天后抵达旧金山，随后乘火车来到位于美国中部的密苏里州圣路易斯华盛顿大学。该校位于一片丘陵地带。他入学后发现，自己是来自大洋彼岸的唯一的中国学生。他来此校是特意拜匈籍著名数学家赛格为师的。第一学期系里安排他选修了一般的数学和物理课程，以满足博士学位的要求。当这个学期结束时，父亲已使任课老师们刮目相看，他的数学成绩都是A，并被推选为数学荣誉学会（Pi Mu Epsilon）会员。物理课上，有时老师遇到某些教材上的难点讲不下去，父亲可以从容地替老师讲下去。

第二学期以后，赛格先生正式指导这位中国弟子，要求父亲每周向他汇报学习情况，并为其解答存在的疑问，借此进一步阐发这些问题的背景、前进的研究方向，并指定一些有关文章作为参考。父亲还选修了赛格专设的课程：复变函数论、数论、正交多项式、积分方程论等。赛格讲课重点突出，听来有一种立体效果，既深刻又易懂，黑板上的板书也少而精，井井有条。父亲说："听赛格先生的课是一种享受。"这种教学方法，给他留下了深刻的印象，并使他终身受益。在日后父亲为学生授课时，模仿师风，取其精华，逐步形成了自己的讲课风格。

1937年夏天，父亲开始撰写博士论文，题目主要是证明一个求积分的公式。英国数学家杜格尔（J. Dougall）先生早在 1919 年已做出了这个公式的结果，但没有提供证明。当年 11 月，父亲以明晰的思路和严密的推理把它证了出来，并从中推出了含有贝塞尔函数的 Sonine 积分。赛格非常欣赏他，立即把这篇论文推荐给美国杜克大学的数学杂志，并于 1938 年 6 月发表。后来这篇论文中的主要积分公式被收在贝特曼（Bateman）的《积分变换表·卷二》(*Tables of Integral Transforms, Volume* II, 1954) 中。1975 年，阿士凯（Richard Askey）教授在他的著作《正交多项式与特殊函数》(*Orthogonal Polynomials and Special Functions*) 中也提到这个公式，并评述道："杜格尔在 1919 年提出这积分，但说它的结果的证明很繁复，他没有给出证明。徐在 1938 年用数学归纳法给出了简洁的证明。"

1938 年夏天，父亲获得哲学博士学位，成为华盛顿大学第一个获博士衔的中国留学生。在美留学的两年中，他还相继成为美国 Sigma Xi 自然科学荣誉学会会员和美国大学优等生荣誉学会（Phi Beta Kappa）会员，并再获"金钥匙"奖。

此时抗日战争已经全面爆发，祖国处于水深火热之中，父亲的家庭也发生了很大变故。祖父徐廷选因高血压病故，湖州老家的房宅被日本人放火烧毁，什么东西都没来得及救出来。祖母吴金延带着一家人逃难到上海。父亲忧心如焚，无意在美国久留。他本想获取学位后立即回国，但此时接到燕京大学校方的一封来信，要求他再坚持一年，以了解美国大学的教育，同时，华盛顿大学数学系的系主任已安排父亲做他的助理。就这样，父亲又在美国工作了一年。1939 年秋，他回到祖国，重返燕园，不久即被聘为燕京大学数学系讲师、代理系主任。

【附】父亲北上求学的同窗

和父亲1932年同时从东吴大学到燕大借读的沈福彭、孙令衔，他们后来的留学与回国轨迹和我父亲几乎一模一样。

沈福彭生于1908年，他的父亲沈介平是位名医，1914年带着全家前往湖州，组建海岛医院，并任福音医院的院长。1922年，十四岁的沈福彭患脊椎结核，下肢瘫痪。他的父亲和福音医院的创办人美籍传教士孟杰为他做了一张桥型的矫形石膏床，靠隆起的部分顶住病变的脊柱。沈福彭在这张床上一躺就是四年，坚持自修了初二到高二的全部课程，等他能站起来时，他的同班同学已经准备上高三了。他愣是和同学们一起通过了升入高三的各科考试，并顺利考入了东吴大学医预科。我父亲很钦佩他，他高中时就已与沈福彭同班，并一起结社，把湖州世界书局的新书几乎都看遍了。

这次北上燕大，沈福彭插班进入理学院化学系，1932年毕业后赴欧洲留学。1939年获比利时布鲁塞尔大学医学博士，并留校任教。1939年，他和在美国留学的我父亲，几乎同时放弃了国外优越的工作条件和生活，返回祖国。

沈福彭是山东大学医学院的创始人之一，也是人体解剖学专家。1949年，国民党仓皇撤退时，给了山东大学医学院五张去台湾的机票，其中两张指定给沈福彭和夫人寇青瑶，但他们没有走。1957年，他四十九岁的时候被错划为右派，被迫离开了讲坛和解剖台。他身处逆境达二十余年，直至1979年错案才得以纠正。1982年，他因病逝世。

我看到了沈福彭女儿沈华写的一篇回忆父亲的文章，有这样一段文字给我很大的震撼："病愈后的他身高几乎没有再长，终生身高仅在150厘米左右，这样的个子加上微跛的右腿，用世俗的眼光看来满可以定义为'残疾人'。但他一生保持积极乐观的生活态度和顽强进取的精神，从不拿自己多病的身体状况说事儿。"⑧我反复回忆父亲对他的描述，这位同乡与同窗在父亲的口中始终是一位顶天立地、风度潇洒、英姿勃勃的科学家。

孙令衔是钱锺书先生的表弟，后来与杨季康先生的妹妹杨棨结为夫妇。当然，首先还是他当了钱锺书与杨季康初会的牵线人。吴学昭在那本《听杨绛谈往事》中说："阿季考试一完，便急着到清华去看望老友蒋恩钿，孙令衔也要去清华看望表兄，两人同到清华，先找到女生宿舍'古月堂'，孙君自去寻找表兄。……晚上，孙令衔会过表兄，来古月堂接阿季同回燕京，表兄陪送他到古月堂。这位表兄不是别人，正是钱锺书。阿季从古月堂出来，走到门口，孙令衔对表兄说'这是杨季康'。又向阿季说'这是我表兄钱锺书'。"⑨

钱锺书和杨绛第一次见面是偶然相逢，却好像姻缘前定。

孙令衔插班入化学系学习，后继续读研究生，和我父亲同时在 1934 年获燕京大学理学硕士学位，然后赴美留学，1937 年获美国康奈尔大学哲学博士学位。他是精细有机化工方面的专家。他也在 1939 年前后回国，在东吴大学担任化学系教授、化工系主任。1949 年，孙令衔回到母校燕京大学任教，担任化工系主任。这段时间他家和我家同住在燕东园，互为芳邻。1952 年，全国高校院系调整，燕京大学解散，各院系并入八所高校，孙令衔去了天津大学，任化工系教授，后来当过天津大学图书馆馆长。"文化大革命"中他不堪凌辱，于 1969 年冬天自杀身亡。杨季康先生后来告诉父亲："他只为交了两个有问题的朋友：张东荪和费孝通，受到牵连，自杀三次未遂，又加上重重的折磨才去世的。"

杨季康和父亲的来往自 20 世纪 90 年代以后才恢复。那时她已以"杨绛"这一名字显赫文坛，但父亲始终唤她"季康"，而杨季康则称呼父亲"献瑜学长"。很巧的是，他们的生日相隔一天，父亲是 7 月 16 日，杨季康是 7 月 17 日。杨季康说："不过年份不同，你庚戌，我辛亥。"

2010 年 5 月，杨季康在写给父亲的一封信中无限感慨："我们同到燕京借读的五人，如今只剩你我两个了。"

数学系获得新生

父亲 1939 年秋天回到燕园，被校方任命主持数学系系务。此时的他，踌躇满志，颇有一番抱负，急于改造数学系过于陈旧的课程设置。他除继续主讲高等微积分外，首次开设了数论、无穷级数、实变函数、复变函数等新课。

1937 年考入数学系的李欧（37153）是父亲最欣赏的学生，也是他最得力的助手。他在 1938 年自发组织了学生数学学会，并担任了该会的主席。他 1941 年毕业，入燕京大学物理系读研究生，同时兼做数学系助教。1945 年燕大复校后，他任数学系讲师、副教授。他讲过 1939 年父亲回国任教时数学系的情况："由于陈在新年事已高，系主任改由地质系主任戴维斯兼任。新教师增加了新回国的徐献瑜先生和聘到的赖朴吾先生。他们学识渊博，年富力强，给数学系增添了巨大的力量。……1940 年，徐献瑜先生出任数学系主任直到燕京关闭为止。徐献瑜先生……讲课立论严谨，深入浅出，我们很喜欢听。徐先生黑板书极规矩，写得又细又清楚。至今我还留有他的课堂笔记。他一堂课常常只写满一个黑板，很少用板擦。他还在课外指导我们做科学研究，经常在系内开展学术活动、举行学术报告会。"⑩

他提到的赖朴吾先生是一位英国人，毕业于英国剑桥大学。1936 年他来到燕京大学数学系，与准备赴美留学的我父亲相识。我父亲一直记得与赖朴吾的初次见面："寒暄之后，他喜欢讲中国话，我们就改用上海话开始了第一次交谈。他是非常谦虚、热情的，这使我感到格外亲切。我们两个年轻人（他比我大一岁）在一起，似乎都认识到若要燕大数学系发展，必须努力加强数学分析和应用数学的力量。当他

1941年，燕京大学数学系师生合影，后排左起第四人为徐献瑜，中排左起第四人为李欧。在男士多着长棉袍、女士着旗袍加大衣的人群中，徐献瑜一身正装西服，显得鹤立鸡群。当然，更因为他的身高

得知我要在当年秋天赴美留学，并且听说我将来的导师赛格教授著作很多、分析方面的力量很强时，就鼓励我沿着这个方向迈进，他自己想偏重于数学应用方面，要在某一领域有所建树。"

1991年夏天，我曾对父亲做过一次口述采访。谈及这段时期时，他还提到他们建立了系图书室，购置了大量的图书资料；组织了一个讨论班，本系和物理系的学生都可以参加，引导他们给《美国数学月刊》上的"问题征答"作解，启发和培养学生从事科学研究的兴趣和能力。父亲也参加讨论，并对学生的解题方法及时点评，或为其修改。他们将第一批题目的答案寄至《美国数学月刊》，很快就被刊登出来。此后发表在该杂志上的解答有十多篇。父亲还在系内主办学术讨论会，由教师和高年级学生轮流做专题报告，这使得系内的学术空气活跃起来。父亲在1939—1941年冬的这段工作，被学生们赞誉为

"使燕大数学系获得了新生"。

在此期间，经父亲悉心指导而毕业的学生有关肇直（38425）、张继毅（W36001）、李欧、姚志坚（39409）、王志毅（38022）等。当时燕京大学物理系的数学课程也是由他讲授的，后来成为著名物理学家的张守廉、黄昆等也是父亲的门下桃李。

父亲此次回校先是住在镜春园的一处院子里。五十多年以后，大约在1997年，父亲带着我去辨认过这个旧宅。那里现在是北京大学教育基金会的办公地点。跨过镜春园75号门口的台阶，站在第一进院子中间，父亲指着高大的柏树荫下的西厢房从北数第一间，告诉我这是他从美国一回来就住的地方。当时这个院子里住的都是燕京大学的单身青年教员。

下页这两张老照片引起我极大的兴趣。在照片中找到了好多从小就熟悉的家具：那张单人铁床，那个带一个抽屉的床头柜，那把与竹叶图案窗帘同样花色的布沙发，那个有椭圆桌面的小几，那个三层的黑色木书架，还有那个半人多高、对开门的大铁皮柜。一些小摆设更能勾起一缕缕温情的回忆：一大一小两个铜蜡烛台、一对白色大理石书夹、铜佛坐像、铜香炉、精制火柴盒、打字机、圆镜子，甚至墙上挂的那一个小画碟现在还都在家里摆着呢。算一算，这些可都是有八十多年历史的文物了。照片中，父亲衣着西化，穿双排扣西装，束领带，白衬衫袖口露出半寸左右。衣橱里整齐地挂着几条不同花色的领带，可见其生活之讲究。

父亲身高一米八二。在他刚入燕大时，就有传言说从苏州东吴大学来了一位个子极高的学生，学业很好。校友写的一篇介绍数学系的小文也说："系主任徐献瑜先生是本校教职员工中最长的一位，粉红色的眼镜

徐献瑜在燕京大学镜春园的青年教师宿舍。这两张照片据说摄于 1939 年冬,那时父亲从美国回到燕园,拍照片是为了寄给在上海的我的祖母,向她报平安

是他的标志。他教授分析部门的课程，也是我们的'头子'。"⑪这里的"长"是指身高，父亲因此得了一个绰号——"徐长子"。

当时燕大还有一位青年教师沈乃璋[1]，与父亲是湖州同乡，又与他是东吴大学同学。1938年秋，沈乃璋比徐献瑜早一年回国，在燕大心理系任教。两位欧美博士前后脚回到燕园，都住在镜春园宿舍，后来又一起搬到成府街蒋家胡同。两人平素穿西装、打领带，讲一口流利的英文，一高一矮，沈乃璋还留着一把漂亮的络腮胡（绰号"沈大胡子"），在园里很引人瞩目，乃至燕大教师圈给了"徐长子"和"沈大胡子"一个浪漫的称谓："湖光塔影"。

为办好数学系，父亲还有一些计划正待实行，但日本向美国宣战，发动了太平洋战争，打断了一切。1941年12月8日清晨，日军迅速将燕大严密包围，把守住西门和南门，禁止出入。日本宪兵在各处走动，首先入侵了贝公楼，锁上了校长办公室的正门，贴上长条白纸，上面写着"大日本宪兵队"。其他各楼也是如此，他们甚至把正在上课的同学们封在楼内。从城里调来的伪警端着上了刺刀的步枪四处巡查。钟亭连续不断地传来急剧的钟声。日本宪兵把学生集中在贝公楼礼堂，中国教职员集中在女生体育馆，外籍教职员集中在临湖轩。大约11点，宪兵队的大佐荒木宣布占领燕京大学，若有反对行动，必军法从事。

当晚宪兵队和伪警按照黑名单开始抓人，有十一名学生被捕，张东荪、陆志韦、陈其田、赵紫宸、赵承信、刘豁轩、林嘉通七位教授

---

[1] 沈乃璋（1911—1966），浙江吴兴人，心理学家，专长是普通心理学和实验心理学。1932年毕业于燕京大学，同年入清华大学研究生院心理系。1936年赴法留学，回国后任燕京大学心理系教授、系主任，院系调整后任北京大学哲学系心理专业教授。

也被关押。第二天上午，日本宪兵队又发出命令：限定下午三点前所有男女学生一律离校。下午四点，被捕的七名教授和十一名学生被押出贝公楼，上车后先到西苑，再到沙滩红楼（日本宪兵队本部）；他们被搜身核查，除衣裤外，不留一物，之后被押到地下室。之后燕大教授洪业、邓之诚、蔡一谔、周学章、萧正谊、侯仁之也相继被捕，押到红楼地下室。

12月8日这一天，司徒雷登校长不在燕园。他由天津返回北平，在火车站被捕，后被日本宪兵队监禁在山东一个专门监禁美国人的集中营里，坐了三年八个月的牢。1945年抗战胜利后他才走出了集中营。

父亲和沈乃璋当时已经搬到成府街蒋家胡同10号住了。12月8日早上，父亲照例骑着一辆新的三枪牌英国自行车去上班，刚到东校门口，日本宪兵队端着上了刺刀的步枪把他拦下了，还抢走了自行车，他人也被驱赶了，不许他进校。过后几天，他和沈乃璋等几位燕大青年教师只能蜗居在宿舍里。蒋家胡同10号院的主人姓孔。此时四合院的大门是紧闭的，但有一天晚上，孔家的媳妇临产，院子里亮起了灯光，有了响动，结果日本宪兵队就冲进来了，一通搜查，把住在西厢房的几个燕大青年教师统统抓起来押出去。父亲对这天晚上的被捕和以后数天的囚禁，记忆极其深刻。直到晚年，他在协和医院病房里做噩梦，梦里都有日本宪兵队的黄制服和长刺刀。

有情人终成眷属

父亲和母亲第一次见面，不是在燕京大学的校园，而是在南柳巷25号韩宅。

1939年秋，父亲回国后稍事安顿，就去完成华盛顿大学的一个委托——将中国留学生李鸿年的遗物转交给他的家人。而李鸿年正是母亲的大表哥，即韩俊华、李莲普的长子。韩家老人对我父亲的第一印象是"瘦高个子，满口洋文"。

初次见面后，父亲开始追求母亲。在翻阅《燕大校友通讯》往期资料时，我无意中抓到这样一个有趣的小细节：徐献瑜先生的女朋友要开音乐会，数学系学生李欧和关肇直提着浆糊桶在校园里到处贴海报。那海报都是李欧设计与绘制的。这说的正是当年学生们帮助我父亲追求我母亲的故事。

1940年夏，母亲从燕大毕业。1941年12月，学校关门，师生被遣散。父亲拒绝去伪政府辖下的大学教书，宁可赋闲隐居。直到1942年9月，为了糊口，他开始到天主教会所办的城内的辅仁大学数学物理系任教，不久又应聘到中国大学数学系执鞭。以后的三年里，他一直在两校教数学，兼教英文。他还住在城外，但出狱后被迫从蒋家胡同迁居到槐树街，依旧和沈乃璋合住，与同样被迫迁居来的陆志韦、李荣芳、聂崇岐、崔毓林等先生为邻。

在日军占领下心情郁闷、前景不明，父亲在讲课之余，只能埋首数理研究，以钻研学术为乐。当时辅仁大学数学物理系主任是德籍神甫李士嘉（M. Richartz）教授，他在物理学、光学方面颇有造诣。父亲凭借在物理学与数学方面多年的基础，和李士嘉合作，相继完成了两篇光学论文，分别于1947年、1949年发表在美国光学学会期刊上，受到国际光学界的重视。

父亲在这两所大学任教时，母亲也在慕贞女子中学教音乐。两人的恋爱关系继续发展。据说，王光美当时正在辅仁大学物理系读书，

徐献瑜与韩德常的结婚照，摄于1944年4月

曾经追着要看看和韩家美人谈恋爱的徐先生究竟是何许人也。王光美的三嫂严仁英的祖父正是被称为"南开校父"的严范孙先生。韩家自母亲的祖父辈就与严家结为通家之好。母亲的四姑韩升华、五姑韩咏华在严氏蒙养院当老师时还教过严仁英。王光美想必是从三嫂严仁英处得到消息，方有如此淘气的一举。

父亲母亲1944年4月结婚，举行的是西式婚礼，但母亲的照相簿里没有这次婚礼的照片，听说是请的摄影师在拍摄时出了故障，胶卷曝光了。婚礼的盛况都是后来传出来的。有的说我的外祖父韩诵裳嫁女极其隆重，婚礼办得格外阔绰；有的说那天披上婚纱的母亲令在场者惊为天人。母亲在燕大的不少同学参加了婚礼，她们异口同声地赞叹"新娘子实在太美了！"

第二天，父亲母亲到照相馆补拍了结婚照。这张照片嵌在一个精致的镜框里，一直挂在父母卧室的墙上。

照片寄到父亲在上海的家中，引起奶奶的不安：新娘是漂亮，但个子怎么这样高啊？父亲身高超过一米八，照片中的母亲只比他低半个头。父亲解释说，新娘脚下垫高了，奶奶方才释怀。

家里的墙上还有一幅不大的镶着镜框的墨宝，与父亲母亲的婚礼有关。那是燕京大学宗教学院院长赵紫宸先生所书：

> 青鸟殷勤为探看，碧城十二玉阑干；
> 香肌冷衬琤琤佩，衣薄临醒玉艳寒。
> 上尽重楼更上楼，朱栏画阁几人游；
> 郎君下笔惊鹦鹉，好好题诗咏玉钩。
> ——献瑜先生德常女士吉席　右集玉溪生句贺　赵紫宸夫妇同拜

赵紫宸先生和我父亲是燕大同事、湖州同乡。我猜想，这场西式婚礼的主婚人（证婚人）应该就是大名鼎鼎的基督教神学家赵紫宸先生。

三、韩德章：一介书生　书生一世

母亲的哥哥韩德章，1905年生人，他和母亲都是韩诵裳的原配夫人王敏所生。前文已经提到他俩的外祖父是天津名士王守恂老先生。王老在那首"怪底眉间添喜色，雪天得见外孙来"里提到的外孙正是韩德章。韩诵裳在给岳父的信中提到很多大雄的趣事，"大雄"正是韩德章的乳名。

由于王敏早逝，韩诵裳自1919年供职中国银行后又常年在外省

前立者：韩德常；后立者：韩德章（左一）、李鸿年，摄于 1918 年

奔波，兄妹两人在爷爷奶奶家相依为命，彼此感情非常好。

上面这张照片中，哥哥韩德章，一袭浅色长衫，妹妹韩德常，身着浅色带条纹的半长衫，发型和哥哥一模一样，一副男孩子打扮。兄妹两人相差十岁，面容神态酷似，只是妹妹比哥哥的前额更宽、隆起更高，用北京话说：大奔儿头。据说，当年哥哥喜欢弯下身子轻弹小妹的额头，逗她玩："大奔儿头，大奔儿头，下雨不发愁，人家有雨伞，你有大奔儿头。"

照片中后排右边的站立者就是他们的表哥李鸿年，他身着深色长衫，手里握着一顶浅色的礼帽。照片的背景好像是在公园里。

那时韩家最常去的公园是中山公园，一来离家很近，二来园子里的"来今雨轩"饭庄当年是文人墨客聚会的最佳去处。它建于 1915 年（母亲出生的那一年），店匾原系曾任民国大总统的徐世昌所书。

原址在中山公园内坛墙东南角，坐北朝南。厅前平台周围砌矮花墙，中间独置一座太湖石。庭院内假山、小桥、喷泉、瀑布相互映衬，几株海棠树点缀其中。

由于幼时的记忆深刻，母亲对"来今雨轩"情有独钟。80年代以后，这座饭庄由公园东边搬迁到西边，又几经改造，早已面目全非。但只要有故人来访，比如发小级闺蜜夏承瑜、邵乃偲，母亲都要在"来今雨轩"请客，并必点一道面点"冬菜肉包"。不过每次吃毕，她都摇头不已："没有当年的味道了，不是当年的氛围了。"

精通音律的"瓦盆韩"

下页这张兄妹嬉戏的照片是九十多年前在南柳巷 25 号院子里抓拍的。不知拍摄者是谁，显然是一位内亲，否则怎能捕捉到兄妹两人如此亲昵、自然、活泼的状态？这时的大舅韩德章已然成年，母亲也已出落成婀娜多姿的美少女。两人各自抓住一只大筐的两边，在干什么呢？

听老一辈人回忆，这位韩家长子，聪颖过人，博学多才，兴趣极广，喜文学，能作诗（曾用名有韩君格、韩稼克，笔名莎子）。他喜欢美术，更喜欢音乐，且造诣甚高，懂音律，能唱昆曲，还会演奏多种中西乐器。他有一个绝活儿，耳听交响乐唱片，就能写出各种乐器的分谱来。他将七个小碗装上不同分量的水，用筷子可敲出七声音阶，演奏出清脆美妙的乐声，为家人津津乐道。三舅说："敲击瓦盆即可成曲，所以大哥有一个绰号叫'瓦盆韩'。"

大舅一生不顺，最大的不如意就是赴美学习音乐不成。当年考官费留学，韩德章的成绩第一，却被一个官家子弟顶替。

韩德章与韩德常兄妹嬉戏，大约摄于 1928 年

1922 年，韩德章放弃音乐改学理科，考入了燕京大学工程系预科。1919 年成立的燕京大学是由华北地区的几所教会大学合并而成的，在组建初期管理非常混乱，司徒雷登出任校长后一切才有了转机。

大舅韩德章入学时，燕大尚在建校初期，没有设学院，只有系，预科二年，本科三年，上课还挤在汇文大学东南角的盔甲厂旧址。司徒雷登校长正在到处为新校园选址，四处筹款募捐。一次募捐归来，司徒雷登说，每次看到叫花子，就觉得自己是属于他们的行会的。

六年以后，韩德章从燕京大学理学院农学系毕业，获理学学士学位。这时他已在风光旖旎的新校园里读书了。1928 年时，燕京大学已正式设立了文学院、理学院、法学院，总共有近二十个系。

大舅精力充沛，求知欲强，喜欢学习新事物。还在城里盔甲厂上学时，他就到沙滩红楼旁听世界语讲座，开始学习世界语。他本已通晓英语、法语、西班牙语，学习新的语言入门很快，以后又坚持不懈，终成正果。他将《鲁迅小说选集》的世界语新旧译本、英语译本、法语译本和西班牙语译本进行对比、研究与考证，写出了《论〈鲁迅小说选集〉世界语新旧译本中的植物名称》一文，发表在《世界语月刊》上。他撰写过《世界语植物名称探源》，参与过《世界语汉语词典》的编辑工作，为植物的专科术语翻译做出了很有价值的贡献，并曾任中华世界语学会理事。当然，这只是他众多副业之一。

青年经济学人的三驾马车

从燕京大学毕业后，韩德章的正业履历的第一步是 1929—1935 年先后在北平社会调查所、中央研究院和社会科学研究所担任助理研究员及研究员，兼任清华大学法学院社会学系讲师。

在这段履历中，有一件事情值得大书一笔。1933 年秋天，奉北平社会调查所所长陶孟和之命，韩德章和千家驹、吴半农三人前往广西南宁、蒲庙进行社会调查，用三个月的时间完成了《广西省经济概况》这一专著，这是学界对一个边远省份进行的第一次系统的科学考察。

这个调查组成员的结构很有意思，三位年轻人分别毕业于三所高校：千家驹毕业于北京大学经济系，吴半农毕业于清华大学经济系，韩德章毕业于燕京大学农学系。其中韩德章与吴半农同岁，都是 1905 年生人，两人同在 1929 年进入陶孟和创办的北平社会调查所。而千家驹比他俩小四岁，1909 年生人，他是 1932 年由胡适先生介绍安排到北平社会调查所的。

陶孟和听说千家驹是北大学生会会长、著名的捣蛋头儿，踌躇再三。胡适说："捣乱与做研究工作是两码事，会捣乱的人不一定做不好研究工作，况且一个研究机关，你怕他捣什么乱呢？"⑫胡适并不知道，1926年十七岁的千家驹在考进北大时就加入了中国共产党（1928年脱党，但信仰未变）。不过胡适夸奖千家驹有才，此话没错，这次广西调查以后面世的《广西省经济概况》一书的大部分章节都由千家驹执笔。

翻查30年代的报纸杂志可知，中国左翼经济学家曾南北联手、四面出击，与资产阶级自由学者、信仰马克思主义的其他流派、乡村改良主义者展开过激烈的理论论战。通过论战，左翼学者宣传了研究农村经济的方法，论证了农村破产的根本原因，并提出了彻底改造农村的方案。千家驹是左翼经济学派的重要代表人物之一。他曾组织了三场论战，第一场针对的是乐观看待当时中国农村状况的自由主义学者，第二场是关于中国农村经济的研究方法和农村社会的性质，第三场针对的是梁漱溟、晏阳初领导的乡村改良运动。⑬

韩德章参加了第二场论战，他不赞同"仅重视生产关系而忽视生产力"，提出以后的研究要注意土壤、作物等方面的技术问题，被千家驹为首的论战对手视为美国农经专家卜凯[1]的"崇拜者"，遭到严厉批判，并被划为自由主义知识分子。

吴半农当时与千家驹的观点是一致的。他信仰马克思主义，曾翻译过马克思的《资本论》的部分卷章。1934年，他被公派赴美留学，

---

[1] 卜凯（1890—1975），美国农业经济学家，康奈尔大学农学院博士。1915年来华，1944年离华，在南京创办了中国第一个农业经济系，引入西方最新的调查研究方法，提出了中国农业经济发展的独到见解。

获哥伦比亚大学经济系硕士学位。1936年12月回国后，他进入国民政府经济部任秘书，1940年12月任经济部统计长，再度赴美，1944年任太平洋国际学会美国分会客座研究员。在两度赴美深造以后，他的经济学观点是否有变化，不得而知。

1933年赴广西调查的这三位青年经济学人，后来的人生之路可谓大相径庭。

千家驹1936年以后投身政治运动，成为社会活动家。

吴半农以专业技术官员的身份跻身国民政府经济部门。抗日战争胜利后，他作为中国政府驻日本代表团第三组（经济）组长和中国驻盟军总部赔偿归还代表团首席代表，参与主持了战后日本对华赔偿归还事务。

韩德章则越来越与政治和官场拉开距离。他从1939年开始完全回到校园，先后被聘为广西大学、重庆大学、复旦大学、中央大学、清华大学的教授，讲授过"经济学""农业经济学""农村合作""农业金融""农场管理""农村调查""农业概论""社会主义农业企业组织""中国近代农业经济史""农业经济专业英语"等十几门课程。在农业经济方面，不少专家、教授都曾是他的学生，但在今天，已经没有多少人知道他了。

大舅韩德章从1935年起就离开了北平，长期在西南地区谋生做事，先是在广西，后来去了重庆。整整十一年以后，1946年8月他才回到北平，回到南柳巷25号。其间由于战争阻隔，1942年他无法为奶奶奔丧，1944年也没有能够参加妹妹韩德常的婚礼。

韩德章本人应该是1930年初成家的。他的夫人方诗云是外公韩诵裳的挚友方宗鳌的侄女、母亲的闺蜜方秀卿的堂姐。大舅妈少言

韩德章的夫人方诗云和女儿韩达明，1936年摄于昆明

寡语，讲话有淡淡的南粤口音；举止沉静，像影子一样与丈夫寸步不离。两人唯一的女儿韩达明1935年出生于重庆，回到北平时，已经是一个十一岁的小姑娘了。

在零零星星的史料中，我找到的更多是关于韩德章音乐才能的记载。例如，我找到一篇回忆国立中央大学搬迁到重庆之后在艰苦的环境中该校教授组织昆曲小组自娱自乐的文章，其中提到："在松林坡马路旁的教授宿舍里，常传来优美动听的昆曲声，诸如《奇双会》《游园惊梦》《春香闹学》《琴挑》等剧目。唱腔抑扬婉转、古朴典雅、优美悦耳，原来这是教授们组织的昆曲小组在进行排练。词学家唐圭璋的曲笛，数学家唐培经的凤笙，农业经济学家韩德章的南弦子……和外文系俞大纲教授等人的昆曲清唱……"⑭

我知道大舅韩德章会昆曲，善吹笛，至今韩家后人手里还留有他在 20 年代手抄的昆曲曲谱。但文中所提的南弦子是什么乐器呢？经查，原来全称为斗南弦子，形状如月琴，是西南地区的彝族和壮族人制作的。看来，聪明的大舅就地取材，迅速学会了这个民族乐器，在用于昆曲伴奏的笛与笙外，又加上了弹拨乐。

韩德章回到北平后，1946 年在清华园里突然走红，有了一段颇为传奇的经历。之所以走红，不仅是因为他被聘为清华大学农学院农艺系教授、代系主任，更是因为他接手了清华大学军乐队，并担任指挥。这支军乐队创立于 1916 年，是中国大陆现存历史最悠久的西洋管乐团之一。韩德章大刀阔斧，自己选曲配器，严格进行专业训练，把这支军乐队打理得光彩熠熠。多少年以后，当时的队员还对他念念不忘。2010 年冬天，我去清华西区宿舍看望我父亲的一个老学生胡路犀阿姨。她的丈夫黄昭度是清华大学力学系的教授，酷爱古典音乐，家里摆满了高级音响设备。当他得知韩德章是我的大舅时，兴头一下高起来了，大声说："我原来是清华大学铜管乐队吹大号的。我特别崇拜韩德章先生。"

从事教学科研五十载

50 年代以后，韩德章执教于北京农业大学农业经济系。这所高校的前身为 1905 年成立的京师大学堂农科大学。1949 年 9 月，北京大学、清华大学、华北大学三所大学的农学院合并，组建成为中国第一所多学科、综合性的新型农业高等学校，1950 年 4 月被正式命名为北京农业大学。韩德章正是随清华大学农学院并入的。初建时，这所大学的师资力量不容小觑。检索到 1956 年 9 月高等教育部颁发的

韩德章家的全家福，自左至右：方诗云、韩达明、韩德章，摄于20世纪50年代初

一级、二级教授名录，我发现在北京的高校中北京大学的一级教授最多，有27名，其次就是北京农业大学，有10名，清华大学名列第三，有9名；而二级教授还是北京大学最多，有54名，清华大学名列第二，有13名，北京农业大学居第三，有11名。韩德章被评为二级教授（我父亲也是二级教授）。当时一级教授的月工资为345元，二级教授为280元。

随着社会主义改造与工业化的进程，理工科院校被高度重视，农科院校地位逐步下降。1957年反右以后，教育界、学术界于1958年又掀起了"拔白旗、插红旗"的运动，其中一个战场就指向了农业经济学领域。1958年8月下旬，全国农业经济科学讨论会在北京和平宾馆召开。名为学术讨论会，实际上是一次大规模的学术批判会。一批国内著名的经济学家、社会学家、农业经济学家、各地农学院的学术带头人都受到批判，北京农业大学被点名的就有农业经济系的系主任应廉耕、副系主任韩德章，农业经济管理系的系主任孟庆彭。韩德章在企业管理课上介绍了养兔的经济效益问题，这被当成资产阶级学术观点遭到横扫。会后，北京农业大学农业经济系的教学秩序混乱不堪，全国农经学术界也陷入多年的低谷，学术水平低下。

直到80年代拨乱反正，这场冤案方才得到纠正。1980年1月，韩德章担任该校农工民主党支部的主委。他有关乡村借贷关系研究的论文《旧中国农村的高利贷》《民国时期的新式农业金融》相继在学术杂志刊出。在农大的校园网上，最后一条与韩德章有关的信息是在1984年6月22日："庆贺俞大绂、熊大仕、沈其益、娄成后、李连捷、彭克明、周明牂、沈隽、韩德章、杨昌业、叶和才、蔡旭十二位教授从事科研五十年。"

步入晚年之后，大舅韩德章糖尿病缠身，体力日益衰弱。先是闹眼疾，很揪心，但他情绪乐观，还保持着以往的那种韩氏幽默。我在二舅和三舅身上也看到过这种自嘲精神。

他在1982年除夕曾写过一首《元旦抒怀——兼答友人远地询近况》："老眼视昏聩，蹉跎久难医。头昏蒙重雾，足似踏软泥。临池墨污手，开卷书抵鼻。眼睛犹虚设，手杖不离身。半聋复半瞽，寸步难移动。兼之有复视，睹物成两歧。老妻有四目，雏孙具双鼻。"

大舅遍求名医，又吃药又打针，注射三个疗程，历时两个月，复视虽治愈，但模糊依旧，已无计可施。他写道："学习争分秒，岂容长息息。时事与政策，补课移第一。报刊不能读，电波传信息。晨拥小春雷，傍晚听电视。书多读卒读，求知在点滴。陶令粗过目，武侯读大意。闭目勤默诵，博闻靠强记。苦思与冥想，明辨析疑义。悠然自得者，领会书中趣。达观与乐观，却病乃良剂。"

一介书生，书生一世，他晚年病中的精神支持依然是"书中趣"。

当然，也有另一种精神力量："当今人长寿，已非古来稀。八秩未云老，九旬不足奇。身心两健旺，不难跨世纪。愿乘东风'十二大'，与君同为祖国社会主义四化齐努力。"

大舅行动不便以后，与母亲的兄妹亲情仿佛迟暮的余晖，温暖又苍凉。

弟弟徐浩记得："大舅最后一次来看妈，步履蹒跚。送他走时，想到他还要蹭到中关村车站，望着缓缓远去的背影，很不落忍。"

母亲也常去农大看她的大哥。有一次，她让我妹妹陪着骑自行车去，她说："这是我骑的最远的地方。"到后来，大舅已经卧床不起，和我母亲说话都很吃力，母亲回家心疼得落泪不止。

韩德章 1988 年 12 月 16 日病逝，享年八十三岁。

四、韩俊华、李莲普：弥久不衰的玉簪花

韩家五姐妹中的大姐韩俊华是名副其实的大姐大，她比我外公韩诵裳年长两岁，1903 年她出嫁的时候，最小的妹妹韩权华刚刚出生。

她从上个世纪走来，周身上下都是老派风情：小脚，梳篡，精致的描眉，考究的削肩斜襟缎子旗袍。当年她被许配给了天津"茶叶李"家，丈夫李莲普，号仰白。这桩婚事还是在老韩家比较阔绰的时候操办的。半个世纪后，孙子李楯对奶奶的一件藏品记忆犹新，他说："我奶奶有一个布背心，上面有许多口袋，里面装着一个一个的小包，这是在那个年代'跑反'时随身携带的，装着我奶奶出嫁时的全

韩俊华与李莲普夫妇

套首饰。我奶奶说,她的嫁妆比她几个妹妹的都要好。可惜'文革'中都丢失了。"

如前所述,李莲普也算海归,早年受清度支部印刷局派遣,赴日本学过铜版印刷。清度支部印刷局建于1908年,后改为民国财政部印刷厂。1914年,李莲普入职此厂当了一个科长。因厂址在北京南城白纸坊一带,李莲普一家从天津搬到北京,落脚在羊肉胡同。大约在40年代,李家再搬到南柳巷25号的后院,也就是街门开在椿树胡同的那个狭长条院子里住了。

长子李鸿年:历史只记录胜利者的名字

李莲普、韩俊华夫妇育有二子一女:大儿子李鸿年生于1904年,女儿李惠年生于1907年,小儿子李瑞年生于1910年。

李家全家福。自左至右：前排为韩俊华、李莲普；后排为李瑞年、李惠年、李鸿年

    我的外婆高珍说过："韩家一个大姐早已出嫁了，婆家姓李，那是天津'八大家'的'茶叶李'家，可是大家庭的子弟都没有什么成就，就靠家里有钱。后来家道中落了，大姑爷没有什么作为，这是大姑太太一生最不得意的。她把所有的希望都寄托在长子李鸿年身上。"

    母亲的表哥李鸿年，字建藩，1921年入燕京大学工程系预科，1922年入工程系一年级，后转入农业系，再转入生物系；1927年毕业，任静生生物调查所（即后来的"植物研究所"）研究员，专事研究中国北部的植物分布，春天去西山小五台一带采集标本，秋天去东陵采集木本植物。1930年，燕京大学推荐他赴圣路易斯华盛顿大学攻读博士学位，1931年1月客死异乡。

    李鸿年生而聪慧，不仅被父母宠着，也很得外祖父韩渤鹏、外祖母卞珩昌的疼爱。他是孙辈中年龄最大的，在韩家祖孙合影的好几张照片中都很容易找到他修长儒雅的身影。

韩氏家族第一个燕京大学毕业生李鸿年，摄于1927年

李鸿年六岁入蒙养园，开始接受新式教育；八岁入初小，每试必列第一，获奖无数；十一岁入高小，每试仍列前茅，毕业时学校嘉奖了三张奖状；十四岁时考入北京高等师范学校附属中学，他的舅舅韩诵裳那时正在那里当校长。他不仅学业优秀，而且关心社会之事。"五四运动"后，他虚岁十六，"慨失学儿童之众，与同学创办附中平民学校。一时失学儿童受其惠者甚多"（《先兄建藩事状》）。

1921年，他考入燕京大学工程系预科。在后来得到的一篇珍贵的《先兄建藩事状》中记述了他当时选择专业的过程："慨于我国工业之不振，且誓愿继亡舅缙华公未竟之志，遂决意入工业科。（亡舅曾习工程于清华。）"

从这段话可以解读出两个意思：一则，确认韩家有一位老三，即我外公的弟弟韩缙华,他曾考入清华大学工程系;二则李鸿年在南柳巷 25 号长大,受外祖父家的影响很深,他誓愿继承英年早逝的舅舅韩缙华的未竟之业。

可惜,李鸿年的身体不争气,1922 年他入工程系一年级,因攻克力学体力不支,转入农学系,转年又得了肋膜炎,只得休学回家。"幸赖双亲昼夜调护,得脱自死神之手。此后家慈必逐日清晨携往公园先农坛等处散步静养,风雨无阻。"(《先兄建藩事状》)

外婆高珍也说过:"大姑太太就陪着他,每天清早六点到中山公园遛弯儿。这个母亲当得够辛苦吧。经过一年吃药治疗,再加上天天清早散步,呼吸新鲜空气,他的病慢慢治好了。"

李鸿年 1921 年入学的时候,燕京大学还在城里盔甲厂,办学条件简陋。据有关材料记载:

> 盔甲厂在哈德门之东的那个城墙旮旯,那时燕大称有九院,但除一二院为一座小洋楼划分为两半外,其余都不过是能住几十人或几百人的平房而已。其中最大的要算第四院(与现时女生第四院迥然不同!)是学校的大本营。……课堂后是食堂,食堂学生管理……每餐食无兼味,人各一盘,高汤随意。
>
> ……
>
> 学校旁边是城根下的泡子河……载着东城一带沟渠的臭水,水面上浮着一层油绿的色彩,微风吹过,有一股腥气。[15]

他毕业那年,燕京大学已经迁到西郊新校区,1927 届学生的毕业典礼就是在美丽的燕园举行的。如果关于李鸿年是因失恋自杀的传言属实,那应是在这个新校园里他和初恋林培志分手了。听三舅韩德扬说:"李鸿年和林培志感情非常好。后来林培志跟了别人,李鸿年就失恋了。此外就是他的眼睛。在美国念书时,医生告诉他可能要失明了。在这两个压力之下,他就到校园的一个树林子里自尽了。"

李鸿年去世一年之后,即 1932 年 1 月 16 日,李家在骡马市大街宾宴春饭庄摆祭台列遗像,隆重地做了周年纪念。堂前挂着他的舅舅,也就是我外公韩诵裳手书的一副又大又长的挽联。他的妹妹李惠年、弟弟李瑞年发布了一份《先兄建藩事状》。文中忆及"1930 年 9 月 15 日自天津放洋,家人先一日抵津告别"。李家先人们所留存的遗物中有多张在天津港的合影,这是一家人最后的合影。李惠年还忆及哥哥的嘱咐:"阿妹,此后家中责任须由你负起矣!拜托拜托!"

1986 年 9 月,我的父亲在近五十年后重返母校,也就是李鸿年当年留学的圣路易斯华盛顿大学。父亲现场回忆当年留学的情况时说:"在华大生活很寂寞,没有几个中国学生,几年里没有人和我说中文。"他特别提到一个杂货铺:"只有在那条街上有(杂货铺),那条街现在还在呢。在那条街唯一的杂货铺里可以吃到一碗东西,叫杂碎,是中国人做的。唯一能让我吃到的家乡饭就是那碗杂碎。"

李鸿年比父亲早到了六年,据说是全校第一个从中国来的学生,可以想象当时的寂寞与孤寂。不知当时有没有这个杂货铺,很可能连这碗思乡的杂碎,李鸿年都没有吃上。

这是一个家庭的悲剧。历史只记录胜利者的名字,很少有人关注留学潮中因为各种原因在海外亡故的不幸者,他们甚至成为一种不可言说的家庭忌讳。

长子李鸿年去世,这消息一直瞒着他的母亲。噩耗到家时,她正张罗着给儿子寄糖果。后来也没有人正式和她讲。她就供着大儿子的照片，心里应该很明白。

韩俊华的孙子李梠说："棕黄色的西式立柜上，放着我伯父李鸿年在燕京大学的毕业照，着学士装，戴学士帽。家中还有我伯父留下的在山中采集的植物标本、蝴蝶等昆虫的标本、上有植物印记的化石标本，三个切片盒，还有我奶奶每年都要检视的伯父的论文、伯父用过的钢笔和其他一些文具。"

此外还有一个弥久不衰的纪念物：玉簪花。

我们家的院子里，在南边松墙篱笆下的背阴处，长年栽种着一行宿根花卉，叶子浓绿，成簇，夏天开花，一枝花葶可开出好几朵。花苞似簪，色白如玉，清香宜人。这种花花期长，一茬接一茬，从6月底能开到9月初。母亲喜欢摘下数朵花苞，插在广口的矮瓶里，一夜之间它们就会盛开，甜香幽幽。母亲告诉我们这是玉簪花，从外公家分株移栽过来的。

我们去南柳巷外公家时果然看到了玉簪的母株。在院子的西墙下，一溜儿玉簪根深叶茂，花朵怒放。而走进南柳巷偏院，也就是李家，更是一眼就能看到玉簪，不过是盆栽的，西窗下摆放了一大排，被养育得叶绿花白，蔚然成景，愈加显得气派与尊贵。三四年前，当我为写作母亲的家族史着手采集素材时，才知道此花是有来历的。李鸿年当年的毕业论文就是《玉簪花胚胎之研究》，答辩时被燕京大学教授会公认为是极有价值之作。原来我们各家的玉簪追根溯源，都来自李家院子里的盆栽玉簪。

李梠说："每天早上，我奶奶都要在伯父遗像前放上一盏清茶，给盆栽玉簪松松土、浇浇水，这两个事项从未间断过。"

幼子李瑞年：唯向丹青慰平生

1933年10月，这个家庭所遭受的失子之痛远未消解，幼子李瑞年又执意要出国留洋。和同龄人不同，李瑞年的文化学养起步于西方艺术中的油画。他自十三岁起就参加了王悦之办的绘画学习班，从素描写生开始，学画石膏、形体、人体和风景。据家人说，1928年，他考上了北平大学艺术学院，师从王悦之、卫天霖，这两位都是从日本留学归来的西画家。1933年毕业后，李瑞年一心向往着世界文化艺术之都巴黎。他的父亲李莲普内心几度挣扎，最后一挥手：走吧，就当是送子上战场，倒下一个，再上一个！

李瑞年考入了比利时皇家美术学院素描班，学年结束后考试成绩在这个班排第一名。1935年，李瑞年得到故宫博物院的官费资助，转到法国巴黎攻读博物馆学，同时考入法国巴黎国立高等美术学校，进入罗西恩·西蒙画室学习油画。

20世纪初期的巴黎，莫奈、塞尚、雷诺阿、毕加索、马蒂斯等大师云集，群星璀璨，吸引了一批又一批的中国画家接踵而至。他们聚集在各种简陋的公寓中，活跃在巴黎的沙龙、画廊以及蒙伯纳斯区的咖啡馆中。

李瑞年一心钻研油画，专攻风景题材，达到了很高的水平。徐悲鸿先生曾这样评价他的油画语言和笔线笔性："留学比、法多年，浸润其艺术作品，好为沉深雅逸之音"，"为国中最大之风景画家"。

因长兄李鸿年在美留学期间不幸亡故，他作为独子要尽侍奉父母之孝道。1937年，李瑞年启程回国。船行至太平洋时正值抗日战争全面爆发，经上海到南京途中遇日寇轰炸，他从国外带回的美术书籍、

1936年中国留法协会开会研究赴伦敦参加展览事宜。左一站立者为李瑞年。他文质彬彬，神色有些拘谨，略带羞涩

绘画工具和留学期间的作品均毁于战火。他的回国之行变成一个悲怆之旅。战火阻断了南北交通，他无法回到北平，随着流亡学生先到南京、武汉，再到长沙、昆明，最后在重庆找到安身之地。

20世纪40年代是中国油画的第一个成熟期。前三十年出国留学的画家大都归来，除上海之外，重庆也汇聚了许多画界精英。李瑞年经吴作人介绍，结识了徐悲鸿。1942年，徐悲鸿推荐他任中国美术学院副研究员；1943年，李瑞年又担任了中央大学艺术系教授。每次上课李瑞年都要渡过嘉陵江，经常往返于盘溪石家花园和沙坪坝之间，在与大自然的对话中他继续探索风景油画。他用灰调色彩和色块层叠的方法来表现陵谷纵横、晴雾变幻的四川风景特点，创

李瑞年与廖先庄的结婚典礼，1946年4月16日摄于重庆民权路白玫瑰饭店

作了《嘉陵江两岸》《石门》《待渡》《沙坪新村》等一批作品，被徐悲鸿先生赞为"质朴隽永，手法严谨，是极为可喜的自然主义，是抒情诗"。1945年，他举办了个人画展，展出了三十四幅作品。其中一幅名为《枯树》的画，受到徐悲鸿先生的青睐。他要李瑞年给他临一张，李瑞年把原画送给了他。这幅画后来挂在中央美术学院徐悲鸿先生的院长办公室里。

李瑞年在重庆还完成了终身大事，留下的这张结婚典礼照片很珍贵。

照片中，新郎李瑞年，着西装，扎领结；新娘廖先庄，披婚纱，手捧花束。

证婚人是新郎的七姨夫，一身戎装的卫立煌。新郎的七姨韩权华，一袭半袖深色旗袍，站在李瑞年的旁边。

照片右角还有我的大舅、李瑞年的表哥韩德章，他仪表堂堂，可惜眼镜镜片反光，脸上留下了两个白点。

据婚礼签到册记载，到场的贵宾几乎囊括了当年重庆美术界的名人：徐悲鸿、吕霞光、黄显之、吕斯百、赵无极、林风眠、秦宣夫、庞熏琹、王临乙、王合内、余文治、胡善余、黄君璧、常书鸿、刘开渠、傅抱石、潘天寿、李可染、关良、陈之佛、谢稚柳、费成武、秦威、蒋碧微、张道藩等。

韩氏家族在抗战时期分成了两个圈子：一部分人留在北平沦陷区，一部分人南下去了大后方。后者包括在昆明的五姑韩咏华一家七口以及四姑韩升华的大女儿傅愫斐和她的丈夫蒋松龄，在重庆的韩诵裳的长子韩德章一家三口，此外还有一家两口，就是举行婚礼才四个月的李瑞年、廖先庄夫妇。韩德章一家、李瑞年夫妇北归，从重庆回到北平南柳巷25号，已经是1946年8月22日了。姨姨韩德庄在这天的日记中写道："大哥大嫂达明全回来了，我是多么高兴。李二哥也同时到了，虽然不是一样的交通工具。"李二哥说的就是李瑞年。他1933年离开南柳巷25号出国留洋，1946年方回北平，走时是青涩学子，归来人已中年。

《暴风雨》这幅画最能代表李瑞年的作品所具有的于恬静忧郁之中蕴含悲怆力量的独特意境，也折射了他坎坷多舛的人生。这种画风在1950年以后政治运动迭起的时代，显然不受待见。以风景为主的绘画道路，与当时的革命历史题材创作和反映生活的主题性要求也背道而驰。于是李瑞年很快淡出了主流视野，退到了边缘，渐次跌陷在寂寞的阴影中。

李瑞年这幅题名《暴风雨》的油画创作于1944年，据说原名《挣扎》。画面尺幅不很大，但内容丰富。从天而降的雨、风、云、气形成了强烈的动势，一个逆风前行者的背影是画面的主体。有评论说画卷充满了悲剧色彩和抗争力量

  李瑞年的另一个身份是美术教育家。从1939年至50年代初，他在中央大学和国立北平艺术专科学校（后改为中央美术学院）两度与徐悲鸿先生共同教学，配合默契。但后来，美术教育很难在高校中得到应有的地位。1952年，李瑞年从中央美术学院调到北京师范大学美术系，1956年又随着美术系调整到北京艺术师范学院，1964年，北京艺术师范学院被撤销，他再带着这个美术系并入了北京师范学院。"文革"中北京师范学院美术系与音乐系合并为革命文艺系，直到1978年才停止折腾，李瑞年恢复担任北京师范学院美术系教授、系主任，后又兼任中国美术家协会北京分会副主席、北京市文联常务理事、北京市政协委员。

1985年7月，李瑞年重病住院。8月21日单位领导赶来医院探望，向昏迷中的老人宣布：经北京师范学院党委批准，接受李瑞年同志为中国共产党党员。

两天后，老人辞别人世，享年七十五岁。

临终前入党，可以视为中国共产党对李瑞年多年追求进步的肯定。而他在中国美术史的地位被重新确认，要推迟到他去世之后了。2000年、2010年在他诞辰九十周年、一百周年之际，规格一次高过一次的作品纪念展，逐渐修正着以往对他作品审美价值认知的盲点。

五、韩升华、傅铜：三位千金进燕大

母亲的四姑韩升华和四姑父傅铜的婚事，也是严范孙先生用一根红线牵起的。韩家这位姑爷何许人也？

最早学习西方哲学的中国人

傅铜，号佩青，河南兰封（今兰考）人，生于1886年[1]，出身书香门第，家学根底深厚，十三岁即中了秀才，被称为神童。当时河南民风闭塞，虽然西学在中国已经传播了几十年，但送子女远涉重洋求学，仍被河南一般家庭视为畏途。傅铜的父亲傅舜卿却不以为然，他早年即投笔从商，往返于北京、南京、上海、杭州等地，见多识广，他毫不犹豫地将次子、幼子相继送出国门留学。傅铜就是他的幼子。

---

[1] 从家史记载。——编注

在英国留学时的傅
铜，意气风发

    1905年，傅铜由河南省官费资助到日本，先后毕业于东京巢鸭宏文学院和东洋大学哲学伦理学系。1913年，他留学英国，先在牛津大学读研究生，后到伯明翰大学，拜在著名哲学家伯特兰·罗素门下。1917年，他获伯明翰大学哲学硕士学位，成为最早学习西方哲学的中国人，也是最早参加国际哲学学术会议的中国人。1919年，他再赴日本东洋大学攻读哲学博士学位。

    他的导师罗素是英国数理学派的哲学家，学问精湛，享誉国际。作为罗素门下唯一的中国弟子，傅铜在英国度过了留学的高光时刻（high light）。

    1919—1924年，正值五四新文化运动时期，各种思潮激荡。一些留学归来的知识分子，期冀用民主、科学唤醒国人，先后邀请了三

傅铜、韩升华夫妇与女儿傅愫斐，1924年摄于香炉营

位世界著名哲学家来华讲学：美国著名哲学家、教育家杜威（1919—1921年来华），英国著名哲学家、社会活动家罗素（1920年10月—1921年7月来华），诺贝尔文学奖获得者、印度诗人泰戈尔（1924年4月—5月来华），一时间，"杜威热""罗素热""泰戈尔热"风靡中国知识界。

身为翻译，傅铜是罗素先生访华的重要当事人之一。不过一直有两种说法：一是罗素受梁启超先生之邀来华，由赵元任[1]先生担任翻译；二是北京大学校长蔡元培1918年亲往英国邀请罗素来华讲

---

1 赵元任（1892—1982），生于天津。中国现代语言学之父。1910年赴美留学，1918年获哈佛大学哲学博士学位（语言学）。1925年回清华任教，与梁启超、王国维、陈寅恪一起被称为清华的"四大导师"。先后任职于中美数所名校，1982年逝世于美国。

学，并请罗素的学生傅铜从日本回国陪伴并担任翻译。出现两个版本可能因为存在一个时间差：1920年10月12日，罗素抵达上海，北京大学还没有承担接待工作。他在上海、杭州、南京、长沙等地先期进行巡回演讲，特邀语言学家、清华大学教授赵元任先生担任专业翻译。赵元任回忆说："我和罗素一行经杭州、南京、长沙，然后北上去北京，沿途趣事颇多。在女子高等师范讲演的时候，人们兴趣浓厚，有一千五百人挤不进讲堂，那个年头并没有有效的音响设备将讲词播放于场外。我利用这种机会演习我的方言。"⑯而罗素10月31日到达北京之后，在北京大学的讲学正式开始，这时的翻译就是傅铜了。

当时的北大学生、后来的法学家翟俊千先生写下的回忆文章对此有详细的记述：

> 北大邀请他前来讲学，设讲坛于本校译学馆大讲堂。一年期间讲了两个问题：一为"物之分析"，另一为"心之分析"，对物质与精神两个范畴的内涵作了深刻的科学分析。罗素对这些问题讲得深入浅出，引人入胜，报名听讲者将近千人。因为是公开讲学，校外人士参加者亦颇多，担任翻译的是他早年在英国的学生傅铜教授。其讲稿《物之分析》与《心之分析》两种中文译本，事后均已刊行。由于讲题比较专门，而听讲人数却这样多，罗素初入讲堂时不免有些惊异，并曾带着微笑低声向傅铜说："像这样的场合在英国如有百十人参加便是正常的了。"言外之意，仿佛有点担心听讲者能否坚持，不料到了最后一讲时依然座无虚席，他就很高兴地向听众表示欣慰和谢意。⑰

罗素除了在北大大讲堂公开讲学外，还在位于北池子的家中设了一个小型讲座，漫谈心理学问题，也是由傅铜做助教兼翻译。他事先出了几道关于心理学基础知识的问题，由傅铜交给十几个学生征求答案，应征者全部录取。罗素要求学生自备詹姆士的《心理学原理》一书作为参考读物携来听讲，讲课时捡出有关章节，以示学生要求朗读。"那时罗素虽年逾半百，而风采不减当年，谈吐之间，语多幽默。教室就是他的客堂，铺设地毯，不备课桌，席地而坐，别饶风趣，其夫人勃勤克女士亦参加座谈，令人有'一家亲'之感。罗素讲课时，又谈又笑，十分亲切，聆教之下，如坐春风。"[18]

这种别开生面的讲座当时在北大校园里还是一件新鲜事，被学生称为"家庭杏坛"。在这一年，傅铜也受蔡元培先生之聘，来北大教授西洋近世哲学史、近世哲学及伦理学，但任教时间很短，大约不过两个月，即被解聘。刘元功先生在一份小文中说："据傅铜自己说是由于胡适等排挤他。傅被解聘后，他教的那几门课程也就由于一时无人担任而停顿了。选修傅铜课的同学中，有人请求傅铜允许学生到他家里去听'西洋近世哲学史'，傅答应后，有几个北大同学即于每周的某一个晚上，到傅家去听讲。"[19]

这就是当时传说中的另一处"家庭杏坛"了。

傅铜受排挤被解聘一说，有些端倪可见。罗素的观点在当时的中国学界引起很大的争议，胡适带头发表了不同的意见。傅铜在北大发起了"罗素研究会"，与朋友一起出版了中国第一本哲学杂志，版面竖排，文体半文半白。该刊后记中说："刊物无论好不好，总是破天荒，很可喜欢，但落在世界各文明国之后，又很可惭愧。"

1921年，傅铜创办了哲学社，这是中国最早的以共同研究哲学为宗旨的学术团体。中国社会科学院近代史所左玉河在《面向成熟的桥梁：中国哲学会及其年会》一文中指出，到20世纪30年代，中国现代哲学已经逐渐走向成熟，中国哲学会的成立就是具有标志性的事件。此篇论文进一步分析了这个学术团体的重要特征，指出中国哲学会中有不同的流派，但都抵御"官哲学"，崇尚学术自由和哲学独立，希望以此来促进哲学的健康发展。这篇论文认为在中国哲学会中，傅铜是属于新实在主义派的。[20]

傅铜比梅贻琦更早出任大学校长。1924—1925年，他担任过西北大学校长，虽然只有一年，但他与陕西省教育厅合办的暑期学校在西北大学校史上留下重要的一页。1924年夏天，他邀请鲁迅、李济、蒋廷黻等十多位大师举办讲座。鲁迅1924年的日记中就有"得傅佩青信"等记载。当时火车还不能直达西安，下火车后要乘骡车，有的地方还要骑驴。一行人从北京出发，走了一个星期才到。讲座精彩，听众上千。

傅铜投身教育后，1926年任国立北京女子学院师范大学部教务长，1933年任河南大学文学院院长，1934年任安徽大学校长。

在三舅韩德扬的记忆里："四姑父长得漂亮，五官非常端正。"

在二舅韩德刚的记忆里："四姑父幽默，笑话连连。他说陶渊明可能是个斜眼，大伙问：怎么见得？他说：不是有句诗吗？采菊东篱下，悠然见南山。他在东篱下见南山，他不斜眼吗？"

1937年7月，傅铜应中山大学校长邹鲁及云南大学之邀，整理行装准备携眷南下，但他为保护一个进步学生晚走了一步。那天，伪警越墙进入傅家，大肆搜查，不见傅铜，便留两人"看堆"，其余的追至傅铜在外就餐的餐馆，将他抓捕后关进"巡警匣子"。四姑韩升华经亲戚介绍，找到一个保人，保证傅铜不离开北平，傅铜才被保释。据说这位亲戚就是她的大哥、我的外公韩诵裳。傅铜被保释后，蓬头垢面地去拍照，留作国耻纪念。他回家后一直被严密监视，孩子们见到门外窥伺的伪警已经习以为常。考虑到保人的安危，傅铜蜗居北平八年，不再南下。在这八年中，他只在私立的中国大学任哲学系主任、研究生院副院长等职。对某些学校的高薪聘任，傅铜斩钉截铁地回答："不就伪职！"四个女儿此时相继高中毕业，他坚持把她们都送进私立的教会学校读书。1948年，傅铜加入中国民主同盟。新中国成立后，他被聘为中国科学院哲学研究所特约研究员、中央文史馆馆员，1970年病逝。

岁月静好的宫门口西三条傅宅

傅家有六个孩子，老大、老二、老三、老五都是女儿，老四、老六是男孩。傅家对儿女的教育非常上心。表姨傅愫斐说："我和弟弟、妹妹们上的小学都是女师大附小。宫门口西在西四，女附小在西单，相距不近。可为了上好学校，娘不惜雇洋车接送我们上学。"

到了女儿们上中学的年龄，傅铜把她们相继送进贝满女中。这所学校是1864年美国传教士贝满夫人用丈夫的遗产创立的，命名为贝满女塾。1894年甲午战争以后，中国教育风气渐开，贝满女塾的规模不断扩大，成为四年制的女子中学，改名为贝满中斋。到民国初年，它实行分科教学、班级授课制，已是北京首屈一指的现代女子中学了。贝满女中位于北京东城灯市口大街路北，从傅家住的西城到东城，女儿们上学的交通费就更贵了，傅家不计较，索性包车。

傅家 1932 年拍的全家福，摄于阜成门内宫门口西三条 2 号。
自左至右：坐者为韩升华、傅铜；站立者为傅愫冉、傅愫冬、傅愫斐；
韩升华怀中抱着的是傅愫和、傅铜膝上坐着的是傅宏久

在阜成门内宫门口西三条胡同的东口，傅家置下一处房产。这个胡同的西口，鲁迅先生也买下一处庭院。他在这处院子里种了紫丁香、白丁香、碧桃、花椒、刺梅、榆叶梅等。这些花木在胡同东口傅宅的院子里也都有。

旅居美国西雅图的表姨傅愫斐在八十高龄时，写下了对阜成门内宫门口西三条2号以及童年时光的无边思念：

> 这所房屋土地面积有二亩三分，分三个院子，房屋在中院。中院不是四合院，而是一溜儿七间坐北朝南的房子。中间的三间有游廊，廊里在栏杆之间有横档可以坐人。西房有两大间和单独的一小间，东面只有一间厨房。
>
> 北房是全家人的卧室、起坐间。爸爸和娘住西间，我们孩子住东间，最西头的一小间储放箱子。曾被人从街上挖通墙角，幸而没偷走东西。西屋是客厅，储藏《四库备要》和《图书集成》的时候，我常去翻弄，只看得懂元曲及《世说新语》等笔记，却从未认真阅读，辜负了这优越的读书条件，是一生的憾事。
>
> 后院空旷，可以放风筝。风筝买过不少，可放上天却只有一次。那时我们六个孩子看见风筝居然上了天，雀跃不已，赶快拉着娘和爸爸去后院观赏。娘立刻去后院凑兴，爸爸那时正在看书，却也拗不过我们强拽，不得不跟去后院看了一下我们罕有的成绩。
>
> 我们六个孩子有时在游廊上玩"划船"游戏，大家横跨在座位上，前后坐成一排，有人拿铁杆，有人执木棍，有人捧着扫帚在身边摇晃不止，做划船状。大家对这种动作简单、单调

无味的游戏极感兴趣，年幼的弟妹乖乖地按照姐姐们的指令动作，生怕不带他们玩。现在回忆起来，最吸引人的恐怕是聚在一起，为了一个共同的游戏目标，做出相同动作所带来的乐趣吧。

秋天，娘经常在院子里扫落叶，花木多，落叶遍地。

夏天晚饭在中院庭院里吃。八仙桌搬出来，娘、爸和我们六个孩子坐在四面，伴着夕阳下的丝丝凉风，比在闷热的室内吃得舒服些。饭后大家都在院子里乘凉，有的睡躺椅，有的坐小板凳，有的把台灯放在屋里的玻璃窗前，坐在游廊上的窗边，凑着灯光看书。院里总比室内凉快些，而院子里是没有电灯插头的。乘凉是大家都感兴趣的事啊，是夏季生活的一个必行项目。闲谈呵，讲故事呵，叙述白天发生的事情呵，有意无意地搭讪几句呵，仰望繁星出神呵……北京的酷暑时节室内又闷又热。家里只有一台小电扇，我们开动时战战兢兢，唯恐快速转动的扇叶划着手。

傅愫斐表姨笔下的西三条胡同再现了30年代北平城里居家过日子的烟火气：

西三条离白塔寺很近。白塔寺每月一次的庙会我们常去游逛。娘往往买些鸡毛掸、扫帚、簸箕等日用品。我们去看热闹，有时听听消息。那里卖的切糕是大家心向往之的美食，卖切糕的摊主有四个儿子，一字排开站在摊位后面，煞是神气。他家就在我家北边，与后院只一墙之隔。

从西三条到东三条再到宫门口要经过个羊肉床子，天天叫卖羊肉包子。我们早点吃的烧饼油条也是他家卖的。羊肉床子对面是间油盐店。官门口东岔口上有个水果摊，夏天除水果外还有一大盘柿饼、藕做的甜食。摊主敲着小铜碗，叮叮当当地招揽顾客，摊主斜对面是成文厚文具店。

她笔下还有一个场景："白塔寺里有位道士常来家里和爸爸下围棋。"四姑姥爷傅铜爱下围棋，这个细节我们小一辈多少有些印象。60年代父母带我们去傅家，进门不久，四姑姥爷就会拉上我父亲："献瑜，来一盘！"

1940年以后，傅家的女儿们相继高中毕业，傅铜要求她们都报考燕京大学。于是傅家三个女儿都考进了燕大：大女儿傅愫斐（W40025）1940年就读社会学系，后因日军入侵、燕大关闭，她去了大后方，毕业于西南联大；三女儿傅愫冬（W45026）是1945年燕大复校后入校的第一批学生，就读于社会学系；四女儿傅愫和（W470307）1947年入校就读于西语系。二女儿傅愫冉原来也是奔着报考燕京大学去的，但她高中毕业那一年，燕大已被迫关门，退而求其次，她考进了德国教会办的辅仁大学，就读化学系。几年以后，她嫁给了燕京大学哲学系张东荪教授的二儿子张宗燧，成了张家的二儿媳，也住进了燕园。

文笔极好的傅大表姨和我母亲关系很好。60年代她在云南昆明十中教书，与母亲有书信往来。80年代她到北京，几乎每次都要来我家会会"亲爱的小姐"。这次写作时，我搜到昆明十中建校九十周年时一个学生在纪念文章中写到的傅愫斐老师："她脸上永远带着微笑。举止温文尔雅，无论普通话还是英语都字正腔圆。那种大家闺秀的风范不是一般人能有的。"

三表姨傅愫冬、四表姨傅愫和在燕京大学读书时就加入了中国共产党，后来工作很忙，与我们家来往不多。光阴似箭，转眼间很多年过去了。2014年春天，我被燕京大学校友会拉去义务编辑《燕大校友通讯》，三年里先后编了十四期，有机会接触燕京大学的不少史料。在校友活动的文字与图像中，我几次看到傅愫冬、傅愫和两位表姨的身影。在查找燕大社会学系的相关资料时，我发现了一篇题为《燕京大学社会学系30年》的文章，史料详实、论述有据、颇有分量，一口气从头看到尾，作者署名：傅愫冬。

六、韩德庄：燕大女学生　长眠黑土地

1945年8月15日，日本无条件投降，燕京大学立即准备复校。司徒雷登在他留下的唯一一部回忆录《在华五十年》里有如下记录："第二天我才见到中方教职工委员会的成员，他们是燕京大学行政规划中最后剩下的资源了。我立刻让他们组成'校务长顾问委员会'。他们每个人都经历了日军的残酷折磨，要他们改变信仰，断绝与燕京的关系，但是他们都没有屈服，一直保持对燕京绝对的忠诚。有这样一群思维敏捷又坚持信仰的同事，我还有更多奢求的吗？日军把学校所有的设备都拆除了，把学校改成了军用医院。当我提出立刻开始重建校园的时候，发现同事们都已经计划好了。我们打算招收新生400人，在'双十'（中华民国建国日）这一天举行开学典礼。我们的朋友告诉我们这肯定不可能，就是我们自己也担心办不到，但是大家都满怀热情和决心去实现这个目标，最终我们真的做到了。"[21]

高中时期的韩德庄，
摄于 1945 年

这一年夏天，我的姨姨韩德庄从北平贝满女中毕业了。

燕京大学发出在北平举行招生考试的通知时，韩德庄已经坐在辅仁大学的教室里上课了。在此之前，她连续参加了辅仁大学、师范大学的招生考试。

被辅仁、师大、燕大三校录取

我手里有姨姨韩德庄留下的一个日记本：藏蓝色硬布封面，红字标着"活用日记"，由中华书局印制。打开来，内页已经变脆泛黄，但钢笔字迹依然清晰入目。这本日记从 1945 年 1 月 1 日起笔，几乎逐日记录，对韩家大宅门里的日常起居、亲朋往来多有描述。到当年 10 月 15 日，日记中断了。再启用已经是 1946 年 4 月，写到 1947 年 9 月 10 日，这一段时间正是她在燕京大学求学的时候。作为极珍贵的第一手资料，这本日记为我走进青年韩德庄的世界打开了一扇窗。

在这本日记中，她对1945年参加辅仁大学和师范大学的入学考试，从考试内容到心路历程都做了很有趣的记录：

> 7月8日　看小说。小弟（注：韩德扬）看见说这家伙是透着点稳啊，明天考大学今天还看小说。我心里说许是稳考不上呢。晚上去大姐（注：韩德常）那吃饭就住下了，她们那儿（注：韩德常婚后住在米粮库）离辅仁很近。
>
> 7月9日、10日　辅仁大学考试：1.国文，作文题目："好学近乎智说"；2.日文；3.数学；4.史地；5.心理系口试；6.教育系口试。
>
> 7月23日　下午我一连接了四五个电话告诉我辅仁发榜了，我考上了。
>
> 7月24日　考师大。上午国文、算学，下午史地、外国语。就是算学比辅仁难，其余的都比辅仁容易。
>
> 7月25日　四姑、大姐都主张我上辅仁，可是娘、爸都嫌辅仁太贵太远。真的，辅仁学费是二袋面粉钱（约二万元），而师大是三十元，还可以白吃一顿饭，真是天渊之别。
>
> 7月28日　回来时去师大看榜，我又考上了。回家告诉娘，娘很高兴，觉得我是真正的棒呢。同学们也直说我真棒，说这次师大取人很严，女生极少取上。也是呢，教育系只取十五人，只有四个女生。
>
> 7月30日　早上去辅仁交保证金八千元（一袋面粉钱），这是娘出的，娘说爸爸拿哥哥（注：韩德刚）的学费，娘拿我的学费。

自左至右为韩德庄、高珍、韩德刚

此处说的哥哥，是姨姨韩德庄的孪生哥哥、我的二舅韩德刚。他俩与我母亲是同父异母的弟妹，出生在大连。韩德刚也考上了辅仁大学，修读化学系。

虽然韩德庄已经在辅仁大学交了保证金和学费，已经报到、注册且已开始上课了，但当燕京大学复校并招收新生的消息传开时，贝满女中的老师们仍然热心地替韩德庄以及同届毕业生取了一沓子燕京大学的报名证，并替她们报了名。于是，9月23日，韩德庄又走进了燕京大学的考场。

考场设在八中。燕京大学在北平的考场有好几处，例如还有一处设在沙滩红楼。燕京大学对复校后招生的重视程度，从历史系主任齐思和教授亲自到天津主持招生工作就可见一斑。

姨姨在日记记述：

> 9 月 23 日　上午考国文，下午考英文、常识。回家天都快黑了，今天只有常识考得满意，英文、国文都糟得很。
>
> 9 月 24 日　上午考数学，下午考物理、智力测验。都不好，考了两天，累的要命，脖子尤其难过无比。

姨姨还是对上燕大有憧憬，在等待发榜的日子里，她在日记中显得焦虑不安："这几天来课亦上不下去，书也念不下去，真不知怎么过的。"

10 月 4 日凌晨，燕京大学在公理会张榜公布新生录取名单，又是贝满女中的老师端着烛台去看榜，早晨一一打电话告知被录取的学生们。姨姨还是不放心，两次刷课赶去公理会看榜。果然，她被燕京大学心理系录取了，满心欢喜，她也为贝满女中自豪："我们学校被燕京取上四十二人，占毕业生的三分之一。"

姨姨在贝满女中时的几个闺蜜与她同时考取了燕京大学。

傅愫冬（W45026）是其中之一。在韩德庄的日记里，她被称呼为"冬"。她是四姑韩升华与四姑父傅铜的第三个女儿，生于 1926 年 12 月 22 日，那天是冬至，因此起名为"愫冬"。她比韩德庄生日小几个月，是表妹，两人中学同班，平时姑姑、舅舅家又频繁走动。姨姨日记中多次出现去傅家拜寿送礼，还有和"冬"一起做衣服、买东西、去太庙滑冰的文字。

另一位是蒲以钰（W45032），生于 1926 年 5 月 1 日，她的父亲蒲伯扬留学德国，归国后在北平城里开了一家私人医院——蒲伯扬医院，率先实施中西医结合治疗，是 20 世纪三四十年代的京城名医。蒲以钰七岁丧母，父亲又留洋在外，她天天跟着两个哥哥跑，顽皮得像个男孩子。蒲伯扬从德国回来，赶紧把她送进教会女校贝满女中，于是她和韩德庄、傅愫冬成了同班同学。在姨姨的日记里，常有蒲以钰的名字，可能因为两家住得近。蒲家就在宣武门内一个大四合院里，她俩上下学经常同路。据蒲家后人说，蒲以钰的母亲（后母）很喜欢韩德庄和傅愫冬，把她俩认作了干女儿。蒲以钰考取的是燕京大学社会学系。

其他还有几位——峨子、淑燕、莫东莲，她们和韩德庄、傅愫冬、蒲以钰是自由结合的一个学习小组，经常提出一些问题进行讨论。这样的讨论会在放寒假时也不停止，只是地点改在各家轮流坐庄。

我很好奇这群女孩子在那个年代关心什么，讨论什么问题？于是做了如下摘录：

> 1月3日　下午去蒲家，今天的题目是"自己愿意做的事，受了别人的拦阻应该怎么办？自己不情愿做的事，他人强迫着去做，应如何应付？"
>
> 1月17日　下午去冬家，她的题目是"你如何去想一个题目，想好后怎样表达？"这题目太难，所以没讨论，只说了闲话，吃了点心，才回家。
>
> 1月23日　这次是去东莲家，我第一个到的，峨子有事没去，她们要搬家，今天的题目是"我随时应注意的事，经常应警戒自己的事"。

> 1月31日　她们都来我这儿，只峨子因事没来。我的题目是"怎样孝顺父母？"并讨论"顺者为孝"这句话。还是正题说的少，闲话多得很。

在这个讨论活动中外婆高珍认识了淑燕，原来她姓穆。外婆说："天津'八大家'里说的'东韩西穆'，就是我们韩家和淑燕的穆家。"

穆淑燕和莫东莲也都考上了燕京大学。穆淑燕（W450680）修教育学，莫东莲（W45053）修社会学。峨子的全名不知是谁？从日记的后续部分看，我猜想可能是李若奎（W45043），她也考上了燕大，修的是生物学。

看来姨姨的闺蜜基本是深宅大院里的女孩子，生活优渥。这也难怪，贝满女中本就是一所贵族学校，而私立的燕京大学的学生中富家子弟更占了大多数。对出身与家庭背景做此番考证，是因为我一直想解开一个谜：燕京大学为什么有那么多出身富裕家庭的青年学生，在共产党与国民党生死决战的关头、在历史转折的时刻选择了中国共产党？

姨姨正是在燕大上三年级时，于1948年8月参加了中共的外围组织——新民主主义青年联盟。1949年8月，二十三岁的韩德庄加入了中国共产党。她没有等到毕业，就离校参加工作了，所以她没有戴学士帽的毕业照，也没有来得及领取燕京大学的毕业证书。她的几个闺蜜——蒲以钰、傅愫冬、莫东莲等，同样是在1948—1949年，在二十二三岁的年纪在燕京大学相继加入了中国共产党（地下党），也都提前离校参加了革命工作。进一步搜索资料发现，与姨姨一同考上燕大的四十二位贝满女中的同学中还有多人走上了这样一条道路。

未名湖畔的学业与学潮

1945年10月8日,韩德庄到燕京大学报到、注册。她在日记中写道:"早上搬行李到青年会,在等燕京大汽车,进了燕大有名的西校门,先报到后抽房间,很为遗憾的是我们大家不能住连着的房子,我和冬、若奎定了一屋。吃午饭时八人一桌,四个菜,馒头、饭全有倒是很好的。"

查了一下《燕京大学学生名录》,韩德庄等三人所抽的宿舍是女生四院,午饭也是在四院二楼膳厅吃的。我母亲1938年上燕大时,是六人一桌;抗战胜利后,燕大复校,改为八人一桌。

在翻查有关史料时,发现燕京大学战后复校后第一批学生入学时,红楼男生宿舍被日军占用还没有完全清理出来。因招收的女生人数较少,就集中住在四院,一至三院暂时腾给了男生住。据经济系一年级新生高庆琮(45064)回忆:"我住在女生二院,大概就是连战母亲当年住过的院子。女生宿舍比男生宿舍漂亮,是一个院一个院的,外观是中式的,里边西式的。庭院中有花草,很幽静,很漂亮。我们两个人一间房。第二年女生多了,我们搬到了男生宿舍的四楼,就在未名湖的小岛旁边,也很漂亮。"[22]

这位高庆琮同学是吉林长春人,1945年9月—1948年7月先后就读燕京大学法学院经济系,文学院新闻系、外文系。1946年3月,加入中共地下党。"那时候入党必须要有一个假名。我当时喜欢读诗,《诗经》里第一章原来就叫《周南》,第二章叫《召南》,我说那就叫'周南'吧。……公开的姓名还是高某人,但在内部就叫周南了。1948年我到解放区也用周南的名字……以后子女都随我姓周,不改了,就这么'周'下去了。"㉓周南的夫人黄过,原名黄敏琪(W46026),原本在燕大医预系,后转新闻系,1947年5月加入中共地下党。新中国成立以后,周南曾任中国常驻联合国副代表、外交部副部长、新华社香港分社社长。2018年,他已九十一岁高龄,接受采访时他回忆了燕京大学,话头还是先从记忆犹新的母校的男女生宿舍说起。

1945年10月16日,姨姨韩德庄已经正正经经地坐在燕京大学的教室里上课了。燕大一年级新生,不分文理,都要上通识课。教通识课的都是很出名的教授。姨姨在日记中对她所选的两门通识课的老师进行了点评:"社会学赵承信很有趣,心理学沈大胡子更可笑。"顺手一查,燕大1945年复课时,社会学系的赵承信教授讲的是"社会学基础",心理学系的沈乃璋教授(就是与我父亲被合称为"湖光塔影"的那位沈大胡子)讲的是"普通心理学"。

姨姨韩德庄在日记里用大量的篇幅记录了她所参加的团契"光盐社"的活动。团契本是基督教会的一种联谊社团,但在燕京大学,司徒雷登校长也支持不带宗教色彩的团契活动,因此学生自发组织的团契数量众多,活跃程度很高,影响力巨大,成为燕大的一大特色,也成为政治势力争夺青年学生的战场。

前文提到的高庆琮(周南)讲过,中共地下党当时采取各种对策,团结进步学生,争取中坚力量,其中一点就是搞外围的各种社团、搞剧团、搞各种各样的读书会,此外也搞团契:"我们后来就用它的外壳,名为'团契',实际上不搞任何宗教活动。大家在一起联欢、联络感情,由联络感情而谈时事,评论天下大事,指点江山、激扬文字;然后慢慢地发现人才,发现积极分子、进步分子;再把他们吸收到民协、民青这些外围组织；坚定分子再吸收入党。主要是这样的三个层次。这样可以团结越来越广大的学生群众。"[24]

韩德庄入校不久就参加了光盐社。这个团契的名字宗教味道颇浓，光与盐皆取自《圣经》：光代表启示、照亮以及真理，盐代表信仰的持之以恒。她在日记中记录了光盐社参加全校"鬼见愁爬山比赛"得了第一名，记录了去卧佛寺、樱桃沟开讨论会，骑自行车去颐和园，去香山野营，骑驴爬山等活动。日记中还记录了光盐社与成都"归燕团"的联欢，以及他们代表学校至宛平县参加"卢沟桥事变"纪念日仪式，参加圣诞烛光礼拜、演讲会、讨论会以及批评会等项活动。

餐聚也是团契活动的一个重要形式。姨姨在1946年12月7日的日记中详细记录了光盐社一次AA制聚餐，很有趣：

> 下午我们光盐团在李鉴先生家包饺子，三点半起开始预备，六点半才吃上，倒是真好吃，也很热闹。我们十五个人每人交一千元，吃了六斤面、三斤肉、十斤菜、一斤香油、半斤酱油、一斤醋，所有的东西没有剩下。

姨姨写于1946年7月11日的日记引起了我的注意，短短几段文字透露出光盐社的管理原则：一是光盐社实行"主席与书记"的领导体制，每季改选（或者轮换）；二是吸收新会员入会时要经过集体表决。这次会议的表决结果如下：下一季由韩德庄任主席，吸收孙会元为会员。

孙会元（45150）就读于燕京大学经济系，他的父亲孙明哲正是我外公韩诵裳的同事，两家也是世交。孙会元从小就在韩家走动。1941年9月—1942年7月，他从天津转到北平上育英中学时就住在

孙会元、韩德庄在未名湖畔留影，摄于 1947 年

南柳巷韩家。我的母亲曾牵着他的手领他去报考燕大附中，后来他嫌学校简陋，还是回到天津读书至中学毕业。1945 年 9 月，他考进燕京大学。据姨姨日记所记，注册的第一天，他就到了燕南园大姐（指我母亲韩德常）家里，几乎和韩德庄同时去"应卯"报到了。韩德庄与孙会元这段青梅竹马的恋情，进了燕园之后逐渐成熟了、公开了。

从韩德庄日记中有关光盐社的文字分析，和她同时入社的贝满女中同学有傅愫冬、蒲以钰、莫东莲、李若奎等。她提到的其他有关人士，男生有吴其进（44717）、谭大霖（45160）、石文博（39152）等。光盐社成员大约在 15—20 人，女生比男生多。

我注意到姨姨提到的光盐社上述这些成员，后来几乎都加入了中国共产党。他们是一个一个单独被发展的。当时中国共产党在北平、在燕园还处于地下秘密状态,发展党员靠单线联系,横向之间彼此并不知晓。

韩德庄在日记中对1946年12月30日那场为反对美军暴行而举行的游行示威活动有详细的描写:

> 刚起来钟声就响了,赶紧梳洗至西校门集合,连早点也没有吃,牺牲了腊八粥。八点半清华大队人马来到,两校共有小三千人。排队欢呼,共喊口号,浩浩荡荡走出校门。沿途唱歌、呼口号、写标语,走到西直门已一点多了,是又累又饿。进城走护国寺,辅仁又有大队人马加入。至沙滩,北大、朝阳等亦加入,直至东单练兵场,集合共有八个大学。参加有小一万人。我们三点多才吃饭,一人两个馒头、两块咸菜等,倒吃的真香。饭后开始市内游行,队伍过长,到处阻碍交通,路人都停下观望。我们的口号是抗议美军暴行、严惩肇祸美兵、美军退出中国、美国立即改善对华政策、维护主权独立、民主新中国万岁。到处门上、墙上、汽车电车上,全被写满、贴满这些口号。
>
> 好聪明好诡诈的当局,大家如此闹法,他们一点儿不作声,不露头,而且大队到你这儿,那巡警就赶行人车辆帮着静街。他们的意思是随你们闹去,看你们敢怎样、看你们闹到何时休。本来最后的目的地是到行辕去请愿,可是半途中国大学的学生出来捣蛋,我们各校就指派代表数名去请愿,其余人各归各校。我们直走到西四才看见一辆校车,将所有的女同学都装上去了,好挤了。我们一路继续呼唤,继续唱歌,越唱越高兴,忘掉疲倦,于是乎茶馆小调、半个月亮全都唱了。到学校下车

后,一个个都成了瘸子走不动,可是大家都很高兴,好像目的已达到胜利了似的。其实这次的游行罢课能得到什么结果真不敢说。

这是姨姨第一次参加学生运动。读着以上文字,比较那些历史教科书对学潮的模式化书写,是否有另一种生动与真实?

到了1947年5月,一场更大规模的反饥饿、反内战、反迫害的学潮开始了。这是在中共地下党组织下,国统区学生大规模反对国民党反动统治的运动,与人民解放军反击蒋介石反动军队的战争相配合,沉重打击了国民党的反动统治。

姨姨在5月18日的日记中写道:"回学校后听人说,清华、北大的学生在西单宣传反饥饿反内战被打了,清华校车被毁。晚上自治会召开全体大会,成立反饥饿反内战委员会,为抗议今天的'518惨案',明日起罢课三天。"

姨姨第二天没有参加游行,回到了城里的家中。家中也不平静:

5月21日 小弟(注:在南开大学上学的三舅韩德扬)坐8点的车回来了,这是娘连着三个长途电话的力量。他讲昨天南开怎么刚出校门被暴徒打回去,北洋被打得怎么惨,报上所载南京、上海的情形更凶。"520惨案"到处演着。下午回学校,晚上开全体大会,明日又继续罢课一天。

姨姨回校后,参加了对这次学潮的宣传与调查,主要是在校内对教师做调查:

> 5月23日 上午到南大地去了三家：齐思和、雷洁琼、蔡一谔，听到对这次学潮的各种意见很有趣。

齐思和是历史系教授，雷洁琼是社会学系教授，蔡一谔是燕大的总务长。当时燕大的师生关系竟如此平等，学生们可以随意登门造访，向老师提问调查。

姨姨的日记没有记录他们的具体意见，但我推测他们的态度都倾向于支持。搜索到一条讯息：1947年5月25日，燕京大学的三十二名教授联名发表罢教宣言，支持学生的正义斗争，谴责国民党政府，要求释放被捕学生。在这份宣言上签名的就有雷洁琼、翁独健、齐思和、蔡一谔等。我也找到了父亲徐献瑜的名字。他本来埋头书斋，不过问政治，从未参加过任何党派，但这次出于爱护学生和希望国内实现和平民主，他态度积极地签了名。

按照学生自治会的布置，学生们还要到校外做宣传和调查，韩德庄在日记中写道：

> 5月23日 下午去海淀宣传，到各店铺家向掌柜伙计们说明这次学潮的意义，并叫他们响应6月2日的罢市。先是四人一组，走了四五家后，又分两人一组，我和以钰又走了四五家。结果我们发现所做的是"白痴的工作"，因我们表不明白我们的立场，就是说明他们也不信。有人以为我们在替共产党宣传，有人竟以为我们在为国民党工作，这个大前提就先失败了。我们的对象可分为两类，一类是懵懂，他们完全不了解我们行动的意义，他们自己对于饥饿取听天由命的态度，对于内战更认为与他们无关，

不管你怎么讲，也不能了解你的用意。还有一类人是很明白，比我们还明白，一切看得很清楚，也同情我们的举动，不过就是不能相信我们的举动会有什么效果，甚至认为如果闹出事了，只不过白白牺牲自己，不会影响政府，且以父母的口吻，劝我们不必做这无谓的牺牲。

从1947年5月下旬到6月中旬，"反饥饿，反内战、反迫害"这一口号声响遍了武汉、西安、长沙、重庆等国民党统治区的六十多个大中城市。在这次运动中，几乎所有的大学生和大部分的中学生都参加了，人数达六十万。这次运动可以说是目前中国学生运动史上规模最大的一次。不仅如此，全国各阶层人民也纷纷起来声援爱国学生的正义斗争。

翻阅姨姨的日记，在5月23日这天她留下了自己的思考、困惑以后，对这次学潮就没有更多的记录了，而且她记到1947年9月14日后就不再继续写日记了。最后一条有关学业的记录是："9月11日注册，选课：陆先生、沈先生，外系还有梅老叔的国文课。"

一个新的学年开始了，也是姨姨在燕大三年级学业的开始。她是一个勤勉用功的好学生，8月里二年级的分数单下来时，她在日记中写道："我真的很得意，这学期平均6.4，共七门课，三个7，比上学期平均分升了1.3，多棒！"

新学期韩德庄认真地选了导师沈乃璋教授的课，选了燕大校长陆志韦先生的课。"外系梅老叔"指的是梅贻宝先生，他当时在燕京大学国文系教书，燕京大学在成都复校时他还当过校长。他是梅贻琦最小的弟弟,和韩家关系极好。我的母亲、姨姨都唤他"梅老叔",唤他的夫人倪逢吉"倪姑姑"。

提前毕业　参加革命

1947年冬至1949年夏,时局发生了巨大变化,国共两党兵戎相见,燕京大学那世外桃源般的教学生活已无法继续。进步学生的社团活动日益活跃和频繁,在中共地下党的积极带领下,同反对国民党当局的斗争更加紧密地结合起来。

姨姨的日记终止了,没有第一手资料帮助我辨识她的人生轨迹。幸好我主编《燕大校友通讯》时,翻到不少和韩德庄同一届校友的回忆文章,为我追踪姨姨这段燕大学习时光与思想成长提供了重要的背景资料。

《陈树普:风雷岁月忆燕园》一文谈道:"当时燕大中共地下党分为北系和南系两个系统。北系受晋察冀中央局(后为华北局)城工部的领导,南系受南方局(后为南京局、上海局)领导。北系和南系党员人数加在一起累计有110多人,人少时只有80多人。"㉕南北两个系组织上不打通,是两个系统协作配合的关系。陈树普说:"我入燕大时,燕大地下党(北系)的支部书记由北系的北平地下党学委委员的张大中同志(原名张垿)兼任","当时燕大南系地下党支部书记是曲慎斋同志(曲方明)"。㉖

看到曲慎斋的名字,我想到了姨姨在贝满女中的同班同学贺文贞,她正是曲慎斋的夫人。他们的儿子贺阳在80年代曾任北京市体改办副主任。我作为记者在北京市采访的时候就已认识这位年富力强的改革派。2016年春节，我和妹妹徐溶专程去贺阳家看望他的母亲。已经九十二岁高龄的贺文贞每天都在坚持游泳，身体健康，容光焕发。她回忆说："贝满学生名单以英文字母排序，我和韩德庄的名字，第一个字母都是H，所以我们俩总是连在一起的，从开学一点名就彼此认识了。"她还说："我去过你们韩家在南城的大宅院呢。韩德庄请同学们去她家吃过饭。"

贺阳在《我的父亲和母亲》一文中对贺文贞的求学经历做了详细的记述："1945年高中毕业前夕，母亲和一个同学经西安去重庆，在重庆报考了上海医学院并被录取。几个月的'大后方'生活，给她的感觉是，当时的国民党政权实在太腐败了。听人说共产党好，母亲就想去延安。……1946年5月，经中共地下党员曾平介绍，母亲到了张家口解放区。……第二天，一位老同志找她谈话，这位老同志就是城工部部长刘仁。……谈话中知道母亲的不少同学考上了燕京大学，刘仁决定，让母亲回北京（北平）打入燕京大学做学生工作。母亲原来是想留在解放区的，但是既然组织上做了决定，也只好服从。回到北京（北平），母亲同时报考了燕京大学和清华大学。燕京先发榜，她就上了燕京教育系。"[27]从上段文字可以看出，贺文贞比韩德庄晚一年考进燕大，她是带着中共地下党的使命进入燕园的。一年以后，因为燕大的学费太贵[1]，她转入清华大学社会学系，继续做争取进步学生、积极发展党员的工作。进清华不久，她就根据中共地下党的要求，竞选清华学生会常务理事并成功当选。

与姨姨韩德庄既是贝满同学又是燕大同学的人中，还有一位是

---

1 顺便查了一下学费：燕大每年80元、清华30元、北大20元。

冯宝万（W45025）。我曾经多次听过这个名字，原来以为是位先生，后来才知道是位女士，而且她家四姐妹的名字都颇有豪气：宝中、宝国、宝万、宝岁，寓意"中国万岁"。据说，四姐妹都上了燕大。我没有刻意核实，但在翻阅学生名册时，看到过冯宝中的名字（W38039），修外国文学。

冯宝万是中共地下党员，并在1946年介绍高庆琮（周南）入党。高庆琮当时和几位进步学生（包括后来给毛泽东当过秘书的林克）成立了自由论坛社，在燕园里张贴墙报，要求民主："燕京一位女地下党员悄悄地找我，她和我差不多岁数，自己介绍说：我是共产党员，看你也很要求进步，是不是应该加入我们的组织一起奋斗？我说考虑一下。第二天我就对她说：好。她就要我写了个简单的自传。这位女党员叫江长风（燕京大学理学院医预系1945级，曾用名冯宝万），她介绍我入党，并告知我不要预备期。那时她也刚入党不久。……江长风等人参加'自由论坛'社，由此可以说它是地下党直接领导的进步学生社团。"㉘

1948年夏天，蒋介石的军队在战场上节节败退，解放军胜利的消息频传，国民党狗急跳墙，把"戡乱"的矛头对准学生运动，于8月19日在各报刊登了对全国范围内各大学学生的拘捕传讯名单，这就是"819黑名单"。

8月19日清晨，国民党二〇八师一个团和大批警察特务包围了燕京大学，出示了拘捕燕京大学三十一位学生的传票，要求入校按名单抓人。校长陆志韦严词拒绝，紧闭校门，一边与当局交涉，一边采取措施，劝名单上的同学紧急撤离。等名单上的同学都安全撤走之后，陆志韦才与当局正式谈判，约法三章。一则，军队不入校，徒手警察进来四十人。二则,只查人,不查物件;只查学生,不查学校。三则,只查名单上的学生,不查不在名单上的学生,他们无论有无嫌疑皆不得。之后,四十名尴尬的徒手警察,后边跟着一大群中外观察者,由校警领路去搜捕黑名单上的学生。当然,他们一无所获。

关于"819搜捕",三舅韩德扬曾经绘声绘色地讲过一段与孙会元有关的故事:"1948年夏,我从天津回到北平的家里过暑假。有一天,孙会元突然从燕大打来一个电话:'德扬,你现在能不能想办法把我接出去?'当时我跟他是哥们儿。他正跟姐姐谈恋爱要结婚呢。我说:'好好好,我想办法。'我就上卫立煌他们家去了。七姑和卫立煌都在东北呀,只有一个丁副官在那儿。丁副官挺老实的。我说:'丁副官,借车使使好不好?'他说:'干吗呀?'我说接个人。'上哪儿呀?'我说燕京大学。那时候都知道在燕大搜学生呢,我说接我姐姐还有她一个朋友。丁副官说:'那你接你姐姐没问题呀。'他就把车借给我了。我开着卫立煌的大道奇进了燕大,把孙会元接出来了。"

孙会元不在三十一人的黑名单之列,他当时也还没有入党,但已经参加了中共的外围组织——新民主主义青年联盟,还在学生会里担任工作。他的政治倾向是明确的,他有一个重要的社会关系可能会令当局侧目:他的大哥孙方,1946年1月来到了北平,进入军事调处执行部(简称"军调部")工作。

这个机构很有名,是1946年1月为执行国共双方下达的停战令,由国民党代表、共产党代表以及美方代表组成的。当时军调部的总部设在协和医院,叶剑英率中共代表团住在东华门翠明庄。投笔从戎的孙方正是叶剑英的秘书。孙会元去过翠明庄,和大哥有来往。孙方在1946年10月离开军调部,跟着被称为中共代表团"总务长"的李克农将军去了延安。兄长的人生道路与政治选择,对于孙会元无疑有一种榜样的力量。

"819"成为国民党当局的最后挣扎。四个月之后,1948年12月,解放军四野从青龙桥挺进到成府,清华、燕大率先解放了。

1949年1月,中共中央与傅作义达成了和平解放北平的协议。1月31日上午,解放军的先头部队进城接管了所有的防务,傅作义军队撤出城外进行改编。

1949年2月4日,燕京大学中共地下党员参加了全市地下党员会师大会。北平地下党正式公开了。6月28日,燕京大学图书馆正门的墙上,以大红纸张贴出全校的中共党员名单,它是按院系、分正式党员和候补党员列出的。

在公开以前,一批党员和学运中的积极分子已经"不辞而别",投身到建立新政权的工作中去了。公开之后,更多的党员和外围组织的青年骨干不等毕业就提前离校了,按照党组织的要求,或加入南下工作团,或到北京市各区参加基层政权的建设工作。仅以姨姨韩德庄的贝满同学为例:蒲以钰去了北京市公安局业务处,傅愫冬去了崇文区,冯宝万和冯静吉去了海淀区。

孙会元比韩德庄早些天离开了燕大。和其他同学的路径不大一样,他上了香山。1949年2月,西郊的香山被确定为进城前中共中央、解放军总部的驻地,对外称"劳动大学"。孙会元1949年6月入党,7月至8月中旬在中央党校学习,8月15日调入中共中央政策研究室任研究干事。后来他跟着杜润生进城到了农村工作部。韩德庄参加华北妇女代表会议之后,于1949年8月入党,到全国妇联工作。

孙会元、韩德庄在香山合影，摄于 1949 年夏

这张照片是两人在香山的合影。拍摄者取韩德庄与孙会元的侧面，采用侧逆光，阳光洒向他们喜悦的脸庞。两人头戴制服帽，身着制服装。姨姨颈上束着一条白色纱巾，与背景中那三枝飘逸的白色荻花相映。多么生动的画面！镜头定格了这两位二十三岁的年轻人对新中国与新生活的美好憧憬。

终生难忘西花厅

在第一章介绍母亲的几位姑姑时，我留下一个悬念：她们的命运与中国共产党的统战政策结下了不解之缘。故事要从她们还在天津祖宅时讲起。

1910—1920 年，正值青春年华的韩家女儿们在天津生活与求学时，与中国共产党的一对领袖夫妻——周恩来和邓颖超不期而遇。

周恩来十二岁时，因家道中落到东北奉天投奔伯父周贻赓。1913

年,周贻赓调往天津长芦盐运司,周恩来也随之来到天津,考入天津私立南开中学,后赴日本留学,回国后又考入南开学校大学部。而这两所被称为"南开系"的学校都是韩家世交严范孙先生创办的。严老十分器重周恩来,后来他还出资赞助周恩来赴法留学。天津的地缘、南开的人缘,使得周恩来对韩家有所了解,颇有同乡的亲切。他称呼我的外公韩诵裳为"大学长",称呼母亲的几位姑姑为"韩家姐妹"。

邓颖超幼年丧父,母亲杨振德带着她北上天津。1915年,邓颖超考上了直隶第一女子师范学校预科,后顺利升入本科。在这所学校读书时,她与韩家的两个姐妹韩恂华、韩权华先后同学。六姐韩恂华很早就接受了进步思想,参加过觉悟社,和周恩来、邓颖超还有闹学潮时的战友之谊。此外,我的外婆高珍、母亲的表姨杨毓才("长源"杨家)也都曾与邓颖超同窗共读。

还有一层没有曝光的关系:邓颖超的母亲杨振德大约在20年代初被卞家聘为私塾先生,教四位女眷国文。杨振德执教并借住在卞家,邓颖超节假日也会出入卞府,因此她对韩家姐妹的姥姥家卞家也多有知晓。多年以后,邓颖超在会见海外归来定居的韩咏华时,看似不经意地问了一句话:"你们知道卞九奶奶的下落吗?"这位卞九奶奶便是韩家姐妹的舅妈,她无儿无女,对韩家姐妹出国留学多有资助。邓颖超连这样一位故人都没有忘记。

1954年秋天,韩德庄第一次走进西花厅后院邓颖超的办公室。后院有前厅和耳房作屏障,形成一个东西长、南北短的四合院。正房坐北朝南,是周恩来、邓颖超办公和居住的地方。一片绿地,满院海棠,还有几棵梨树、桃树和白皮松。

姨姨是来帮助邓颖超整理档案的。她到全国妇联后,担任了档案组组长，为此还于 1952—1953 年到中国人民大学上了八个月的档案工作者专修班，取得了有校长吴玉章、班主任吴宝康签名章的毕业证书。记得 1965 年秋天我考上中国人民大学新闻系时，姨姨高兴地对我说："泓泓，我和你是校友啊！"

据韩德庄回忆，邓颖超和她见面后很快就拉起家常："韩家在天津的老家，我比你还清楚。我和你的母亲高珍、姑母韩恂华、韩权华在直隶第一女子师范时是同学，抗战时期和你的姑父卫立煌、梅贻琦都打过交道。"韩德庄听着，亲切感油然而生。

工作好几天了，她唯一的遗憾是始终没有见到周恩来总理。

不久，机会来了。姨姨对第一次见到周总理的情景，多年以后依然记忆犹新：

> 在一次跳舞晚会上，奏乐声突然高昂起来，原来是总理来了，大家都十分兴奋。当时我们妇联的六七位女青年，大家都多么希望和总理跳一次舞，但谁也没有勇气前去请周总理跳舞。一会儿，总理却走来，和我们坐在一个桌子旁。总理问我们是哪个机关的，我们回答了，总理笑笑说，怪不得女同志多。随后，他逐一问每个人的姓名、年龄，在妇联哪个部门工作。轮到我时，我还未说出姓名，总理先说了："你姓韩吧？一看你就是韩家的姑娘。"总理和大家说话态度和蔼，目光亲切，尤其是我听到总理这两句话，心里热乎乎的。原来总理对我的家庭也这样熟悉。虽然没有和我见过面，却能认出我来。当我把孙会元介绍给总理时，总理风趣地说："你是妇联的女婿，我也是妇联的女婿，咱们两人都很光荣啊！"大家听了都笑了。当孙会元告诉总理，他的父亲也是南开的同学时，总理问清名字，马上记起来，并说："你很像你的父亲。"

接下来发生的事情，让姨姨一辈子刻骨铭心。

乐队开始奏乐了。姨姨说，妇联的小谢动作迅速，马上站起来，请周总理跳舞。周总理拍拍她的肩说："下次一定和你跳，这次我先和她跳。"周总理面向韩德庄发出邀请，韩德庄赶紧快步走来。她后来回忆说："我感到多光荣啊。总理平日走路就步伐轻盈，跳起舞来更是飘飘若仙。和总理一起跳舞特别轻快。总理不但跳得好，而且跳舞时谈笑自若。总理问我有哪几个姑姑在北京，还告诉我卫立煌想回国，七姑还有些顾虑，看哪个姑姑可以做些动员工作。我这才明白，总理和我跳舞，目的在向我做调查。总理真是什么时候都以工作为重。"

动员卫立煌回国的统战工作的一个重要的方面就是这样开始的。周恩来与邓颖超委派韩德庄去请她的六姑韩恂华进中南海，到总理家里吃饭，嘱韩恂华给卫立煌夫人韩权华写信：请妹妹放心归来。同时，周恩来嘱韩德庄手书一封："在太原晤过面的那位朋友，请姑父和姑母回来。"抗日战争初期，周恩来和卫立煌在太原曾有过彻夜长谈，他说："卫先生看到这段文字就会明白。"

1955年春天，邓颖超的秘书张元[1]生病住院了，韩德庄代替她做了临时秘书。

第一天上班，韩德庄到大门口去送信，一回头正看到周总理从里边走出来。她担心延误了送信时间，赶快跑向传达室，打算送了信再回来见总理。不承想她还没有出收发室，总理的卫士长成元功就追进来说："总理叫你。"韩德庄又赶快跑出去。总理见到她问："为什么见到我就跑呢？"韩德庄说明了原因，总理莞尔一笑。

---

[1] 张元是邓颖超的第二任秘书，从1950年到1965年，任职长达十五年。

韩德庄（左三）在西花厅工作时与邓颖超（左二）留影，可惜她闭眼了

　　1977年是周恩来总理逝世一周年纪念，姨姨在写给邓颖超的一封信中回忆了与总理接触的几个细节："不知我说到什么问题，总理感到有趣，仰面哈哈大笑。这是我第一次听到总理爽朗的笑声。大姐，您可知道，这笑声给了我多么深刻的印象，至今想起来，它还在我耳边回响。也是在一个晚会上，我跑上去和总理握手问好。总理把我的手放在他的两只手中，注视着我，那神情就像慈爱的长辈对待一个小孩子似的。我被深深地感动了，至今这个印象仍历历在目。"

　　1955年4月6日，周恩来在中南海西花厅设家宴欢迎卫立煌夫妇。邓颖超通知韩德庄，叫她也参加。姨姨说："我向大姐央告，别叫我去了，我算老几呀？大姐说'叫你去你就去'。我要求不去，是因为我知道做陪客的有陈毅同志和当时的统战部长，我虽和卫立煌有亲戚关系，但我确实不懂为什么叫我这样一个小萝卜头去参加总理的家宴。宴会后，送走了客人们，总理叫住我问：'你今晚学了不少吧？'我恍然大悟，原来总理和大姐在亲自教我做统战工作呢。"

席间，有一件事让韩德庄很受教育。1952年"三反""五反"的时候，她曾动员父亲韩诵裳把卫立煌存放在韩家的两个箱子上交了。当她知道卫立煌要回国的时候，感到有些为难，就向组织汇报了。在这天的总理家宴上，姨姨清楚地记得周总理向卫立煌当面说明了这件事，并指着韩德庄说："她是一个共产党员，她做得完全正确。"

1956年7月14日，韩德庄结束了代理秘书的工作，再一次走进中南海西花厅，向邓颖超告别。这次告别还因为她要离开北京，跟着丈夫孙会元去开发建设北大荒。

北大荒旧指中国黑龙江省北部在三江平原、黑龙江沿河平原及嫩江流域的广大的荒芜地区。50年代中期，王震将军率领十万复转官兵进军北大荒，掀起了大规模开发建设的高潮。孙会元1953—1956年在中共中央农村工作部一处任职，工作性质与这次在北大荒建设国营农场"屯垦戍边"直接相关。据说，他被王震将军点名要走当秘书。姨姨韩德庄因此随行。

邓颖超深知开发北大荒的艰苦，鼓励韩德庄接受劳动锻炼。她送给韩德庄一双棕色的鹿皮半高腰靴子御寒，赠送了一份夹有两片枫叶的信卡告别，上面写着："可爱的德庄同志将赴黑龙江密山参加农垦工作，特以采集的枫叶为赠，藉表我的心意和对她的希望！"

邓颖超还精心挑选了五张照片送给韩德庄留念，每张照片的背面，她都亲笔写了说明。其中一张是邓颖超与周恩来的合影，其他都是邓颖超不同历史时期的单人照，有1947年冬在晋察冀边区阜平县

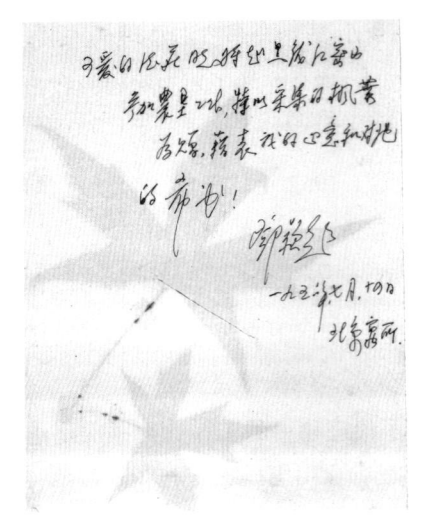

邓颖超赠送给韩德庄
的信卡

参加土地改革时的，也有 1951 年春在杭州休养时的。

最后，在告别的时刻，邓颖超拥抱了韩德庄，并像母亲对女儿一样亲了亲她的面颊。

1962 年春节，韩德庄从东北回北京探亲。她说："路遇张元同志，她把我带到她家，大姐知道了，一定要留我吃饭。[1]席间，总理详细地询问我们垦区的情况，对土地、耕地、劳力、拖拉机等基本数字我还能说上来，就是不知道有多少牛马。总理严肃地批评我，大姐打圆场说：'她是做妇女工作的。'总理说：'做妇女工作也要关心生产。'"

姨姨留意到总理吃饭很简单，就是一菜一汤，因为来了客人，加了一份炒蛋。

孙会元 1956 年到黑龙江牡丹江垦区（原名铁道兵农垦局）后担

---

[1] 当时张元带着女儿就住在西花厅的水榭，就在周恩来与邓颖超住所的隔壁。

邓颖超送韩德庄的照片。背后亲笔写有说明："德庄会元同志存念。1955年与恩来同志摄影于长城八达岭。"

牡丹江妇女建设社会主义积极分子会议合影，前排左起
第三位是韩德庄

任了计划处处长，是当时最年轻的处级干部。韩德庄就职于牡丹江农垦局，担任过虎饶县妇联主任，还当过青年农场（"8511"农场）的党总支书记。当时垦区正在初建阶段，条件艰苦，她克服种种困难，深入基层，培养基层妇女干部、发动妇女参加生产。1959年为保证完成垦区上交大豆的任务，她组织女青年开展了"大豆姑娘丰产运动"，许多"大豆姑娘田"创造了各农场的大豆高产纪录，受到了农垦部表扬。

姨姨说："张元向总理和邓大姐报告了这个消息。第二年，王震部长到北大荒视察工作时，对我说：'总理都知道你们大豆姑娘呢！'"

1963年，孙会元调回北京任农垦部秘书处副处长。因主要为王震部长服务，他实际上担任的是王震的秘书。韩德庄也随之回到北京，在农垦部办公厅资料室工作。邓颖超很快就得知韩德庄回北京了,高兴地说:"妇联的这个女儿意外地回来了。"她要韩德庄争取回全国妇联,并向有关部长写信,多次要,农垦部直到很晚才放行。

与癌症的八年抗争

我和姨姨韩德庄并不亲近。在 1965 年之前,她的工作、生活距离我们是遥远的、神秘的。在青少年时代我曾无数次填写社会关系,写下她的名字时是下笔最硬气的:共产党员、革命干部。

这次在写作中我仔细翻阅了姨姨的日记,意外发现她竟然几处写到了我,她的外甥女。我还从来没有在别人的日记中看到写我自己,深感荣幸,又无比好奇。

1946 年 8 月 7 日一早,姨姨和外婆高珍到协和医院接母亲出院,我在两周前降生,姨姨对我的第一印象可不怎么好,她在日记中说:"生了个女孩,长得和徐先生一模一样,长手长脚,尖头顶,小眼睛,三角扁鼻子,起个名字叫泓,字倒不错,叫出来可像个丫头名字?'小泓''阿泓',怎么也不好听。"

日记记到 1946 年 12 月 5 日,这时我已经快五个月了,姨姨对我的印象变了:"在大姐家吃午饭,她的小泓泓越长越好玩,和刚生出来完全两样。"

又过了一个半月,转年的 1 月 20 号,已经是期末考试的时候,姨姨写道:"从礼拜六就和冬(注:傅懔冬)住在大姐家,尽想着跟泓泓玩了,哪里还念得下书去?"

此时灯下,我正在码字,看到姨姨这些久远的文字,感慨万分。

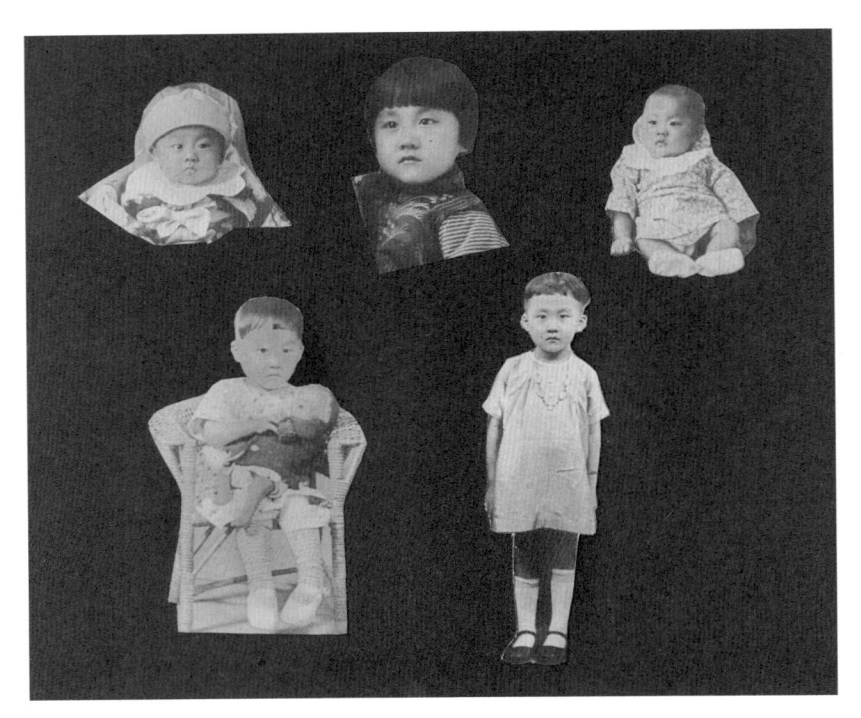

韩德庄的私人照相簿

韩德庄是母亲家里第一个共产党员，参加革命工作后，为了和"剥削阶级家庭划清界限"，她几乎和所有的亲属不再往来。她的照相本里，合照的照片都经过剪裁，没有了亲朋好友，只留下她孤零零的一个人。没有想到，在这本留存于七十多年前的日记里，意外地找到了姨姨对小小的我那出自天性的亲情之爱。

1965年深秋，我在外婆家（已搬到朝阳区金台路水碓子的一处公寓楼）见到了姨姨韩德庄，那时我刚考入中国人民大学新闻系。她祝贺我，说："那是我们党进城办的第一所大学，有光荣的革命传统。我刚参加工作时就被组织派去进修。"我问："您是哪个系？"她回答："档案系。"然后她半开玩笑地叮嘱我："好好学习，不要早谈恋爱、早结婚。你看，你妈妈二十九岁才结婚，三十一岁才生你。你的几个姑婆，五姑婆、六姑婆、七姑婆，她们都是那个时代晚婚的典范，你要向她们学习。"

我点头答应，心想姨姨真不愧是全国妇联的干部，张口就是晚婚。

那天姨姨一身清爽的秋装打扮，朴素雅致。自1956年在南柳巷见过她，已经过去九年了，其中七年她都在黑龙江农垦，历经风霜，但温文尔雅、肤白面润的模样没有改变。我一直很欣赏姨姨，她的容貌并不惊艳，但有一种脱俗的气质，在人群里一眼就能看到她。或许这就是为什么周恩来总理第一次看到她时就说"一看你就是韩家的姑娘"。

1966年，"文化大革命"开始了，覆巢之下焉有完卵，没有一个家庭不被卷入，大家也无暇相互顾及。当时只是听说韩德庄、孙会元在中央机关的两派斗争中都受到冲击。关于孙会元的消息多一些，甚至有次传来江青说"农垦部有一个小白脸很坏"，指的就是孙会元。孙会元文笔好，业务熟，被王震器重。1963年从北大荒回京以后，农垦部一时没有合适的宿舍安置，孙会元、韩德庄就一直住在砖塔胡同王震家的四合院里。但"文革"开始不久，孙会元就贴了王震的大字报，结果被扫地出门。

除了受累于孙会元，韩德庄本人还有另一个政治压力——家庭出身不好，尤其是社会关系复杂，这点主要指的是和卫立煌的关系。在机关运动中，她始终处于被审查的境地。这层社会关系给姨姨带来"组织上不信任、不使用"的苦恼，这个压力其实在"文革"以前就存在。无论她如何努力地在基层锻炼自己、改造自己，她始终不入主流。她讲过："在北大荒时，我曾因此不能看中央文件，不能听向十七级以上干部传达的报告，甚至邓子恢同志到北大荒视察时做报告我都不能听。我在妇联大联合之后，也因此被取消了参加曹某某、王某某专案组的资格。"最让她遗憾的是,"1964年,'四清'回来,大姐叫我去替张元工作,中直党委因社会关系复杂未批。其实大姐了解,但她尊重党委决定,守纪律"。

我在姨姨留下的文稿中见到一份她在1969年9月写的书面材料——"关于我和卫立煌的关系问题",文末请了解内情的邓颖超签批,予以证明,放进她的档案中。这份材料是否交给了邓颖超,有无下文,均不得而知。

1969年,姨姨恢复了组织生活,跟着孙会元去了农垦部在江西的"五七干校"。1971年,她在一次体检中查出患了乳腺癌。我的表妹韩艺思说:"一开门,二姑进来,又黑又瘦。"

幸好她得到了比较及时的治疗。上文提过,孙会元的大哥孙方娶了李克农的长女李冰。韩德庄婆家的这位嫂嫂,因父亲李克农和周恩来总理是战友,被周恩来、邓颖超视为干女儿,1956—1985年一直担任中国医学科学院肿瘤医院的党委书记。李冰介绍韩德庄到天津做了全切手术,术后恢复尚好。

1974年底,我得了风湿性全心炎,从内蒙古回北京住院治疗了两个多月。1975年我一直在家休养。这段时间我见过几次姨姨。同在养病中,姨姨安详、温和,她对任何事情,包括疾病都持淡然而心平气和的态度,这令我对她有了一种新的认知。1977年,我有机会帮她修改了几篇纪念周恩来总理的文章,才得知她的一些往事,留下了现在写她的这些素材。回想当年姨姨与我讨论这几篇文章的修改时的情景,她字斟句酌,低调谨慎。讲述某些事情时,她会慎重考虑是否存在泄密或违反纪律;讲某些事情时,她又怕引起"宣扬自己和总理、大姐的关系或夸耀自己过去"的错觉,反复删改,后来还是把文章先送给张元过目,才最后定稿。

1977年6月,我的五姑婆、梅贻琦夫人韩咏华从海外归来,定居北京。这一统战工作,邓颖超自始至终亲自领导、直接过问、精心安排。姨姨参与了接待韩咏华的重要活动:邓颖超的会见与宴请。

1971年10月,中华人民共和国恢复联合国的合法席位,国际交往大大增加。

孙会元在新的工作单位被重新启用。1973—1982年,他调到新组建的对外经济联络部六局,先后任一处、二处处长。他所在的单位与联合国开发计划署对接,从1977年开始,孙会元越来越多地被派遣出国公干。他和姨姨也终于有了自己的家,分到了当年北京第一批高层住宅,搬进了前三门大街4号楼11层的一套两居室。

这一时期,正值改革开放,加上落实知识分子政策,燕大毕业生通晓英语、业务精湛的优势得以凸显,纷纷受到有关部门与单位的大力启用。1979年,邓小平副总理访问美国,正式的随行人员中有四分之一都毕业于燕京大学:黄华(32155)、卫永清(41271)、彭迪(42428)、李慎之(41138)、谭文瑞(41224)。

姨姨韩德庄的癌症在七年之后复发了。为了不影响孙会元出国公干,她隐瞒了癌变已转移至双腿这一病情,一直等到送丈夫去日内瓦参加联合国会议后才离开了刚安顿布置好的新家,住进肿瘤医院,开始了与病魔的最后一战。

她曾向邓颖超表示:"我一定努力向总理学习,以乐观主义精神和坚强的毅力与癌症做斗争。"

病床上,姨姨收到邓颖超口述、秘书赵炜代笔写来的信。在一个印有水仙、梅花的信笺上,用铅笔竖行书写着:

亲爱的韩德庄同志：

　　我常常想念你，更是惦记你。你用乐观的革命精神和你的病做长期斗争，已达七年之久，这是很不容易的事情。你的病的性质和被折磨的痛苦，我很理解，衷心的同情，我多次起心想去看你，均未能如愿。现特寄数行，向你表示亲切的慰问，希望你珍摄。继续同疾病坚持斗争！专此

　　紧紧地握手！

　　孙会元同志望勿忧急，多多保重！

想念你的

你想念的　大姐　口述

一九七九年十月二十一日

　　姨姨在病床上收到她的五姑韩咏华、七姑韩权华的信，信中都提到了邓颖超。

　　1979年9月5日，五姑韩咏华在信中提到："听说邓大姐也在问及你，大家共同祝你早日恢复。"

　　1979年11月29日，七姑韩权华在信中写道："你和会元都要牢记大姐的嘱咐，不要辜负她老人家的深情厚意。"

　　1980年2月18日，农历大年初三，上午十时四十分，姨姨永远闭上了眼睛，享年五十四岁。

　　她曾向邓颖超表示："我早已下了决心要向总理学习，死后把骨灰撒到北大荒的土地上，因为我在那里工作过几年，很爱那个地方。"

　　1980年夏天，遵照韩德庄的遗愿，她的一部分骨灰被撒在了黑龙江"8511"农场广袤的土地上，另一部分骨灰被安葬在四公里松树林陵墓园。

注　释

① 转引自《国立音乐学院　国立音乐专科学校图鉴（1927—1941）》，洛秦、钱仁平主编，上海音乐学院出版社，2013年，第95页。
② 同上。
③ 参考《燕京大学音乐系音乐活动考察》，作者袁昱，刊于《音乐研究》2012年第1期。
④《恩师刘金定》，引自《资中筠自选集：不尽之思》，资中筠著，广西师范大学出版社，2011年，第110—111页。
⑤ 同上书，第111页。
⑥《燕园里的单身外籍女教师》，作者陈毓贤，收入《燕大校友通讯》第73期，燕京大学校友会编印。
⑦《听杨绛谈往事》，吴学昭著，生活·读书·新知三联书店，2017年，第69—70页。
⑧《"人不能回炉再造！"——忆父亲沈福彭》，作者沈华，刊于《半岛都市报》2017年4月11日。
⑨《听杨绛谈往事》，第70页。
⑩《忆燕大数学系》，作者李欧，引自《爸·好人·李先生——回忆李欧先生》，李宗仪编著，华夏人文出版社，第61页。
⑪《雄哉！壮哉！燕京大学：1945—1951级校友纪念刊》，1994年，第65页。
⑫《胡适与千家驹》，作者颜纯钩，见胡适与千家驹-大公网（takungpao.com），2019年3月4日。
⑬ 参考《左翼的联合——以千家驹与"中国农村派"为中心的考察》，作者吴敏超，《近代史学刊》第10辑。
⑭《抗战时期迁川的国立中央大学》，作者郑体思、陆云苏，见【校史钩沉】抗战时期迁川的国立中央大学（seu.edu.cn），2015年7月7日。
⑮《司徒雷登与燕京大学》，罗义贤著，贵州人民出版社，2005年，第58—59页。
⑯《赵元任早年自传》，赵元任著，广西师范大学出版社，2013年，第143页。
⑰《民国趣读　老北大》，中国文史出版社，2016年，第176—177页。

⑱ 同上书，第 175 页。
⑲ 同上书，第 114 页。
⑳ 参考《面向成熟的桥梁：中国哲学会及其年会》，作者左玉河，论文收入《中国社会科学院近代史研究所青年学术论坛（2001 卷）》，中国社会科学院近代史研究所编，社会科学文献出版社，2001 年。
㉑《在华五十年：从传教士到大使》，司徒雷登著，陈丽颖译，东方出版中心，2012 年，第 105 页。
㉒《燕园旧梦等轻尘》，宗道一等采访整理，引自《燕大校友通讯》第 82 期，燕京大学校友会编印，2019 年。
㉓ 同上。
㉔ 同上。
㉕《陈树普：风雷岁月忆燕园》，作者孔晓宁，引自《百年守望：健在校友访谈录 纪念燕京大学建校一百周年》，燕京大学校友会编印，第 89 页。
㉖ 同上书，第 89—90 页。张大中学号为 41012，曲慎斋学号为 44324。
㉗《我的父亲和母亲》，作者贺阳，引自《燕大校友通讯》第 74 期，燕京大学校友会编印，2016 年。
㉘《燕园旧梦等轻尘》，宗道一等采访整理，引自《燕大校友通讯》第 82 期，燕京大学校友会编印，2019 年。

第三章

清华园甲所

韩咏华，摄于 1918 年

1919年6月17日，我的母亲韩德常那时还不满四岁，伤心地大哭了一场，她说："那个人为什么把五姑带走了？"

这一天正是她的五姑韩咏华与梅贻琦结婚的日子。

婚礼在北京东城基督教男青年会举行，有牧师证婚，有风琴演奏瓦格纳的《婚礼进行曲》。新郎着西装，新娘披婚纱，新派前卫，与先前韩咏华的哥哥和两个姐姐举办的旧式婚礼迥然不同，曾引起天津家里一些老人的不满。

韩咏华结婚时已年过二十六岁，而1889年出生的梅贻琦已整三十岁了。

一、梅贻琦：生斯长斯　吾爱吾庐

梅贻琦，字月涵，天津人。据家谱上说，梅氏先祖是明成祖时代由江苏武进北迁，负责驻防天津卫的，到清朝末叶家道已经中落。梅贻琦祖父名茂先，父亲梅曾臣，字伯忱，清末秀才，后为天津盐店职员。母亲张氏，未曾入过学，其先人在天津鼓楼北开设义生堂药店。父母生五男五女，梅贻琦为长子。他自幼老成，读书之外，踩着小板凳帮助父亲记账，协助母亲照顾弟妹。1900年，他十一岁的时候随父母去保定避庚子之乱，秋季回津。此时父亲失业，家中生活无着，每餐吃玉米面都得限量，全家经常半饥半饱。虽然家境清苦，人口众多，但父亲笃信"万般皆下品，唯有读书高"，书房里摆满了纸张泛黄的线装书，亲友戏称为"梅氏旱烟叶"。父亲咬紧牙关让每个儿女都能接受教育。1904年，梅贻琦十五岁时在亲友的资助下，以世交子弟的关系进入了严范孙先生的家塾。

首批庚款留美生

梅贻琦进严氏家塾男生班时,女生班已经开办,韩家的两姐妹韩升华与韩咏华都在女塾里读书。

家塾设在严宅的偏院酒坊院中,有教室数间,男女学生各占一边,轮流使用一个操场。女生上体育课的时候,要把通向男生院的门关上。十一岁的韩咏华在女生班里年纪最小,每次都被遣去关门。于是,一个穿着长棉袍、毛坎肩,长发盘在帽子里的小姑娘在掩门之际,看到了那个院子里的男生,注意到了身材清瘦的梅贻琦。她说:"从女生这边隔着窗子也可以看到男生的活动,这样我就知道了月涵和金邦正等人。"韩咏华的祖父和梅贻琦的叔祖也是世交。她从老辈口中听说过梅贻琦,这下名字和人对上号了。

半年以后,严氏家塾的男生班迁入南开区的新校址,定名为南开学堂。梅贻琦与原私塾男生班的同学金邦正(仲藩)、卞肇新、卞铭新、张彭春、李麟玉等人均为第一期学生。梅贻琦在丙班,一直是高材生。1908年7月1日,他以第一名的成绩从南开学堂毕业,被保送到直隶高等学堂读书。

位于直隶首府保定的这所学堂,校舍建筑巍峨壮观,远隔闹市,濒临河曲,河水支流绕穿校内,曲折而出。总教习为美国教育家丁家立,曾任天津北洋大学的首任总教习和留美学堂监督。梅贻琦在这里接受着更加正规的欧美现代教育,如鱼得水。

1907年12月3日,美国总统西奥多·罗斯福发布咨文,要求国会授权退还庚子赔款的多余部分给中国作教育之用,其中一种方式为派遣中国学生来美国留学。这个提案在参议院顺利通过。历史上著名的庚款留学活动就此拉开序幕。为此，1909年清政府设立了"游美学务处"，专门负责考选和甄别留学生。

全国招考的消息传出，在直隶高等学堂还没读完一年的梅贻琦毅然进京，和来自全国各地的考生六百三十多人云集北京城内史家胡同游美服务处报名应考。

考试地点在史家胡同的学部衙门。考试从9月4日开始，先考国文和英文两场，通过者才能参加接下来的第三场考试：代数、平面几何、法文、德文、拉丁文；第四场考试：立体几何、物理、美史、英史；第五场考试：三角、化学、罗马史、希腊史。后三场考试即复试，复试地点在宣武门教育街。英文及西洋学科各科目，皆由美国公使馆命题，国文与中国史地则由清廷学部命题。

当时的录取条件极为苛刻，被派遣的学生必须"质地聪明、性格纯正、身体强壮、身家清白、恰当年龄"。中文程度需能作文，具备文学和历史知识；英文程度需要能直接入美国大学和专门学校听讲。同时规定他们之中应有80%的学生学习农业、机械工程、矿业、物理、化学、铁路工程、银行业等，其余20%学生学习法律和政治等。[①]

9月16日发榜，三百六十名参加复试的考生中只有四十七人榜上有名。梅贻琦名列第六名（总分834分，平均分75.11），第一名至第五名依次为程义法、邝煦堃、金涛、朱复、唐悦良。

跟梅贻琦一同考入留学名单的徐君陶，多年后回忆发榜时的情景说："我记得我在看榜的时候，看见一位不慌不忙、不喜不忧的也在那儿看榜，我当时看他那种从容不迫的态度，觉察不出他是否考取，后来在船上碰见了，经彼此介绍，原来就是现在的梅先生。"[②]

1909年10月，梅贻琦一行四十七名录取新生全部集中到上海搭乘"中国号"邮轮启程赴美。海上航行一个月后抵达西岸。大家先入补习学校学习，第二年个人按照志愿选择大学。众人大多选择几个中国人熟知的大学，只有梅贻琦单独投到马萨诸塞州的伍斯特理工学院，攻读电机专业。到麻省理工学习的徐君陶说："吾那时还不知道这学校，后来才听说亦是东部一个有名的工业大学。他那种独具见解，确和一般人不同。"③

1914年春天，梅贻琦从伍斯特理工学院毕业，获电机工程学士学位，并成为Sigma Xi自然科学荣誉学会会员。按他的学业成绩以及庚款留学生的待遇，他本可继续入研究院进修，拿到硕士、博士学位再归国，但家中生活困难，父母命他回国就业赡养家庭。

月涵改"悦韩"

梅家五兄弟中，梅贻琦居长，梅贻宝居末，两人相差十一岁。庚子之乱，梅家避乱逃亡，回津后发现所有家业已被洗劫一空。梅家诸子女原来每人都有一位奶妈，到了庚子年出生的贻宝，没钱聘奶妈了，而母亲又奶水不足，只好佐以糕饼喂养。那糕饼就是米面粉搅拌放一点糖。每天抱着小幺弟，细心给他喂食糕饼的正是十一岁的"五哥"。（梅家是按照家族大排行，梅贻琦被弟妹们称为"五哥"）

梅贻宝用十二个字形容自己与梅贻琦的关系："生为长兄，业为尊师，兼代严父。"他说："五哥的言行功业，影响余一生至巨。"

梅贻宝回忆："由喂糕干到'五哥'回国这十几年是我家近代史中最艰辛的一段。除去几间旧房庇身以外，我家够得上准无产阶级了。父亲的收入有限，家里人口可观，一切周章挪补，都要母亲伤脑筋。我一直到十几岁，恐怕是'五哥'回国以后，才穿到一件直接为我作的新袍子。……'五哥'回国，家人欢欣逾常。父亲自认他那一套旧学旧识不合时宜，命诸子惟'五哥'之命是听。五哥立即把我送进南开中学。学费每月三圆，交付不出。张伯苓校长因为是世交，而且'五哥'是他的得意门生，所以亦不催促。"④

梅贻琦还有三个弟弟：梅贻瑞、梅贻琳、梅贻璠，因家中生活拮据，他们的学业时断时续。梅贻琦在留洋的四年多中，经常把节省下来的膏火，五块、十块地寄回家来，补贴家用。这次回国，他看到二弟贻瑞为挑家庭重担过早地中断了学业，心中不忍，遂退掉了出国前家里为他定的一门婚约，单身工作好几年，担起大家庭的支出，诸弟的教育费用也全由他一人负担。

梅贻宝说："像'五哥'那样人品，那样资历，当时说媒保亲的，不计其数。他好几年概不为所动，显然是为顾虑全家大局而自我牺牲的了。眼看'五哥'行年已近三十，幸而渐渐的听说常往韩家坐坐。"⑤

那时韩咏华已从严氏幼师毕业，在严氏幼稚园和朝阳观幼稚园当老师。梅贻琦1914年回国的时候，她和许多人一起赶去大沽口码头迎接："我记得他是和出国考察参观的严范孙老先生同船归来的。"

刚回国的那一年，梅贻琦并没有马上到清华任教。从10月至转年的9月，他出任天津基督教青年会干事，为教会服务了一年。也正是在这一年里，他与韩咏华再度相遇。韩咏华回忆："业余也在女青年会做些工作，每遇请人演讲等事都是找月涵联系，这才正式与他相识。"⑥梅贻琦还被韩咏华请到女青年会演讲。他的一个妹妹，也被韩咏华拉去参加了女青年会的活动。

两人的关系还隔着一层窗户纸。严范孙老先生看出端倪，他亲自出面，先和韩咏华的父亲韩渤鹏谈，又和她的哥哥韩振华（诵裳，即我的外公）谈。"最后由我表哥和同学出面，请我们吃了一顿饭。梅先生参加了。事后梅先生给我写了一封信，由同学转交给我。我把信交给父亲看，父亲说：'不理他。'所以我就没写回信。不久后梅先生又给我的同学写信责怪说：'写了信没得回音，不知是不愿意，不可能，还是不屑于……'我又把这封责问信给父亲看。父亲却出乎我意料地说：'好，好，文章写得不错。'父亲竟因此同意了。此后，我们便开始通信。"⑦

这段故事传播很广。韩咏华文章中提到的这位表哥就是卞肇新。韩咏华的母亲卞珩昌出身于天津新"八大家"之首的卞家，卞肇新正是她的侄子，而且卞肇新还是梅贻琦在严氏私塾与南开学堂读书时的同班同学。至于韩咏华提到的同学应该是一位女士，她不仅和卞肇新出面撮合饭局让两位相亲，而且两次在中间为梅贻琦传信。开始我以为是陶孟和的妹妹陶履辛，但看到下文，知道是猜错了：

> 我记得我们订婚的消息被我的同学陶履辛（陶孟和的妹妹）听到后，急忙跑来对我说："告诉你，梅贻琦可是不爱说话的呀。"我说："豁出去了，他说多少算多少吧。"就这样，我便开始了和沉默寡言的梅贻琦四十三年的共同生活。⑧

婚礼上，最有意思的是清华年轻的同事们把送的几副喜联的上款"月涵"都改为"悦韩"，大家纷纷称妙。不苟言笑的梅贻琦，也点头会意，笑纳了。

1920年，梅贻琦、韩咏华夫妇与长女梅祖彬摄于香炉营头条

香炉营头条

婚后，梅贻琦与韩咏华租住在香炉营头条一个小后院。这条胡同西起宣武门内大街，东至南新华街，因旧时这里住的多是制作香炉的工匠而得名。

婚后第二年，长女梅祖彬出生。

韩咏华这段日子过得甜蜜又匆忙。梅贻琦在清华教物理、数学，平时住在清华园工字厅单身宿舍，只有周末才能回香炉营的小家。

工字厅原名工字殿，因其前后两大殿中间以短廊相接，俯视恰似一"工"字，故得名。这处古建筑为清代康熙皇帝的长子所建，在乾隆时期为皇帝御园。后道光皇帝将其赐给他的第五个儿子，称为"小五爷园"。它有着四重宫殿、三重庭院，外观像四合院，入内则游廊迂回、曲径通幽、院中套院，共有房屋一百余间。1911年4月29日，清华学堂正式开学，即是在工字厅举行的开学仪式。建校初期，院内房屋除行政办公场所以外，多为教师住宅。梅贻琦当时就住在工字厅西偏院。老校友回忆说，每当深夜，透过灯光，总能看到梅先生埋头备课的身影。

梅贻琦把月薪分成三份：一份给天津的父母，一份给读大学的三个弟弟，一份留给自己的小家。韩咏华说："我作为他的妻子，一生没有财权，他给多少钱我就过多少钱的日子，从不计较，也绝不干预他认为应该做的事。"⑨梅贻琦的三弟贻琳、四弟贻璠、五弟贻宝相继以优秀的成绩考入清华大学，小妹贻玲也考入南开大学，梅贻琦一直供他们到大学毕业。梅贻宝还记得："'五哥'住在学务处（按即工字厅）西偏院里，我有时去看看。他在时，则是彼此互看一番，interview而去。他不在时，则偷吃些花生蛋糕而逃。"⑩

梅氏兄弟手足情深，令韩咏华很感动。他们五兄弟之间十分和睦友爱，感情极为深厚，月涵在弟兄中的威信很高，他从不发脾气训人，但弟弟们对他都心悦诚服。

1921年，二女儿梅祖彤尚未出世时，梅贻琦得到了清华公费去美国芝加哥大学进修深造的机会。他再次留洋，一年以后获得机械工程硕士学位，又在欧洲做了短期游历后方回国。1922年秋天，他跨进香炉营小院的院门时，韩咏华怀中抱的二女祖彤已经一岁有余了，这是她第一次见到自己的父亲。

梅贻琦这次出国，还接受了一个任务，即中华基督教青年会委托他考察在欧洲的中国青年留学生的学习和生活状况。因此，在回国之前，他与刘湛恩、沈隽淇、朱斌、林武煌、胡贻谷一起游历了欧洲，

香炉营距离南柳巷不远,梅贻琦在周末有时会陪夫人回娘家串亲戚。我在老照片中发现了一张母亲和梅贻琦、韩咏华一百年前的珍贵留影。坐在高高的假山石上的小女孩就是我的母亲。照片中,左边颈上围着浅色长围巾的少妇是韩咏华。右边头戴礼帽、身着西式长大衣的是梅贻琦。挤在梅贻琦身后、穿童子军制服的两个男孩,一位是母亲的表哥李鸿年,一位是母亲的哥哥韩德章。拍摄地点应是在公园里,前有几株竹子,后有茂密的树木。从母亲的模样和服饰看,她不过四五岁,据此推算应是1919年深秋或初冬,此时韩咏华与梅贻琦新婚不久

写下了《欧游经验谈》一书。此书极为关注欧洲各地基督教青年会的运作，着重介绍了伦敦青年会所、全英青年会、中华基督教青年会设于巴黎的留法学生青年会、世界青年会事务所、美国青年会事务所五个基督教青年会，细致、深入地考察了这些青年会的创始人以及干事的"气质"和"精神"，赞美了他们那"健康、向上和服务于人的内在追求"。

清华办学初期，就有浓厚的基督教色彩。美籍教师自不待言，中国教师也多为基督徒，学生中虔诚信教者亦不在少数。清华的校长、教务长，要想在清华待得长久，除了留美的条件（后期又加上是否为清华毕业）之外，是否为基督徒也很重要。清华校内的基督教青年会成立于1912年，当时会员约占全校学生的半数，归北京基督教青年会学生部直接领导。

为了宣扬基督教教义和帮助学生提高英文阅读能力，基督教青年会在校内组织了许多课外查经班，每班不超过十人，每周聚读一两次，读英文版《圣经》，学生自愿参加，由中外教师担任指导。梅贻琦1915年入校任教，不久就被邀指导一个班。吴泽霖教授在回忆文章中写道："梅先生是基督教徒……我和潘光旦都参加过他的班。《圣经》是用古英文译的，梅先生不是专攻英国文学的，在辅导阅读时不无困难。我们在阅读时所以尚能顺利理解，显然是梅先生事前费时推敲的结果。"[11]

梅贻琦是在第一次赴美留学期间皈依基督教的。曾经与梅贻琦在伍斯特理工学院同住一室多年的同学杨锡仁回忆说，梅贻琦学习成绩优秀，性极温良，并且笃信基督教："梅很少错过周日的礼拜。有时，我们同马歇尔一家去协会的教堂；有时，我会在星期日和周末去邻近的波士顿参加 1910 级同学会，他则和张彭春一起去南吴斯特作礼拜。1913 年春天，梅、张和我加入了马萨诸塞州的基督教青年会北美联合会组织。"

至于韩咏华何时信奉基督教，据韩家老一辈人推测，可能就是在天津基督教会的时候。外婆高珍那时还没有进韩家门，她也是听说。她说："韩四姑、韩五姑结婚前在天津以文明开化出名，都是上过一程子班又有一程子在女青年会工作的，都挺活跃的，不是在家里待着的妇女。"我们小辈对五姑婆韩咏华信教也有印象，那是在 20 世纪七八十年代她回国定居以后了，她经常去西四缸瓦市教堂做礼拜，平时在家她手边也有一本《圣经》。

在搜集到的众多史料中我特意打捞出这一段，就是想拂去历史的沙尘，真实地了解基督教的信仰，尤其是其"非以役人，乃役于人"的奉献精神是如何影响梅贻琦做人做事的。以往的研究对此关注不够。梅贻琦与韩咏华在青年时代即皈依了基督教，其信仰始终如一，他们的夫妻关系、与子女的关系以及人生道路的每一次选择恐怕也要从这一个层面再做审视与观照。

清华园南院 5 号

1922 年 9 月，梅贻琦回到清华继续任教，举家迁入清华园南院[1] 5 号。

清华园南院，始建于 1921 年，由十所西式丹顶洋房和十所中式

---

[1] 清华园南院 1934 年以后改称旧南院。抗战胜利清华复校后，朱自清先生提议将"旧南院"的称呼按谐音改为字面文雅的"照澜院"。

四合院组成,是清华大学早期的教授住宅群。韩咏华很怀念那段日子:"月涵下班后得以回家和儿女们共同生活了。从这时起我才逐渐了解到他的性格是很温和的。"⑫

1925 年,赵元任、杨步伟夫妇到了清华,住进南院 1 号。他们与梅贻琦夫妇早就认识。杨步伟记得:"有一天元任从清华来说,我前几天在一个朋友家吃饭,他们好像结婚没几年似的,饭桌上还有他太太的两个妹妹呢。过了不久,就有人介绍韩权华到我医院作我的病人,那时他(她)还在中学呢。其后月涵他们一家一直就是我们很好的朋友了。"⑬

那位朋友就是梅贻琦,而梅太太的两个妹妹正是韩六姑恂华和韩七姑权华。

当时清华园南院的西北角和东南角各有一个通向院外大路的门,从西北门可以走向二校门。南院 1 号赵家和南院 5 号梅家,彼此为邻。中午先生们下班,走出二校门回家吃午饭,赵太太杨步伟总站在家门口等元任,有时也把路过的梅贻琦邀进屋里共进午餐。杨步伟在一篇回忆文章的另一处也谈到了"因小孩之故"韩咏华的缺席:"说到与月涵一道游玩,先说点对咏华抱歉的话:她是一个贤妻良母的模范人,因为小孩多,那时又小,不愿小孩给无知识的佣(用)人看带,所以很少能加入我们各处游玩。"⑭ 韩咏华自己也说:"婚后,我在家当家庭妇女。八年半中生了六个孩子。我的主要任务就是把孩子们带大。"⑮

韩咏华确实不容易。查看了梅家几位子女的生日:梅祖彬生于 1920 年 4 月 5 日、梅祖彤生于 1921 年 10 月 17 日、梅祖杉生于 1924 年 1 月 4 日、梅祖彦生于 1924 年 12 月 8 日、梅祖芬生于 1928 年 9

月27日。大女儿出生时，梅贻琦在学校居住，周末才回家，一周只有一天在家抱抱孩子。二女儿出生时，梅贻琦在美国进修，韩咏华带着大的、喂着小的，独自支撑了一年多。三女儿与儿子在同一年的年头与年尾出生，仅相差十一个月。幸亏此时已搬到南院5号，阖家团圆。韩咏华学幼儿教育出身，坚持孩子要自己看带，凡事亲力亲为，还要照顾丈夫的饮食起居，自然分外忙碌。

韩咏华说生了六个孩子，可现知的只有五个，我就此事询问了健在的梅祖芬表姨。她说："在我和哥哥祖彦之间，大约在1926年，还有一个姐姐。她长得很好看，我们都是小眼睛，随父亲，这个女孩是大眼睛、白皮肤，放在小车里推出去，大人们都问这是谁家的孩子，这么漂亮！可惜，养到十一个月的时候就病故了，没有留住。"后来夭折的那个女儿，据说小名叫大清。母亲家族里这一辈的孩子都有小名，我母亲前边的一哥一姐小名叫大雄、大钧，母亲和她的三个弟妹分别叫大常、大强、大田、大辰。她梅家的表弟梅祖彦叫大彦。听说都是韩家老太太给孙儿、外孙起的。

1926年春天，梅贻琦被清华教授会推举为教务长。韩咏华说："他时年三十七岁，在教授中是比较年轻的。那时清华的教授中获博士学位的大有人在，为什么却选中了他？我以为这是出于大家对他的人品的信任。月涵开始主持教务会议，即已显示了他的民主作风。在会上，他作为主席很少讲话，总是倾听大家的意见，集思广益，然后形成决议。从此，月涵开始了他操劳忙碌的大半生，整日在办公室埋头于工作之中。"⑯当年清华一些师生回忆：每天下午四点钟，都会看到梅师母推着一辆儿童车，车里躺着个小娃娃，到工字厅给梅先生送茶点。

梅贻琦很喜欢孩子,但绝不宠爱娇惯。韩咏华说:"记得三女祖杉还在襁褓之中时,月涵不让抱着,怕惯坏了孩子。他下班回来后把放着祖杉的柳条箱拎起来在屋里来回走一走,就算是哄孩子了。他不许孩子们挑食,吃饭时每人给一小盘菜,不适合孩子吃的东西就不给,喜欢吃的还可以添,但盘里的一定要吃掉,孩子们从小就养成了好习惯,成年后遇到困难的生活环境都能适应。"[17]

梅贻琦对孩子也很耐心。韩咏华有时候气急了,还打过孩子,也曾把孩子锁起来以示惩戒。但梅贻琦从来不打孩子,也从不急躁。他批评做过幼稚园老师的太太:"你忘记自己是做什么工作的了。"

华盛顿留美监督处

1928年11月,梅贻琦被派往华盛顿,接替赵国材副校长做清华留美学生监督,管理清华大学的在美留学生。他是只身一人赴美的。

当时不满四岁的梅祖彦后来回忆说:"父亲走后,母亲带着我们迁居城里。"城里的住所应是指旗守卫10号院。1926年,梅贻琦的父亲梅曾臣携全家从天津迁居北京,落户在这个大四合院里。

韩咏华带着孩子回婆家梅宅暂居,也因为小女儿梅祖芬还在襁褓哺乳中。一年以后,也是寒气凛冽的11月,韩咏华带着两女一子:九岁的祖彬、八岁的祖彤和五岁的祖彦,与张彭春先生结伴赴美。她解释说:"为了节省开支,月涵不让把儿女都带去,我只好把两个小的孩子留在国内。"[18]一岁的祖芬留在奶奶家,五岁的祖杉送到姥姥家,也就是南柳巷25号韩宅。

1930年春，梅贻琦与韩咏华一家在华盛顿合影。梅贻琦西装革履，扎领带，戴眼镜。坐在他两膝之间、笑逐颜开的是独子梅祖彦。韩咏华一袭斜襟立领的旗袍，斜偏分的发型更衬出她的娴雅，大女儿梅祖彬倚在她的身边。在梅、韩之间，二女儿梅祖彤露出小脸

1929年，近一百年前，从中国到美国的这趟旅程多么耗费时间与精力。轮船渡过太平洋要在海上航行三个星期，横贯美国的火车又要再走四五天。梅祖彦回忆："……是一次很长的旅行。那时我年纪小，不会观察社会，只是看到美国有黑人，惊奇不已。"[19]

到了华盛顿，韩咏华看到了自己的丈夫廉洁奉公的举动：他简化了监督处的办事机构，精简了人员；他辞去了司机，自己学开车。见到太太来了，他马上将原来负责做饭和打扫卫生的助理员改为半日工作，只管搞卫生，一日三餐由太太下厨，不给酬金。秘书何培源兼管买菜，也不另给报酬。

留美学生监督的任务是负责管理分散在全美的清华留学生，掌管他们的经费（美金），管理他们的学业和操行。

韩咏华说："月涵不赞成学生到社会上去参加娱乐活动，不赞成学生去舞场跳舞，因而尽量把监督处办得好些，使学生们乐于来此。假日，他也允许学生们在这里打打桥牌，搞些健康的文娱活动。"[20]据当时在美国留学的一些清华学生回忆，梅先生在担任留美监督时，经常到各地了解学生的学习情况，就地解决他们在专业选择上以及学习上的各种困难。

那时不仅清华的留美学生在这里活动，有些非清华的留学生也常来，其中就包括韩咏华的妹妹韩权华。她1927年由河北教育厅保送官费留学美国，在离华盛顿不远的巴尔的摩城皮博迪音乐学院学习音乐史。

当时在美留学的叶公超并不是清华的学生，只因陪一位清华同学他才到过留美监督处。他说："我初次认识梅先生，是1928年在华盛顿，他做清华留美学生监督的时候。……他留我们吃饭，那次他给我的印象，就是他对美国的日常生活非常熟悉，而且英文说得极好。留学生对于驻美的政府官吏，通常都有两种印象：一是只知道向国内打报告，而不了解美国的实际情形；二就是英文说得极坏。梅先生却不然。"[21]

儿子梅祖彦为这段日子提供了另一种描述："在美国住了近两年，我和两个姐姐都在附近的公立学校上学，她们分别进二、三年级，我进幼稚园。以前没有学过英文，所以上学完全是'硬碰硬'。我因为胆小，在班上不肯说话，所以被留级一年。这两年虽然没有得到什么

自右至左：韩权华和梅祖彤、梅祖彦、梅祖彬在华盛顿合影，摄于1929年

'学历'，但对英文的听说有了初步的练习，对后来正规学习英文有很大的帮助。"㉒

梅贻琦在美的三年里，国内的清华园并不平静，学生主导的驱赶校长的风潮愈演愈烈。再加上1931年发生了"九一八事变"，大规模的学潮已呈不可遏止之势。清华大学因罗家伦校长辞职，长达十一个月里群龙无首。学生会公开发表了对未来校长的五条人选标准：无党派色彩、学识渊博、人格高尚、确实能发展清华、声望素著。

梅贻琦几次接到来自国内的电报征询他的意见，打电报的是他的老朋友原中法大学校长、当时任教育部长的李书华[1]。韩咏华在一旁看得明白，这几封电报，"都是请月涵回国主持清华大学的工作的"。

果然，10月14日南京政府教育部颁布了1716号训令：正式免除吴南轩虚位已久的国立清华大学校长之职，由梅贻琦接任。李书华旋即电促梅贻琦从速回国。

韩咏华说："这一消息传来后，许多美国朋友都不以为然，也舍不得他离开。美国人认为做校长就是做官了，他们说：'梅先生不是做官的人，最好继续留在这里。'"㉓

梅贻琦没有怠慢，迅速地跟继任的赵元任办好了交接手续。1931年11月底，他登船启程，应召回国。正如三年前梅贻琦只身一人先来美国履职，三年后，他仍然只身一人先回国赴任。考虑到孩子们的学校尚未放假，不想影响他们的学业，韩咏华在华盛顿住到1932年春天，才带着三个孩子回到北平。此时，距离梅贻琦发表那篇著名的就职演说已经过去五个月了。

1931年12月3日，清华园大礼堂，四十二岁的梅贻琦，身材挺拔修长，身穿一袭棉布长袍，外罩深色夹袄，头戴细毡礼帽。他摘下礼帽，面容肃穆而坚毅，开始了一生中最为重要的演说。其中那句"所谓大学者，非谓有大楼之谓也，有大师之谓也"，传诵至今。

这次写作时，我找到了梅贻琦就职演说的全文，通读了数遍，我更为下面这一席话所感动。其语言简洁质朴，态度谦虚诚恳：

---

1 李书华（1889—1979），河北昌黎人，物理学家，教育家。1913年赴法留学，1922年获巴黎大学法国国家理学博士学位。回国后先后任北京大学物理系主任、中法大学代校长、国立北平大学代校长，参与创建北平研究院。后赴美定居，在哥伦比亚大学东亚图书馆从事研究工作。

本人能够回到清华，当然是极高兴极愉快的事。可是想到责任之重大，诚恐不能胜任，所以一再请辞，无奈政府方面不能邀准，而且本人与清华已有十余年的关系，又享受到清华留学的利益，则为清华服务，乃是应尽的义务，所以只得勉力去做，但求能够尽自己的心力，为清华谋相当的发展，将来可能无罪于清华足矣。㉔

入住校长官邸

　　清华园工字厅的西南，穿过一片林地，有三栋建于1917—1919年的西式砖木结构平房：甲所、乙所、丙所。这是当年清华园最显赫的第一住宅区，是校长、教务长、秘书长的官邸所在。

　　1932年春天，梅贻琦夫妇携五个子女搬进了头号官邸甲所。

　　他们的邻居是住在乙所的国学院院长冯友兰一家。冯家有两子——冯钟辽、冯钟越，两女——冯钟琏、冯钟璞。小女儿后来成为知名作家，笔名宗璞，她曾撰文描述过他们家居清华园时周围优美的环境："甲所是校长住宅。最靠近树林的是乙所。乙所东、北两面都是树林，南面与甲所相邻，西边有一条小溪，溪水潺潺，流往工字厅后的荷花池。我们曾把折好的纸船涂上蜡，放进小溪，再跑到荷花池等候，但从没有一只船到达。"㉕

　　这里的"我们"，不光指冯家的孩子，还有梅家的孩子。因为两家为邻，年岁相仿的冯钟辽和梅祖彦、冯钟璞和梅祖芬成为发小。梅祖芬说："甲所和乙所之间有一个小花坛，我那时候四岁多，常在花坛边玩。我发现还有两个小孩也在那里玩，那就是冯钟璞和她的

梅贻琦、韩咏华在清华园。我曾请人辨认这张照片是否是在甲所家中拍摄的，没有得到明确的答复。不过，可以确定的是，这是梅贻琦在清华大学校长任上拍摄的。照片中他脱下了西装，换上了中式长袍

弟弟，后来我们就一起玩了。我们从幼儿园起就在一块儿，她比我大两三个月，但她上了一年幼儿园就升小学了。而我在幼儿园上了两年，不知道为什么，估计太笨了。上小学的时候，她好像比我高一些。"

多年以后，梅祖芬回忆起童年时光，讲到邻居发小时，眼里充满笑意。

丙所当时住的是外文系主任陈福田教授。他是华侨，在美国长大，在哈佛大学取得了教育学硕士学位，曾在夏威夷的学校当老师，英文非常地道，"能说美国大兵的语言"。1923年就来清华执教了。

这三所官邸，学校原来都是不收房租的，主人可享受免费居住的

待遇。但梅贻琦全家一搬进甲所,就向学校缴纳了房租,并取消了原有的一切额外待遇。

韩咏华说:"任校长期间,月涵廉洁奉公的作风仍像在监督处一样。过去甲所住宅的一切日用物品包括手纸都是由公家供给的,有公务人员按时送到。月涵继任后一切全免,公私分清,私宅的一切自己掏钱。我和月涵一起进城时可以坐他的小轿车,我一人进城时永远乘班车,从未要过他的小车。"㉖

韩咏华这样描述1932—1937年的梅贻琦:

> 那时的清华并不设副校长,所以他的工作是十分繁重的。但也是比较顺利的。……他就是这样,为人严肃,回到家里对公事和人事问题只字不提,有人来家谈公事时,我和孩子们都不参与,所以我们对他的教育工作、社会活动以及清华的内情了解很少,别人问到我什么,都无可奉告,有时反而是从别的教授夫人处听来只言片语。
>
> 月涵担任校长后,他的生活几乎就只有做工作,办公事,连吃饭时也想着学校的问题。工作之余就是看看报纸,也未见他看过什么小说之类的东西。从留美监督处回国后,几乎几年都没有什么娱乐活动。月涵很喜欢听京剧,但任校长后看戏的机会也少了,只在进城开会留宿时才偶尔看看。他对生活要求很简单,从不为穿衣吃饭耗用精力,也不为这些事指责家人。年轻时还喜欢打打网球,后来就没有任何体育运动了。㉗

八十多年以后,在回忆往事的时候,梅祖芬对甲所的家和沉默寡言的父亲仍保持着一个小女孩的视角："进门是一个大厅，紧接着是一个很长的大客厅，一边是饭厅。走道一边是父亲的书房、客房还有小孩房。那里有个小后院。家里有厨子，还有个刘妈，把我们从小带大。前门外边有架藤萝。我和父亲很少接触，他挺严肃，虽不厉害，但从不说说笑笑。有一次，吃早饭的时候，不知怎么回事，姐姐、哥哥都不在，就我和父亲两个人。父亲问我：'你放假了没有？'我低头回答：'放了。'他问：'什么时候放的？'我说：'忘了。'因为太少单独和父亲在一起，所以这段对话至今记得非常清楚。"

梅祖彦也回忆起一个温馨的细节："父亲很喜欢整洁，常给我梳头，总是一手托着我的下巴，一手梳理。我后来也照样给妹妹祖芬梳头，祖芬觉得托着她的下巴太痒了，就说'我自己托着吧'，这事后来在家中传为笑谈。"[28]

韩咏华发现了丈夫的一个爱好——园艺。甲所的宅旁有一小片土地，梅贻琦把它开辟为小花园，每天清晨起来自己去收拾花草，既是爱好，也是锻炼身体。"他特别喜欢一种倒垂下来的叫做'倒草'的绿色植物，有一次他出去开会两个星期，回来后发现倒草枯死，真的动了气。"[29]

对园艺的爱好贯穿了梅贻琦的一生。西南联大时期，在工作繁重、生活艰苦的情况下，他多次在日记中记述了忙里偷闲地侍弄花草。1946年3月的一则日记里，他甚至直抒胸臆地说："从事教育逾卅年，近来颇感失望。他日倘能如愿，吾其为老圃乎！"[30]

公事再多再忙，梅贻琦夫妇对孩子们的教育仍抓得很紧。搬进甲所以后，他们马上把祖杉、祖彦插班送进了成志小学二年级，姐弟同班。这所学校名义上为私立，实际上由大学补助，学生都是清华教工子弟，人数不出百人，师资力量很强，远近闻名。

诺贝尔物理学奖得主杨振宁当年就在成志小学读过四年书。他的父亲杨武之1929年应聘清华大学数学老师，合家住在清华园西院11号。杨振宁七岁入读成志小学，1933年毕业。学校里有两个学生外号叫"大头"的，一个是杨武之的儿子杨大头，一个是俞平伯的儿子俞大头。

杨振宁对在清华上小学的时光津津乐道。在一场面对清华学生的演讲中，他说清华园是很漂亮的，他跟他的小学同学在园里到处游玩。几乎每一棵树他们都曾经爬过，每一棵草他们都曾经研究过。比他晚三年入学的梅祖彦，对此有同样深刻的印象："清华园是有名的花园，建成大学后依然环境优美。空旷的地方也很多，给我们小孩子游玩的空间很大。回想起来，那几年我们没有任何忧虑，真是天之骄子。"

清华的校园，确实有来历。它的前身曾是皇家园林，是作为康熙皇帝行宫（御园）的熙春园。它引西山泉水，汇为园中湖泊，满园种有松柏槐柳。咸丰皇帝即位后，改名为"清华园"，并亲书匾额，现在匾额还悬挂于二宫门即工字厅的大门上。1860年，英法联军侵入北京，火烧圆明园，殃及了清华园，此处皇家园林从此荒芜，但山水、林木仍在，黛色参天，绿荫遍地，水波粼粼。那些野地、荒岛、废湖，对孩子们来说自是游戏的"天堂"。例如，宗璞的文章就提及，仅仅是那片从工字厅到她家乙所、梅家甲所的小树林都令人感到意趣盎然："幼时觉得树高草密。一条小径弯曲通过，很是深幽，是捉迷藏的好地方。"[31]

当然，对大人来说，清华园里还有一处必提的人造胜景，即工字厅后门外那设计构思巧妙的"水木清华"。这里本为工字厅的后厦，一变而为"水木清华"区的正廊。廊前一泓秀水荷塘，三围垂柳怀抱，郁郁葱葱的草木呼应着四时的变化。正廊两根朱柱上，悬有清道

梅家、韩家子弟在清华园甲所竹林前合影，摄于1933年8月。
自左至右：梅祖培、梅祖彦、韩德刚、韩德扬

光进士殷兆镛撰书的那副名联：

> 槛外山光历春夏秋冬万千变幻都非凡境；
> 窗中云影任东西南北去来潇荡洵是仙居。

这里想必是梅贻琦忙里偷闲来坐一坐的地方。他喜爱中国文化，尽管赴美后皈依了基督，但自童年时代就打下的深厚的儒学功底，已然融化于骨血之中。其处事的道德标准与人格力量，还有审美的眼光，仍保留着儒者之风。一位名叫 Carroll B.Malone 的美国友人回忆："他有一次对我说，假如我们之中有谁背诵任何中国古典经传有错漏，我可以接背任何章节。"㉜

梅贻琦夫妇对子女的中文教育也毫不放松。全家搬进甲所不久，梅贻琦就拜托朱自清先生为大女祖彬、二女祖彤寻找一位老师补习中文。朱先生推荐了许世瑛。许世瑛1930年秋考入清华大学中文系，毕业后考入研究院，师从赵元任、陈寅恪研究语言声韵学和历史。许世瑛回忆说："（我）在校长公馆里担任过家庭教师——这是我第一次当老师。校长原任清华的留美监督，久居美国，两位小师妹的国文需要补习，由于朱佩弦老师的介绍，我去担任这份工作。虽然经常出入校长公馆，但是没和校长谈过话。"[33]

梅祖彦幼时身体瘦弱，1935年不幸接连得病。先是中耳炎，经协和医院刘振华大夫开刀治疗，恢复得很好。不料又得了肺炎，再度住院，这次是刘瑞华大夫诊治的。如此这般，四年级没有读完，秋天勉强上了五年级。第二年春天，梅贻琦听说历史系刘崇鋐教授在家开了私塾，请了一位老先生教他的两个儿子刘京业和刘仝业学古文，他就让祖彦退了小学，参加了刘家的私塾。梅祖彦后来说："主要念了《孟子》和《古文观止》中的一些文章。古文虽然只学了两个月，但对自己的国文训练还是很有裨益，所会背的文章诗词，至今大部分仍能成诵"，"我们五个子女都是出生在北平城里，后来在清华长大"，"左邻右舍都是教授家庭，他们的子女就和我们结为好友"。[34]

受大学氛围的熏陶，韩咏华也跃跃欲试地想进课堂学习。1933—1935年，她在清华大学旁听了陈福田的英语、钱稻孙的日语和金岳霖的逻辑学。那时她已经四十岁了。她说："月涵对我像对孩子们一样，十分民主，愿意工作就让你工作，愿意念书就让你念书。他跟我说若你愿意去你就去旁听，但要听到底，不能半途而废。"南柳巷韩家的人、她的姐妹，甚至嫂子都还记得和佩服她的好学。外婆高珍说过：

"在梅贻琦当清华校长的时候,学校有一个日文班,五姑太太以校长夫人的身份参加学生的日文班,学习还挺认真。所以,她在清华挺有名的,和学生也不错,也没有太太架子,人缘很好的。"

三舅也讲过那时的韩咏华:"她作为校长太太并不怎么活跃。那时清华的很多教授到校长家里来聚会或吃饭,她当然要招待了,但外头的宴会不经常出去的。有时候校长在城里有宴会,五姑就跟着坐车到城里,车把她送到南柳巷,到我们家这儿了。等五姑父都应酬完了,再把她接回去。"他还说:"五姑年轻时长得也不错,就是牙有点鼓。大眼睛,眼睛透亮、有神。人特老实憨厚。我奶奶总要'护着五、管着四',就是说四姑、五姑带着一帮孩子到家里来,五姑可以在家住,四姑不行。我娘也最喜欢五姑,说她性情好、人老实。"

外婆高珍对梅家的家教印象很深:"规矩真大。五姑管孩子严,每人一份饭,必须吃干净,一粒米都不能剩。腰要挺得直直的,女孩子贴墙站,两肩要贴在墙上。你看梅二表姨(梅祖彤)八十多岁了腰板儿还是直直的。"

1932—1937年,在清华甲所居住的这六年,对韩咏华来说可谓"小家团圆、与娘家团圆、与婆家团圆",岁月静好,日子过得舒心。这六年,梅贻琦做了什么事情呢?

校友许世瑛在《敬悼月涵校长》一文中说:"校长真是一位学工程的,他'讷于言而敏于行'。只知苦干、实干、不空言,(不)求虚名。……记得民国二十年冬天校长就职的那一天,校长对同学只简单勉励几句而已,不曾开出一张不一定能兑现的支票。但是就在短短的五年半——民国二十年冬至'七七事变'——的期间内,由原有的文、理、法三院扩增到文、理、法、工、农五院,图书馆、体育馆原来都只一所——两间大阅览室和一个篮球场,也在那时候扩建了更大的阅览室、书库和篮球场、健身房,比原来的要大一倍还拐弯呢!……建造了一栋女生宿舍,三栋男生宿舍,都是钢骨水泥的大洋楼!其他如化学馆、生物馆、气象台、工学大楼、电机、机械等系的实习工场,以及教职员宿舍,也都在这五年半内完成了。"㉟

至于梅贻琦对清华大学内部的改造和建设,清华的元老之一、长期担任清华核心领导的陈岱孙教授多次谈道:"梅贻琦先生是清华大学的主要创建人。虽然清华在1925年就办了'大学部',但实际上是在梅先生在校期间,清华才从颇有名气但无学术地位的学校,在不及十年的时间跻身于国内名牌大学之列。"㊱

二、西南联大　教育奇迹

1937年7月7日,"七七事变"爆发。正值暑假,梅贻琦上了江西庐山。蒋介石在这里召开大学校长和著名学者参加的国是谈话会。7月29日,北平沦陷。学校师生纷纷向城内逃亡。梅贻琦在日记中说因平津交通中断,无法北上。敌军开始侵扰校园。至8月中旬,敌寇驻校达三千人,清华园完全沦入敌手。

被迫南迁

北平沦陷后,国民政府命令清华、北大、南开三校南迁湖南,合组国立长沙临时大学。梅贻琦受命于8月底由南京抵达长沙负责筹建。

韩咏华回忆:"1937年'七七'事变时,月涵不在北平,他恰好在 7 月 6 日离平去江西参加庐山会议。日本兵开进清华园,在校园里养马,学府变成了兵营。9 日清晨,陈福田先生把我和儿女们送进城里,住在哥哥家。月涵的母亲把旗守卫 10 号住宅大门上的'梅'字牌牌也摘了。我们都不敢公开来往,只用暗号互相通信问候。"㊲

这里的哥哥家,即指南柳巷 25 号我外公韩诵裳的家。韩咏华带着五个孩子住进后院三间西厢房,住了将近一年。梅祖彦说母亲要解决我们继续念书的问题。

在"七七事变"前一年,梅祖彦已考入北平艺文中学。这所学校是教育家高仁山先生创立的一所实验性中学,实行道尔顿(Dalton)式教学制——一种启发式、因材施教的教学方法。新学年开始后,每个学生领到一学期的作业,教师只在课堂上做些主要的讲解,就让学生自己做练习,教师按时辅导答疑。这种教学方法对于年龄较大、自学能力较强的学生效果尚好,但梅祖彦那时还不满十二岁,对这种新学制很不适应,作业拖欠越来越多,成了落后生。家里就给他退了学。1937 年秋,北平各中学尚未报考,而小学已开学了,于是韩咏华就把梅祖彦送进师大附小,补上了六年级。

梅祖彦说:"这虽然是一次'倒退',但因为师大附小设备好,教师强,我的学习很快变成优等,特别是语文、算术、自然等科目,一下子变成了'高材生'。我知道别人也有过这种'返时序'学习的经验,就我个人情况看,这一年的'回炉'把我的基础给打好了,以后的学习变得主动得多。"㊳

梅祖芬也上的师大附小,应该上四年级,没考上,降到三年级。她对学校的印象不大好:"课本都是日本人管的,常常有人去抽查,把爱国的内容都撕掉。"

师大附小在南新华街,琉璃厂附近。每天韩家有一辆洋车接送几个小孩子上下学。梅祖芬记得:"舅舅家有洋车,有拉车的。舅舅家有个厨子叫老李,会拿桶摇冰激凌,还会拿大筛子摇元宵。"她的三个姐姐都上了贝满女中。

目光转向南方。梅贻琦等在长沙组建的国立长沙临时大学1937年10月25日开学了,11月1日上课。开课刚过一个月,12月13日南京沦陷,武汉吃紧,战火逼近长沙。国立长沙临时大学又奉命迁到云南昆明、蒙自两地,更名为国立西南联合大学,由北大校长蒋梦麟、南开校长张伯苓、清华校长梅贻琦任校务委员会常务委员。

当时的撤退线路分三条。第一条线路由清华大学梅贻琦校长带队,从长沙乘火车到香港,然后渡海到越南海防港,再由越南海防港乘火车到达昆明。大多数教师、家眷以及部分女同学走的都是这条线路。学校的图书、实验器材、仪器、标本等物品也都是通过这条线路运送至昆明。

第二条线路由冯友兰、朱自清等十位教师负责,从长沙乘火车到广西桂林,再乘汽车经柳州、南宁、镇南关进入越南,抵达越南北部最大的城市河内,从那里转乘火车入昆明。这条线路的人数最多,经济条件较好的男同学和没走第一条线路的女同学基本上走的是这一路线。

第三条线路由湖南出发徒步行走到昆明,走这一线路的师生给队伍取了个名字——"湘黔滇旅行团"。全团师生共三百多人。由十一名教员组成了辅导委员会,其中包括五名教授——闻一多、曾昭抡、李继侗、袁复礼、黄钰生。当时的湖南省主席张治中特派陆军中将黄师岳担任团长,负责指挥一切。一场人类教育史上空前的徒步迁移就这样开始了。这支队伍经湘、黔、滇三省，翻越雪峰山、武陵山、苗岭、乌蒙山，经过六十八天，跋涉一千六百多公里，于1938年4月28日上午到达昆明。在隆重的欢迎仪式上，黄师岳将军站在队前逐一点名完毕，将花名册郑重地送交梅贻琦。

1938年5月4日，国立西南联合大学正式上课。6月8日，教育部新任部长陈立夫下达训令，国民政府颁发"国立西南联合大学"铜制关防。7月1日，关防正式启用。

素来低调行事的梅贻琦，面对西南联大中的清华师生讲出了平生最高调的一番话：

> 在这风雨飘摇之秋，清华正好像一条船，漂流在惊涛骇浪之中，有人正赶上驾驭他的责任，此人必不应退却，必不应畏缩，只有鼓起勇气坚忍前进，虽然此时使人有长夜漫漫之感，但我们相信不久就要天明风停，到那时我们把这船好好开回清华园，到那时他才能向清华的同人校友"敢告无罪"。[39]

昆明西仓坡5号

与西南联大问世几乎同一时间，1938年夏天，韩咏华带着五个孩子，作别南柳巷韩宅，和清华几家教授结伴一路南下。他们走的是海路，先经天津、上海到香港，再乘船到越南海防，又经嘉林乘车过河，再由开远到达昆明。历时两个多月，他们终于找到了梅贻琦，历经一年多的战乱分离后，阖家在大西南的昆明团聚。

本次长途旅行途经香港地区，还有属越南的海防，当时需要办理

1938年摄于北平某照相馆。后排左起为梅祖彬、梅祖彤、梅祖彦；前排为梅祖杉、梅祖芬

证件。上面这张照片，就是在北平照相馆拍证件照时，韩咏华临时起意拍的。

梅祖芬回忆："当时我们一家、历史系雷海宗教授的太太和一个小女孩——那个女孩比我年纪还小点，还有一位刘太太带着一个小孩，由清华一位管总务的毕正宣老师领着坐火车先到天津。之后我们买了船票，从天津到上海，从上海到香港。我记得那船叫海口船，是一种很长的大船。为了安全，慎重起见，船开得特别慢，本来八天的行程，十六天才到。到香港后我们继续坐船到越南，那时候叫安南。后来又走了好长时间，下船后再坐火车。不记得是怎么才到了昆明，反正时间挺长的，也挺艰苦的。"

他们刚到昆明的时候住在大观楼附近。梅祖芬说"就是有那副特长对联的大观楼"。她记得刚到的时候，看见父亲书桌上有一张他用

梅贻琦一家的合影,摄于1939年。后排左起:梅贻琦、韩咏华、梅祖彤;前排左起:梅祖芬、梅祖彦、梅祖彬、梅祖杉

毛笔写的字条:"春花秋月何时了,往事知多少?"这是她有生以来记住的第一句宋词。

梅家来昆明后,先住在东寺街花椒巷6号,后常住西仓坡5号,这是清华大学昆明办事处。据梅祖芬回忆,西仓坡原来有东西两个院子,在一次轰炸中东院被炸出了一个大坑。他们家住的西院,呈三合院的格局,三面有房,且均为上下两层楼。按照韩咏华的描述:"正面小楼上是月涵的书房和卧室。楼下即是联大办公处。我住在西面小楼上,楼下是会客室。教务长潘光旦先生住在南面的楼上。"

梅祖芬清楚记得楼下大厅是清华的办事处,她说:"学校开会就在大厅里。"她对清华秘书长潘光旦教授也住在这个院子里同样记忆清晰,因为她和潘光旦的女儿就合住在办事处左边的一个房间。

韩咏华对在西南联大这段生活描述得很详尽,后来许多写梅贻琦夫妇的文章,内容基本来源于此,可惜,或断章取义,或添油加醋,或借题发挥，甚至有的还无中生有，为尊重事实的原貌，我在此还是恢复韩咏华原本的文字吧：

我们的家先住在昆明花椒巷，一年后迁往西仓坡。……月涵一到昆明，就把校长专用的小汽车交给学校公用了。他外出开会、办事，近则步行，远则搭蒋校长或别人的车，无车可乘也从不埋怨。他经常和孩子们一起安步当车，走一段不近的路。

在昆明的几年中，除了办校外，突出的事情就是跑警报，几乎天天要跑。日本飞机来轰炸时，从容飞来，从容飞走，可以说是畅行无阻，如入无人之境。一有警报，国民党空军自己先把飞机飞走，保护起来。昆明根本谈不上什么空防。西南联大也没有防空设施，飞机一来大家就跑开躲起来。月涵在走开之前，总是先把文件收拾妥当，放好锁好才走。他作为校长，也和教师、学生们一起跑到学校后面的小山上，在坟头之间躲避一下。

日本飞机轰炸，至今还给我们的记忆留下一件很难过的事。每次跑警报，办事处都是把学校的文件放在一个简易的防空洞内，留下两个工友看守。一次，大家上午跑出去，下午回来时，发现办事处已经被炸，文件全被炸毁，两位工友也被炸死。他们之中一个是青年，另一个是老人，姓尹，以前每次大家跑警报回来时，他都预备些热茶给大家喝，可是这次却不幸被炸死了。1941年冬，珍珠港事件发生后，有些美国空军部队来到昆明，日本飞机不大敢来轰炸了，跑警报的事才少了一些。[40]

另一位亲历者，清华的陈岱孙教授对跑警报也印象深刻：

> 一有警报，我们就往后山跑，上坟堆里去，飞机来了，就趴在坟堆里看着下炸弹，下了炸弹以后飞机飞走了，我们才站起来。那时候，张伯苓校长在重庆，蒋梦麟也经常到重庆去，有时也在昆明，但是很少参与学校里的事情。梅校长就是那个时候的校长，尽管名义上是常委。他经常每天办公，警报一来，也跟学生一样一起往后山跑，飞机来时，跟学生一样趴在学生身边。所以当时，学生看起来，梅校长是很亲近的。[41]

在跑警报中，梅贻琦临危不惧、先人后己的君子风范给女生留下了深刻的印象："有一次在紧急警报后，来不及走避的同学，便集中在南院防空洞前，看见梅校长到来，当然请校长先行，而敌机已来空中机枪扫射，在这样危急的情况下，校长仍坚持我们一个个先进去，自己殿后。长者风范，真令人钦仰。"[42]

梅祖彦在自传体的《八十自述》里对初到昆明这段日子也有记述，主要讲了父母如何抓紧他的学业，但字里行间也写到了被"跑警报"严重打乱的日常秩序。

> 到昆明不久，就有日军飞机来轰炸，很多地方中学都疏散到乡下或外地去了。父母为我们请了家庭教师，在家学习，分初中、高中两个班。我和沈铭谦、朱文华在初中班，我们的主要教师是王般先生（他当时是西南联大助教，解放后为北京外交学院教授），他兼教中文、英文和史地等课，梅美德先生教几何。1939年全家迁到城北，这个私塾也就停办了。高中班的学生多数考入大学。

从这一年夏天到 1940 年夏天，我又在家自学了一年，由父亲教些数学、物理，到张彭春夫人家去学英文，自己学习历史、地理等。这一年的学习方式很不正规，但也适合当时需要常跑警报的环境。1940 年秋考入昆明私立天南中学（英国公理会办），插班入高中二年级。此时家住城北，学校在城南，每天走路一个来回。后来空袭紧张，学校只在清早和傍晚上课，那就得每天跑两个来回，冯友兰先生的公子冯钟辽和我自幼是好友，现在又是同学。我们每天在昆明的大街上不停地奔走，倒也把身体练出来了。[43]

韩咏华在文章中还提到了搭蒋校长的车，这位"蒋校长"指的就是北大校长蒋梦麟。韩咏华说，西南联大三位常委原定每人轮流任两年主席，但张伯苓和蒋梦麟两位先生均在重庆另外任职，梅贻琦只好一人办理日常事务，遇到大事再找他们两位商议，因此更加忙碌。确实如此，尽管是三校联合，但清华在西南联大中占据主体地位。在西南联大成立之初，无论是学生人数还是教师人数，清华都占了半数之多。而在西南联大办学的八年多中，虽然名义上是三位校常务委员集体领导，但实际上，联大的日常校务和重大决策都是由梅贻琦主导的。

看来，蒋校长应该不常来昆明，他的车自然很难搭上。因此，梅贻琦在多篇日记中记下了他和子女安步当车的快乐。随手举一例：1941 年 5 月 11 日，是个星期日，上午八点半，梅贻琦带次女梅祖彤、公子梅祖彦及幼女梅祖芬去梨烟村，回程时"同步行返城内"。梨烟村是清华大学教授和职员家属居住地，坐落在玉案山脚下，坐西朝东,村后大山横亘,全村南北延展约三四里。一条主街在村中蜿蜒,街道两旁散落着农家住户,树丛、池塘和打谷场点缀其间。据说过去村里梨树很多,有"梨园"之称。在云南话里"园"和"烟"相谐,因此通常在文字上把这个村子写成"梨烟村",后来正式定名为"龙院村"。梅贻琦在日记中写道:"四点与三孩同步行返城内,六点到家。因途中缓缓行来尚不觉倦,三孩则较为高兴矣。"[44]两年以后,他与孩子步行,仍然兴致甚高:"(1943年)2月9日 午饭为徐行敏夫妇约新村,往返与彤、彦步行,颇有趣。"[45]在校友蔡麟笔的悼念文章中也有生动如画的一笔:"梅先生……每天早晨由西仓坡清华办事处步行到新校舍,每天往返四次,四季蓝布长衫一袭,手杖一根,八年如一日。"[46]

1941—1943年,是西南联大师生最为艰难的时期。据《西南联合大学与清华大学(1937—1946)》记录,当时昆明物价为抗战初期的404倍,而联大教职员薪金只有原薪金的10.6倍。梅贻琦在日记中也曾描述过一家人为避空袭租住了西郊龙院村的李家院子:"屋中瓦顶未加承尘,数日来,灰沙、杂屑、干草、乱叶,每次风起,便由瓦缝千百细隙簌簌落下,桌椅床盆无论拂拭若干次,一回首间,便又满布一层,汤里饭里随吃随落。每顿饭时,咽下灰土不知多少。"[47]韩咏华留下了更为详尽具体的记述:

> 我们和潘光旦先生两家一起在办事处包饭,经常吃的是白饭拌辣椒,没有青菜,有时吃菠菜豆腐汤,大家就很高兴了。教授们的月薪,在一九三八、三九年还能够维持三个星期的生活,到后来就只够半个月用的了。不足之处,只好由夫人们去想办法,

有的绣围巾，有的做帽子，也有的做一些食品，拿出去卖。我年岁比别人大些，视力也不很好，只能帮助做做围巾穗子。以后庶务赵世昌先生介绍我做糕点去卖。赵是上海人，教我做上海式的米粉碗糕，由潘光旦太太在乡下磨好七成大米、三成糯米的米粉，加上白糖和好面，用一个银锭形的木模子做成糕，两三分钟蒸一块，取名"定胜糕"（即抗战一定胜利之意），由我挎着篮子，步行四十五分钟到"冠生园"寄卖。月涵还不同意我们在办事处操作，只好到住在外面的地质系教授袁复礼太太家去做。袁家有六个孩子，比我们的孩子小，有时糕卖不掉时，就给他们的孩子吃。有人建议我们把炉子支在"冠生园"门前现做现卖，我碍于月涵的面子，没肯这样做。卖糕时我穿着蓝布褂子，自称姓韩而不说姓梅。……由于路走得多，鞋袜又不合脚，有一次把脚磨破，感染了，小腿全肿起来。[48]

以上即是流传最广的"梅校长夫人挎篮卖定胜糕"的来龙去脉。

我向表姨梅祖芬核实这段往事，她做了一些补充："赵世昌先生是潘光旦夫人的弟弟，他教给我娘他们的配方：七成大米、三成糯米，加上白糖和好面。之后，用一个元宝状的木模子做成糕，放在炉子上蒸，两三分钟蒸一块，蒸出来的糕是粉红色的。在二表舅母家里制作，由我娘负责送到冠生园寄卖。有时我也跟着去送。"

话中提到的"二表舅母"即袁复礼先生的夫人。袁复礼是韩咏华的表弟，那时他们一家八口也住在西仓坡，和梅家在一条胡同，两家相距不远，他们的生活也很艰苦。西南联大一些教师靠兼课获取的额外收入来补贴家用，而袁复礼从来没有去兼过一节课，全部心思都放在学生身上。他家子女多，收入少，到了冬天孩子们都穿不上毛衣。学生们看不过去，大家凑钱买了几斤粗毛线送去，好几次都被袁先生拒绝了。最后不得不请一个研究生去再三说情，袁先生才勉强收下了。

袁复礼的夫人廖家珊也是大学毕业生，为了让丈夫把全部精力用在事业上，她放弃了工作，承担起全部的家务重担，六个孩子都是她一手带大的。韩咏华说过："袁家有六个孩子，比我们的孩子小，有时候糕卖不掉时，就给他们的孩子吃。"这段话讲的正是这一段时间两家互助共度艰难。在自己家中，韩咏华把卖糕得的钱给祖彬、祖彤每人六十元，那时两人已经上西南联大了，祖杉、祖彦还在读中学，所以给他们每人二十五元，最小的祖芬也会给五元，让他们添置学习用品。"后来，梅先生很觉不安，因为教授夫人们孩子多，家务忙，顾了做零工，就顾不上管家，这样不是长久之计。以后由清华工学院为驻华美军承担设计，建造房子，得了钱分给教职工贴补生活，大家的日子就过得好一点了。"[49]

如此清苦的日子一直延续到抗战末期。1945 年 4 月底，在成都燕京大学做代校长的梅贻宝恰因公干应邀赴美。战时赴美只有美国空军运输机可乘，他当时由重庆、成都飞到昆明，抵达时天色已晚，需次日续飞，正好趁便去看五哥、五嫂。他写道："好不容易找到那'校长公馆'。校长家里飞来了不速之客，难免有些紧张。尤其是晚饭已过。给我安排吃一顿饭，亦颇费周章。大概是向同院住的陈福田家里讨来的面包牛油，连过夜的行军床。……诸侄们看到'老叔'很是亲热。"[50]

这张床就搭设在书架前、书桌旁，被子也是临时借来的。晚上梅贻琦一面看学校公文，一面和弟弟叙谈家常。梅贻宝说："当晚只见祖彦侄闷闷不乐，迥异寻常。……我问到祖彦，'五哥'才说，两天前跑警报，彦侄把一副眼镜连盒给跑丢了。家里无钱给他再配一付（副），而他没有眼镜就不能念书，故而父子都觉十分窘困。"[51]

梅贻宝感慨不已："亦曾听说'五哥'在昆明主持联大，生活不宽裕，但未料到他们一贫至此。遐迩传闻的校长太太制卖定胜糕的佳话，大概就属于这个时期。现在想来，近乎奇谈，亦应视为吾国教育界从业员的美谈。"[52]

西南联大的学生读书、生活的条件也很艰苦。1941年，著名的经济学家刘国光当时还是一个十八岁的学生，他考进西南联大时，学校已在文林街口外建起新的校舍，他说："西南联大办学条件很简陋，先是借用中学校舍和会馆作教室，待到我上学时，联大已在文林街的昆华北院和北门外建起了简易校舍，其简易程度超乎现代人的想象：茅草房、煤油灯、几十人的大通铺。读书生活很清苦，经常吃不饱，很长一段时间每天只能吃两顿饭。早上喝稀的，晚上吃干的，米粒中夹杂着小石子，成了'八宝饭'。还不时地拉警报，躲避敌机袭击。"[53]

我后来看到了对新校舍更细致的描述：一排排的土坯房，窗户是个大圆窟窿，没有玻璃，竖插几根带着树皮的木棍作为护栏。空气流通条件倒是极好的。屋顶原是铁皮盖子，后来因为经费不足便把铁皮拆下来卖了，换成茅草屋顶。那土头土脑的样子根本不像个高等学府，倒像乡村里的庄稼大院。走进校门，便是贯穿南北的一条长长的土路。这土路一下雨便泥泞不堪，几乎下不得脚。

还有对学生宿舍的描述：大筒子间，一间房里睡四十多个人，上下两层的木板床靠墙排成两大排，每排十个，与两面的墙壁成垂直形状站立着。两排大床中间是个通道，格局就像火车车厢里的卧铺。

梅祖彦1942年考入西南联大,学号为31598(31代表民国三十一年)。这时梅家已经有四个孩子在联大读书了:祖彬在外语系、祖彤在生物系、祖杉在社会系、祖彦在机械系。重庆政府教育部为西南联大的学生发放了补助金,但梅贻琦不让自己的子女领取。

梅祖彦讲述自己上学时的情景时说:

> 联大工学院新生都住昆中北院。有两排木结构的二层楼,每间屋里放四张双层床,一间屋里住八个人,我的床位靠近门口,东西丢了好几回,最后只好搬回家去住了。
>
> ……
>
> 从二年级起,就到拓东路去上课。这一段的学习生活给我的印象不很愉快。因为这一年的功课更重了,每周都有一两次测验,学生永远处于紧张状态。这时已入深秋,学生们蜷伏在用木板搭成的小桌上做作业,缩手缩脚,很多课是在迤西会馆大院的二楼明廊上的,秋天清早计算尺都冻上了,要用口呵气才能拉动。同时学生生活条件也太差,比在新校舍还要差,学生自己组织膳团,轮流办理伙食,要缺课去监厨买菜,吃得不好,还要受到大家批评。[54]

梅祖彦对"不知有多少流亡学生在极其艰苦的条件下拼命学习"感佩不已,他对西南联大各位名师开出的众多课程记忆犹新:"一年级的功课都是在新校舍上的,印象最深的几位教师有杨周翰(英文读本)、王佐良(英文作文)、郑华炽(物理)、蔡维藩(西洋通史),蔡先生讲课犹如说书,倒背如流。当时雷海宗先生开中国通史课,很受学生欢迎,可惜选课时没有选上。冯友兰先生给我们上伦理学,在昆中北院的一个露天讲坛上课,大家都说当年孔老夫子一定就是这样开讲的。西南联大的教学很注重大课演讲,特别是基础课,课后要同学自己看参考书,很少辅导,因此要求学生有很高的自学能力。参考书中有很多是外文书,所以也要求学生学会英文。"⑤

二年级的课程属于工学院的专业课了:力学(白家祉)、微分方程(严道岸)、机械学(刘仙洲)、工程画(李揖祥)、化学(张为申)、测量(杨式德)、金工(强明伦)、木工(刘国模)。梅祖彦说后两者都是很有意思的课程,他尤其喜欢木工,"因为它干净,而且不像钳工那样艰苦"。

就在西南联大教师生活水平降到冰点的1942—1943年,据《西南联合大学与清华大学(1937—1946)》统计,校中同人不但更动较少,且教职员工有增无减,成为西南联大史上教授最多的时候。

西南联大的教师队伍常年稳定在三百五十人左右,包括教授、副教授、合聘教授、讲师、专任讲师、教员及助教,其中教授、副教授就占了教师总数的一半以上。在一百七十九名教授、副教授中,有一百五十多名年富力强、朝气蓬勃的曾留学欧美的海归学者。全盛时期的西南联大共开出一千六百多门课程。

1931年12月,梅贻琦在接任清华大学校长的就职演说中说:"一个大学之所以为大学,全在于有没有好教授。孟子说:'所谓故国者,非谓有乔木之谓也,有世臣之谓也。'我现在可以仿照说:'所谓大学者,非谓有大楼之谓也,有大师之谓也。'"⑤⑥梅贻琦在主持西南联大的这段时间里实现了"所谓大学者,非谓有大楼之谓也,有大师之谓也"。

国立西南联合大学纪念碑的碑文有云："三校有不同之历史，各异之学风，八年之久，合作无间，同无妨异，异不害同；五色交辉，相得益彰。八音合奏，终和且平。"这里大师云集、英才辈出，创造了中国教育史乃至世界教育史的奇迹。

字里行间的寻觅

梅贻琦有记日记的习惯。他的日记每则都不长，梗概式的记下当天的日程、当天的事，文字精简，基本不做议论。不过对于参事（如会议、聚会、议事、饭局、牌局、出行等）的人，他则记录得非常详尽。因此，整本日记中人名浩繁，不下千人。研究梅贻琦，或者研究清华大学、西南联大的人都会下功夫研究这些人名。

清华大学出版社 2001 年出版了《梅贻琦日记》，时间跨度为 1941 年 1 月—1946 年 10 月。其中 1941 年、1943 年是全年的，其余是片断的：1942 年是从 9 月 1 日到 12 月 31 日，1944 年是从 1 月 1 日到 9 月 22 日，1945 年是从 2 月 19 日到 12 月 31 日，1946 年是从 1 月 1 日到 10 月 19 日。时间跨度正好是西南联大的中期至清华复校的初期。我想辟一个新的角度，即从私人家族史的角度切入，在这本日记中专寻他记录自己家庭以及韩家亲戚的文字，看能否读出有意思的信息。

首先，我在日记中寻找韩咏华。

她在梅贻琦日记里的名字是"郁文"，这是韩咏华的表字。韩家五姐妹都有名也有字：大姑韩俊华，字长文；四姑韩升华，字忆文（补一笔趣闻，傅铜一口河南腔，韩家人总记得他喊夫人为"一万"）；五姑韩咏华，字郁文；六姑韩恂华，字佩文；七姑韩权华，字筱文。

梅贻琦与韩咏华夫妻之间一直以表字互称：月涵、郁文。

日记中"郁文"二字从始至终出镜率都很高。她作为校长夫人出席各种迎来送往的活动、餐聚、家宴、拜访等的事情，梅贻琦都一一记录下来。至于往来城里城外两个家、日常生活中的办事出行，梅贻琦日记中也都时有提及，感念她的辛苦。韩咏华几次身体抱恙，梅贻琦更是连续记录，记挂在心。例如，1941年春天，韩咏华有一段时间身体不好，梅贻琦在日记中多次记下：

3月8日　早八点，郁文乘车去梨烟村。伊来二日，精神似不愉快，睡眠亦不佳，故不欲久留矣。……

3月22日　上午在联大办公处，至十一点出，赴梨烟村，郁文于五六日前感冒卧床，尚未痊愈，但热度已不过三十七度以内。……

3月23日　……郁文热已全退，仍未起床。……

4月7日　……郁文下午自乡下来，尚甚疲弱，席间未多饮食。

4月15日　……午前乘人力车往梨烟村，郁文已自潘家返寓，似已愈大半。……[57]

1944年有两则日记引起我的注意：

6月17日　校中同人卅余人欲作银婚之祝，婉谢。

8月28日　……晚饭时归寓。晚饭食面，彤、杉已归，并约希渊同食，因是日为郁文生辰也。[58]

这是两个有特殊意义的日子：6月17日是梅贻琦与韩咏华的结婚

纪念日，掐指算来，1919年到1944年，正好二十五个年头；而8月28日则是韩咏华的生日，1944年她五十一岁。

当时清华三十多位同事、老师要为梅贻琦夫妇纪念银婚，从这一点可看出这位校长夫人在大家心目中的分量。

1940年9月，清华昆明校友会曾隆重举行"梅校长服务清华二十五年公祝会"，金龙章先生在开幕致辞的最后说："今日的庆祝会是全国各地同时举行。在庆祝中我们不要忘记梅太太对梅先生的各项事业也有很大的帮助。所以今日我仅代表校友会向梅校长及梅太太表示敬意。"

西南联大总务长郑天挺教授日后多次讲过一段故事："当时，昆明是与国外交通的唯一通道，许多朋友经过总要到联大和三校看看。梅校长有时也要用家庭便饭招待。记得每当聚餐快要终了的时候，梅夫人——韩咏华女士总是笑吟吟地亲捧一大盘甜食进来，上面有鲜艳的花纹环绕四个红字——'一定胜利'，殷勤地说：'请再尝尝得胜糕，我们一定胜利。'这时大家一齐站起来致谢，齐称'一定胜利，一定胜利！'"[59]

其次，我在日记中寻找梅贻琦的五个子女。

日记中时而用"诸孩"，时而直接写他们的名字，或只用最后一个单字"彬、彤、杉、彦、芬"，他们出现的频率几乎与母亲郁文相差无几。在1941、1942年的日记中，他们常常与母亲一起出现，后几年，他们相继成年，开始各自走上人生之路，梅贻琦在日记中记述他们的文字也有了变化。

儿子梅祖彦是梅贻琦与韩咏华的独生子。他在《怀念先父梅贻琦校长》一文中说："我们家姐弟共五人，幼年时父亲教我们读书写字，

梅贻琦夫妇 1946 年离开昆明前在家中的院子里合影

对于培养我们的性格和生活习惯非常认真，我上初中时还教过我数学和英文。但自抗战内迁以后，他的公务十分繁忙，教育我们的时间就少了。"⑥⑩ 郑天挺教授在一篇回忆文章中披露过一个细节："在昆明梅贻琦先生住在西仓坡清华办事处楼上左厢（大约是北房），和梅祖彦同屋。一晚有同事接他出去开会，正好没有电。临出，梅先生把煤油灯移在外屋桌上，将灯芯捻到极小，并把火柴盒放在灯旁，怕灯灭了，祖彦回来找不到。从这一小事看出他对下一代多么关心，做事多么细致有条理。"⑥①

1942 年，祖彦和祖杉考进西南联大，梅贻琦在 10 月 5 日的日记中写道："杉、彦随一年级新生上课矣。"⑥②

1943年，美国陆军大规模地装备和训练国民党军队，所以需要大批翻译。西南联大动员四年级下学期的学生出去服务两年，工作期满后发给毕业文凭。二年级的学生本不在征调之列，但梅祖彦和他的一些同学爱国心切，决定放弃学业，投笔从戎，志愿参加翻译工作。当年暑假，他到昆明以东的曲靖，在美军新开办的汽车训练班做了六个星期的临时翻译；11月，他又和西南联大及别校的学生百余人一起到昆明译员训练班报到。受训一个月之后，他被分配到昆明美军总部译员室工作。关于这件事，说法不一，有人说梅校长带头送子参军，也有人说祖彦要去，家里人不同意。韩咏华说："这都不是实际情况。据我所知，月涵在学校对教授、学生有民主作风，在家庭对妻子、儿女也同样，一切根据自愿，合理的就支持，从不强迫命令。所以祖彦参军和别的学生完全一样，是自愿去的，月涵既未主动提出，也未拦阻。"[63]

我仔细翻阅了梅贻琦1943年的日记，只在1943年12月16日的日记中发现了一行字："祖彦已入班一月矣。"[64]到了1945年，他的日记才比较频繁地出现"发出祖彦信""与祖彦信""接祖彦信""为彬、彤、彦作长信"等字样。他在1945年4月11日的日记中写道："彦谓约一周后即飞美矣。"[65]

1945年春，美军从各地选派五十名翻译去美国执行紧急任务，梅祖彦被选中了。他后来在《八十自述》里讲到这一段经历："（1945年）4月底我们由美国教官带领，乘飞机经印度、伊拉克、埃及、突尼斯、摩洛哥，换乘大型飞机飞越大西洋，总共66小时，到达美国纽约。由此换乘火车到达南部的圣安东尼奥，这里有个很大的空军集散中心……我被分配到密西西比州的一个机场，叫

Keesler。在那里的任务是帮助训练中国空军机械士，学习飞机维护和修理技术……1946年6月起，翻译员工作进入收尾阶段，有人集体乘船回国，要留下读书的则各奔西东。我于9月到麻省（州）的Worcester Polytechnic Institute（WPI）去继续学业，至此结束了三年的翻译员生活。"⑥⑥

我特意翻阅了梅贻琦1946年9月的日记。9月19日，在一整天繁忙的日程结束后，晚上十点半，他"作信与三妹及彦"⑥⑦。给祖彦的这封越洋信，想必是与儿子讨论在美国麻省复学、进WPI机械系二年级的事，因为这所学校正是他三十二年前毕业的母校。

我注意到梅贻琦日记从1946年开始就对女儿梅祖彬、梅祖彤、梅祖杉、梅祖芬分别记述，因为那时三个女儿都已恋爱，有了男朋友，有了自己的生活。

大女儿梅祖彬，1943年毕业于西南联大外文系，到重庆找工作时与一个华侨子弟皮特毛（毛文德）相爱。他在航空公司供职，后被派驻印度。对于女儿的选择，梅贻琦起初不太认同，但经过长谈后女儿依旧坚持自己的意见，最后他也只是无奈地调侃一下："可惜不是个读书人"，"不过所幸'高度'相当"。原来，祖彬身高近一米七四，亭亭玉立，是西南联大个子最高的女生，而毛文德身高一米八五，也是一个挺拔的大高个儿。他们于1944年在印度结婚成家。

上述过程梅贻琦在日记中也隐晦地提及：

（1944年）5月29日　……祖彬昨早由渝飞来。……
6月2日　……晚为彬彬约小友十数人在家便饭。……
6月3日　……午前祖彬飞往印度。……⑥⑧

之后祖彬搬到上海毛文德家住，于1945年生下儿子，而毛文德则往返于新德里与上海之间。梅贻琦日记在1946年3月26日有较长的一段文字："席未终郁文觉不适先离席，盖因闻近数日飞机有失事者，遂惦念彬彬等自印赴沪之安全尔。昨、今两日因气候之故，英美广播皆不易收听，殊为闷闷。"[69]4月5日，他在几行平淡的关于日程的记述后突然写道："中午约查、章二家吃面（祖彬生日）。"[70]对女儿的思念之情跃然纸上。

从日记看，梅贻琦提到祖彬的次数比其他孩子多一些。我问梅祖芬表姨："你父亲是否更喜欢梅祖彬？"她回答："因为她是老大呗，又拿得出手。"

二女儿梅祖彤1943年毕业于西南联大生物系，与弟弟祖彦同一年应征入伍，参加了英国人组织的一支战地志愿医疗队。她是西南联大唯一一个参军的女生。

梅贻琦在1945年4月11的日记中记有"彤女已赴曲靖月余"[71]。曲靖距离昆明一百二十多公里，军事地理位置重要，当时是陈纳德将军带领的飞虎队的临时驻地，也是中国远征军入缅作战和滇西会战的后方基地之一。梅祖彤后来随医疗队到了汉口协和医院，与一位苏格兰人安思礼（Bill Emslie）相识相爱，并于抗战胜利后的1946年6月结婚。

三女儿梅祖杉1946年毕业于西南联大社会学系。她的男朋友钟安民也在西南联大读书，与梅祖彦一起应征入伍，同在译员训练班受训。1944年5月，钟安民与梅祖彦、凌瑞麟、卫世忠等一行译员，跟随美军总部派出的前线指挥部前往马王屯参加滇西会战。当时中国远征军司令卫立煌为向日军发起总攻，把司令部由楚雄前移到保山马王屯。战场在高山峡谷、密林深处展开。战事紧张时，每天晚上中美双方都要举行高层碰头会，一般由远征军参谋长萧毅肃和美军窦恩准将交换情报，研究作战方案，翻译任务主要由钟安民等担任。

我发现，1946年5月三个女儿的名字突然频频出现在梅贻琦的日记中。原来，抗日战争结束后西南联大的使命即将完成，梅贻琦奔波于昆明、重庆、南京、上海、北平之间，忙于筹划清华大学北归复校事宜，路经上海时，三个女儿正好都在这里。这是难得的一次父女相会。

1946年5月19日，梅贻琦清早6时从昆明机场起飞，途经汉口机场加油，下午3点多降落在上海龙华机场。粗粗安顿之后，他立即到愚园路606弄114号叩响了女婿毛文德家的门：

……彬彬固不知余将来沪，一见惊喜之极，与其家人会见：毛克伦夫妇，毛文奇夫妇（兄嫂Philip & Barbara），大姊、二姊（Pearl医师）。Bill Emslie适亦在此，言明日返汉口，拟于下月初结婚，亟愿余能去汉为之主婚，只好到时再定矣。十点半始回罗寓。[72]

这段文字的信息量很大。

大女儿祖彬的公婆家全体亮相：毛文德的父母毛克伦夫妇、他的兄嫂毛文奇夫妇，还有两个姐姐。在后几天的日记中可以看到，梅贻琦在上海逗留的六天中几乎每天都会去毛文德家，出行也常有祖彬和毛文德陪伴。5月20日这一则颇有趣："晚毛家酒宴甚丰美，颇似请亲家公者，余行色匆匆，愧不能像样耳。"[73]

二女儿祖彤的未婚夫安思礼也在毛文德家，这位英国女婿希望老丈人可以为他们下个月在汉口举行的婚礼主婚。5月24日，梅贻琦乘火车去南京，在教育部以及行政院等机构办公务，6月3日又回到上海，5日晚离开，离开之前"接彬彬至大马路为彤彤购喜礼二包"[74]。

这次回上海，他还探访了钟安民的家——海格路523号钟宅，而且去了两次。他很欣赏钟家的茶点，觉得食杨梅糕、饮陈绍"颇好"。

钟安民出身于一个海归世家，他的祖父钟文耀（祖籍广东香山）是清朝选派的第一批留美幼童，到美国时才十二三岁。1879年进入耶鲁大学后，他成为耶鲁大学校划艇队的舵手。在他担任耶鲁大学划船队舵手的两年中，在和哈佛大学举行的一年一度的划艇比赛中耶鲁均取得了胜利。1881年，他未毕业即被召回国，多年担任外交官，曾任1921年华盛顿会议中国代表团谘议，后又历任沪宁、沪杭甬铁路管理局局长，北京政府财政部参事，上海华商银行行长等职。老人家1945年去世。

钟宅是一栋典型的上海花园式洋房，由三栋西班牙式建筑半围合出一个尺度宜人的院落，院中乔木、灌木搭配和谐，至今还是上海市具有文物价值的建筑：华山路823号、825号、827号。原产权人为钟安民、钟安度、钟安祺，1948年，其母立"赠与据"（赠与契据）将房产赠与三兄弟。

梅贻琦一直把二女儿祖彤的婚礼放在心上。在1946年6月的日记中他写道："上午写信告彤彤，十五日前将不能赴汉口"，"下午接彤信，谓定十六日结婚，惜不能赶去矣。……十点余归，拍与祖彤与安思礼祝'长乐永庆'电"。[75]

1946年6月30日，他在从北平、南京忙完一圈公务后终于到了汉口协和医院。他在日记中写道："彤彤见面实盼余来者久矣。稍坐又

1946年秋，梅家四姐妹曾在上海聚会，自左至右为梅祖杉、梅祖彤、梅祖彬、梅祖芬，摄于上海海格路 523 号钟宅

偕 Bill 等至中航公司订星期三赴渝机票。返院吃茶后洗澡，将带来各物交彤，另送 Bill Luoky Strike[1] 一条，实无他物可赠与也。"[76]

7月1日、2日梅贻琦都住在汉口协和医院的一处寓所，会客访友谈事之余，他认真参观了祖彤任副手的训练班实验室，"又与彤散步至中山公园，……与 Bill 谈其计划，至十二点始就寝"[77]。

在梅贻琦前几年的日记里把小女儿梅祖芬称为"幼女"。到昆明的时候，她刚满十岁，一直跟在父母身边上中学。在她的记忆中，父亲严肃沉默。"我的数学题不会做了，原来的时候是问哥哥，哥哥走了，只好问父亲。他会教给我，但我不敢多问。"

梅祖芬对父亲的另一个记忆是父亲的牙不好："娘做饭要单独给

---

[1] Luoky Strike 是 "二战"时期美国军队的特供烟，取 "好彩、鸿运当头"之意。

他做一小锅软饭，云南人叫粑饭。那个粑字，就是粑耳朵的粑。有一次，娘做菜有点生，父亲吃着嫌硬了，就有点不高兴，说难道以后还要给我做粑菜？"梅贻琦在日记里确实有好几处记着因牙疼的困扰而来往于牙医所治牙。

1946年，梅贻琦的日记里开始出现单独的"给祖芬信"。从日期推测，那时已经到了西南联大组织学生踏上北归路程的时候。祖芬没有随母亲坐飞机先飞上海，而是跟着大学生和年轻老师组团，坐大汽车一路经过贵州、湖南、湖北，最后到达上海。她从云南启程不久，梅贻琦在日记里记有"勉仲来告祖芬等已于前日抵贵阳"[78]。

我也在日记中寻找韩家的亲属，主要指韩诵裳夫妇（日记中的大哥大嫂）、李莲普夫妇、傅铜夫妇、邝寿堃夫妇（日记中的六妹即指韩恂华），还有韩咏华的一些侄子、外甥们。抗战时期，他们都留在了沦陷区北平。梅贻琦自1937年7月6日离开之后，直到1945年11月才重回北平。因此我的寻找，主要从抗战胜利后他重回北平的那一天开始："11月27日……十二点，在颐和园南之新机场降落。重到北平快慰可知。"[79]

梅贻琦重回北平，是为处理接收清华与复校诸事。在沦陷的八年多里，清华园数次遭日军洗劫，其间换过三批军队共一万余人。

梅贻琦到达北平翌日即去清华园查看，当时校内仍驻有大批日本伤兵，校园凌乱不堪。且接收之事有人从中作梗，节外生枝，进展迟缓。需要他处理、排解、疏通的事情实在太多了。这次在北平处理公务整两周，梅贻琦每天马不停蹄，日程安排得非常密集。我仔细爬梳了他这十四天的日记，想看看会晤韩家亲属在他的日程里是否有位置。很快我就找到了："11月28日　雪。七点余起床。窗外一片银白，可喜可爱。"⑧

梅贻琦心情大好,上午去清华园一转,"下午四时余往韩宅晤诵裳夫人及李、傅二夫妇"⑧。他抵达北平的第二天下午即赶去韩府正式拜会。韩咏华的大嫂、李莲普夫妇、傅铜夫妇齐聚在南柳巷25号迎候这位八年多未见的五姑爷。

> 11月30日 ……午饭诵裳约在泰丰楼,晤王绍贤、袁守和、张伯驹诸人。饭后至韩宅在大嫂处及李家各坐半小时许。至铨(铃?)铛胡同邝宅。……⑧

从日记得知,仅隔一天,韩咏华的大哥、北平盐业银行副经理韩诵裳(我的外公)即为五妹夫接风,作陪的是盐业银行经理王绍贤、盐业银行少东家张伯驹,还有韩诵裳的表弟袁同礼。作为京城八大楼之首的泰丰楼,以"饭后高汤一碗"出名,其中酸辣鸡丝汤解腻解酒最佳。选取此处请酷爱饮酒的梅贻琦就餐,想必桌上定有好酒,酒后还可用高汤。泰丰楼位于前门外煤市街,离南柳巷不远。饭后梅贻琦再到韩宅大嫂(韩诵裳夫人高珍)处以及同住一院的大姐夫李莲普家小坐,随后又去了妹夫邝寿堃家。因前一天没有见到六妹夫妇,他专程上门拜访。

两天以后,1945年12月2日,"再往清华园一看。至燕京访晤陆、蔡、洪诸君。又至徐献瑜家与徐及德常稍谈"⑧。这段看得我眼睛发亮,那天梅贻琦在拜访了燕京大学校级领导后竟抽空到我家来了,当然,那时候我还没有出生。前文说过,我的母亲韩德常早年丧母,是姑姑们把她带大。第一个照顾她的就是五姑韩咏华,当年五姑结婚的时候她哭着责问:"为什么那个人把五姑带走了?"现在那个人来看她了,也是为了看看她的丈夫。母亲结婚时梅贻琦一家远在大西南,从没有见过这位内侄女婿。据说梅贻琦对我的父亲比较满意,觉得徐献瑜是读书人,而且和他一样是教物理和数学的。

12月3日 ……晚饭寿堃夫妇约食涮牛肉,有陈枣酒,颇醇和。……与六妹计议购衣料及添作袍子等。[84]

韩恂华是韩家姐妹中最热心肠的,谁家有事她都大包大揽,相帮一把。她也是和梅贻琦关系最熟的一位,于是梅贻琦把赶添御寒的衣服之事都托付给了小姨子。

12月6日 ……晚饭何其巩、傅佩青约在同和居,到客不多,晤侯司令、唐嗣尧、萧一山……[85]

这天的晚饭,由韩咏华的姐夫傅铜和中国大学的代校长何其巩联合作东。傅铜也在中国大学教书,任哲学系主任,而何其巩在北平沦陷期间坚决不就伪职,与燕京大学的陆志韦、辅仁大学的陈垣一起被合称为北平坚持办学的三位大学校长之一。

12月7日,梅贻琦已接到南京教育部的电报催归。他在日记中写道:"晚饭至韩宅为韩、李、傅、邝四家之约,客则守和与余,饭后谈甚久始散。"[86]韩咏华的长兄姐妹四家在南柳巷联合设席为梅贻琦送行,饭后他与五位内亲——大哥韩诵裳、姐丈李莲普、姐丈傅铜、妹夫邝寿堃、表弟袁同礼相谈甚久,方才散去。

12月9日，离开北平前一天，梅贻琦"午饭在韩宅食'鸡素烧'……饭（后）与诵裳夫妇闲话甚久"。晚饭又与三位同仁"再至邝家食烧鸭，饭后久谈，携衣物一大包，十点余返寓"。⑧此处要对梅贻琦专门提及的韩宅"鸡素烧"和邝宅"烧鸭"多说几句。鸡素烧又名味噌锅，是一种日式牛肉火锅。我外公韩诵裳因早年留学日本，酷爱这道日本料理，韩宅一直留有制作"鸡素烧"的烧锅。而烧鸭指的是脆皮烧鸭，是广东名菜。邝寿堃系广东人，家里请了一位会做广东菜的厨师。可见韩咏华的大哥以及妹夫是把自家的拿手菜都端出来款待梅贻琦了。六妹韩恂华还把姐夫要的衣物准备妥当了，让他携一大包满载而归。字里行间的亲情，可感可叹。

与韩家诸位内亲共餐的温馨场景，在1946年6月的日记中再一次出现。那时梅贻琦再次往返南京、北平具体运作复校之事，又在北平逗留了三天。

> 6月19日　至骑河楼约同子高、正宣（岱孙因有他约，福田因背架不能久坐）往韩宅食面。韩、李、傅三夫妇及六妹作东道，饮枣酒，食有刀鱼、虾仁、烧茄子，使人回忆十年前景况，为之惝然矣。饭后大哥出示子高以所藏砚墨等物，子高赞叹不置。座间闲话，佐以白杏、梅汤，余复偷闲小睡。五点余与大哥、六妹、正宣至王府井某衣店订做夏衣一套，价八万，实甚便宜。⑧

此则记述文字很生动。骑河楼乃是清华同学会会所，位于北池子骑河楼39号，1927年8月由校友捐资购买修葺而成，是清华大学在城里一处重要的办事场所。梅贻琦所约同去韩宅的两位同事，子高系留美归来的化学家张子高，1929—1939年曾任清华大学教务长，此时清华委派他和陈福田教授参与国民政府教育部接收之事；正宣即毕正宣，曾担任清华庶务科主任。这次梅贻琦在北平办事三天，两人几乎不离左右，公私事务均随行，以备随时现场办公。日记中特地记有"往韩宅食面"，前文已经讲过"吃面"是我外公韩诵裳家宴的一绝，但凡过年节或有家庭聚会，必以经典的打卤面招呼。这次韩家四位亲戚联合做东，当然要搬出韩家的老传统，此举引得梅贻琦感慨不已："使人回忆十年前景况，为之憪然矣。"十年前，韩家两位老人尚在，子孙满堂围桌吃面的热闹已恍如隔世。从日记所记来看，大家兴头都高。喜爱文物字画的韩诵裳，饭后向客人欣然展示所藏的砚台笔墨。而梅贻琦则畅饮枣酒。桌上有鱼有虾，酒菜甚佳，梅贻琦已喝得微醺，吃了解酒的白杏和梅汤之后还需小睡。最后那笔——"五点余与大哥、六妹、正宣至王府井某衣店订做夏衣一套，价八万，实甚便宜"，充满久违的寻常生活情趣。

1946年5月4日，西南联大选择"五四运动"二十七周年纪念日为三校复校日，举办了西南联大校史上最后一次结业典礼。西南联大就地解散，三校师生及眷属四五千人搭乘各类交通工具，水陆空并进，陆续自昆明迁回北平、天津。

9月11日，梅贻琦踏上北归之路。还是那个老规矩——公事第一，家事第二，他只身一人先回来，韩咏华留下善后。他写道："七点起飞，一路颇平稳，中途未停，十二点廿分在西郊机场降落。陈、毕、张、王、汤、邓诸君来接，入城后住骑河楼同学会之内院北上房，颇舒适。"[89]

我注意到当晚十点他即赶去韩宅："至南柳巷稍坐，德章、瑞年皆已来平。十一点半归。"⑨⁰ 此处提到的德章、瑞年这两家,他们抗战期间都在大后方。梅贻琦回北平后,马上赶到南柳巷,看到他们也已平安北归才放下心来。在以后数天的日记里,韩家亲戚的名字,尤其甥侄辈的名字,出现的越来越多:"七点半与子高、正宣、佩松至韩宅便饭,有德章夫妇、瑞年夫妇、德刚、德扬招待","午饭与陈、毕在邝家食饺子。饭后偕六妹至瑞蚨祥购皮衣,请邝老三、老四吃冰汽凌,似甚满意者"。⑨¹ 梅贻琦笔下大有"回家了"的轻松之感。

出乎意料,作为第三代的我也被梅贻琦写进了日记:"9月15日……遂出至燕京东大地,访陆志韦校长。后至朗润园20号逢吉处午饭……饭后拍照二三张,与逢吉至南大地徐家,看德常新生男(女?)孩(名徐泓)。"⑨² 哎呀!他来看我了!可惜那时我刚出生四十六天,尚在襁褓之中,而他老人家也没有弄清楚我究竟是男还是女。也难怪,他专程看望的终究是他的内侄女,我的母亲呀。

清华复校工作加速展开。据日记记载,9月30日梅贻琦等"往土木工专接洽收回校舍事,进行尚顺利。甲所各室略为布置,下午至办公楼详细察看,备日内移入办公"⑨³。10月3日,他已到工字厅后部办公,饭后回甲所小睡。看来,办公地点和校长住宅甲所已基本收拾到位。

> 10月6日 ……九点余至韩宅,略谈明日接郁文事。……
> 10月8日 ……夕至韩宅,郁文已于中午到平。……⑨⁴

韩咏华从1938年夏天离开南柳巷25号,在大西南经历了八年的艰苦岁月,终于回家了。1946年10月8日晚上,我的外公韩诵裳大开家宴，备下两桌饭菜，邀李、傅、邝三家大小一起为梅贻琦和韩咏华隆重接风。

1946 年 10 月 10 日上午 10 时，清华园大礼堂，复校后的第一届开学典礼在此举行。梅贻琦对全校师生做了讲话。

根据此前提出的清华复校后"不应以恢复旧观为满足，必使其更发扬而光大，俾能负起清华应负之使命"的计划和理想，复校时的清华，已有文、法、理、工、农五院二十六个学系，比战前的清华多出十个学系，还有一个先修班。全校学生达到了两千三百余人。

三、台湾清华　筚路蓝缕

北归以后，梅家重新住进清华园甲所，此时只有梅贻琦夫妇、大女儿祖彬一家三口和小女儿祖芬，其他子女均不在身边：二女儿祖彤婚后住在北平城里外交部街 2 号，她的丈夫安思礼在协和医院当总务长；三女儿祖彤婚后住在上海钟家；儿子祖彦远在美国读书。

保护学生

祖彬比母亲晚十几天从上海回到清华园。韩德庄在日记中写道："梅大姐回来了，带着姐夫和小孩。她外表只是改了大人的样子，其实脾气还是和小孩子一样。她就不拿她的孩子当孩子，只是当作玩意，好笑之至。她的丈夫外表既好又是个大好人，实在难得！"

梅祖彬 1945 年生了儿子毛匡琦，小名玩玩，1947 年又生了女儿毛匡恩，小名咪猫。韩咏华说："三个女儿结婚我都没有管过，她们有了小孩,我要帮忙了。"大女儿的两个孩子她都尽力照顾,以支持祖彬在清华当好英文助教。

梅祖芬回到北平后,报考了清华大学,分数不够,没有被录取。她的发小冯钟璞也没有考上。结果,两人一个上了燕大,一个上了南开。梅祖芬还记得她的燕大学号是 W47320。第二年,她和冯钟璞通过了转学考试,转到了清华外文系。梅祖芬说"转学比考学容易一些"。

1948 年春天,梅贻琦因公去上海,上海清华同学会集会欢迎他。有位校友说他的孩子当年夏季想考清华,希望校长能予以关照,梅贻琦当即告诉他:"我的小女儿去年就没有考上清华,也只能由她到录取的学校去上学了。"

1946—1948 年,韩咏华与亲属久别重逢,过了一段享受亲情的好日子。韩家的亲戚经常过来看她,韩恂华带着孩子们,叫辆洋车,出城就来了,在甲所一待就是一天。她的侄女、我的母亲就住在和清华一条马路之隔的"东大地",到五姑家串门比回自己娘家还方便。她的侄女韩德庄,外甥女傅愫冬、傅愫和当时都在燕大上学,也经常来甲所玩。

韩咏华五十五岁生日那天,她的大哥、我的外公韩诵裳全家出城赶来贺寿。所谓的全家包括我外公外婆、大舅韩德章夫妇、我的母亲父亲、二舅韩德刚、三舅韩德扬、姨姨韩德庄。大舅还把达明姐姐也带去了。我很好奇,不知我父母把我带上没有,那时我可已经两岁了。

当时,我的大舅韩德章已经进入清华大学农学院教书。这所农学院是清华复校后梅贻琦在农业研究所的基础上扩充而成的,内设四个系,原有的植物病理学系、昆虫学系、植物生理学系之外新加了园艺学系，韩德章担任园艺学系代主任。他进清华可不容易，抗战期间，他被重庆几所高校聘为教授，但几次想进西南联大都不成。

三舅韩德扬说："五姑父有一件事很好，他不但治学绝不讲情面，但凡亲戚后辈有要进清华的，没有一个可以走后门，绝对走不了。像我们考大学，没有一个人敢去求他走后门。你大舅在西南联大的时候就是进不了清华。为什么？因为他没有出国留过学，清华教授都是喝过洋墨水的。五姑父就是不开这个例。到最后，抗战胜利以后，你大舅凭在农学界的名望才进了清华的农学院。"

在三舅的眼中，梅贻琦相貌清秀，风度儒雅。他说："五姑父两袖清风，他没有钱，一点钱都没有。除了好喝酒，他的其他东西都是学校的。他虽是国民党中央委员，但对共产党并不仇恨，在很多情况下是支持学生运动的。清华校友写的很多文章都说到了这一点。我们班那个来自育英的同学郭德远，围城的时候他哪儿也出不去了，最后是钻到梅校长的汽车后备厢里出来的。国民党军队一来搜捕，他就给那些学生都放假了。"

重新执掌清华大学后梅贻琦遇到了难题。随着国共两党的争斗愈演愈烈，学潮迭起，游行、罢课接踵而至，正常的教学秩序难以为继，教授团体内部也出现观念分歧。

在那个时代的大学里，校长、教授对于党派活动一般是比较反感的。这种态度源自西方办大学的理念，反对在大学里进行党派活动。这并不涉及对具体党派的评价，而是无论什么样的党派活动都不赞成。不过一旦出现学潮，大学校长和教授们都是保护学生的。

早在梅贻琦初任清华大学校长的30年代，他就有明确的态度：不鼓励学生在学习阶段参与政治，不鼓励学生去选择左中右作为自己的政治信仰。他认为，在学校、在学习的过程中，最主要的是教会学生自己去辨别人生道路，至于今后学生选择什么样的政治信仰或持什么样的价值观，那是他走向社会以后的事情。西南联大39级学生许渊冲先生对这一点印象很深："当年国民党要西南联大开三民主义课程，梅校长只开了几个讲座"，"在梅校长看来，学生的责任就是读书，搞政治不能妨碍读书。要搞政治，学生走出校门进入社会后可以搞"。[95]

不过那时梅贻琦已经从昆明"一二·一惨案"引发的规模浩大的学潮中看出了这种主张的无奈。其实，他早在1945年10月28日的日记中就写道："盖倘国共问题不得解决，则校内师生意见更将分歧，而负责者欲于此情况中维持局面，实大难事。民主自由果将如何解释？学术自由又将如何保持？使人忧惶！深盼短期内得有解决，否则匪但数月之内，数年之内将无真正教育可言也！"[96]

1947年之后，北方战火频起，经济凋敝，通货膨胀，物价一日数涨，连平津高校的教师员工都啼饥号寒，清华的师生也被饥饿的阴影笼罩。

5月15日晚，清华学生代表大会经过四个小时的激烈辩论，最终通过了震撼全国的"反饥饿、反内战"罢课行动。5月18日，清华学生上街游行，与军警发生冲突，学潮进一步升级。梅贻琦全力斡旋，奔走呼号于军警当局与清华师生之间，并一反素日的低调寡言，在媒体上公开发表对"学生干政"的意见："学生因生活陷于困苦，对政治有不满的表示，本极自然。一种运动最初发生时，其动机往往极为纯洁，但到了后来，变到使人难于同情。即以此次学生罢课而言，学生因抗议日前游行所发生的事件，宣告罢课三日，期满后本应立即复课，讵又假借其他题目，旷误学业。本来要找问题，问题很多，昨天'西单'，今天'朝阳'，明天后天……说不定问题愈来愈多，究竟要闹到什么时候为止？政治不良，成因绝非起于一日，亦非一日所能改善。故学生罢课决不会使政治立刻改善，也不会因学生罢课而内战就立刻停止。……学生定六月二日为反内战日，而要发动全国性的总罢，我亦有所闻。我认为不必再热闹了，因为学生的'反内战、反饥饿'等等口号，经过了这次各地的游行，已经宣传的很普遍了，何必再来一次呢？"㉗

可惜历史已经到了转折点，学潮如汹涌激荡的洪水势不可挡，一直把师生带入国共战争的汪洋大海。

1948年8月19日，在蒋介石"清匪除奸"密令的指挥下，针对中共地下党学运骨干的大逮捕开始了。各高校警笛长鸣，刺刀摇晃，北平军警按照"黑名单"进校四处搜查、追捕学生运动的骨干分子。在此之前，梅贻琦和时任北京大学校长的胡适曾直接致电教育部长朱家骅并转蒋介石："适、琦以为此事万不得已或可由正规法院执行，若用军警入校，则适、琦极以为不可行，行之必致学校陷入长期纷乱，无法收拾，政府威信扫地。"㉘

看来蒋介石接受了这个意见。8月19日早上大批军警闯进包括燕京大学在内的一些高校抓人时，对于国立清华大学、北京大学，警方则奉最高当局密令"暂不入校拘捕，由法庭传讯"。

8月20日晚，梅贻琦向清华教务会议报告了当局传讯与拘捕学生的情况：8月19日，校方接特刑庭送拘票六人，传票二十六人。梅贻琦令秘书处下午即送往特刑庭一份亲笔签名的公函，报告以上三十二人或者查无此人，或已退学离校，或已毕业离校，或业已休学，或因值暑假各生行止不定等原因,"贵庭传票,唯均不在,未能送达"。20日,又接第二批拘传票二十七人,梅贻琦照旧敷衍了事。他生性谨慎,怕有闪失,在当晚的教务会议上,在通报情况的同时他又提出让名单上的学生速设法悄然离校或藏匿等对策。至于他自己是否如我三舅所说"让学生钻到梅校长汽车后备厢里带出来"就不得而知了。

南下与出走

1948年11月28日,韩咏华与丈夫暂别,带着大女儿祖彬和她的两个小孩离开了清华园甲所,离开了北平。她解释这一举动时说:"我的大女婿在国外,我怕大女儿祖彬与丈夫长期分离,就跟梅先生商量,决定由我送祖彬出去。一九四八年十一月廿八日,我带祖彬及她的两个小孩搭亲戚飞机离开北平,飞往广州,之后不久又转到香港,借住在祖彬爱人的兄嫂家里。"[99]

实际情况并没有这么简单。她出走的第二天,即1948年11月29日,中国人民解放军东北野战军会同华北军区第二、第三兵团及地方武装共一百万人在北平、天津、张家口地区联合发起平津战役,与国民党傅作义部展开决战。梅贻琦正是在大战前夕决定将夫人和女儿送出国。之后,他与教授会、评议会要员迭次筹商清华的前途。据梅贻琦的秘书赵赓飏回忆,曾有人建议再迁校于江南或昆明,但梅先生以事实所限,认为毫无可能;为防万一,在北平城内设一保管小组,将学校重要账册、文件移存保管。这个保管小组就设在城内骑河楼校友会居地。梅贻琦多次往返城内城外忙碌不已,把一批账目和物资转移到城里。

韩咏华是搭乘亲戚飞机离开北平的。这个亲戚正是她的妹夫卫立煌将军。1948年1月，蒋介石给了卫立煌五十万美式装备的精锐军队，让他担任"东北剿总司令"。当年9月12日，中国人民解放军东北野战军在辽宁省西部和沈阳、长春地区对卫立煌部发起总攻，即史上的辽沈战役。双方交战到10月底，国民党军队已然大败，国民党空军司令王叔铭把卫立煌从沈阳救了出来。卫立煌回到北平后，蒋介石即发了一道命令，要惩处卫立煌在东北的重大失职。卫立煌得知此讯后准备飞广州，从那里再去香港，另找出路。危难之际，他的老朋友——美国的陈纳德将军伸出援手，租给卫立煌一架飞机。韩咏华带大女儿及外孙与妹夫卫立煌夫妇同乘一架飞机飞往上海，再飞往广州。

进入1948年12月，北平局势瞬息万变。

12月12日，北平城被解放军包围，南苑机场被炸。

12月13日，北平西郊炮声隆隆，校方宣布停课，师生员工四散，各寻避难场所和出路。这天上午，梅贻琦进城至骑河楼取款，下午返回清华园给员工发工资。

12月14日，北平围城开始。下午四点半，梅贻琦坐上汽车，动身离校进城。车里还坐着他的小女儿梅祖芬。

七十多年后，我请梅祖芬表姨回忆那天的情景。她说："有人带着三表舅母家的袁澄上我们家来，想搭车进城，父亲没有答应。我胆子小，也不敢多说。我记得出清华园的时候，有好多学生围着，有的想挽留，有的想搭车。父亲都没有答应。进城后就把我带到二姐家去了。然后他就走了，好像住在北京饭店。"

对父亲此后几天的情况，梅祖芬所知不多，印象模糊。她记得父亲好像来过二姐家一次，还听说他好像去过两次机场。12月21日，他是从临时修建的东单机场离开的。父亲走后四天，12月25日，她的二姐梅祖彤产下一女，取名安意枚。

我问梅祖芬："父亲给你留下什么话吗？有什么交代吗？"

她说："父亲叮嘱我在学校要好好念书，一个学生，共产党也不会把你怎么样的，而且还有你二姐在呢。"

梅祖芬不会想到这竟是她和父亲的永诀。

在其他人的回忆中，这段往事逐渐清晰地浮现出来。

梅贻琦的秘书沈刚如说："十四日下午，校长以电话把我召至其家，交给我一包股票和契纸（这是与清华合办数学研究所的卢木斋后人交来用作基金的），让我整理好抄一清单。另外，叫我把一枚金元和一根金条交给出纳组妥为收存。交代清楚后，校长便乘车只身进城。当晚黄庄一带即告解放，校长欲归不能。从此梅校长便离开了我们。"[100]

抗战复校后担任清华教务长的吴泽霖说："他临走的时候，有一天早上，哪一天，我忘记了，在门口他乘车出去，我刚走进来，他车停下来，我先问他，怎么样？听说你是不是要走？他说，我一定走，我的走是为了保护清华的基金。假使我不走，这个基金我就没有法子保护起来。"[101]

李书华和梅贻琦同天同机离开北平。他说："民国卅七年十二月半……西苑与南苑机场均不能用。北平城内动工建筑一个临时机场，利用东交民巷东面围墙外的操场与东长安街东部一带地方，作成南北方向跑道一条。十二月廿日晚间政府派第一架飞机到北平接人，降落于该临时机场上。廿一日清晨我与月涵及袁守和（同礼）先生和袁夫人等数人，携少许随身行李登机飞往南京。"[102]

校友张起钧说："（梅校长）把一切事安排妥帖后，从容不迫的提着一架打字机，拿着两本书走上飞机。"[103]这个镜头永远定格在他的脑海中。

梅贻琦不会想到，此次南飞竟是他与北平、与清华园的永诀。

韩咏华在广州接到梅贻琦报平安的信："起飞空场不大，跑道不长，吾们的飞机是第一次载重起飞，G47只载十四人，连行李不过半量，起飞的几秒钟实在担心。听说驾驶员是空军选的好手，所以很顺利的起飞了。五点到南京。"[104]

据《申报》报道："廿一日下午五时分乘专机两架先后飞抵京，其中有清华大学校长梅贻琦及李书华、袁同礼、杨武之、董守义、张颐、张起均、顾毓珍、赵梅伯、江文锦等。专机抵达时傅斯年、陈雪屏及蒋经国等均至机场欢迎。据梅贻琦氏语记者，北平一周前确甚紧张，现已较前稳定，清华大学一度停课，现已复课，学校对于应变亦已有准备。记者询以如北方各校之校长及教授南来，是否仍如抗战时期相同，设立联合大学，梅氏称现与抗战时期不同，另设联大或无可能。"[105]

几天后，国民政府行政院改组，宣布梅贻琦任教育部长。消息见报后，梅贻琦通过新闻记者发表谈话，说自己"留平不南来，对不起南方朋友，来了就作官，无颜对留平的师生"[106]。他在南京清华同学会也语调沉痛地表示："身为清华校长，把清华弃置危城，只身南来，深感惭愧，怎好跑出来做官？"[107]

1949年1月22日，中国共产党与傅作义达成了和平解决北平问题的协议。

1949年4月23日，国民党统治了二十二年的首都南京被攻占，崩溃中的国民政府南迁广州。行政院再改组，梅贻琦随即卸下教育部长这一虚职。3月他已离开南京到上海，然后飞到广州。6月底，梅贻琦由广州赴香港，与韩咏华及女儿短暂相聚后，7月飞赴巴黎，出席联合国教科文组织第四次代表大会。李书华在自传中曾提到这件事："一九四九年九月十九日至十月五日联教组织第四次大会在巴黎开会。中国代表团首席代表为梅贻琦（月涵），代表为我及熊庆来（迪之）、陈通伯、袁同礼（守和）。月涵早在我由香港乘船动身赴法前飞抵巴黎，迪之系于大会开会前由香港（地区）飞抵法，守和则系于开会前由美国飞抵法，通伯原系驻联教组织常任代表。"[108]

梅贻琦离开清华、离开北平，直至离开祖国大陆这段经历，留下了不同的版本，有不同的解读。从私人家族史的角度，我以为当事人韩咏华的回忆不容忽视。几十年后，她对当时的情况是这样描述的：

> 这时候梅先生还在北京（北平），他为学校事务城里城外地奔波着。12月14日下午他进城办事，赶上北京（北平）城被围，阻于城内，从此再没有回到清华。南京国民党政府连续来飞机接人，他搭乘最后一班飞机走了。以后，梅先生从南京取道上海到香港，在香港遇到一个法国朋友，约他到日内瓦参加联合国的会议。这样，梅先生就离开中国大陆了。[109]

> 在广州报纸上看到谁谁走啦，就是梅校长还是从里从外照顾学生。以后，听说进城以后，出门证作废了，他住在北京饭店，那时南苑的飞机场炸毁了，在东单修跑道，有飞机去南京，他赶上尚在北京（北平），梅贻琦和华罗庚就坐那个飞机到南京去了。

到南京后又到上海。当时，李宗仁在南京。我们就在香港相遇，我从广州到香港，他从南京、上海到香港。我问他，你为什么不把祖芬带来，他说他（她）念书呢，是个学生，不要紧。我是不能回清华啦，能出城还是要出城的。[110]

还有一个重要的见证人是我的三舅韩德扬。当年他也是乘坐卫立煌那架专机到广州的。后来事情有变，蒋介石派人把卫立煌夫妇押回了南京。韩德扬就滞留在广州了，于是到岭南大学借读。这所大学的校长叫陈序经。梅贻琦1949年3月从南京到广州的时候，就住在陈序经家里。

三舅韩德扬说："五姑父找到我，问我有什么打算。我说现在谈不上什么打算，看情况再说。五姑父就说：'能出国留学当然好，不能的话就回去，共产党并不那么可怕。'说到他自己，他说：'我是不能回去了，第一我是国民党中央委员，第二我把清华的基金带走了。'后来我就把五姑父从广州送到香港。我那时候经常是广州、香港两地来回跑，去香港不需要什么手续。我把他送到香港金龙台9号毛文德的哥哥家。那时五姑已经住在那儿了。后来五姑父就是从这里再出去的，到了法国，国民党任命他做联合国教科文首席代表。"

这段回忆的一个地址——香港金龙台9号需要说明一下。这是一栋三层楼房，是梅贻琦的大女婿毛文德的兄嫂即毛文奇夫妇的住宅。梅贻琦、韩咏华夫妇以及卫立煌、韩权华夫妇都曾借住过这栋楼房。三舅韩德扬80年代去香港工作，还特意去找过这个有点历史文物意义的建筑，但找不到了。他说，全拆光了。

梅贻琦夫妇 1952 年在美国

纽约华美协进社

梅贻琦是 1949 年 12 月从伦敦飞抵纽约的。1950 年春天，梅贻琦在 65 街 125 号租了一个房间，作为"清华大学在美事务"办公室，雇半天助理一人。他开始在这里上班。

起初他和老友缪云台一起租用了贝祖诒（贝聿铭之父）的一间闲置公寓。据缪先生说，那时他俩都是刚刚离开祖国，有惆怅感，也不知究竟何去何从。他们两人甚至想一起入纽约大学历史系读书，同做年逾花甲的大学生。

梅贻琦最后还是决定为清华基金做事，并立即着手联系各方、打通上下关节，精心制定了保存、管理、使用这笔基金的方案。工作安排告一段落，他才考虑接夫人赴美。于是，韩咏华携两个外孙 1951 年 1 月从香港地区到了美国。

离开时大家各寻其路，梅贻宝夫妇此时也辗转到了美国。1948 年

12月，他们告别供职多年的燕京大学，夫妇二人携子祖麟，乘上海基督教路德会一架名为"小黄牛"的飞机飞到上海。他们在上海停留近半年，直到转年5月中旬才登上"戈登将军号"轮船，途经香港、马尼拉，最后抵达旧金山。梅贻宝感叹："余一家离沪乃最后一班商船，离平乃最后一班航机。背乡去国，临行依依。'回家'怕是只能梦里实现了。"[111]

梅贻宝终于见到了"五哥"：

> "五哥"从事保管清华基金，设置研究员名额以维持若干留美学人，恢复清华学报，并从旁协助华美协进社若干业务。而其自订生活费甚低，几乎无法维持生活。先前住的还是一栋通常的公寓，后来退掉了，搬进一个很不像样的住处，大概是势须撙节而然。我的大侄女祖彬字毛，几年来住美国洛杉矶。她维持一个子女四人的家庭外，还挣扎着给大学研究生们打论文。这样赚来的辛苦钱，不时伍块拾块的寄给她母亲，贴补日用。我在美国比较有办法些，过些时我们夫妻都有了固定职位，生活比较安定，衣食可说无缺，但是无法同"五哥"谈他的经济状况。我偶尔给他寄张支票，有些兑取了，有些始终未兑。我想这不是他遗忘，他似乎自有分寸，自有道理。[112]

此段话中所讲的"其自订生活费甚低"，是指梅贻琦给自己定出的薪水只有每月三百美金，是清华基金规定的最低薪。至于"一个很不像样的住处"，吴大猷教授1954年夏天曾去华美协进社办公室看望梅先生，他在文章中写道："想请他吃餐便饭，但他反邀我一同回家。

中途又坐地底车，又换公共车，很远的到他住的公寓。看到梅夫人和他们一位小姐和外孙女，吃北方凉拌面。梅先生和梅夫人仍关心问内子的身体。"[113]

而另一位清华校友、外交官刘师舜也谈到过这处住所："有一次我到他的纽约寓所去请安，有机会看见他所住的公寓，是所有熟人住宅当中最小的一家，小得连一间单独的卧室都没有，可见月师平日是省俭到何等地步。"[114]

不过从来没有听韩咏华抱怨过这段日子的拮据和辛苦。终于见到了一别八年的儿子梅祖彦，这让她无比安心与宽慰。梅家的女儿们都知道，这个独生儿子在娘的眼里永远排在第一位。

梅祖彦在《八十自述》中曾讲述过他在美国求学与工作的情况："我于1946年9月在WPI复学，进了机械系二年级（事实上那里的系主任还很不放心我的联大成绩，让我补修了两门课，一年后才算我是正规的三年级学生）。这个学校是父亲1914年毕业的母校。总的说来，在美国念大学本科要比在西南联大学习容易很多：第一，功课要浅一些，参考书取用方便；第二，实验和实习设备好，对学习实用科目十分有利；第三，生活条件好，营养充足，学习劲头大。这三年的学习比较顺利，我于1949年6月以'高材生'（Honors）毕业。"[115]

当时他所在的伍斯特（Worcester）是美国东部一个中等工业城市，社会比较保守、稳定，文化环境远不如大城市。报纸与电视只有地方新闻，没有什么国际新闻，因此，梅祖彦对于中国国内翻天覆地的变革知之甚少。他毕业后才听说北平和平解放，方知国民党大势已去。他想在美国找个工作，但正值经济萧条，觅职很难，只好到芝加哥伊利诺伊理工大学念硕士学位。1952年，梅祖彦硕士毕业，此时美

20 世纪 50 年代，梅贻琦夫妇和子女在美国留影，大家难得如此轻松。左一为梅贻琦、左二为梅祖杉、左三为韩咏华、右一为梅祖彦

国工业因朝鲜战争而大有起色，于是他在一个机械制造厂——沃兴顿公司当上了技术员。

上面这张照片中的梅祖彦，比父亲身材略高，风度翩翩。他的样貌酷似父亲，尤其是脸庞的下半部分——鼻子和下巴，只是眉目间更多了几分清秀。我还记得梅祖彦表舅 1954 年从美国回来时，母亲一辈的亲戚们啧啧惊叹："祖彦长得真像五姑父！"甚至有人夸张地说就像年轻时候的五姑父从照片上走下来。

梅祖彦与父亲一直聚少离多。在《怀念先父梅贻琦校长》一文中，他描述过这种状态："在昆明的头几年我和父亲虽同居一室，但每天见面的时间不多。入大学后不久我即离校去军队服务，以后辗转到了国外，更是远离双亲。五十年代初我虽和父亲同在美国，但长期不在一地，见面时间也少。"⑯

尽管如此，在美国这段与双亲团聚的时光，梅祖彦总会从自己每月三四百美金的月薪中私馈母亲若干，以补贴家用。而且他会驾驶汽车，他来纽约时就主动当起了父亲的司机，接送他上下班、会亲访友。梅贻琦当时已六十多岁，为给清华节省资金不肯购车，自己又不会驾驶，出行均靠巴士、地铁兜来转去。如今坐上儿子开的车，方便了许多，和儿子在感情上估计也亲近了不少。

可惜，温馨之情转瞬即逝。1954年3月，梅贻琦飞台北参会。父亲走后没几天，梅祖彦即选择出走。他乘飞机离开美国，在欧洲滞留了多日，经过七十四天的努力，终于在6月初返回祖国北京。

朝鲜战争爆发后，美国政府对中国旅美侨民的态度骤然转变，尤其对要回国的中国留学生更是百般阻挠，在签证方面设置了许多障碍。梅祖彦究竟是如何成功地实施了出走计划的？

梅祖彦在《八十自述》中回答了这个问题：

到1954年，我手中持有的原重庆政府发给的护照已过期两年，留学签证已三年没发了，在美国居住已无合法身份，要离开美国只有"偷渡"一途，也就是要冒相当的风险。我和其他同学发现在码头上船到欧洲去检查是很严格的，要混过去没有可能，而在机场上的检查则十分松弛，因此我就决定乘飞机出走。

通过一个传奇式的过程，也由于法国领事馆办事的马虎，我弄到一个到法国访问的签证，随后去法国航空公司预定了一个星期日的机票。航空公司的人也看出我的护照是过期的，但我想事已如此，只有试试运气。果然，到了纽约的 Idlewild 机场，在法航柜台前办事人对我的签证又提出了疑问，但让我补填了移民局报表以后就同意登机了。

在巴黎，主要依靠旅法学者汪德昭先生为我办理居留手续并安排了生活。为了解决回国的困难，曾两次到中华人民共和国驻瑞士领事馆去请求帮助。后一次还见到了出席印度支那问题国际会议的中国官员，中国代表团要在会外发表声明谴责美国无理阻挠中国留学生回国（那时两国没有邦交，不能直接会谈交涉）。因为我和另一位同学在巴黎购买船票遇到困难，代表团最后同意了我们取道苏联回国的要求，给我们换了中华人民共和国的护照，并得到了经济补助。我们两个随同回国的信使于 6 月 2 日乘飞机离开瑞士。在莫斯科停留一天后（参观红场和莫斯科大学），我们乘坐苏联民航飞机东行，在伊尔库茨克换乘中国民航飞机，于 6 月 6 日到达北京。[117]

1954 年 5 月，周恩来总理率领两百多名精兵强将组成的庞大代表团在日内瓦开会。还记得外国记者拍摄的那张经典新闻照片吗？黑色风衣、黑色礼帽、黑色皮鞋，周恩来总理单手插兜，神采奕奕，大步前行。这是新中国的总理在国际外交场合的第一次亮相。原来，梅祖彦找到了这个代表团，并得到了他们的帮助，怪不得后来他换中华人民共和国护照、取道苏联回国那么顺利。我很好奇他当年究竟见到的是中国代表团的哪位官员？在梅祖彦写的《1954 年回国经过纪实》中找到了答案："在代表团我们会见了秘书长王炳南同志和团员柯柏年同志。团长是周恩来总理，原要见我们，后来有事没有见成。"[118]

梅祖彦在法国逗留期间的留影，1954年摄于巴黎郊外。最前排为汪华（欧瑞）、照片中间系围巾者为李惠年、右三着皮夹克者为梅祖彦、右二戴礼帽者为汪德昭

当时台湾舆论一片哗然。据说，梅贻琦在台湾听说儿子不辞而别后大病一场。他事先是否知晓儿子的这一举动？他对此事的态度如何？

梅祖彦在事后多年写的《怀念先父梅贻琦校长》一文中说："在此前有不少留美学生回到了大陆，并传来了很多解放后的情况。父亲知道我和一些同学也在策划远行，他虽未动声色，但仍显得出心中的焦虑，后来还是重视了我自己选择前途的志愿，只在为人处世的道理上，对我做了规劝，而对我的行动给予默许。我到法国后遇到一些旅程上的困难，父亲让我去看望当时的驻法'大使'段茂澜先生（清华老校友），希望我能听听多方面的意见，或许能改变决定。我因为当时决心已定,没有去见段'大使'。"[19]

梅祖彦在这篇文章中间接承认了父亲并不同意他回国,只是尊重了他的选择:"对于子女,父亲也很尊重我们各人的性格和思想,并不表现家长威严。我在青年时期曾有过两次大的抉择,都决定了我以后的生活道路,父亲对我的选择并不同意,但为重视我的意愿,最终均未干涉。"[20]

梅祖彦的两次选择,一是在西南联大时弃学去当军事翻译员,一是从美国返回中国大陆,梅贻琦本意都是不赞成的。

韩咏华人在美国,她应该知悉儿子的行踪,况且梅祖彦不会不向母亲辞行,于是就有了另一个说法:梅祖彦出走,不仅是为了归来参加新中国建设,而且也是为了一段感情。

此话要从抗战时期梅家在昆明的时候说起。梅祖彦的三姐祖杉上南菁学校(中学)时认识了一个低一级的女生刘自强。那时常跑警报,女生都住在庙里,彼此很亲近。刘自强的母亲刘淑清在昆明是个了不起的女企业家。她出生于四川,毕业于成都教会学校华美女中,曾任教于昆明恩光学校。她的丈夫刘伯钧原为滇军旅长,后遭杀害。她年轻时就守寡,为抚养三个女儿,转向经商。她从一个小小的茶社办起,先是创办了昆明最有名气的茶楼大华交谊社,又将以前供马帮寄住的客栈改建为西南大旅社,生意红火。她创办的南屏大戏院,与20世纪福克斯、华纳、环球、派拉蒙、哥伦比亚和联美等全球著名的八大影片公司签订租片协定,使昆明坐上了与好莱坞同步上映第一轮大片的位置。

刘淑清长袖善舞,她与当时的不少高官夫人结为知己,如龙云的夫人顾映秋、卢汉的夫人龙泽清等。她热心教育,与西南联大经常打交道，因此和梅贻琦很熟悉，与梅校长夫人自然成为好朋友。她的女儿刘自强亲热地称韩咏华为"梅伯母"，韩咏华也会让祖杉带自强来家里吃饭，补一补学校伙食的油水不足。正是在饭桌上，刘自强见到了从滇西战场上回来的梅祖彦。

据说，梅贻琦夫妇挺满意刘自强，而刘太太也中意梅祖彦。梅、刘两家在1946年10月同时从昆明回到北平。从梅贻琦日记可以看出，刚回北平的短短几天内，梅家、韩家都把刘太太母女视为亲戚一般接待：

（1946年）10月9日 ……中午请刘太太及自强、自鸣、素斐[1]夫妇、章家三孩在东来顺食涮羊肉。……

10月10日 ……晚饭在宫门口傅宅，系素斐夫妇请刘太太者。

10月12日 ……晚饭在韩宅，系为请刘太太者。

10月13日 ……下午郁文偕刘太太母女三位往清华园。……[21]

刘自强1947年从清华大学外文系毕业后，赴美留学，1949年毕业于美国罗切斯特大学教育系，获硕士学位。那一年梅祖彦也正好从美国伍斯特理工学院毕业。不过两人的学校相距很远，见面不易。刘自强笑称："祖彦的女生缘很好，还有美国女朋友。"看来二人的感情在那时好像并无进展。

梅祖彦此次到法国时，刘自强和她的妹妹刘自鸣已经在巴黎留学三年了，她在巴黎大学法文系攻读法国文学，妹妹研习美术。韩咏华

---

1 傅家的女儿名字中都有一个"愫"字，此处不改。

托梅祖彦给刘自强带去一把滤咖啡的小壶。梅祖彦果然找到了她们。刘自强说:"他去看过我们,不过没有告诉我们他要回来,所以我们不知道。后来从他妈妈那儿知道了,也如法炮制。"

当时刘自强姐妹也想回国,也和梅祖彦一样遇到了签证难办的问题,又是韩咏华告诉她祖彦是如何成功出走的。于是刘自强和妹妹"如法炮制",终于在1956年回到祖国。回国当年,刘自强即与梅祖彦举行了简单的婚礼。他俩的新房就设在梅祖彦的六姨韩恂华家里。

梅祖彦回国后,到清华大学水利系教书。当年在清华园里,不时会看到一位身材修长、面容清瘦、戴眼镜、穿一身灰白色中山装的学者,或骑自行车,或步行,从校园中穿过。高年级的同学介绍说,那位学者就是梅祖彦先生。同学们到校图书馆翻书,见到了梅校长的照片,发现梅祖彦先生长得很像梅贻琦校长。

梅祖彦回国一年以后,1955年11月,梅贻琦只身一人离开美国,从此长住台湾。

台北金华街110号

台北金华街110号是清华办事处,也是梅贻琦在台湾的宿舍。

他亲自选定的地址乃是一教会刚迁出的空屋,内院有桧木搭建的四五个房间,外院建起职员办公室数间及门房。

据梅贻琦在台秘书赵赓飏透露,为选址梅贻琦奔波数月,有时拖海外归来的梅二小姐祖彤及外孙女安意枚同往。前文提及,梅贻琦1948年12月离开北平时,梅祖彤在北平家中待产。父亲飞离北平几天后,她生下女儿安意枚。她应该是在1949年底离开中国去英国定居的。看到此时梅祖彤携女来台湾看望与陪伴父亲,我还是挺欣慰的。梅贻琦一生中享受儿女亲情的时刻太少了。

还有一个细节也给我留下很深的印象。梅贻琦搬到金华街后,就忙着在后院,也就是他的宿舍前铺草。还记得韩咏华说过"月涵喜欢园艺"吗?在这个院子里,梅贻琦和友人蔡麟笔先生也有过一段关于园艺的讨论:"有一次和梅先生谈起种花,梅先生一时兴致油然问道:'你的花是在哪里买的?''全在新庄改良苗圃,品种多,价钱也公道。'梅先生决定要种,后来经过花匠的估价,包括修整、换土、栽植等,共需二千余元。梅先生考虑了很久,终认为花钱太多了,只在窗前种了几十株玫瑰而已。"[22]

梅贻琦如此节俭自律,金华街清华办事处的简陋可想而知。办公室连一套沙发也没有,只用矮藤椅代之。他每晚写信、看公文、打字,坐的也是一把普通的小靠背椅,只不过加了一个厚靠垫。

著名物理学家孙观汉(1959年任台湾清华大学原子科学研究所第一任所长)回忆起梅贻琦的廉洁简朴时说:"清华在台湾草创时期,他吃的是包饭,与员工同食,每月膳费约一百多新台币,虽然那时的生活水准比现在低得很多,但是每天只花三四元的伙食费,也是低得不能再低了!在衣着方面,也很简陋,老是长袍布鞋,长袍袖口破时,就自己缝补,布鞋则购自地摊。他有一双黑色皮鞋,但只有出客时穿用,所以穿了多年。他的节俭习气,直接反射在校中的建筑物。那时校中只有两座大楼和十所客座教授住宅,都极为单纯简朴,一切只以应用上之效率为绳准。像目前校中新物理馆那样屋顶上盖上许多一无所用的空中亭阁,如果梅先生还在的话,他不会听从建筑师以校款来修造建筑师心目中的'美术装饰品'！不过对校中教学研究之所需，例如仪器设备，聘请教授和资助教授和同学们出国进修等费用，他却一点也不吝啬！"[123]

提起梅校长自己缝补长袍袖口，秘书赵赓飏讲过一件逸事。为梅校长出门穿戴体面些，他曾托人替梅校长做了一件丝绵袍，花掉1175台币，事后梅贻琦几次表示心疼不已，因为他当时所领的正式月薪不过1300台币。"于物价渐涨中，校长有时条谕将其个人所需之草纸、火柴、茶叶、肥皂等等完全自付，不得报公账。类此琐屑事务，笔者本不善处理，复不得不勉力支持。多年以后思之，此事竟成当年协助'复校'工作中之棘手问题。梅校长不只高风亮节为举世所钦，即此生活收支细节亦世鲜其匹。"[124]

金华街梅贻琦寓所的客厅墙上，挂着一幅王济远先生所绘的淡墨梅花，上面题着"老梅越老越精神"。看过这幅画的查良钊先生说这真是写实而不是恭维话。

梅贻琦到台湾后，一旦决定用清华基金实施"复校"规划并选定校址后，他便全身心投入这一繁重而艰巨的工作。台湾当局自然希望能全面恢复清华昔日的盛况，但梅贻琦仅选择"恢复"研究院，而且首先便是"恢复"原子科学研究所。一则，原子能研究是当时国际最为顶尖的科技；二则，他是为了清华基金不至因为大兴土木而造成浪费；三则，还有一个内心深处的想法："先生萦怀多年居住、垦殖、经营、布置、计划发展之故园……故此，再三拒增研究所，不愿恢复大学部，时图节省基金利息，希望逐渐增入本金，以作原校之用……"[125]（1964年，在梅贻琦去世两年后，台湾地区"恢复"了清华的大学部，正式招收本科生，即后来的台湾清华大学的前身。）

1956年1月起，在新竹开始清理地基，兴建第一批校舍，秋季招收了第一批原子科学研究生。

　　这一年的3月5日至7月9日，梅贻琦飞往美国，奔走于几大城市之间，忙于洽谈聘用专业人员、订购原子反应炉以及其他各种仪器设备等事宜，并安排运到台湾地区；同时，他忙于洽谈清华基金年息的拨款问题，以保证财力上的持续支持。我看过梅贻琦先生这段时间的日记，他每日运筹帷幄，落在日记纸面上的不过寥寥几笔，但字里行间自有一种笃定的坚持。

　　最困难的是网罗人才，吴大猷、李政道、杨振宁、吴健雄、袁家骝、卞学鐄、陈省身等名字频频出现在日记中；他与老朋友胡适、李书华、缪云台等也多次会面。

　　1957年，新竹首批校舍完工，包括办公楼、教授住宅和职员、学生宿舍。秋季开始招收第二批研究生，在新竹上课。物理馆及加速器实验室也开始动工兴建。

　　1958年5月，物理馆落成，7月开始安装加速器，冬天一座小型池式反应堆开始动工。

　　1959年秋，兴建核子工程馆和放射性同位素实验室。

　　1960年，原子炉炉房、原子炉试验馆、核子工程馆、同位素实验室完工。

　　1961年4月，原子炉装置完成，临界试车顺利。9月，科学仪器馆及物理馆扩建工程开工。

　　1962年3月，物理馆扩建工程完工。

　　这种建设速度，被台湾地区各界称之为"魔术师般的神速"。

台大医院特 2 号病房

梅贻琦 1960 年 5 月 30 日因前列腺癌转移，住进了台大医院特 2 号病房，直至 1962 年 5 月 19 日病逝。

1960 年 6 月 19 日晚 10 点 30 分，韩咏华乘美国西北航空公司 99 号航班到达台北。梅贻琦的好友胡适先生亲自从南港驶往松山机场迎接梅夫人。他在此前打电报给韩咏华，告知她梅贻琦的病情，请她赴台照拂。6 月 12 日，他在给赵元任的信里说："前夜朋友与医生会商，决定由我和思良打电报给梅太太（由叶良才转），请她飞回台北，她在 Philadelphia（费城）女儿家，今早有电话来，可以回来。"

梅贻琦长住台湾之后，韩咏华在美独自生活，一直住在纽约那间小公寓里。因梅贻琦赴台后领的是台币，薪水微薄，远不能支持夫人吃饭穿衣，生性倔强的韩咏华就自食其力。她说："月涵先是管清华基金，一个月收入有三百块钱，我在那里可以用这个过家。以后他到台湾去了，他在那里赚台币，我在这边花美元，这是做不到的事情。所以我在那个时候经人介绍，开始打工。在美国，男人六十五岁退休，女人六十二岁退休。我是六十二岁才开始找工作。我在衣帽厂做过工，在首饰店里卖过货，还在医院里做过代班，最后到一个盲童学校，照料盲童。我一直工作到六十六岁。"

我记得三舅韩德扬说过"五姑独立性很强，不是家庭妇女型，后来到美国打工，六十多岁学护士"，讲的就是这段往事。这也是五姑让韩家人敬佩的地方。

1960 年 6 月，韩咏华退休不久，住在三女儿祖杉在费城的家中。收到梅贻琦病重的电报后她即刻动身，赴台侍疾。她每日在病房照

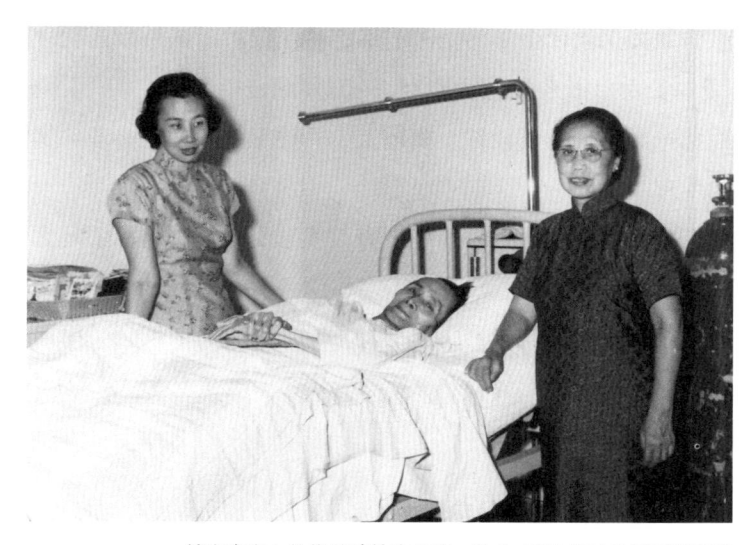

躺在病床上的梅贻琦枯瘦如柴，他从 1961 年 7 月以后就不能下床了。韩咏华告知友人，"梅先生浑身骨骼松脆，头骨后面已凹入"。左一为梅祖彬，右一为韩咏华。

料，晚上即回金华街清华办事处休息。她说道："（月涵）住的医院、大夫可说是最好的，住的特别病床，一天三班护士，夜里还有一个特别的夜班。……我去了仿佛做客一样。……清华的秘书拿公事到他那里去，他在床上办清华的事。"[126]

梅贻琦一向不拟迎接夫人来台，没有安家定居的打算，他也没有私人住宅，自己就住在办公室，典型的"有眷无家"。他这次勉强答应夫人来，还不忘叮嘱"不可用公款"。不过自夫人归来，又经医院为他施行手术，梅贻琦的病情渐有起色，食欲渐增，10 月底竟能离床，用轮椅推出室外散步。

1961 年 3 月，梅贻宝夫妇来台探病，陪侍一月有余。梅贻琦更感愉悦，曾勉力偕同回金华街宿舍一次，略用简单午餐后回医院。同年10月里，长女祖彬来台照顾父亲，一直住到转年1月才离开。梅贻琦虽然病情未减，但心情较好。梅贻宝说，可见一个人的心理确实能影响他的生理。

梅贻琦在生命的最后岁月终于有时间享受夫妻之情、手足之情和父女之情，可惜太晚了。

我从梅贻宝写的《五月十九念"五哥"》一文中读到了梅贻琦最后一次回家——金华街清华办事处的情景，那是在1961年5月2日：

> 在我们离台前，有一天天朗气清，春风和畅，"五哥"的病况亦恢复到满意点，便叫汽车中午由医院开回金华街110号。我们家人聚餐，大概是吃了一顿烂面。路上他叫车夫绕道中华路，他很高兴的指给我们看新建的中华商场。饭后他把家里三间屋子巡视了一周，叫我到书房看他的一套《大英百科全书》。柜橱里还存有各种好酒若干瓶，他看了看，然后向我点首微笑。上车回医院前，我给"五哥"五嫂在汽车前面照了个像。不料回院后第二天他感觉不支，并且又发起烧来。看来这回家一举，是过了力，是闯了个祸。[27]

在梅贻宝笔下，"五哥"与这处住宅告别时可供想象的画面很多：梅贻琦拄杖缓行，最后巡视了三间屋子：挂着淡墨梅花图的客厅、摆着带靠垫藤椅的书房，还有卧室。他叫弟弟到书房去看他的一套《大英百科全书》，最后他向柜橱里存放的若干瓶好酒——他一生的挚爱，微笑致意。

可以想见，这处住所充满了梅贻琦的"气味"。秘书赵赓飚曾描述过这种"气味"："梅校长手上有技巧，写字秀气，画图干净；衣着床衾和书报用具，都整齐有序，生活在简朴中有艺术。饮食茶酒，既节省又懂得考究。听音乐、看平剧、监（鉴）别书画、欣赏诗词，都有极高的修养。他虽不写文章，少讲演，但平时看书的范围很广，除最新物理、工程等书报都经常研读以外……社会科学的基础一点儿不忽略；最忙的时候，床头仍有'英文读者文摘'与王国维《观堂集林》。"[128]

1962年5月19日上午，梅贻琦病逝。

我在众多的回忆文章中搜寻，希望能找到韩咏华、梅贻琦夫妻最后告别的文字，但几乎没有文章涉及。韩咏华自己的回忆也笔墨寥寥。梅贻琦没有留下任何遗嘱，也没有留下任何遗产。打开他日夜放在身边的公文包，里边是他经手的清华基金账目，一笔一笔，清清楚楚。

所幸在清华校友的一篇怀念文章里找到了这样一些文字，记录他在病势极严重时，曾请梅夫人及护士们为他代祷说"耶稣爱我，耶稣关切我，耶稣保佑我，所以耶稣救我"，病势竟得转轻。

胡适在台大医院体检后，想去看望梅贻琦，被人劝住，说梅太太同一屋子的女人在祈祷、在唱歌，现在只能求上天保佑了。胡适顿足连呼"愚蠢，愚蠢"。大约他并不知这是梅贻琦本人要求的代祷。其实他应该理解，这位苦行僧式的朋友，凭借对基督教的虔诚信仰，方能拥有如此肃静明朗的精神世界和人格魅力。

自1962年5月4日起，梅贻琦开始发烧，先是微热，然后高热；咳嗽转剧，任何抗生素都不能控制。

5月18日晚上，体温升至39度，脉搏一百以上，梅贻琦的神志已不大清楚。

临终之际，围绕在梅贻琦身边的是一片祈祷声，他与主同在。

5月19日早上，梅贻琦陷入昏迷，上午十时五十分因抢救无效溘然长逝，享年七十三岁。

在隆重的治丧过程有一个重要的细节不应被忽视：公祭开始前一个小时，先行基督教的追思礼拜。5月23日早晨8点，礼拜开始，到场数百人。陈维屏牧师主持，查良钊先生报告梅贻琦生平，教会唱诗班颂诗，9时礼成。"梅师母悲痛逾恒，但以信仰虔诚，加以蒋夫人（指宋美龄）及亲友门生纷纷到寓慰问，尚能镇定自持。"㉙

梅贻琦的墓地由韩咏华选定，墓穴是一个双人穴，但安葬的时候，韩咏华坚决地表示："梅校长是清华的人，理应长眠清华。而我则不是，不需要如此安排。"又强调说："我和月涵都是基督徒，日后会在天国相晤，我自己随处可安，不必留墓穴。"

她把这个意思明确地写入挽联中："且待我主重来定与君再相会"。

> 结缡四三年何期遽隔人天虽儿女睽离且待我主重来定与君再相会；
> 报教五十载固已竭尽心力看英才辈出料应荩忱稍慰知吾国必复兴。
> ——妻韩咏华泣挽

五位子女的挽联，也在下联中表达了同样的意愿："蒙我主召归天国为家。"

恸儿辈远离孝思罔极；

蒙我主召归天国为家。

——男　祖彦　媳　刘自强
　　　女　祖彬　祖彤　祖杉　祖芬　　　率孙辈泣挽
　　　婿　毛文德　安思礼　钟安民　欧阳效沛

由于当时海峡两岸阻隔，在北京的独子梅祖彦、在大连的幼女梅祖芬几个月之后才从报纸上得知父亲已病故。

梅贻琦的墓地位于台湾清华大学西南区十八尖山之麓，倚山面水，居高临下，俯视全校，一切历历在目。梅贻琦生前为原子炉选址时，曾亲身登临过这个山坡，站在一片相思林下远眺。

园内建有两座墓碑，一座正面刻写蒋介石题赠的挽词"勋昭作育"，背面刻写"褒扬令"。另一座正面是罗家伦题写的"梅校长贻琦博士之墓"，背面是蒋梦麟所撰、丁治磐所书的碑文。

墓的左侧建有梅亭，园内有清华校友集资所植杏梅287株、梅花241株，花木成林，称为"梅林"。

三十四年以后，1996年8月，梅祖彦终于踏上海峡对岸，来到台湾清华大学。他在沈君山校长和张昌华教授（当年建造原子炉的总工程师）的陪同下，在父亲的墓前深深地三鞠躬，献上了迟到的一束鲜花。

四、韩咏华：落叶归根　定居北京

梅贻琦去世后，韩咏华一直在美国居住，跟着两个女儿过。长女祖彬在洛杉矶，三女祖杉在费城，她两边轮流住，每处住上两三年。

韩咏华1963年在华盛顿清华同学会讲话

她说："在华盛顿、纽约、洛杉矶和东部朋友都很多，不少中外朋友轮流接我去小住，我没学会开车，大家都开车来接。清华校友聚会我也经常参加，每逢清华校庆都有不少新老校友聚集在我家欢庆一番。"[30]

即便如此，终究客居异国，年纪越大，她思乡之情越重，何况她唯一的儿子已经回到北京工作，还有一个小女儿一直留在国内。

回国探亲

1971年，中美关系出现戏剧化的转机。中国乒乓球队访美。有一位美国朋友问韩咏华："您来这里二十多年了，不想家吗？"她回答："想家也回不去呀！"那个美国朋友开玩笑地说："您可以学打乒乓球呀。"

1972年尼克松访华之后，梅贻琦、韩咏华夫妇的好友顾毓琇先生、缪云台先生先后回国观光。顾毓琇先生告诉她此行见到周恩来总理了，已代她向总理问好，并报告总理说"梅太太也要回来"。

韩咏华听了很激动，马上付诸行动："于1973年4月向中国驻加拿大使馆递交了回国探亲的申请书。后来又直接与中国驻美联络处联系，恳切地表示我'归心似箭'。联络处当时的主任是黄镇同志。他的夫人朱琳同志是梅贻宝在山西铭贤学校任代校长时的学生，常留我一起用饭。她曾问我：'梅贻宝先生在哪里？请他来，我想和他谈谈。'这次我提出回国观光的要求后，很快得到同意，于1974年夏日成行。"㉛

韩咏华回国探亲一事得到有关方面的精心安排与照顾。梅祖芬表姨还记得"当时母亲的行程、起居、访亲会友，都是由旅游局一位姓李的女处长负责"。

后来，我得知这位女处长叫李冠华，她当时任中共中央调查部某处副处长，恰好是我妹妹徐溶的好友李姗姗的母亲。2012年1月25日，我特地去她的家中拜访。李冠华女士已年过九十，精神很好，言谈举止间犹存"老干部"精干的气质。她记得三十八年前的往事："我们安排她（韩咏华）住在北京饭店，陪她去过长城、定陵。老人家身体非常好，腰板挺得直直的，步履轻快。在定陵下地宫走台阶时，她下得快、上得也快，跑得比我们都快。那时候她已经是八十多岁的老人了。"

李冠华女士谈到当时的情形时说："她来之前，我和梅祖彦谈过，找过他很多次。梅祖彦参加过密云水库的建设，他说他陪母亲去那里参观，讲讲水力发电方面的成就。老太太当然要去儿子家，所以我们赶紧临时落实政策，腾出了'文革'时被占的房子。女儿梅祖芬从大连来了。她在'文革'中也受罪了。老太太喜欢儿子，梅祖芬不爱说话，老太太对她说'你是木瓜'。"

李冠华女士还提到她陪韩咏华去过汪德昭家里："（她在那里）看过她的大姐[1]。汪德昭是我们的人，很信任他，当然他还是一个著名的科学家。"至于韩咏华还见过什么人以及她是否见过邓颖超，李冠华很抱歉地跟我说："我记不得了。因为当时做统战工作要求保密，尤其涉及上层的事，几乎什么都保密。时间久了，我也就忘了。在我的印象里，老太太第二次回来是回国定居，那时邓大姐肯定接见了她，第一次好像没有见。"

梅祖芬在多年后回忆母亲第一次回国探亲的情况时说："接到娘的来信说要回来，我的思想负担还是挺重的。我胆小，觉得此事严重，去北京要跟单位领导请假。"还好，请假还算顺利。她和丈夫欧阳效沛带上两个女儿一起到了北京，在机场迎接母亲。同在机场迎接的，还有梅祖彦夫妇、汪德昭夫妇以及韩德庄。

梅祖芬与母亲自1948年11月分别已经二十六年没有见面了。母女重逢，梅祖芬说："娘头发白了，不过精神很好，手脚利落。"按照接待单位的安排，她陪母亲住在北京饭店。

韩咏华回来后，在北京的亲戚，韩家的、梅家的，还有众多的清华故旧，她都想见见。梅祖芬说："李处长管娘在北京所有的活动安排，娘见什么人要通过她。有一次，一个老同学打电话说想见见梅师母。我胆小，不敢说，就推说太远了、太麻烦了。娘问我是谁，我说：'一个同学。'娘说：'来吧。'但我就是没敢接。也有一些亲戚，他们不敢或推说'不方便'和娘见面。"1974年时北京的政治氛围可想而知。

---

[1] "她的大姐"指的是韩咏华的大姐韩俊华，当时她住在女婿汪德昭家里。

韩咏华第一次回国探亲时与家人在长城上合影，摄于 1974 年 8 月。
后排左起：欧阳效沛、汪德昭、梅祖芬、李惠年、韩咏华、欧阳乐茵、刘自强；
前排左起：梅祖彦、欧阳乐笳、梅佳音、梅佳禾

邓颖超同志 1974 年 8 月会见韩咏华。
前排：左二李金德、左三杨景仁、左四韩咏华、左五邓颖超、
左六韩权华、左七罗青长；
后排：左二梅祖芬、左三梅祖彦、左四汪德昭、左五李惠年

韩咏华动身回美国的前一天，正是她八十一岁的生日——1974年8月28日。中共中央统战部通知她，邓大姐（邓颖超）要见她。

这背后有一段故事。韩咏华说："顾毓琇、缪云台先生回国时，周恩来总理都接见了，我很羡慕，而我回来时周总理已经患病，所以未便提出见总理的要求。等到快要启程返美时，我托妹妹韩权华转交周总理和邓颖超同志一封信，表示我的感谢之意，问候周总理的健康，并提出再次回国就定居下来的要求。此信尚未送上，即有中央统战部的同志来问我是否认识总理和邓大姐，我说，在南开中学曾见过青年时代

的周恩来同志。1914年，正当周恩来同志参加话剧《一圆钱》的演出时，一天我和月涵去看望张伯苓先生，周恩来同志恰好走过，张先生便给我们介绍了一下。我在天津的表妹杨毓才是邓大姐在天津女师读书时的同学，她们很熟识，邓大姐在天津工作时曾在杨家开过会。"[12]

看来这个信息的及时送达促成了邓颖超会见韩咏华。参加邓颖超会见的还有韩权华，张奚若的夫人杨景仁，梅祖彦，梅祖芬，汪德昭李惠年夫妇等。

据家人回忆，邓颖超十分热情，预备了煎饼等许多天津风味的食品招待客人。

她对韩咏华说："希望你过两年再来。"

韩咏华试探地说："再来了就不走了。"

邓颖超说："好啊！当然欢迎！你看李宗仁夫人不是回来定居了吗？"

韩咏华返美后，立即走访中国驻美联络处，感谢他们对此行的安排，并提出回国定居的申请。两个月以后，她写信给联络处的马北强秘书，语气恳切地催促："离乡背井业已廿余载，如今风烛之年，再不返回祖国的怀抱更待何时？此情此意如蒙政府核准，实乃老人之福！"马秘书答复她："您的信我们寄回北京反映一下。"

没想到，这一反映一拖就是三年。韩咏华不知道那时候国内"四人帮"还在作乱。三舅韩德扬说："就在邓大姐会见五姑的第三天，《北京日报》发表了一篇文章，批判梅贻琦的孔孟之道。这显然是针对邓颖超的，因为他们知道周总理和邓颖超有客人来了。"

听家人说，直到"四人帮"倒台以后，1977年2月，邓颖超在一次活动中见到了韩权华，主动告诉她："你姐姐快回来了。"不久，韩咏华接到马秘书的一个电话，通知她"您可以去看万里长城了"。

1977年6月20日，韩咏华终于叶落归根，回到祖国，定居北京。《人民日报》在1977年6月27日刊载了一条消息和一张照片。

回想1949年初，北平和平解放了，周恩来总理入城不久，在协和大礼堂对北平高校校长、教务长们谈话时就说过"梅贻琦先生可以回来嘛"，"他没有做过对我们不利的事"。看来，执政二十八年以后，中国共产党人对梅贻琦这位著名教育家的评价没有改变，把他作为重要统战对象的政策也没有动摇。

会见和宴请在人民大会堂新疆厅举行。宴会由天津"狗不理包子"的名厨做了一席菜。邓颖超特意交代要用家乡的饭菜招待梅太太。

据韩咏华回忆，邓颖超对她回国定居一事安排得无微不至："我回国不久，尚在北京饭店暂住时，邓大姐就到饭店看望并宴请了我。在为我安排住房时，邓大姐又亲切关照一切。7月份我迁入现在的住房后，邓大姐还亲自来看了房子。在天津的杨毓才表妹来北京看我时，邓大姐又特地来我家看望老同学。我回国后，在美国和英国的三个女儿每年都轮流回来探望。1978年5月，次女祖彤自英国来看我时，邓大姐又在人民大会堂接见了我们母女。"[133]

韩咏华在北京的家位于三里河南沙沟一栋高级公寓楼，那是城西一处高干与名人居住区，里面有一排排掩映在绿荫下的三层灰色小楼，与钓鱼台国宾馆郁郁葱葱的大院子仅一条马路之隔。她的房间在二楼，四居室，还有两个卫生间。这是邓颖超为她挑选的。

1978年底，韩咏华回来的第二年，全国政协安排她为第四届特邀委员，后来又连任第五届。那时韩权华也是政协委员，媒体记者采访的"韩家姐妹政协委员"还上了报纸，两人的政治身份都是名人遗孀。

邓颖超副委员长会见并宴请梅贻琦先生的夫人韩咏华女士

欢迎她回祖国首都定居

新华社一九七七年六月二十六日讯 人大常委会副委员长邓颖超今天中午会见了原国民党政府教育部长、旧清华大学校长梅贻琦先生的夫人韩咏华女士,同她进行了亲切的谈话。

韩咏华是一九四八年离开北京,一九五一年随梅贻琦先生去美国的。一九七四年她曾回国参观、探亲,目睹新中国的巨大变化,亲人们的幸福生活,这次决定由美国回国定居。

邓颖超委员长一九七四年曾在北京会见并宴请了她,今天她们再次见面,感到很高兴。邓副委员长对韩咏华在八十四岁高龄时远涉重洋,回到祖国定居的爱国行动,表示热烈欢迎,希望她在首都幸福地安度晚年。接着,邓副委员长向韩咏华介绍了以华主席为首的党中央粉碎"四人帮"以后的国内大好形势。韩咏华激动地说,回国定居,叶落归根,和家人团聚,这是我多年的愿望,今天实现了这一愿望,感到非常高兴。她对党和政府的亲切关怀和妥善安置表示极为感激。

会见后,邓颖超副委员长用家乡天津的饭菜招待了韩咏华女士。

参加会见和宴会的有关方面负责人有罗青长、童小鹏、李金德、林巧稚、周培源、王蒂澂、汪德昭、侯春怀、马正信等。

韩咏华的好友和亲属杨景仁、韩权华、梅祖彦、刘自强、梅祖芬、李惠年等也参加了会见和宴会。

韩咏华是在二十日乘飞机到达北京的,有关方面负责人和她的亲属曾到机场欢迎。她到京后,有关部门对她作了妥善安置。中共中央统战部负责人童小鹏在二十四日会见并宴请了她。

邓颖超副委员长会见梅贻琦先生的夫人韩咏华女士。　　　　新华社记者摄

1977 年 6 月 27 日的《人民日报》。我注意到新闻报道中对韩咏华身份的定位,标题中将其称为"梅贻琦先生的夫人",导语中称她是"原国民党政府教育部长、旧清华大学校长梅贻琦先生的夫人"。新华社通稿标题更直接:邓颖超会见旅美归国的原清华大学校长梅贻琦夫人韩咏华。可见,对她的定位是名人遗孀,这个高规格、这份礼遇首先是给已故的梅贻琦先生的

韩咏华的生活内容有了很大变化，开会、学习、会见外宾和看病时政协都派车接送。每天学习文件、看报纸、听广播、看电视新闻、写日记、处理信件，这些成为她的必修课。饮食起居有一位保姆协助料理，看病有公费医疗，她还定期做保健检查。政协还给家里安装了电话。

她的住所有一间朝南的宽敞明亮的客厅，派上了大用场。杨振宁、李政道、任之恭、张捷迁教授及夫人等回国时，都会在此探望梅师母。每逢年节，清华大学的刘达校长、赵访熊副校长和梅贻琦先生的不少故旧门生也常来此看望梅师母。那几年的清华校庆和校友返校节，韩咏华也都应邀参加了。她说："参观了清华园的崭新面貌，探访了甲所旧居，会见了许多老朋友，大家相聚一堂，心情非常欢畅。"

1989年4月30日《人民日报》海外版刊发了一条消息：

梅贻琦百年诞辰清华召开纪念会

中新社北京四月二十九日电 清华大学今天隆重地为它的创始人梅贻琦校长举行百岁诞辰纪念会，并同时为海外校友捐献在母校所立的梅贻琦校长铜像揭幕。

这所著名高等学府的现任校长张孝文，在讲话中称梅贻琦为"中国现代的著名教育家"，对一九四九年以前的清华大学和台湾新竹清华大学的建设都做出了重要贡献。

他列举梅贻琦先生在治理清华大学和西南联合大学时的教育思想和实践，关于大学应当兼顾教学和研究的思想，关于教师在教育中的主导地位与主导作用的思想，关于学术研究要向高深专精方面发展，努力推行国内外学术交流的思想，关于注意从社会实际需要出发，发展应用科学的思想以及充分发挥教授在治理学校中主导作用的民主治校思想等等，认为"值得我们重视和进一步研究"。

梅贻琦先生桃李满天下。今天，在大陆、台湾和海外的近百位故友门生参加了纪念会。清华大学原工学院院长施嘉炀、法学院院长陈岱孙、医学院院长汤佩松、文学院院长冯友兰（委托女儿宗璞）都作了发言，原理学院两任院长均已谢世，由赵访熊教授代作发言。吴仲华、薛公绰则代表历届学生讲话。他们深深缅怀务实办教、民主治校、提倡讲学自由的梅校长。

九旬高龄的梅贻琦夫人韩咏华女士和其子女梅祖彬、梅祖彦在纪念会主宾席就坐（座）。

据悉，清华大学正在筹备设立梅贻琦先生奖学金。[134]

这一天，我也在现场。我所任职的中国新闻社来了好几位记者，新闻部和专稿部都发了消息。《人民日报》海外版采用的正是新闻部的发稿。会场设在清华大学第二教学楼会议室，到会有一百二十人，多位白发苍苍的老者在前排就座。其中有来自台湾地区的校友——39级翁同文和42级李德璋，还有来自美国的校友——39级的桑恒康。42级的校友俞成受父亲俞平伯的委托，带来老人家在大红纸上挥毫题就的字："恭逢月涵先生百岁华诞铜像落成典礼开幕，以未克躬诣大会，敬致祝贺。俞平伯　一九八九年四月。"欧美同学会敬献的巨大花篮，为会场更添亮色。韩咏华在会上有一个简短的致辞，她说："今天见到这么多的校友参加这个纪念会，大家讲了许多怀念梅校长的话，没有到会的不少校友也热心筹备纪念梅校长的铜像和基金，我向各位表示感谢，多谢大家费心费力。"

会后，张孝文校长在甲所用便餐招待了韩咏华及其亲属好友。梅贻琦故居已改为清华大学招待所。

这一天，记者们追逐的新闻热点是"为梅贻琦正名"。四十一年之后，梅校长终于重归清华园。在纪念会上，他的名字被频频呼唤。他的半身铜像，由陈岱孙、施嘉炀先生揭幕，矗立在工字厅。虽然新闻稿写得平淡，谁也没有捅破这层窗户纸，但大家都明白发这条消息的意义所在。

同一年，同一时间，台湾清华大学也举行了梅贻琦先生诞辰一百周年纪念活动。梅园立起梅贻琦先生的铜像，在学校建立了"月涵基金"。

晚年生活

韩咏华步入九十高龄以后，依然身体健朗，耳不聋，眼无病，血压、心脏都正常。南沙沟住宅区绿化好，有花圃，有行道树，她常常在户外散步。家里还有一个大阳台，她可以打太极拳、练气功，种些花草侍弄。

在院子里散步，经常会遇到同住一个小区的清华故旧或者天津友人。例如，住在同一栋楼另一个单元的俞平伯先生，住在6号楼的钱锺书夫妇，住在10号楼、辈分小一点的杨敏如，他们对梅太太都十分敬重。我还记得，1988年我去钱锺书先生家采访，临走时钱先生提醒我："去看看梅太太！就住在我们前边那个楼，老人家不是你母亲的姑姑吗？"杨绛先生热心地补充说："早上散步还看到梅太太，她在美国的女儿又回来探亲了！"

韩咏华在一封家信中形容了自己的忙碌："这几个月我不大出门，

但是家里不断住客,显得很忙似的,连打电话的时间都没有。""不断住客"正是指女儿们轮流来住:在美国洛杉矶的长女祖彬、在费城的三女祖杉、在英国伦敦的二女祖彤,每年都轮流回国探望。在大连铁道学院教书的小女祖芬,寒暑假也经常来北京陪母亲。

当然,最令韩咏华开心的是终于和独子祖彦团圆了。老人家偏疼儿子是出了名的,她落叶归根定居北京,主要是奔着儿子来的。在南沙沟小区安家时,梅祖彦已经五十三岁了,但在母亲眼里他还是一个小孩,总是不放心。出门时问:"你穿好衣服没有?"进门时问:"吃饭了没有?"有什么好吃的往冰箱里放,特别关照,给儿子留着。

梅祖彦 1954 年回国,在清华大学水利系任教,儿媳刘自强 1956 年回国,在北京大学西语系教法文,一家子住在北大教工宿舍中关园公寓,离我们家不远。我还记得有些年的春节,梅表舅来我家给我的父母亲拜年,那彬彬有礼的绅士风度,的确与众不同。他们的女儿梅佳音,小名多多,1957 年生人,比我的小妹徐涟大两岁,后来同上北大附中,相差两个年级。我妹妹对她的印象很深刻:"我和她在学校见面时都会互相打招呼。她身材修长高挑,一张别致可爱的脸总是面带微笑,温柔可亲地叫我'小六'。"他们的儿子梅佳禾当时还小。南沙沟 11 号楼的梅宅,几乎每个礼拜天,还有节假日,都会迎来梅祖彦一家四口。多多一度还住在奶奶家里。1984 年,韩咏华以自己的美国养老金作为经济担保,送多多去美国留学了。

韩咏华第一次回国探亲时国内还在"文革"动乱中,那时知识分子从下放的"五七干校"回来不久,好多人家的住房还都被挤占着,根本无法接待国外的客人。韩咏华提出要去看看自己的亲戚,接待方只安排她去过两个亲属的家中探望：一个是儿子梅祖彦家，这个无法推脱，只好赶在她回国前夕，为梅祖彦临时落实政策，把被占用的住房腾退出来；另一个就是汪德昭家，他当时住在中关村科学院宿舍，受的冲击少一些。那时，韩俊华寄住在女婿家，她已经九十二岁了，不方便到北京饭店去看妹妹，所以韩咏华登门探访。幸亏有这么一次见面，第二年韩俊华老人就过世了，没有等到三年以后妹妹回国定居。所以下页这张照片是姐妹三个最后一张照片。

韩咏华几次接大嫂高珍去她家住。我的外婆高珍看人眼光锐利，她说："五姑乍一回国，什么都不熟悉，看电视也看不明白，但她挺好学，什么都愿意学。可是她不懂得国情，到现在她也没明白中国是怎么回事。她也不问，也许是她小心，怕问错了，别人说她什么。所以我在她家住着，也没有太多的话好谈，就是一起出去遛遛弯儿。"

韩咏华和她韩家以及梅家的侄甥辈也恢复了往来，频繁地走动起来。大家都感叹老人家这辈子不容易，为她最后的归宿高兴。

我母亲对曾带大她的五姑很有感情。老人家定居北京后的生活是否如意，她心中时时牵挂，不断与南沙沟通电话请安。只要有事，她就赶过去。五姑回来的头几年，母亲特意叮嘱自己在城里上学的二女儿，有时间要陪老太太去教堂。

我妹妹徐溶回忆说："我大约陪过七八次吧。去的是西四缸瓦市教堂[1]。每次做完礼拜出来，牧师都站在门口送，说：'梅太太您年岁大了，在家祷告就可以了，不用到教堂来了。'五姑婆说：'年岁再大，

---

[1] 缸瓦市教堂，坐落在北京西四南大街574号。英国伦敦会于1863年创建，是北京市现存最早的基督教堂，1958年以后它被称为西堂，而东堂、北堂、南堂都是天主教堂。外国人，尤其美国人在北京做礼拜来西堂者居多。

韩家三姐妹 1974 年 8 月的合影。
从左至右：韩权华、韩俊华、韩咏华

还是到教堂好，离主更近。'一般这次去了，再约下次。五姑婆是虔诚的基督徒，她还送了我一本《圣经》，劝我信教。"我妹妹记得韩咏华手边的那本《圣经》，上面留着不少眉批，"都是五姑婆读《圣经》时的感想"。

韩咏华回国定居后，还有一件意想不到的乐事，那就是她当年在严氏蒙养园教过的学生，也纷纷来看望老师。当然，她们也都是年过六旬的老人了。1905 年，严范孙先生参照日本模式创办了严氏蒙养园，也就是幼稚园，还开办了保姆讲习所。韩咏华和她的姐姐韩升华先在讲习所学习，毕业了就在幼稚园教书。严范孙先生的孙女严仁英、严仁清，还有他的外孙女卢乐山都在幼稚园上学。她们也都记得琴弹得好、歌唱得也好的韩咏华老师。更有缘分的是，卢乐山从燕京大学教育系毕业后，一直从事幼儿教育，任北京师范大学教育系学前

这张照片是 80 年代五姑婆坐在我家客厅沙发上的留影。那时国内形势好多了，从照片的背景可以看出，之前被挤占的客厅已经退回来了，买了新的沙发，壁炉架上精心摆放了工艺品。四位老人一人一件长背心，穿得讲究多了。在我的记忆里，五姑婆经常外套一件雅致的长背心，或毛线的，或棉布的。
自左至右：李惠年、高珍、韩咏华、韩德常

教育组主任。而严仁清终身未婚，一生从事幼儿教育，她就是北京最有名气的北海幼儿园的园长。

1981 年，韩咏华将一本油印的、纸面已经发黄的歌本《清末民初新式幼儿园儿歌》交给严仁清，写道：

> 这些歌曲大多是 1905 年，时代距今六七十年前，严范孙先生承办的保姆讲习所（现称幼儿师范班）学生之所用。其作者是何人已无印象，既其歌本也早已无存在。于 1952 年在美国东海

岸纽泽西居住时间来忆旧，特将一些歌词追记，然后追加乐谱，收存了又将卅年。今特奉上保存以作纪念。

韩咏华　赠

1981 年 9 月 5 日　　时年八十八岁

我有幸翻看过这个歌本，其中收入的歌曲约二十首，内容极丰富，涉及花鸟鱼虫、四季农耕、长江黄河、为人交友，还包括光绪年间的国歌，歌词厚重阳刚，没有点古文底子，还真唱不了。以《扬子江》为例：

大江东去何茫茫 / 云水苍凉 / 远远系昆仑 / 一泻入沧桑。
八口久互市 / 欧美进通商 / 输重庆 / 出沙市 / 长沙汉口朔宜昌。
九江头 / 湖口岸 / 庆皖省 / 左江宁 / 右镇江 / 乃吴江 / 吴淞又是新辟场 / 上游中心推汉口 / 下游总汇申江旁。
商业上 / 久扬名且看湘江鄂渚数都会 / 下控吴越上荆襄。

严仁清把这个歌本转交给卢乐山时写道："这些歌曲大部是清光绪年间所采用（其中个别也为当年幼稚园和小学所选用），从这些教材中可以看出当年的教育内容，今后有关人员对这项工作有兴趣的话可供参考。"

追根溯源，韩咏华可以称得上是清末民初第一代幼儿教育工作者。

1985 年教师节，全国政协妇女组特赠送她一幅立轴，上书六个大字——保育工作先驱。韩咏华在严氏蒙养园的几代学生也赶来为老师

韩咏华与"保育工作先驱"立轴合影。她身穿浅蓝的半袖衫、深蓝的长背心，衣着简洁，气质高贵

祝贺。

老人家1994年8月26日谢世，离她一百零一岁的生日只差两天。作为中国新闻社记者，我向海外发出韩咏华逝世的一条特稿：

> 韩咏华女士今年8月26日以百岁高龄在北京谢世。
>
> 这位贤淑的女性，半个多世纪以来一直被海内外学者尊敬地称为"梅师母"，因为她的丈夫梅贻琦先生是著名的教育家，自30年代初担任清华大学校长长达十七年之久。1955年他赴台湾新竹创办"清华原子科学研究所"，以后发展为台湾清华大学。梅校长在海峡两岸高等教育的园地里辛勤耕耘，桃李满墙。
>
> 9月6日韩咏华的遗体在八宝山火化。向梅师母做最后告别的学生行列里，留下了一长串学林泰斗的大名：周培源、钱伟

长、汪德昭、陈岱孙、赵访熊、施嘉炀、汤佩松、顾毓琇等。

台湾的清华学子也没有忘怀他们敬爱的梅师母。台湾清华大学同学会发来唁电，送来花圈。在韩咏华女士家中的书架上，还放着台湾清华同学会去年送给她的生日礼物，那是一个精美的金属框架，里边嵌着一幅百寿图，四角雕刻着金色的梅花。

韩咏华长寿，是韩家兄妹中最后一个走的。她的大哥韩诵裳1963年去世，六妹韩恂华1966年去世，四姐韩升华1969年去世，大姐韩俊华1975年去世，小妹韩权华1985年去世。自此，韩家五姐妹，这一代人，在家族史的舞台上谢幕了。

【附】梅祖芬：人生跌宕　隐忍坚韧

　　梅祖芬是梅贻琦与韩咏华唯一健在的小女儿。据与她同辈的韩家亲戚回忆："祖芬小名叫乖儿，不爱说话。我们看见她一个人站在院子里哭，问她怎么了？她说：'他们都不跟我玩。'"

　　梅祖芬表姨住在大连市中心附近一个整洁的小区里。

　　九十一岁的老人精神很好，头脑清楚，耳力、目力都不差，就是两腿股骨头出了毛病，走路要靠助步器，出门要靠轮椅了。表姨夫欧阳效沛 2013 年去世。他们的大女儿欧阳乐笳在加拿大，小女儿欧阳乐茵在美国，每年都会回来探亲，但多数的日子还是梅表姨一个人独处，有一个保姆照料她的饮食起居。她每天会在电脑前看看邮件，手边放着 iPad，玩游戏、发微信，很熟练。我注意到她的微信头像是和丈夫的合影，微信的名字叫"老梅"。

　　对梅祖芬表姨的采访进行了两个下午，近六个小时。她对人生跌宕的平和淡定、对命运无常的隐忍坚韧，还有那简洁直率的陈述方式，给我留下很深的印象，一种亲切感和敬意油然而生。

　　我对她自身的经历最感兴趣。尤其是 1948 年以来她的父母先后离开了北平，把她一个人留在了大陆，那些年她经历了什么？她回答说："1948年底，父母走后，我就没有家了。1949年，二姐祖彤也去英国了。我平时住在学校宿舍，周末有时候住在六姨家。1951年我从清华毕业。至于我在学校里处于什么地位，应该说是被另眼看待吧。毕业后我跟一大帮同学分到华北人民大学。有一次，周末晚会上，忽然点到我的名字，还有其他几个人，说是抗美援朝需要英文翻译。就这样我们就到了华北军区，又经过一年半的培训，然后就去朝鲜了。"

我问她穿上志愿军军装了吗？她说："刚走时没穿，穿的是蓝制服，到朝鲜以后换上黄军装。我们到了朝鲜一个叫平安北道的小城，那里都炸平了，我们就住在志愿军盖的那么几间平房里。我们主要是教育俘虏，教他们说'缴枪不杀'。后来，还有一个敌工干部训练班需要人担任英文翻译，翻译政治报告，帮助订报纸杂志、管理图书等。"

我问此后政治上是否对她还另眼看待？她说："后来好一些。我加入了共青团，是最后一个入团的。"

1954年，梅祖芬表姨从朝鲜战场回到天津，在一个中专性质的拖拉机制造学校当政治教员，教社会发展史。后来，大连机械学校缺教员。她所在的教研组有六十七个人，别人都有家有对象，只有她二十九岁了，还是单身一人，没有什么负担，就把她调去了。

1957年，梅祖芬表姨到大连机械学校报到。除了行李，她还拖着一大箱子书，会计科差点不给她报销她的差旅费。当时帮助她把行李送到宿舍的是会计科唯一的一位男会计欧阳效沛，后来成为她的丈夫。

两口子在"文化大革命"中因家庭出身不好双双成为阶下囚。讲到这些苦难时，梅祖芬表姨依然淡定平和。只是在说起相依为命的丈夫、说起丈夫的家庭时，她的感激之情溢于言表。我几次问她："现在一个人过日子不孤单吗？"她说："有事的话，有欧阳家的人呢。"春节前，我打电话问她怎么过年。她说："我家的阿姨春节不回家，还有一个欧阳家的外甥过来和我们一起过年，做伴儿。"

梅祖芬表姨1985年退休，她和她的丈夫一直没有离开过这个校区。这里先是叫大连机械学校，后来升级为大连铁道学院，现在是大连交通大学。她教过英文，管理过图书馆，"文革"后归队，又回到教研组教英文。她的母亲回国以后，她也沾光，成为统战工作对象，当了大连市政协委员。她笑着说："几十年就这么混过来了。"

2019年12月29日，梅贻琦先生诞辰一百三十周年，我在微信上看到一段彩色视频，拍摄于1947年。文字说明："民国三十四年抗战胜利，清华人由昆明之国立西南联合大学搬回北平清华园。斯时校园被敌人占用八年，成为专用作军士休养处所，图书馆曾作为伤兵的病室，体育馆成了养马的马厩，满目疮痍，诸需修补。片段摄影于民国三十六年校庆日，难得一见梅校长贻琦，与全体师生遂努力恢复工作，尽力使校恢复旧观。"

点开视频，在歌声中，镜头缓缓扫过清华园诸景诸楼，师生穿行其中。在一片茂密的紫藤萝特写之后，镜头摇到熟悉的工字厅大门前，突然出现了梅贻琦校长。他身穿一袭藏蓝色长袍，笑容可掬，他在一一送客。突然，他的身旁出现了梅太太韩咏华，一袭蓝色短袖旗袍，也是笑容可掬。镜头在他们身上瞬间定格。啊！这是何等珍贵的合影。

我立刻把视频传给梅表姨。梅表姨回复说："谢谢发来的清华的视频，很有意思。能看见那个年代的父母亲，很奇特。我还想从周围来往的人中找找认识的人，但是看不清楚。"她又说："他们二位是站在工字厅前。"片刻之后，她感叹道："那时候他们还不到六十岁，很精神。"

那天，我在新浪博客上发出《母亲家族史摘录：梅贻琦、韩咏华四十三载》这篇博文，以此纪念梅贻琦诞辰一百三十周年，致敬这位我没有机会当面叫过的"五姑姥爷"。

注 释

① 参考《派遣美国留学生的章程草案》,《清华大学史料选编》第一卷,清华大学出版社,1991年。
②《梅贻琦画传》,黄延复、钟秀斌著,四川教育出版社,2013年,第13页。
③ 同上。
④《五月十九念"五哥"》,作者梅贻宝,引自《梅贻琦先生纪念集》,黄延复主编,陈岱孙、尚传道审订,吉林文史出版社,1995年,第211—212页。
⑤ 同上书,第213页。
⑥《同甘共苦四十年——记我所了解的梅贻琦》,作者韩咏华,引自《梅贻琦先生纪念集》,第268页。
⑦《我与梅贻琦》,作者韩咏华,引自《梅贻琦先生纪念集》,第258页。
⑧《同甘共苦四十年——记我所了解的梅贻琦》,作者韩咏华,引自《梅贻琦先生纪念集》,第269页。
⑨ 同上。
⑩《五月十九念"五哥"》,作者梅贻宝,引自《梅贻琦先生纪念集》,第212页。
⑪《梅贻琦画传》,第26页。
⑫《同甘共苦四十年——记我所了解的梅贻琦》,作者韩咏华,引自《梅贻琦先生纪念集》,第270页。
⑬《我们与月涵到各地游玩略记》,作者赵杨步伟,引自《梅贻琦先生纪念集》,第68页。
⑭ 同上书,第67页。
⑮《我与梅贻琦》,作者韩咏华,引自《梅贻琦先生纪念集》,第258页。
⑯《同甘共苦四十年——记我所了解的梅贻琦》,作者韩咏华,引自《梅贻琦先生纪念集》,第270页。
⑰ 同上。
⑱ 同上书,第271页。

⑲《八十自述》，引自《晚年随笔》，梅祖彦著，清华大学出版社，2004年，第5页。
⑳《同甘共苦四十年——记我所了解的梅贻琦》，作者韩咏华，引自《梅贻琦先生纪念集》，第271页。
㉑《民国三大校长》，王云五、罗家伦等著，岳麓书社，2015年，第141—142页。
㉒《八十自述》，引自《晚年随笔》，第5页。
㉓《同甘共苦四十年——记我所了解的梅贻琦》，作者韩咏华，引自《梅贻琦先生纪念集》，第271页。
㉔《一个时代的斯文——清华校长梅贻琦》，黄延复、钟秀斌著，九州出版社，2011年，第93页。
㉕《那青草覆盖的地方》，作者宗璞，引自《永远的清华园》，宗璞、熊秉明主编，侯宇燕副主编，北京大学出版社，2013年，第123页。
㉖《同甘共苦四十年——记我所了解的梅贻琦》，作者韩咏华，引自《梅贻琦先生纪念集》，第272—273页。
㉗ 同上书，第271—272页。
㉘《天南地北坐春风——怀念先父梅贻琦校长》，作者梅祖彦，引自《永远的清华园》，第28页。
㉙《同甘共苦四十年——记我所了解的梅贻琦》，作者韩咏华，引自《梅贻琦先生纪念集》，第272页。
㉚《梅贻琦日记：一九四一——一九四六》，黄延复、王小宁整理，清华大学出版社，2001年，第208页。
㉛《那青草覆盖的地方》，作者宗璞，引自《永远的清华园》，第123页。
㉜ 转引自《大学与大师：清华校长梅贻琦传》（上），岳南著，中国文史出版社，2017年，第81页。
㉝《敬悼月涵校长》，作者许世瑛，引自《梅贻琦先生纪念集》，第112页。
㉞《八十自述》，引自《晚年随笔》，第6页、第5页。
㉟《敬悼月涵校长》，作者许世瑛，引自《梅贻琦先生纪念集》，第111—112页。
㊱《陈序》，作者陈岱孙，引自《梅贻琦先生纪念集》，第2页。
㊲《同甘共苦四十年——记我所了解的梅贻琦》，作者韩咏华，引自《梅贻琦先生纪念集》，第273页。

㊳《八十自述》，引自《晚年随笔》，第 7 页。

㊴《梅贻琦画传》，第 80 页。

㊵《同甘共苦四十年——记我所了解的梅贻琦》，作者韩咏华，引自《梅贻琦先生纪念集》，第 274 页。

㊶《回忆梅贻琦座谈会》，陈岱孙发言，引自《梅贻琦先生纪念集》，第 312 页。

㊷《联大琐忆》，作者王远定，《清华校友通讯》（台湾新竹），新 118 期。

㊸《八十自述》，引自《晚年随笔》，第 7—8 页。

㊹《梅贻琦日记：一九四一——一九四六》，第 31 页。

㊺ 同上书，第 130 页。

㊻《为百世师为天下法——哭月涵校长》，作者蔡麟笔，引自《梅贻琦先生纪念集》，第 128 页。

㊼《梅贻琦日记：一九四一——一九四六》，第 206 页。

㊽《同甘共苦四十年——记我所了解的梅贻琦》，作者韩咏华，引自《梅贻琦先生纪念集》，第 274—275 页。

㊾《我与梅贻琦》，作者韩咏华，引自《梅贻琦先生纪念集》，第 259 页。

㊿《我与燕京大学》，作者梅贻宝，引自《燕大校友通讯》第 76 期，燕京大学校友会编印，2016 年。

51《五月十九念“五哥”》，作者梅贻宝，引自《梅贻琦先生纪念集》，第 214 页。

52 同上。

53《刘国光》，刘国光自述，桁林、邢桂芹整理，社会科学文献出版社，2017 年，第 24 页。

54《八十自述》，引自《晚年随笔》，第 9 页。

55 同上。

56《大学与大师：清华校长梅贻琦传》（上），第 10 页。

57《梅贻琦日记：一九四一——一九四六》，第 14、17、21、22 页。

58 同上书，第 152、161 页。

59《梅贻琦先生和西南联大》，作者郑天挺，引自《梅贻琦先生纪念集》，第 266 页。

60《怀念先父梅贻琦校长》，作者梅祖彦，引自《梅贻琦先生纪念集》，第 341 页。

61《梅贻琦先生和西南联大》，作者郑天挺，引自《梅贻琦先生纪念集》，第 265 页。

(62)《梅贻琦日记：一九四一——一九四六》，第 109 页。

(63)《同甘共苦四十年——记我所了解的梅贻琦》，作者韩咏华，引自《梅贻琦先生纪念集》，第 275—276 页。

(64)《梅贻琦日记：一九四一——一九四六》，第 143 页。

(65) 同上书，第 171 页。

(66)《八十自述》，引自《晚年随笔》，第 12—13 页。

(67)《梅贻琦日记：一九四一——一九四六》，第 250 页。

(68) 同上书，第 151 页。

(69) 同上书，第 210 页。

(70) 同上书，第 212 页。

(71) 同上书，第 171 页。

(72) 同上书，第 220—221 页。

(73) 同上书，第 221 页。

(74) 同上书，第 225 页。

(75) 同上书，第 226—227 页。

(76) 同上书，第 233 页。

(77) 同上书，第 234 页。

(78) 同上书，第 244 页。

(79) 同上书，第 185 页。

(80) 同上书，第 185—186 页。

(81) 同上书，第 186 页。

(82) 同上。

(83) 同上书，第 187 页。

(84) 同上。

(85) 同上书，第 188 页。

(86) 同上。

(87) 同上。

(88) 同上书，第 229 页。

(89) 同上书，第 248 页。

⑩ 同上。
⑪ 同上书，第 250、252 页。
⑫ 同上书，第 249 页。
⑬ 同上书，第 253 页。
⑭ 同上书，第 254—255 页。
⑮ 《一个时代的斯文——清华校长梅贻琦》，第 12—13 页。
⑯ 《梅贻琦日记：一九四一—一九四六》，第 182 页。
⑰ 《大学与大师——清华校长梅贻琦传》（下），岳南著，中国文史出版社，2017 年，第 696 页。
⑱ 同上书，第 700 页。
⑲ 《我与梅贻琦》，作者韩咏华，引自《梅贻琦先生纪念集》，第 260 页。
⑳ 《献身大学教育的梅贻琦先生——记西南联大始末及其成就》，作者沈刚如，引自《梅贻琦先生纪念集》，第 305 页。
㉑ 《南渡北归》（大结局离别），岳南著，湖南文艺出版社，2011 年，第 120 页。
㉒ 《悼梅月涵先生》，作者李书华，引自《梅贻琦先生纪念集》，第 193 页。
㉓ 《临难不苟的梅贻琦先生——追忆飞离北平围城时的往事》，作者张起钧，引自《梅贻琦先生纪念集》，第 228 页。
㉔ 《大学与大师——清华校长梅贻琦传》（下），第 709 页。
㉕ 同上。
㉖ 同上书，第 716 页。
㉗ 同上。
㉘ 《李书华自述》，李书华著，湖南教育出版社，2015 年，第 157—158 页。
㉙ 《我与梅贻琦》，作者韩咏华，引自《梅贻琦先生纪念集》，第 260 页。
㉚ 《回忆梅贻琦座谈会》，韩咏华发言，引自《梅贻琦先生纪念集》，第 313 页。
㉛ 《我与燕京大学》，作者梅贻宝，引自《燕大校友通讯》第 76 期，燕京大学校友会编印，2016 年。
㉜ 《五月十九念"五哥"》，作者梅贻宝，引自《梅贻琦先生纪念集》，第 214 页。
㉝ 《我想念的梅月涵先生》，作者吴大猷，引自《梅贻琦先生纪念集》，第 195 页。
㉞ 《追忆月涵师》，作者刘师舜，引自《梅贻琦先生纪念集》，第 202 页。

⑮《八十自述》，引自《晚年随笔》，第 13 页。
⑯《怀念先父梅贻琦校长》，作者梅祖彦，引自《梅贻琦先生纪念集》，第 341 页。
⑰《八十自述》，引自《晚年随笔》，第 15—16 页。
⑱《1954 年回国经过纪实》，作者梅祖彦，引自《梅贻琦先生纪念集》，第 356 页。
⑲《怀念先父梅贻琦校长》，作者梅祖彦，引自《梅贻琦先生纪念集》，第 342 页。
⑳ 同上。
㉑《梅贻琦日记：一九四一——一九四六》，第 255—256 页。
㉒《为百世师为天下法——哭月涵校长》，作者蔡麟笔，引自《梅贻琦先生纪念集》，第 128 页。
㉓《节俭和廉洁》，作者孙观汉，引自《梅贻琦先生纪念集》，第 382—383 页。
㉔《协助清华在台"复校"琐忆（续）》，作者赵赓飚，引自《梅贻琦先生纪念集》，第 253 页。
㉕《一个时代的斯文——清华校长梅贻琦》，第 280 页。
㉖《回忆梅贻琦座谈会》，韩咏华发言，引自《梅贻琦先生纪念集》，第 318 页。
㉗《五月十九念"五哥"》，作者梅贻宝，引自《梅贻琦先生纪念集》，第 215 页。
㉘《琐事忆梅师》，作者赵赓飚，引自《梅贻琦先生纪念集》，第 222 页。
㉙《治丧纪实》，作者赵赓飚，引自《梅贻琦先生纪念集》，第 136 页。
㉚《同甘共苦四十年——记我所了解的梅贻琦》，作者韩咏华，引自《梅贻琦先生纪念集》，第 276 页。
㉛ 同上书，第 277 页。
㉜ 同上。
㉝ 同上书，第 278 页。
㉞ 转引自《梅贻琦先生纪念集》，第 388—389 页。

第四章
麻线胡同 2 号

这是一张珍贵的大合影,站着的、坐着的、蹲着的、席地而坐的,再加上手上抱着的,男女老少共三十五人。共包括六家:韩家、李家、傅家、梅家、邝家、卫家。以站立者为后排,坐者为中排,蹲者为前排,坐在地上的为最前排,一律从左至右,按照六家辨认一下照片中的各位:
韩家:韩诵裳(中左五)、高珍(中左四)、韩德章(后左二)、方诗云(后左一)、韩达明(最前左三)韩德常(后左五)、徐献瑜(后左七)、徐泓(高珍抱着的)
李家:韩俊华(中左六)、李莲普(中左七)、李惠年(前左四)、汪德昭(后左九)、汪华(欧瑞,最前左四)、李瑞年(前左一)、廖先庄(前左二)、李楢(廖先庄抱着的)
傅家:韩升华(中左三)、傅愫冬(后左三)
梅家:韩咏华(中左二)、梅贻琦(后左八)、梅祖彬(后左六)、毛匡琦(梅贻琦抱着的)、梅祖彤(后左四)、安思礼(后左十一)、梅祖杉(前左三)
邝家:韩恂华(中左十)、邝宇宽(最前左六)、邝宇平(最前左二)、邝宇忠(最前左一)、邝宇正(最前左五)
卫家:韩权华(中左一)、卫道蕴(最前左七)

2014年春节，二舅韩德刚得知我要写韩家的家族史时，特意给了我一张照片，并再三强调它的重要性："这是韩家老辈最全的一张照片。"

我在照片中就是那个坐在外婆高珍怀里，不看镜头，侧着脸，头上别着一个蝴蝶发卡的小女孩。和我一样被抱着的还有大我一岁的毛匡琦、小我一岁的李楯，我们是第三代。和我同辈的还有达明表姐、汪华（欧瑞）表哥。其余诸位都是我的长辈：外公、外婆、姑婆、姑姥爷，以及众多的表姨、表姨夫，表舅、表舅母。

起初我们都认为这张照片是在清华园甲所梅宅拍摄的，因为梅家的人最多，梅贻琦抱着外孙子也在其中。2015年，我去美国洛杉矶探亲，专程拜访了梅祖彬表姨的先生，也就是这张照片的拍摄者毛文德。这位九十多岁的老人，身强体健，精神矍铄，他清晰又肯定地告诉我："不是在甲所，是在六姨家。"

六姨家即邝宅，那时在东城麻线胡同2号。

我回国后即向邝宇宽表姨求证，她仔细地看过几遍后恍然大悟："这是在我们家的大客厅，你看，墙上挂的那幅字：还我河山。"

从照片上众人的穿着和我们三个小孩的年龄、模样推测，拍摄时间应该是在1948年秋天。大家为什么聚会呢？我的第一个推测是为我的外公韩诵裳庆生祝寿，他的生日是阳历10月17日。韩家非常重视生日，这是祖上留下的家风之一。来人如此齐全，着装如此正式，由此很容易联想到这一点。而且如果是为了庆生，那么袁同礼、袁同礼夫人、袁复礼夫人三人出现在合影中也就不难理解了。袁复礼、袁同礼是韩诵裳的表兄弟，我母亲称呼他们为二表叔、三表叔。他们应当是来为表兄祝寿的。

唯一让我迟疑的是照片中有汪德昭，他是李家的女婿，当时他应该跟着卫立煌在东北战场。10月中旬辽沈战役并未结束，他不可能出现在北平。据此这张照片的拍摄日期就要往后推一推了。

那么到底因何拍摄了这样一张完整的全家福？

在上一章里我已经提及一个日子——1948年11月28日，这一天，卫立煌一家，韩咏华带着梅祖彬和两个外孙，李惠年、汪德昭夫妇带着儿子汪华（欧瑞），还有按照一家带一个的原则带走的韩德扬、邝宇平，一行多人乘飞机离开北平南下。

在国共对决、兵临城下这一历史转折的关头，韩氏家族离散了，有的人走了，有的人留下。这应该是1948年11月下旬为了告别而举行的一次聚会，是韩家老一辈人最后一次合影。

一、韩权华：万里姻缘一线牵

下面的故事要从这张照片中的七姑韩权华讲起。她一身织锦花纹旗袍，发型端庄，面容姣好，风度出众，虽然不在此照片的 C 位，但你多看一会儿，目光就会被她吸引。

韩权华1936年再度赴美进修，那时她已经三十三岁了，仍然单身。1930年，她第一次回国探亲时，曾经向她的母亲征求意见。那时，她在美国交了一个男朋友，是个画家，老太太一听是洋人，当场就否了。据说，那位画家画了一张大海的油画，因为两人初次相识就在海边。后来这张画分作了两半，一人持一半。

1939年，第二次世界大战爆发，美国国内虽然没有战事，但国际邮路受阻，家书往来不畅，有关她的音讯越来越少。家里人仅大致知道她一直从事音乐教育，很独立；在纽约、旧金山都住过，美国东西海岸都到过；有过恋情，终未开花结果。更详细一点的情况，还是从梅贻琦的老朋友赵元任的夫人杨步伟处得知的。赵太太出身南京望族，自幼性格果敢，勇于任事，是中国最早的现代新女性之一。她毕业于上海中西女塾，年纪轻轻就当上了崇实女子中学的校长，后来又到日本东京帝国大学攻读医学，回国后开办"森仁医院"，1921 年与赵元任结婚。

还在清华园南院 1 号住的时候，杨步伟就认识了梅贻琦的这位小姨妹。那时韩权华高中尚未毕业，她到杨步伟在城里的诊所看过病。在美国留学期间，韩权华与赵元任、杨步伟夫妇走动很多。赵元任先生在梅贻琦走后继任了清华留美学生监督一职。

杨步伟喜欢写作，出版过《一个女人的自传》《杂记赵家》《中国食谱》等书。在《杂记赵家》这本书里，她多次写到韩权华，并说她多年来就像自家人一样。书中还写到了韩权华 1939 年以后在美国的动态。1939 年 7 月，赵元任到旧金山代表中国出席第六次太平洋科学会议，杨步伟带着女儿们也来到旧金山，住在中国城大观楼上的一家旅馆里，这时韩权华从东部来了。杨步伟在书中写道："她因为和于焌吉两个人虽然往来了两年多，始终合不来一道。韩写信给我要离开东部，又不想就回国。我正想到檀香山要人教汉语，她不正好吗？我就写信告诉她先来旧金山当面细谈。"[①]

我从老一辈亲戚口中听说韩权华有过一个男朋友，是旧金山总领事，原来这个人就是于焌吉[1]。对照于焌吉先后在旧金山和纽约任职的

---

[1] 于焌吉（1899—1968），河北文安人。毕业于天津南开大学，后赴美留学，先后获美国纽约大学经济地理系博士学位、哥伦比亚大学哲学博士学位。

迄今为止找到的唯一一张韩权华的标准像

时间，韩权华与他来往的两年多应该是他任纽约总领事的时候。

韩权华从东部赶来旧金山，与赵家入住在同一家旅馆。杨步伟一面和她细谈情况，一面写信给檀香山方面，询问那个职位找到人否，同时转去韩权华的履历，大力推荐说韩权华虽然是学音乐的，但是教书一准没有问题，只会比她更好。一个星期后，对方来信了，极欢迎韩权华去。杨步伟在《杂记赵家》中说："韩表示要等到我们东行时，她才动身走，因为我们比姐妹还亲近些呢，向来无事不和我商量。"

赵元任开了三个星期的会议，结束后，杨步伟头一天送走韩权华，第二天一大早，全家就开车横穿美国大陆，回东部去了。

如此算下来，韩权华应是1939年夏去的檀香山，从此定居在那里，在一所华侨学校讲授汉语，教授音乐。据说，到檀香山以后，她的追求者仍然不断，甚至包括檀香山总督，还有一位美国船长。时隔多年，三舅、三舅妈讲起韩家这位冷美人中年时的情感经历，还啧啧感叹："那些人可是真追求她啊！"

大约在 1941 年，韩权华收到了一封来自中国重庆的信，每张纸上都有几十个核桃大小的字，直截了当地向她求婚，说"希望你回来帮助我"，末尾的落款是一个她完全陌生的名字。她的中学同学王亚全告诉她：求婚的人是卫立煌将军。

二、卫立煌：铁马冰河入梦来

拥兵百万　战功赫赫

卫立煌，字俊如，又字辉珊，1897 年生于安徽省肥东县卫杨村。他十七岁入行伍，骁勇善战，在孙中山先生身边当过卫士，从班长、排长、连长、营长逐级起步。1925 年，卫立煌的上司许崇智的部队被蒋介石收编，他随之成为蒋介石的部下，东征北伐，出生入死。1931 年，三十四岁的卫立煌就任国民革命军第十四军军长。1937 年 10 月，卫立煌时任第二战区前敌总指挥、第十四集团军总司令，指挥了著名的忻口会战，与日军浴血奋战。也正是在这次战役中，卫立煌得到了中国共产党的积极配合，八路军各师接受他的统一部署；卫立煌也结识了周恩来、朱德。忻口会战历时二十多天，歼敌两万余人。它是当时华北战场最大、最激烈的一次战役，也是国共两党的军队合作抗日、互相配合的一次战役。

卫立煌战功赫赫，与刘峙、顾祝同、蒋鼎文、陈诚并称蒋介石的"五虎上将"。但卫立煌不是江浙人，也不是"黄埔系"，难以得到蒋介石的信任，只是蒋介石嫡系中的"杂牌"，与蒋之间也常生芥蒂。赵荣声在所著《回忆卫立煌先生》一书中对蒋介石与卫立煌之间的关

卫立煌将军

系做了以下解读:"多年以来,蒋介石驾驭卫立煌这么一个能打仗的将领,耍的是两套手腕,恩威并重。硬的方面是只让他有指挥军队作战的权利,没有养兵的权利,今天要他当什么官他就得当什么官;让他居什么人之下就得居什么人之下,自己不能选择;明天说罢免就罢免,毫不客气。软的方面是官职和金钱,戴高帽子。还有通过夫人与夫人的友谊,使卫增加一种向心力量。"②

在搜寻卫立煌的史料时,我发现赵荣声写的这本书具有一定的史料价值。他1935年考入燕京大学新闻系,参加过"一二·九运动",主编过《燕京通讯》,后来加入中共地下党。1937年春,他和十位燕大同学按照埃德加·斯诺告诉他们的路线和方法冒险由北平到延安访问,第一天就见到了丁玲。

这位著名女作家为《回忆卫立煌先生》一书作序说:"他们当中有个原名赵荣声的任天马同志和靳明同志,我以前就认识。"③她说,任天马回到北平以后即连续写通讯报道延安(当时叫肤施),他所写的报告文学《活跃的肤施》还录有毛主席所作"红军不怕远征难"的《长征》诗,在社会上影响很大。后来任天马参加了西战团,分配在通讯股当记者。

西战团即西北战地服务团。丁玲以下这段回忆信息量很大:"一九三八年……在山西前线和八路军并肩作战的抗日将领卫立煌将军到洪洞县马牧村的八路军总司令部拜访,总司令部聚会欢迎,并由西战团表演文艺节目表示慰劳。在这次会上我们表演了许多新编的以抗日事迹为内容的戏曲、歌咏、大鼓等等,卫立煌将军感到耳目一新,非常欣赏。当时他就在会场频频询问有关西战团的情况,表示他也要在他们的军队中成立一个类似西战团的单位,作为他学习八路军政治工作经验的第一步。"④

卫立煌回到自己的驻地后,看见《群众》杂志上登有一篇记载他访问八路军总司令部的通讯:《西线上的盛会》。他的秘书对他说:"这篇通讯的作者任天马,原名赵荣声,是我们安徽同乡,我和他认识。"⑤卫立煌随即令这位刘秘书把任天马聘请到他们司令部去当秘书。赵荣声从此跟随卫立煌。

1939年,卫立煌已是第一战区司令长官,所辖战区跨六省,指挥兵力114万,战区幅员和拥兵数量居全国十二个战区之首。

蒋介石一直对卫立煌"亲共"甚至"通共"存有疑虑,再加上内斗不已,1941年便借口中条山战役失利,免除了他第一战区司令长官的职务,转年又革去河南省政府主席的职务。蒋同意他领饷在成都奉养老母。赵荣声也在此时离开了卫立煌,在成都燕京大学继续求学。

1942年夏天,卫立煌开始了在成都的赋闲生活。他当时住在支矶石街。第二年春天,赵荣声曾去府上拜访。稍坐片刻,卫立煌就穿起灰色的绸长衫,招呼他们走出院门,一起逛大街。赵荣声发现暗中有特务尾随。

卫立煌还有一批参谋副官跟着他。赵荣声听见他们私下议论:"委座早就讲过,卫俊如缺乏政治头脑,不能独当一面,但是能打;只要委座认定他能打,就有办法,早晚定要起用。"所以,他们围着卫立煌不散,很有信心地"烧冷灶"。

卫立煌幼年在卫氏义学上学,喜爱读古诗词。赵荣声见他现在居住的地方属于成都少城,宋朝大诗人陆游也在这里居住过,就找来几本陆游的诗,卫立煌果然爱不释手。陆游那首《十一月四日风雨大作》引起他强烈的共鸣,赵荣声一直记得卫立煌反复吟诵的那四句:

僵卧孤村不自哀,尚思为国戍轮台。
夜阑卧听风吹雨,铁马冰河入梦来。

假戏真做　越洋求爱

1941年春节,卫立煌到重庆开会。此时他的夫人朱韵珩病逝已两年。这是他的第三任夫人,前两位属包办婚姻,先后病亡,而他与朱韵珩是自由恋爱。

1927年,卫立煌率北伐军十四师驻镇江。他手下的一支队伍在风车山驻扎与操练,干扰了教会女中崇实学校的教学,校长找到师部与师长卫立煌交涉。这位穿一身朴素蓝旗袍的校长就是朱韵珩。

她从小被教会领养，1917年从崇实女中毕业，考取赴美留学，后在美国科罗拉多州丹佛大学获硕士学位，回国反哺母校，出任了镇江崇实女中校长。

初次见面印象美好，卫立煌慨然允诺撤军。数日后，他亲赴风车山道歉。这时他已知朱韵珩留学归来仍小姑独处，于是向她求婚。当年12月24日，他们就在上海外滩大华饭店举行了婚礼。这个场所二十三天前刚举办了蒋介石、宋美龄的世纪婚礼。

蒋夫人宋美龄和卫夫人朱韵珩都曾赴美留学，接受过美国的高等教育，又同样是虔诚的基督教徒，相同的文化背景使两人的共同语言颇多，平时两人经常以纯熟的英语互通电话。1937年以前，宋美龄每到夏天都去庐山避暑，朱韵珩也带着孩子上庐山，她无需请示便可通过层层警戒进入宋美龄的住处。卫立煌、朱韵珩的小儿子卫道然，当年六岁，多年后回忆时还记得每次上庐山都携带很多水果糖块回来。卫立煌指挥第一战区战事时，宋美龄周到地安排飞机送朱韵珩去洛阳探亲团聚。

1939年10月，朱韵珩在一次小的妇科手术中休克，经抢救无效去世。卫立煌当时正在指挥第一战区，手握重兵在黄河以北阻击日军。宋美龄闻之，亲自坐飞机到成都吊唁，既有悼念闺蜜之情，也有安抚卫立煌之意——借夫人之间的友谊为蒋介石笼络人心。

卫立煌和朱韵珩感情很好，二人1930年生有一女卫道蕴，1931年生有一子卫道然。

夫人去世后，他念及两个孩子还小，担心他们受委屈，无意再娶。他的内室一直保持着朱韵珩生前的格局和陈设。朱韵珩有一个习惯，在床头柜上放一本《圣经》，卫立煌始终保留着，睡前在灯下翻一翻。

此次卫立煌到重庆开会，寓居在四川军阀范绍增的范庄，那是重庆有名的高级住宅。当时负责行政院总务科的是孔祥熙的女儿，她亲自出来指挥，一层楼都安排给卫立煌居住使用，并都换上了新家具。

赵荣声在《回忆卫立煌先生》一书中记述："卫到重庆的次日早晨，在户外草坪上与孔小姐碰过头，打过招呼，讲过几句话。后来，就有人询问卫立煌：'你对孔小姐印象如何？如果愿意，替你作（做）媒好吗？'卫立煌不敢说不愿意，只好说：'这话讲迟了，已经有人早一步提过这个问题，已经谈得差不多了。'这个提亲的人觉得奇怪，又问卫立煌：'你怎么保密保得这么紧，重庆一点也没有听说呢？'卫立煌说：'谈的对象在美国，你怎么知道呢？'"[6]

书中没有注明提亲的人是哪一位，但应该有点来头。当时给卫立煌提亲的，追根溯源，大多来自蒋、宋、孔家，他们希望用姻亲关系把卫立煌拴住，因此，一度传闻不止，有的说是孔大小姐孔令仪，有的说是孔二小姐孔令伟。

看来此事不宜久拖，卫立煌感到确实需要考虑续弦的事了。他拒绝孔家的理由是"谈的对象在美国"，现在只能假戏真做，托人在留美的中国女生中寻找。他把此事托付给高级参谋邵光明。

我在寻找历史资料时发现，农家子弟、行伍出身的卫立煌很尊敬知识分子，器重青年学生，他的身边也不乏这样的人才。例如秘书吴君惠，毕业于北京大学法学系；机要秘书温广汉，留法归来。这位邵光明也是一位海归，毕业于美国西点军校，从抗战初期就一直跟随卫立煌，到受卫立煌之托时，已升任副官处长。

邵光明曾经替卫立煌办过一件漂亮事。1938年夏天，邵光明去香港，卫立煌交代他用卫的私款代买一些高级自来水笔，准备送给八路军将领。卫立煌说八路军不爱财，送钱是不会要的，但是喜欢自来水笔，今后与他们接触的机会多，务必买些最好的笔。邵光明到了香港，看见商店中有一种宽笔尖的美国 Sheaffer 牌自来水笔，质高价昂，是在大后方见不到的。在这种牌子的笔当中，有一个品种很别致，笔帽上嵌有一个白色的圆点，作为"永久保修"的标志，只要笔尖尚在，别的零件坏了都免费保修。邵光明一下就买了几十支，每支都刻上"立煌敬赠"四个字。卫立煌头一回看见这种宽笔尖的自来水笔，很高兴，马上就把它们作为联络前方将领的珍贵礼物。

1938 年 8 月，一个炎热的日子，朱德总司令从十八集团军总司令部经过晋城、阳城等地来到垣曲县辛庄村拜访卫立煌。两人相谈甚欢。赵荣声回忆，从开欢迎会的次日起，卫立煌和朱总司令单独谈了整两天。晚上，守在院子里的警卫和秘书，只见房中明亮的烛光被遮处留下两个很大的头影。

赵荣声说，朱德带来几样礼物，其中有两匹俘获的日本军官骑的枣红色大洋马，特别高大，身上的毛油光闪亮，卫立煌很喜欢。卫立煌回送朱德一批新式的大号手枪，这是可以当盒子枪使用的威力较强的手枪，还有就是一支 Sheaffer 牌自来水笔。如今在军事博物馆陈列的抗日战争时期的照片上，还可以看到朱德总司令衣袋上佩戴着一支钢笔，笔帽上有一个白色的圆点。

卫立煌请邵光明为自己物色新夫人一事很快就有了消息，原来邵光明的夫人王亚全也是留美的海归，她马上想到了韩权华。她和韩权华都毕业于国立北京女子师范大学，两人同校不同班；后来她们都在美国留学，两人同时不同校。于是，经王亚全牵线搭桥，卫立煌求婚的信远渡重洋，寄到了檀香山韩权华手上。

滇西会战　卫韩成婚

关于卫立煌与韩权华的姻缘还流传着另一种说法。香港一些杂志提到韩权华的姐夫梅贻琦当时在昆明主持西南联大，卫立煌常到昆明公干，他们一文一武，是很熟悉的朋友。言下之意，推测是梅贻琦把夫人韩咏华的胞妹韩权华介绍给了卫立煌。为了查证这一点，我再度翻阅《梅贻琦日记》，这么大的事情他不可能没有记录，哪怕蛛丝马迹也好。

卫立煌的名字最早出现在梅贻琦日记里是1943年11月20日："中午约卫立煌及黄琪翔夫妇、马晋三、萧君、光旦、杨武之、张印堂、陈惠君女士午饭。晚陈、卫两长官在军政部办事处请客，食炮牛肉，究不知外客欣赏如何耳。"[7] 梅贻琦全天的应酬都与卫立煌有关。从时间上看，1943年11月，正是在这个月里，蒋介石重新启用卫立煌，命他继陈诚之任，担任中国远征军司令长官。据此推算，11月20日应是卫立煌前往履新，到昆明不久之时。这一天中午，梅贻琦请客，从他列出的名单分析，颇似西南联大校方为即将上任的中国远征军总司令卫立煌设的接风宴。当晚，陈、卫两长官在军政部办事处请客。从宴席的主人以及宴席的地点分析，应该是远征军司令部举办的一场官方活动。此举是否是向昆明社会各界公布陈诚与卫立煌的换岗，梅贻琦一笔带过没有说明，反倒关心吃的炮牛肉———一种火锅。"究不知外客欣赏如何耳"，日记中的这个"外客"指的是卫立煌吗？

1944年3月18日，梅贻琦日记中再次出现卫立煌的名字："晚卫立煌司令长官在兴文大楼请客，百余人，多为中美军官。散后约卫至家稍坐。"[8] 要紧的一句在最后："散后约卫至家稍坐"。这应该是卫立煌第一次被邀请到梅贻琦家作客，寥寥八个字，没有透露任何具体内容，是否传递出认亲戚之意？

这个时候的卫立煌对与韩权华的婚事已经成竹在胸了。从1941年冬天开始，他们书信往来，韩权华被他是抗日英雄这一点打动了。她本人个性刚直，正气凛然，其爱国情怀与民族气节不输须眉。听老一辈人说，有一次宴会，韩权华落座以后，发现身后墙上挂着日本天皇的画像，她旋即起身，离席而去。还有一说，卫立煌信中的直爽、诚恳、义气与韩权华平素交往的斯文书生、高傲的富家子弟不同，这点也使她动心。因与学校有合同，她不能马上启程回国。1941年12月，珍珠港事件之后，日本向美国宣战，海空封锁，她想回也回不来了。她只好写信告诉卫立煌，不要等她了，但卫立煌表示他等。

以上内情，梅贻琦、韩咏华是否知道，又知情多少，这点我很好奇。据说韩家对这桩婚事是有疑虑的。她的姐姐们认为，韩家的姑爷都是留过洋的读书人，她们不希望妹妹嫁给军人。就连还在上高中的姨姨韩德庄都在日记中发表了议论："一向以强硬著称的七姑，难道甘心屈于权势名利之下吗？"

卫立煌上任不久，就把远征军司令部从楚雄前移到保山县马王屯。

马王屯在一条峡谷之中，数十里长的一块平坝上。这里距怒江前线只有七十公里。卫立煌一到保山，就为滇西会战做准备：首先，他用美国提供的新式武器把十几万远征军官兵装备起来；其次，精心研究战术、技术问题，请美国空军专为怒江到腾冲这一条路线绘制了新的军用地图。这种积极备战的氛围使得西南战场士气为之大振。

蒋介石此时临阵走马换将，重新启用卫立煌，他的小算盘打得精：卫立煌已因"亲共"被监视了两年，蒋介石对其言行表现还算

卫立煌在前线指挥作战，摄于1944年

满意，这时派他去滇缅与美英军合作，也不会再接触共产党，似乎可以放心了。

重获机会的卫立煌对此心知肚明。像他这种传统的爱国军人，只要能为国家民族出力、建立个人功业，哪怕流血牺牲也在所不辞。卫立煌轻车简从走马上任，为避嫌而屏退了原先追随其左右的旧幕僚。反攻前，他所有的工作都围绕三件大事进行。第一，与"云南王"龙云建立了亲密的私人关系，获得了当地对远征军足够的粮草物资、情报信息支援。第二，解决了军中派系明争暗斗的纠纷。他再三申明，他来云南是来打仗的，为的是将日本人赶出中国。他告诫滇西将领们："倘若在中国远征军内，有哪一位将军因闹意气或某种不正当理由而贻误战机，当以误国罪论处，绝不宽贷！"第三，与史迪威为代表的美军顾问组建立密切关系，以取得美国充足的武器弹药的供应和其他军事配合。

1944年5月,渡江反攻计划开始,卫立煌调集并指挥两个集团军十六个师,向盘踞在腾冲、龙陵一线达两年之久的顽敌发起致命的攻击。天上美国空军助战,地上远征军一路强渡怒江、跨越高黎贡山,收复失城,扫荡了云南境内的全部侵略者。1945年1月27日,在中缅边境的芒友,中国远征军与在北缅作战的中国驻印军新一军正式会师。中国和海外的通道——中印公路(又名史迪威公路)重新打通,几千辆车鱼贯驶来,场面壮观,群情欢腾。

梅贻琦日记明确出现卫、韩婚事的字句是在1945年6月6日。他由重庆回到昆明:"早四点(新时),天尚未明,乘滑竿赴飞机场,慰堂起送行,约六点十分起飞,时日光初露,即已觉蒸热矣。九点降于巫家坝,飞机绕行约十分钟始停下,此场扩充之大可想见矣。下机后顿觉凉爽,至文化巷三十号寓所,则权妹已于十日前来昆,婚期且已定本月十六。"⑨

这天的日记,梅贻琦的文笔少见的轻松愉悦。经过三个小时的飞行,飞机降落之后,他直接去了文化巷30号寓所,见到了韩权华(在梅贻琦日记中,对他的两个姨妹的称呼,韩恂华为六妹,韩权华多为权妹)。

文化巷30号寓所是什么地方?

老昆明的巷比街多,最多时有五百多条。文化巷原名仓麻巷,南起文林街,北至天君殿巷,曾地处北城郊荒野,因苎麻丛生得名仓麻巷。1938年,西南联大迁来昆明,租用了此处的一些民房作为教职工宿舍。在北城外修建的新校舍落成后,穿行于这条巷子青石板路上的文人络绎不绝。"文化巷"的称谓逐渐取代了"仓麻巷"。西南联大数学系教授杨武之夫妇带着儿子杨振宁在文化巷11号住了两年。这间小四合院遭日军空袭后重建，改为文化巷27号，钱锺书1941年来时就在这里下榻，他形容这里的房间"屋小如舟"。

我向梅祖芬表姨请教时，她说文化巷30号寓所是梅家在昆明的最后一个落脚地。抗战时期，梅家在昆明先后住过东寺街花椒巷6号、西仓坡5号，到文化巷30号住时大约已是1944年了。那时梅家的大女儿、二女儿和儿子都已离家，三女儿、幼女和梅贻琦夫妇同住。

梅祖芬回忆说："那里的院子很小。老姨（韩权华）从檀香山回来就到我们家来了。她漂亮，有一种形容不出来的高贵。"据传是美国飞虎队的军用运输机把韩权华从檀香山接来的。卫立煌在指挥中国远征军期间，和美国军事将领合作融洽，他的才能也得到高度评价。中国远征军强渡怒江成功，美国《时代周刊》曾对卫立煌和他的抗战事迹做了专题报道，他一张骑马的戎装照上了封面，标题是"常胜将军卫立煌"。

卫立煌与飞虎队的陈纳德将军交情尤深。要知道，中国远征军全部的新式装备、武器弹药都是飞虎队一次次从印度飞跃驼峰运过来的。那时美国空军每个月空运大量军用物资装备中国军队。陈纳德早就动脑筋要成全卫立煌与韩权华了。姨姨韩德庄在1945年4月27日的日记中写道："傅大姐来信了，是去年十二月写的，昨天才到，说七姑一月可回国，婚姻有成的可能。"傅大姐是傅慸斐，四姑韩升华的大女儿。她当时在西南联大读书。她给舅舅家写的信从昆明到北平竟然走了四个月。信中说七姑的婚姻有成的可能，可见韩权华与卫立煌的这段姻缘，几家人、两辈亲属都知道，也都惦念。

1945年4月，美军在冲绳岛登陆，日军本土受到威胁，之后美国在太平洋上空获得了完全的制空权。陈纳德的飞虎队的那些军用运输机很安全，又有了空位子，于是5月底就把韩权华从檀香山送到了昆明。一路长途飞行，她还有点晕机。

梅贻琦写于1945年6月6日的日记中有一条最重要的信息放在了最后——婚期且已定本月十六日。我着急地往下翻他的日记，寻找6月16日那一天，但梅贻琦的日记自1942年9月到1945年6月这一段中间多有间断，恰恰只到6月6日戛然而止，再开始就是1945年9月了，只好引用其他史料。据1945年6月18日南京的一份报纸报道，1945年6月16日，韩权华与卫立煌在昆明金碧路锡安圣堂举行结婚典礼。何应钦为主婚人，龙云为证婚人。

20世纪40年代，金碧路已是昆明城内一条宽敞繁华的大街。街面是用条石铺成的，仿欧式的两层楼铺面列于两廊，行道树都为高大有浓荫的法国梧桐。锡安圣堂正好位于金碧路中段南边。

主婚人何应钦，时任陆军总司令。三个月以后，1945年9月9日，他在南京主持了中国战区日本投降签字仪式。

至于还有什么人参加了婚礼，尤其是韩权华的哪些亲朋好友参加了婚礼，这些都不得而知。后来我找到了韩权华的表哥袁复礼的二女儿袁刚，我称呼她袁表姨，从她那里得到了很多卫立煌与韩权华婚礼的有趣的细节。

袁刚表姨那时已经十三岁了，她生性活泼，用她自己的话说"爱管闲事"，对许多事还留有清晰的记忆：

> 卫立煌到我们家来了好几次，和我爸我妈谈七姑，还要看七姑的照片。他把七姑的一张单人照，还有七姑和李大姐（李惠年）、韩大姐（韩德常）三人合照的一张相片从相片簿上取下来，

带走了。

他每次来都乘一辆大的军用吉普，敞篷的。副官开车，他不进屋，只在车上候着。我放学回家，看到家门口停着吉普车，就知道是卫立煌来了。我会爬上车和副官搭话。我发现他的副官都挺有文化，坐在车上，手里拿着一本书看，那些书都是英国、法国的经典名著。

七姑回来后，五姑就来找我妈商量办什么嫁妆。我记得是两床被、两套睡衣。她们去街上的商店挑料子，买棉花。裁、剪、缝等手工活儿全是我们家李妈做的。李妈特别能干。我还记得絮被子时，铺在我家厅房的地上，我还跟在李妈后边一层层絮棉花。还要绗被子，也是李妈飞针走线绗好的。被子的被里雪白，被面是花的，小花，很素雅。

谈到6月16日的婚礼，袁刚表姨说："我们全家都去了，包括小七、小八。不知为什么，我没有去。"她至今感到遗憾与奇怪："是否我那天有课？"因此她无法回答我的这个问题：七姑婆当天穿着什么样的婚纱？后来我从《卫立煌将军》一书中得知，婚礼隆重简朴，全程仅用了二十分钟："卫身穿军装，只佩戴一枚象征他抗日有功的青天白日勋章。韩权华女士身着中装旗袍，没有珠光宝气的装饰，表现出她那书香世家的风采。"[10]

7月5日是韩权华四十二岁生日。在北平，我的外公韩诵裳家里照例为亲人摆席吃面。姨姨韩德庄在这天的日记中说："各位姑妈和大姐他们都来了，可惜本人不能来。"各位姑妈指的是大姑韩俊华、四姑韩升华、六姑韩恂华，大姐指的是我的母亲韩德常。姨姨韩德庄心有遗憾：今天，寿星本人缺席，虽然她已经回国，但在大后方，仍不能回来。

情场得意　官场失意

韩权华婚后住在昆明翠湖东路2号，这是卢汉借给他们的一栋幽雅别墅。这地方离西南联大校址不远，梅家、袁家与卫家的走动多了起来。

袁刚表姨回忆说："卫立煌和七姑住在一栋两层的法式楼房里。七姑生日时，我妈做了一瓶果酱，让我们三个孩子送去。我们在二楼见到了七姑。"他们还见到了卫立煌与朱韵珩的两个孩子卫道蕴、卫道然。"还有两个穿军装的。"袁刚表姨补充说。那应该是卫道杰、卫道煦。卫立煌的这两个儿子分别毕业于黄埔十四期和十七期，曾随父亲从军打仗。

通过梅贻琦1945年10月25日的这则日记也可依稀窥见韩权华、卫立煌新婚之后的生活片断："晚俊如、权妹来食炸酱面，饭后闲话时事，至九点别去。"[11] 卫立煌夫妇上门拜访姐姐姐夫。吃炸酱面是韩家的拿手家常饭[1]，饭后两位连襟还可闲话时事。应了那句"情场得意，官场失意"的话，此时的卫立煌又被蒋介石冷落了，憋着一肚子闷气。还在中印公路打通之前，盛传中国远征军司令部将要改组成为中国陆军总司令部，卫立煌当陆军总司令的呼声最高。他自己也认为陈

---

1 后来我在梅贻琦1956—1960年的日记中看到了更多有关"吃炸酱面"的记录，那时他寓居美国与中国台湾，炸酱面作为老北京的家常饭更带有了思乡的味道。

诚都当上了国防部长,顾祝同都当上了参谋总长,论战功,他怎么也差不多。远征结束之日,国民政府陆军总司令部正式成立,未承想,蒋介石发布命令:陆军总司令是何应钦,副总司令是卫立煌。

这下可把卫立煌气昏了,多时不就职,不办移交。而且国共两党的关系已发生了重大变化,此时可谓"黑云压城城欲摧"。据《回忆卫立煌先生》记载:"次年春季,在重庆召开国民党的六届二中全会。卫立煌参加这次会议,携带韩权华同来重庆,还是寓居在范庄。"⑫

我在梅贻琦日记中找到了与此相关的记录。梅贻琦1946年2月15日从昆明飞至重庆处理联大公务。第二天,他午后拜访几位先生都未遇,他在2月16日的日记中写道:"归后因无聊,便至卫家,入门见似有多客者,见七妹始知适为俊如寿日,有人送酒席为祝,座客有朱绍良、李一平、邵光明夫妇、陈惠君等等,食时朱、李颇闹酒,而李醉矣,饭后大吐,盖亦借酒消闷者也。有卫旧部属数人唱京戏,旋何成浚来,又谈至十点始散。"⑬

卫立煌是1897年生人,这天是卫立煌四十九岁的生日,按民间说法,"过九不过十",即五十大寿,所以卫家祝寿者盈门,有送酒席的,有旧部属唱京戏的。

在祝寿宴会上,主宾国民党朱绍良、李一平两人斗酒,李一平更是大醉失态。梅贻琦点睛一笔:"盖亦借酒消闷者也。"几位与何成浚久久地长谈,看来这几位国民党元老级人物此时都有心事。

这些人为何忧心忡忡?查一下国民党六届二中全会的资料,就明白这是会前的"山雨欲来风满楼"。这次会议于1946年3月1日至17日举行,被称为抗战胜利后举行的最重要的一次国民党中央全会,它确立了国民党战后政策的基本走向:即主张对共产党采取缓和政策的温和派失势，强硬派在蒋介石的默许与支持下实际推翻了政协协议。用一句话来概括，第二次国共合作从巅峰走向破裂，战火重燃。

1946年春夏之交，卫立煌夫妇回到南京。

卫府位于南京上海路南头，房子很大，是相连的两栋洋房，住宅在靠马路的一栋，闲置一栋。院子里有花园，有车库。卫家的三个孩子——卫道京、卫道蕴、卫道然都住在家里，其中卫道蕴在明德女中上高一，卫道然在金陵中学上初二。许地山的女儿许燕吉曾写道："卫立煌的夫人韩权华是我妈妈的中学同学，我称她韩娘。我们到南京不久，她设家宴请我们，由此知道我在明德走读，中午啃馒头。原来卫立煌的小女儿卫道蕴就在明德上学，比我高两级，当下就说好让我每天跟卫道蕴回她家吃午饭。"⑭ 许燕吉记得饭厅在楼下，有一张长条饭桌，"卫立煌坐在顶头，我算客人坐在他下首，韩娘坐我对面，卫道蕴和她姐姐坐我这边，她弟弟卫道然坐韩娘下首。卫道然比我小，在金陵中学上初二。这三位卫'道'各有各的母亲，而且都亡故了"⑮。吃饭时卫立煌总对许燕吉问这问那："妈妈怕我脚长得快，给我买的皮鞋大，不跟脚，走在他家地板上咚咚大响，他就问我是不是错穿哥哥的鞋了，还哈哈大笑。虽然他似乎也没有架子，可我对他总心存畏惧，认为他属于开枪杀人的一类，和我家教书的不同。在他家吃饭还有一点儿不习惯，就是身后总站着一个勤务兵盯着我的碗，我刚吃完，他就上前一步把我的碗夺去，也不管我还要不要，就盛满一碗放到我面前。"⑯

这段文字看得我哑然失笑。我一直好奇新婚的韩权华如何进入卫家的生活？她是文人，洋气；卫立煌是武人，"土气"。她还要面对三个前房留下的孩子，这些孩子都在青春期，淘气异常。这个夫人与后妈真不好当啊，她和卫立煌合得来吗？这个问题我也问过三舅韩德扬。1946年8月他高中毕业，被河北省保送至南京考海军军官学校，曾到过南京，当时他就住在卫立煌家里。三舅韩德扬对卫府记忆很深，他说："那里是一处花园洋房，外边有一个停车的转盘，花园里草木葱郁，进去是一栋三层的小楼。"他还说卫立煌送他一支钢笔，上面刻有卫的名字。[1] 在回答我的问题时，他说："七姑和七姑父感情很好，两人出去都是手拉手的。有些洋规矩，卫立煌不懂，七姑把他训得一愣一愣的。"

那时候已经有消息传来，美国陆军部马歇尔将军计划邀请世界各战区和美方并肩作战的将领到美国参观游览，卫立煌、孙立人等皆在受邀之列。蒋介石顺水推舟，批准卫立煌出国考察。

三舅韩德扬后来说："卫立煌家的客人不少，军人居多。有一次，冯玉祥将军来看卫立煌，两人聊天，冯玉祥说：'俊如啊，在南京咱们有些话不能讲啊，出去再讲吧。'"

冯玉祥正准备出国，一个月以后，他就以特派考察水利专使的名义赴美。蒋介石追去一道命令，强迫他退役。1947年11月5日，冯玉祥发表了《我为什么与蒋介石决裂》一文，表明了与蒋介石的分歧，他指出："蒋介石政权是中国所有腐败政府的顶峰，外国的金钱是无法使它免于垮台的。"

出国考察　反战求和平

1946年11月，赵荣声在上海见到了卫立煌夫妇，他们不日将启

---

[1] 我心中一动，是否就是卫立煌当年请邵副官到香港购买的那批自来水笔？

程赴美。在上海等飞机期间，他们借寓在三北轮船公司大老板虞洽卿家里。虞老已于一年前在重庆病逝，他在抗战期间组织三民、三北公司转运物资，对军方支持颇大，与卫立煌又相熟，故卫立煌夫妇到上海仍然住在他家。

卫立煌对赵荣声很热情，今日留吃便饭，明日请吃螃蟹。赵荣声记得"阿德哥"（船员以及宁波同乡对虞洽卿亲昵的称呼）的餐室放着成排的银质轮船模型，厨房里蒸出来的阳澄湖大闸蟹异常肥美，是他以前从来没有见过的。

卫立煌已经换上西装。他向赵荣声表示，他不愿意参加这场战争，有个机会正好走得远远的。

国民军事委员会规定陪同卫立煌出国的人员，共有三人：夫人韩权华，一个参谋以及一个秘书。秘书可以自己聘请，韩权华挑选了钟安民，他是西南联大的毕业生，当年和外甥梅祖彦一起为远征军担任过翻译，还是外甥女梅祖杉的未婚夫。参谋则是军委会派遣的一位浙江籍的娄参谋。韩权华试了一下他的英文，认为不好，拒绝了。结果，卫立煌的护照就被军委会搁置，多日不见发下来。他们只好将就要了娄参谋，才拿到出国护照。

1946年11月底，卫立煌一行由上海启程，先乘美国军用飞机抵达日本，然后乘轮船经关岛到达檀香山；作短暂停留后，再乘轮船经过十一天的海上旅程，赶在圣诞节前在美国西海岸最大的城市旧金山登陆上岸。

在这次写作中，卫立煌先生的孙子卫智提供了一套珍贵的史料：卫立煌将军1947年赴美、英以及欧洲他国考察的记录，共一百多张照片，每张照片都用钢笔做了简单的英文说明。卫智说，这是他90

自左至右：韩权华、
卫立煌、卫道崇

年代去美国找他的大姑，从大姑那里收集来的。原来，他的大姑卫道崇——卫立煌第一任夫人的女儿，1947年也随卫立煌一起出国考察了。这也就破解了我的一个疑惑，之前我一直在猜上边这张照片中的那位年轻女士是谁，原来是卫道崇。

卫智还告诉我，整理这些照片以及写文字说明的是博瑞德（Breed）小姐，她是韩权华请的一位私人秘书。

根据这本图册，再参照卫立煌的传记或有关文章，大致可以勾勒出卫立煌夫妇1947年出国考察的路线图：

1946年11月底—1947年4月：中国上海—日本—关岛—檀香山—旧金山—洛杉矶—华盛顿—纽约。

1947年4月底—5月初：英国伦敦。

1947年5月—10月：法国巴黎—比利时—荷兰—德国—瑞士—法国巴黎—美国纽约。

这一行人包括卫立煌及夫人韩权华以及随行人员：卫立煌的大女儿卫道崇、娄参谋、卫立煌的翻译钟安民（在美国）、许介玉（在英国）以及汪德昭（欧洲他国），此外还有韩权华的私人秘书博瑞德小姐。

搜寻有关史料，我发现卫立煌夫妇从1946年底在旧金山上岸后到1947年初仿佛在实施一个旅游计划，他们的驾车路线从西到东，横跨美国大陆。他们经过一个又一个城市，一路行驶，一路游览，一直开到东海岸。如此浪漫的设计，显然出自留学美国多年的夫人韩权华之手。卫立煌是马歇尔将军的贵客，美国方面派人前来迎接，见此情景，立即周到地派了美军司机为他们全程驾驶。这位美军司机，很佩服卫立煌辨识方向的本领。他们横穿美国全境，有时候车子走错了路，司机在地图上找不到目标，卫立煌能够很快地从许多密密麻麻的、不认识的小地名中准确地指出："在这儿。"美军司机竖起大拇指："卫将军不愧是上过战场、打过大仗的英雄。"

卫立煌夫妇沿途拜访了几位老朋友。

在洛杉矶他们拜访的是欧文·拉铁摩尔（Owen Lattimore）。这位"中国通"自幼跟随父亲来到中国，1922年获美国社会科学研究会奖金，周游了中国新疆、内蒙古和东北各地，著有《中国的亚洲内陆边疆》等。30年代初，他当过北平哈佛燕京学社研究员，还曾访问过延安。1938年起，他执教于约翰·霍普金斯大学。1941年，他由富兰克林·罗斯福总统推荐开始担任蒋介石的私人政治顾问，次年回国，后负责太平洋战区的工作。1944年,他曾建议美方向蒋介石政府施加压力,调整与中共的关系。在拉铁摩尔家里,卫立煌夫妇遇到了先一步来美的冯玉祥将军和夫人李德全。冯玉祥大谈对时局的看法。

另一位"中国通"是恒慕义。他邀请了卫立煌夫妇到家中吃午饭。恒慕义1915年就来到中国传教,并在山西铭义中学教英文,后到燕京大学历史系任教,1927年返美,1928年任国会图书馆亚洲部主任。他是美国国会图书馆中文文献资料搜集的创始人,曾采购了大量的中国古代典籍。这些收藏至今还是美国国会图书馆的骄傲。他还主编了两卷本的英文巨著《清代名人传略》,收录清代近三百年间约八百名著名人物,卷首为胡适撰写的序言,其历史与文化价值颇大。

恒慕义是韩权华很尊敬的美国朋友之一。韩权华与他家很熟,这次来吃午饭,见恒慕义夫人卧病在床,饭后,她像家人一样很自然地走进厨房洗碗盘。他们的儿子恒安石1920年出生于中国山西,1981—1985年曾出任美国驻华大使。看来,这两位"中国通"都是韩权华的朋友。

在这次游历中,还有两个地方与韩权华有关:一个是檀香山,韩权华旧地重游,看望了一些故旧;一个就是皮博迪音乐学院,韩权华作为校友返校,受到了师长们的热情招待。学院院长对于韩权华重来美国非常欢迎,邀请她和卫立煌同去赴宴,韩权华高兴地看到了她的师长们。对韩权华30年代留学的这所音乐学校,我一直充满好奇。在美国的妹妹徐涟告诉我:"大姐,皮博迪音乐学院非常著名,历史悠久。它诞生于1857年,是美国最古老的音乐学院之一,有一百六十多年的历史,与茱莉亚、伊斯曼、新英格兰三个全美最著名的音乐学院齐名。"

最后,卫立煌夫妇来到了华盛顿和纽约,军方的接待与考察活动均集中在东海岸。韩权华陪卫立煌出席了美国陆军将领们的各种宴会。在担任中国远征军司令期间,卫立煌认识了不少美国朋友,他们一个接一个地尽地主之谊。作为马歇尔的客人,美国陆军部安排卫立煌参观了军事设施和军事院校。卫立煌在西点军校和航空学院都住过,切身体验了美国军校的教学。在美参观的最后一个项目是美方给予他的特殊优待:美国的核设施。

1947年春天,卫立煌夫妇乘轮船离开纽约,前往英国。

抵达伦敦后,他们一行人住在一家很大的旅馆里,在韩权华的印象中,从旅馆的这一头走到另一头需要十分钟。伦敦在第二次世界大战中多次遭到空袭,满城断瓦残垣,英国人正在辛苦地重建家园。卫立煌夫妇走访了几个城市。他们在这里也有不少朋友,当年在中国云南、缅甸、印度并肩对日作战的还有英国军队,这些英军将领也热情地接待了卫立煌。

1947年5月7日,在英国朴茨茅斯港,卫立煌受到英国海军杰弗里·莱顿(Geoffrey Layton)将军的接待,登上纳尔逊殉职的"胜利号"军舰参观。

在英国的最后几天,韩权华修书一封寄往巴黎,告诉她的外甥女李惠年和外甥女婿汪德昭她已和卫立煌结婚,现同在伦敦,"马上要来巴黎,相见非遥,感到高兴"。

1947年5月中旬,卫立煌、韩权华一行到达法国巴黎,住进了当时最豪华的乔治五世酒店。分别了十几年的韩权华和李惠年喜极而泣,紧紧拥抱。汪德昭也见到了大名鼎鼎的抗日英雄卫立煌。

高兴雀跃的还有汪德昭、李惠年的儿子欧瑞(1956年随父母回国时,郭沫若先生为他改名为汪华)。这次写作时,我去拜访了现已

1947 年 5 月 20 日摄于法国枫丹白露。
自左至右：博瑞德小姐、汪德昭、卫立煌、卫道崇、韩权华、李惠年

八十多岁的汪华表哥，他很感慨："一闭眼就是昨天，一睁眼七十多年过去了。"他对往事的回忆仍停留在一个不满十岁的孩童的视角："卫立煌要买一个高级照相机，我陪他到旅馆附近的一个照相器材商店，给他当翻译。最后买成没有，我都不记得了，只记得店员夸我'这个小翻译真厉害，又说中文又说法文'。卫立煌喜欢吃法国菜。我们到了巴黎近郊圣日耳曼昂莱由亨利四世的出生地改成的饭馆——巴维农亨利四世酒店吃了一顿高级饭，最好吃的是 pomme soufflée，主菜是鸽子，旁边还放着葡萄粒。这个饭馆现在还在营业。"

从保留下来的照片资料看，在巴黎及城郊，卫立煌、韩权华游览了不少地方。可能有夫人的亲属作陪，又与外甥女婿汪德昭一见如

照片中，卫立煌换上了一身戎装，他的右边是驻法大使钱泰，他的左边是夫人韩权华，韩权华右手扶着的小男孩就是汪德昭与李惠年的儿子汪华（欧瑞）

故——在对国际形势的判断上二人很谈得来，均持"反战"观点，所以这些照片中的卫立煌，神情自若，很是放松。在非官方场合，他不穿军服，西装革履，头戴礼帽，另有一番神采。

卫立煌夫妇此次访问法国，受到国民政府驻法大使钱泰[1]的热情欢迎。从图片资料看，钱泰陪着贵客参观了凡尔赛宫、埃菲尔铁塔，还在以吃鸭子著称的银塔餐厅宴请他们一行人。

在随后对荷兰、比利时、德国的访问中，卫立煌一行更多地看到了欧洲战后的千疮百孔，多个城市都变为废墟。照片中还有不少特写

---

[1] 钱泰（1886—1962），浙江嘉善人。1914年毕业于法国巴黎大学，获博士学位。1921年进入国民政府外交部，先后出任条约司司长、国际司司长。1933年后先后出任驻西班牙、比利时、挪威等国大使。1949年10月去职，1950年初定居美国，后迁居维也纳。

镜头，如被战火损坏的荷兰大风车、被炸弹炸得只剩一只靴子的士兵雕塑、被炮火削去了一半的天主教堂的双塔。在这段行程中，卫立煌请精通法语的汪德昭随行，为他做翻译，两人也有了更多的交谈机会。

记录卫立煌欧洲行的史料很少，只有《中央日报》1947年6月14日刊登了一条消息："卫立煌将军抵达柏林。"这次借助卫智提供的图片资料，我有了新的发现：卫立煌一行（包括汪德昭）从1947年6月12日起至6月24日访问了德国，这是整个欧洲行逗留时间最长的地方。

当时战败国德国的领土遭美、英、法、苏四国占领和瓜分。在柏林，以勃兰登堡为界，市区被分为东、西两个区，东柏林由苏军控制，西柏林由美、英、法控制。

国民政府驻德国军事代表团团长黄琪翔将军，正是卫立煌任中国远征军司令时的老部下。他也和卫立煌一样，为了避免被蒋介石卷入战火，请缨到海外出任外交官。《黄琪翔将军传》曾提到"此间从国内来柏林的两对夫妻"均是代表团的重要客人。他乡遇故知，黄琪翔夫妇感到非常高兴。第一对就是卫立煌夫妇，书中没有详述，只是强调了卫立煌系新婚，韩权华是美女。

从图片资料分析，卫立煌一行走访了柏林、法兰克福、海德堡、巴特萨尔茨乌夫伦、埃森、巴登巴登、伊达尔-奥伯施泰因。所到之处大都经受过不同程度的战争破坏，断壁残垣，满目荒凉。其中柏林被彻底破坏了，法兰克福大教堂处在一片废墟的包围中，只有历史悠久的文化教育之都海德堡免遭战火的摧残。

当时德国的经济远未恢复。城市居民每天靠占领国供应的一点点面包勉强维持生活,一个工人一个月的工资只能买一磅黄油。卫立煌一行亲眼看到许多人住在地窖中,几家同住在一起,中间只拉一条白布为界。看到一位住在难民营里的老妇人把战火中保留下来的银器用布擦拭得闪闪发亮,韩权华感动地说:"无论经受了多大的灾难,人们还是热爱生活啊!"

汪德昭一路随行,耳濡目染,他理解到了卫立煌反复说的"我们需要和平,不能再打仗了"不是一句空话。卫立煌作为身经百战的军事将领,对战争所带来的生灵涂炭、对战争的残酷性有更强烈的感知。他为中国现在正在燃烧的战火深感焦虑,与汪德昭多次深谈。《卫立煌将军》一书中有这样一段叙述:"卫在法国参观时,毫不避忌法国的进步势力,并与他们作了深刻而有远见的谈话,建立了友谊。"[17] 应该指的就是这一点。汪德昭是中国留法学生中的左派,他的导师郎之万以及他所在实验室的约里奥·居里夫妇都是法国共产党员。

辽沈战役　按兵不动

1947年10月,尚在欧洲旅行的卫立煌接到了蒋介石催促他回国的电报。此时国内已炮声隆隆。

当时没有从欧洲直接飞到中国的班机,卫立煌夫妇只能先从法国飞到美国。汪德昭一直陪着他们到纽约,在那里还见到了梅祖彦,韩权华与外甥、甥婿又聚会了几日,卫立煌继续听两位年轻人谈对中国国内时局的看法。

卫立煌夫妇由美国飞日本,之后转回上海,到上海时已经接近年

卫立煌夫妇1947年底离开美国前夕。
前排着旗袍者为韩权华、右一为卫立煌；后排左二为汪德昭、左三为梅祖彦

底了。

卫立煌一回到南京上海路的家中即被蒋介石召见，一见面蒋就说要派他接替陈诚去东北"剿共"，卫立煌当然推辞不去。于是国民党元老张群、顾祝同等纷纷来卫公馆劝驾，一时之间，上海路变得"应接不暇"。陈诚的夫人谭祥也来哭诉："辞修病得没法，只有请卫先生去东北才有办法"，"卫先生一去东北，就是救了我们一家"。[18] 韩权华在旁听见，心中很感慨，后来她和韩家亲戚说："救了他们一家，不就是坑了我们一家？有权有利的事，这些人就去争，弄得不可收拾了，就把烂摊子交给别人，叫别人当替死鬼，这叫什

么心理？"

1948年1月17日，南京政府明令宣布卫立煌为东北"剿总"司令。第二天，消息见报。韩权华见了，很生气，和卫立煌吵了一架。自结婚以来，他们一直相处和睦，相亲相敬，从没有起过争执。这次她可动了肝火。

1948年1月21日，卫立煌夫妇飞抵北平，傅作义亲自在机场等他，与他同车进城，两人对东北与华北的情况均不乐观。两天后，蒋介石又发电来催卫立煌速去东北就职。傅作义又来送行，一直送到机舱内；卫又送他下飞机，最后两人才握手作别。

卫立煌飞抵沈阳后住在陈诚下榻的行辕招待所，后从东北行辕抽调人员成立东北"剿总"司令部。

从卫立煌上任东北"剿总"司令第一天起，一直到最后，他的作战原则都是按兵不动。一些外围据点被吃掉时他很少救援，他多数的工作是整补训练，修筑工事。1948年3月、5月、9月，他三次被召到南京面聆蒋介石的训示。不管蒋介石怎么说、怎么发火，卫立煌始终坚持自己的意见，不公然顶撞，有时沉默不语，有时借词推诿，始终和蒋介石顶牛。

东北战事全面开打，为了助卫立煌一臂之力，汪德昭毅然从法国科学研究中心辞职。他以回国为老母祝寿为名，1948年4月一家三口回到了久别的北平。他匆匆安顿了妻小，即只身飞往东北，作为文职人员跟随卫立煌左右。

1948年9月12日开始，中国人民解放军东北野战军在辽宁省西部和沈阳、长春地区对卫立煌部发起总攻，即辽沈战役。

此时，韩权华在沈阳。她亲眼看到卫立煌把陈铁[1]拉到内室，没有让她回避，当着她的面对陈铁说："这次他叫我到南京去，他要我派部队增援锦州，我坚决反对说：'在中途就有全军被解决的危险，若去，肯定是百分之一百的失败！'因此他特派顾总长同来监督出兵。我们不能同共产党破脸，志坚你快去召集军长以上开会，引导他们反对出兵。"[19] 此段话中的"他"系指蒋介石，顾总长系指顾祝同，时任国防部参谋总长。

1948年9月28日，韩权华在沈阳接到宋美龄打来的电话："你是Madam Wei？现在还在沈阳？现在沈阳太危险了，你不应在前线，我派飞机接你出来吧。"[20] 韩权华回答："好。回来就回来吧。"

当晚，韩权华被接到北平。

1948年10月，蒋介石带着顾祝同、周至柔等来到沈阳，亲自策划从沈阳撤出主力。卫立煌表示："这个方案在兵法上有重大破绽，总统如一定要这样做，可先撤换我。我不能执行总统这样的命令。"[21]

10月15日，蒋介石第二次亲临沈阳，策划撤出沈阳主力之事。当天中国人民解放军攻克锦州。蒋介石上飞机前在室内疾步转来转去，对卫立煌说东北的事全仰仗你了。卫立煌仍然坚持："总统如还是要我们执行这个方案，请总统先撤我的职。"

1948年10月17日，国民党第六十军军长曾泽生率部起义。

同日，长春和平解放。

---

1 陈铁（号志坚）是卫立煌多年的老部下，被卫推荐担任"剿总"副司令，1949年率部在贵州起义。

蒋介石还是不肯命令卫立煌离开沈阳。他直接打电报询问"剿总"参谋长赵家骧："现在卫总司令在干什么事情？"赵家骧回电说："总司令端坐总部，一言不发。"㉒

三舅韩德扬那时经常出入卫立煌在北平的居住地——东城汪芝麻胡同孙连仲公馆。他和卫立煌的儿子卫道然、女儿卫道蕴年纪相仿，有时来玩。当韩权华在的时候，他来的次数更多了。10月30日，他正在卫家。他回忆说："这时候就有人跟七姑说已经有人向蒋介石求情，说必须得把卫立煌接出来。为什么呢？虽然丢了山东省那个王耀武，但他是国民党的中将，国民党还没有丢过一个上将呢。如果卫立煌被俘，那国民党的面子可太难看了。但蒋介石拒绝了，不肯派飞机接。所以他们就让七姑去找宋美龄。那天我正在他们家里呢。七姑找了宋美龄。这时候谁出来说话了呢？国民党空军司令王叔铭，王叔铭表示：一定要把卫长官接出来。"

据《卫立煌将军》一书披露，午后3时半，卫立煌一行到了东塔机场。一架C-46运输机高速向机场接近。飞机着陆后，卫立煌一行刚到舷梯旁，那些在机场等候飞机的人——有奔跑的，有乘车的，争先恐后，蜂拥而来，场面混乱。留下来的文字资料以及目击者的口述记述了一个非常重要的细节："卫立煌登上飞机之后，不许关机舱的门，一定要几个年轻力壮的卫士把汪德昭从人群中找到，拥上飞机，才关上舱门。"㉓

1948年10月30日，卫立煌从沈阳飞到葫芦岛。

11月2日，沈阳解放，卫立煌飞回北平。

11月26日，蒋介石发布命令，将卫立煌撤职查办。

软禁南京　避难香港

11月，卫立煌在北平孙公馆寓所中枯坐，可谓"门前冷落车马稀"。只有华北"剿总"司令傅作义还来问长问短，但唇亡齿寒，他的日子也不好过。这时平津战役开战在即，北平已面临兵临城下之局。

国共对决，何去何从？不仅卫立煌面临选择，韩氏家族因有两位与国民党政权相关的女婿，各家也面临选择。

让我们再来看本章开篇的那张三十五人合影的老照片，如今更可以肯定，这张照片是韩氏家族离散前的告别照。围城之际，是离开还是留下，韩氏家族是经过商量的，是做了安排的。其中做主的是韩权华。卫立煌当时已决定去香港。卫立煌全家都走，梅家先把韩咏华、梅祖彬和两个外孙送出去，汪德昭、李惠年夫妇携子自然也跟着一起离开。韩权华还点名要带走侄子韩德扬及外甥邝宇平，也就是所说的"一家带走一个"。

家族聚会，临行前告别，我猜测这应该是梅贻琦的意思。照片中，梅家人到的最齐全，对此事的重视程度可见一斑，梅贻琦举家进城向韩家诸位亲属辞别的意图也显而易见。而卫立煌出走香港，也是有计划的。他走前把两个箱子存放在姐夫韩诵裳位于南柳巷25号的家中。韩诵裳还给香港盐业银行经理修书一封，拜托他襄助妹夫卫立煌一行在港的有关事宜。

之后，卫立煌租了一架陈纳德的飞机，从北平飞往上海。

1992年，我去香港度假，住在妹妹徐浣家。三舅韩德扬已移居香港多年，当时我曾请他讲述韩家往事，他讲了两个下午。讲到这一段时，他说："我要重新详细讲，因为这是我的亲身经历，还影响了我的一生。"三舅说：

　　卫立煌早就有心，他手里拿着蒋介石所有的作战命令，因为他知道整个战争都是蒋介石亲自指挥的，没听他的。卫立煌和龙云的关系比较好，那时龙云正在香港搞什么第三势力，于是卫立煌就跟龙云联系，准备到香港找龙云，然后一起发表一个声明，把所有的作战命令都拿出来，以正视听：到底是谁指挥的东北战争，战败是谁的责任。可是，蒋介石发现他拿了所有的作战命令，就派人监视他。我们在上海休息了一个晚上，第二天飞到广州，住进了当时很高级的爱群大厦，结果就被发现了。也是太招摇，一进酒店，（我们）就在旅客登记簿上以卫道然的名义一下子开了十几间房子。一帮副官大都身穿军装，佩戴手枪，来来往往，进进出出，派头很大。

　　到了广州，卫立煌就派我跟他的一个副官李干吉到香港去找房子。李干吉是广东人。我当时手里拿着我爸爸给香港盐业银行经理的信。这个经理姓倪，我找到了倪经理，待了两天半，找了一个很好的房子。

　　找完房子，我就打电话到广州，跟卫立煌报告说房子已经落实了，请他过来。电话里七姑的声音都变了，七姑说："不要找了，退房，赶快回来，这里有变化。"我一听，不对呀，可也不能不回去。等我回到广州，卫立煌和七姑已全走了。他们怎么走的？五姑、汪德昭后来告诉我蒋介石派了广州行辕副主任黄镇球，调了一船宪兵把爱群大厦包围了，然后派了专机，把他们全部弄回南京去了，到南京后立刻把他们软禁起来了。

剩下的人就流落到广州了，搬到胜利大厦暂住，只能各寻出路了。

三舅韩德扬接着说："我把五姑送到香港，住在皮特毛（毛文德）的哥哥家里，还有玩玩和梅大姐她们三个人。后来，梅大姐就从香港去了美国，把五姑和玩玩先留在香港。过了一段时间，她也把他们接到美国去了。汪德昭每天买一瓶'肉冰烧'[1]，买点卤猪，坐那儿喝酒。他们夫妇在这里也没有出路呀。大概住了一个月吧，汪德耀就把他们请到厦门大学了。又过了一段时间，他们就去法国了。"

目光转回南京上海路5号卫公馆，卫立煌夫妇刚下车，就发现门外站了一排宪兵，岗哨密布。前脚刚进门，宪兵司令张镇后脚就到了，面传蒋介石的口谕，说卫立煌现在是听候查办的人，在未见到总统以前，不许出门，也不要接见客人，不许通信、通电话。自此，卫立煌完全失去了自由，电话线被掐断，卫宅与外界隔绝。韩权华与家人也失去了联系。

蒋介石之所以幽禁卫立煌，是因为想让他为丢失东北数省的败局背锅。官场上也有人鼓噪——"杀一儆百"，"为丧师失地者戒"，但蒋介石有顾忌，卫立煌跟了他三十年，出生入死，立过不少汗马功劳，况且国民党全军有三分之一受过卫立煌的指挥，很多军官和他有交情。如今明明是不听他的意见打了败仗，还要杀他，这将会导致军队离心离德。既然不敢杀，就把幽禁加码，除了宪兵，又派出保密局

---

[1] 肉冰烧：佛山地区的一种米酒，酿酒工艺特殊，把蒸出的米酒倒入佛山产的大瓮中，再浸入200斤肥猪肉。经过大瓮陈藏、精心勾兑，酒体玉洁冰清，醇香甘洌，学名为"玉冰烧"。

的便衣特务,天天在卫宅骚扰,不光占了楼下的客厅当宿舍,还想上楼挑衅。

韩权华早上起床,看见卧室门的钥匙孔有一颗眼珠在滴溜乱转,心里害怕;又看见桌上放着手枪,床上放着手枪,卫立煌腰间揣着手枪、手里还握着手枪,气氛着实紧张。她知道卫立煌向来喜欢收集各种名牌手枪,现在都拿出来自卫了。

卫立煌的随从,从厨房里的大师傅到勤杂人等都是经过战争考验的军人,副官和卫士更是一些年富力强的射击手,没有一个是好惹的。上校副官丁志升警告特务们:"我们身上的手枪都尝过人血,卫先生的枪法杀你们像玩儿似的。他若发脾气,你们要先出血。"于是,卫立煌身外包围了三层人:最外层是宪兵,中间层是特务,最内层是卫的多年随从,有的还是从外地赶来自愿保护他的。

韩权华从来没有见过这等阵势,又怕又急:"这哪是人过的日子?"她一病不起,三天未进食。正在此时,蒋介石的说客参谋总长顾祝同来了,吩咐卫立煌快做好到台湾去的准备。原来,淮海战役已近尾声,蒋介石几个精锐兵团相继被歼,最后一点本钱也快要输光了。南京高级官员纷纷收拾黄金、美钞和细软之物,飞往台湾。顾祝同自己家里的东西已经搬完了,连一床棉被也没有留下。凡是不打算去台湾的国民党高官,都被认为是想投降共产党,特务们要逐一将他们暗杀。

卫立煌借口夫人病重,不置可否,挥手送客。

1948年12月25日,解放区电台传来重要新闻,中共中央授权新华社发布了四十三名国民党战犯的名单,卫立煌听到自己名列其中,反而舒了一口气。蒋介石给他安的最重的罪名便是"通敌",这下不能自圆其说了。共产党在危难中帮了他一把。

1949年1月21日，蒋介石宣告下野，退居奉化。李宗仁出任代总统。

1949年1月25日，"叮铃铃"，卫宅的电话通了。第一个打进来的是李宗仁："俊如兄，委屈你了！我已下手令恢复你的自由。"[24]

卫立煌家门外的宪兵都撤走了，但大门内的特务仍然在执行监视任务，他们只听命已逃往台湾的保密局长毛人凤。卫立煌要求派车送他到李宗仁官邸面见。他与李宗仁畅谈了一夜[1]。

李宗仁在会见知识分子代表时，把释放卫立煌的消息告诉了清华大学校长梅贻琦、北京师范大学校长袁敦礼、中央大学校长顾毓琇。三位校长离开李宗仁官邸就径直来到卫宅。梅贻琦是韩权华的姐夫，袁敦礼是韩权华的表哥，而顾毓琇则与梅贻琦相交多年，梅贻琦当年曾请他到清华担任工学院院长，亲如一家。

韩权华的亲人们来了后直接上楼，进入卫立煌的内室。寒暄之后，三位校长关心地询问卫立煌："你现在打算怎么办？"

卫立煌："顾墨三（顾祝同，字墨三）正在逼我去台湾，我不想去。"

梅贻琦："当然不能去，去没有好结果。你不像我们，我们只有跟

---

[1] 1959年，李宗仁在美国口述其生平历史，由哥伦比亚大学的唐德刚帮他整理为《李宗仁回忆录》，书中记有此事：东北在大势已去之后原不应死守，而蒋先生一意孤行，下令死守到底，实犯兵家大忌。最后锦州之战，如蒋先生从卫立煌之议，不胡乱越级指挥，则国民党军队在关外精锐不致丧失殆尽，华北亦不致随之覆灭，则国民党政权在大陆或可再苟延若干时日。蒋先生不痛定思痛，深自反省，反将全部战败责任委诸卫立煌一人。立煌不但被拘禁，几遭枪决。直至蒋先生下野后，我才下令将卫立煌释放。卫氏感激涕零，特来向我拜谢，一夕长谈，我才明白东北最后战败的情况，原来如此！

国民党殉葬了，没有办法。"

袁敦礼："你为什么不跑呢？"

卫立煌："楼下还有特务守在这里。"

顾毓琇："这些人还不容易打发？这是什么时候了，南京眼看守不住，他们不想逃跑？我看送几个旅费就打发走了。"㉕

三位校长走后，卫立煌的一位老熟人李明扬匆匆赶来，也鼓动他："快逃跑！外边的情况我知道，一出南京城就脱离了危险。现在整个京沪沿线都有新四军，一路平静无事。你乘汽车到上海，只要上了外国轮船，就算脱了虎口。"㉖

卫立煌先和韩权华商议，又经全家商议，吸取了在广州时对蒋介石估计错误的教训，制定了一个更完善的逃跑计划。

1949年1月28日，除夕之夜，卫立煌换上了一件蓝色棉袍子，围上蓝围巾，头戴瓜皮帽，足蹬老棉鞋，又戴上了一副眼镜。他面容上最大的变化是剃掉了一字胡，这道胡须他已经留了几十年。他二十多岁在粤军当营长的时候，被人称为"小营长"，他为了显得老成而留起胡须，从此，"一字胡"成为卫立煌的标志。说起卫立煌的面相，看相的人说过，卫立煌是位福将。他属于"五小"，即五官都小，这是福相。卫立煌不认可，他说："哪一次打仗不是靠出生入死，浴血厮杀？"不过他确实一生身经百战，却从未负过伤。

1月29日凌晨，卫立煌带着几个亲信随从，缓步走上他的汽车。卫立煌平素喜爱汽车，家里有好几个汽车房。他的汽车性能佳，保养得也好。三舅韩德扬说："那天逃跑用的车是访美时马歇尔将军送他的礼物，是一辆黑色大道奇。他从美国运回南京后一直没敢开，因为蒋介石都没有这么好的车。"一路行驶顺利，他们到上海后住进了老友朱映霞女士的亲戚家。

大年初一，卫府平静如常。下午，总统府秘书长吴忠信打来电话，要卫立煌接。韩权华接过电话，吴忠信传达了蒋介石的指示，要卫立煌赶快去台湾。韩权华回答："我们正准备去台湾，俊如要和老太太一起走，现在自己到芜湖去接老太太了。"吴忠信知道卫立煌侍母至孝，就没有再问。

不久，卫家的车由上海开回来了，司机报告韩权华说"一路平安，船票也买好了"。

大年初三早晨，卫家的黑色大道奇再一次驶往上海，韩权华也告别了南京城。她到达上海后，和卫立煌两人分别登上了英国轮船。不久，轮船启航，次日驶过台湾海峡，到达香港的维多利亚港，卫立煌夫妇平安地登陆上岸。

1949年4月，在岭南大学借读的韩德扬接到了七姑的来信，告知他，她和卫立煌已到达香港。于是，韩德扬每个周末都会去香港看望他们。

韩德扬说："礼拜六、礼拜天我都可以和卫道蕴、卫道然到这儿来。后来，卫道然又跑到成都去念华西大学了。卫道蕴先是在岭南借读，后来又到了香港，就不回来了。我是最后一个离开岭南去香港的，也住在他们那儿，在三楼和卫道然住在一个房间里。卫道蕴、卫道京两个小姐住一个房间。卫立煌那时候就开始学《新民主主义论》了，并收集共产党的书。那时香港什么书都可以买到，他还订了不少报纸。"

卫立煌夫妇深居简出，平日进出不走正门；凡有客人来访，他们都要先在后门上的瞭望镜望一望，必须认识的人才给开门。

韩德扬说："他（卫立煌）最怕一个什么事情呢，就是国民党开始追踪他。杨杰[1]被杀以后他特别紧张，因为杨杰被杀前他刚去看过杨杰。七姑发现经常有些不明不白的人在周围转。他们感到不安全，打算搬家。"

"中国的希望在于共产党而不是国民党"

1955年3月17日，《人民日报》《南方日报》在第一版刊登了新华社通稿：

卫立煌返回人民祖国

［新华社广州十六日电］前国民党高级将领卫立煌已在十五日返回人民祖国。卫立煌和他的夫人韩权华女士自香港抵达广州时，中国人民政治协商会议广东省委员会副主席林李明、饶彰风等前往欢迎。卫氏当即发表了"告台湾袍泽朋友书"。

卫立煌在解放前，曾历任国民党军第二战区副司令长官、第一战区司令长官、中国远征军司令、中国陆军副总司令、东北"剿匪"总司令和国民党中央执行委员等职，1949年初南京解放

---

[1] 杨杰（1889—1949），字耿光，白族，是国民党陆军上将，也是著名的军事战略家。他和卫立煌乃是至交，拜为盟兄弟。1948年，杨杰已成为国民党民革在西南地区的领导人，专心致力于策动云、贵、川、康地区的实力派举行武装起义。蒋介石对他恨之入骨，密令追杀。他1949年9月17日到香港，9月19日就到卫宅拜访，不巧，卫立煌夫妇去海边散步了。卫立煌按照客人留下的地址去找杨杰，杨杰也不在家，卫立煌只好打道回府。不久，杨杰回来了，两个特务也一路追杀至此，骗开门后，两枪将杨杰射杀于藤椅之上。杨杰正准备从香港北上，前往北平参加第一届全国政治协商会议。

前夕前往香港，一直居住到回广州时止。

此消息轰动了海内外，香港社会盛传的"卫立煌失踪"的谜底也揭晓了。

从这一天开始，新华社开始追踪报道卫立煌回到北京后的新闻，而以港澳台同胞与海外华人为主要传播对象的中国新闻社更是消息、图片、专访、通讯十八般武艺一起来。在写作这一部分的时候，我系统地阅读了上述报道，以此作为重要参照，同时坚持写私家史的原则，主要采用当事人卫立煌、韩权华、韩氏亲属以及卫立煌的贴身副官柴生春[1]的回忆来追记这段往事。

1949年10月1日开国大典，10月3日卫立煌拟文致毛泽东，"敬电驰贺"，电报的原文是这样的：

北京毛主席：

先生英明领导，人民革命卒获辉煌胜利，从此全中华人民得到伟大领袖，新中国富强有望，举世欢腾鼓舞，竭诚拥护。煌向往衷心尤为雀跃万丈。敬电驰贺。朱副主席、周总理请代申贺忱！

卫立煌　江[27]

这封电文是由柴生春送到中国共产党香港工委书记张铁生（张铭鼎）处的。

在香港做寓公的五年里，卫立煌一家和好几十位先后来港投奔的

---

[1] 柴生春是安徽人，作为贴身副官，追随"卫长官"二十二年。

部属的生活开销渐渐成了问题，必须搞经营"创收"。卫立煌拿出本钱，也是由柴生春出面注册了胜斯酒店颐和园酒家。

1949年，卫立煌从南京避难到香港时仅带走两名随从，柴生春是其中之一。卫立煌第一次去张铭鼎家也是柴生春陪着的。柴生春记得那是在铜锣湾半山。据柴生春回忆，卫立煌在香港为躲避特务追杀，几次变更住所，刚到时住在国泰酒店，后来搬至金龙台9号包了三楼，再后来搬到了元朗乡下。那时原国民党二级上将熊式辉也在港做寓公，与卫立煌常见面。熊式辉的一个同乡开了一个小银行，他游说卫立煌参与合股，卫立煌便把手中的现金悉数投入。谁知熊式辉的那个同乡遇上了骗子，银行仅开了两个月就倒闭了，卫立煌手中的存折变成了废纸。这就是后来传说的"卫立煌倒卖黄金做生意输光了"的真相。为了节省房租，卫立煌又搬回港岛，借住在老朋友原云南绥靖公署主任、军长余程万[1]家。

柴生春回忆，1955年3月14日，卫立煌和几位随从从香港九龙密抵澳门。次日凌晨，一条经过改装的不起眼的小船悄悄升锚，过濠江，向一水之隔的内地驶去。绕道澳门确保安全的归来之路，据说是周总理亲自批准的。

1955年3月15日，天刚放亮，卫立煌夫妇从拱北码头踏上内地。稍事休息后，卫立煌一行经中山、顺德，于下午4时到广州。中共中央华南分局组织部部长兼广东省政协副主席林李明和华南分局统战部副部长饶彰风在宾馆迎候。华南分局书记、广东省委第一书记陶铸随后会见了他。

---

[1] 1955年8月27日，余程万在香港遇匪徒抢劫，中枪身亡。

卫立煌向新闻界发布了"告台湾袍泽朋友书"。

1955年3月16日，卫立煌给毛泽东主席发电报告说自己安然归来。

1955年3月17日上午9时许，林李明派秘书送来毛主席的复电：

广州华南分局即送卫俊如先生：

三月十六日电报收到。先生返国，甚表欢迎，盼早日来京，藉图良晤。如有兴趣，可于沿途看看情况，于本月底或下月初到京，也是好的。

毛泽东 三月十七日[28]

韩权华说："于是我们就由广州到杭州、上海、无锡等地参观。当时，中华人民共和国成立还不到五年，我们所到之处，全是一片欣欣向荣、人心振奋的景象，与解放前旧中国那种满目疮痍、民不聊生的悲惨状况相比，真是换了一个天地，我们顿时有'山中方七日，世上已千年'之感。"[29]

1955年4月4日，卫立煌夫妇刚从上海到无锡，就接到中共江苏省委转来的周恩来的电报，总理将于7日启程出席亚非会议，请他们速来北京，于是当晚两人立即动身北上。韩权华说："我们都非常兴奋，卫立煌想到能和北伐、抗日战争时期的老朋友、现在党和国家的领导人见面，十分兴奋。对我来说，能和青年时代的老同学颖超姐重聚，怎能不激动！一路上，我们总嫌火车跑得太慢。"[30]

1955年4月6日上午，卫立煌夫妇抵达北京，中共中央统战部部长李维汉、副部长徐冰还有众多故旧亲友在前门火车站迎候。韩权华说："当日下午五时，即蒙周总理接见，并设家宴招待。"宴会在中南

卫立煌夫妇 1955 年摄于杭州

海西花厅举行，我的姨姨韩德庄奉邓颖超之命，叨陪末席。她说："我是其中最小的一个萝卜头，大首长有陈毅副总理、统战部的李维汉部长。总理当时刚做完阑尾手术，第二天就要启程出席在印尼万隆召开的亚非会议，百忙之中，他坚持要在走前见到老朋友。"

韩权华回忆说："总理亲切地询问我们的健康、回来的经过，并和卫立煌重叙了两次国共合作时期的旧谊。邓大姐也热情地和我谈起往事，使我们毫不感到拘束，就像回到自己家里一样。总理又鼓励我们努力学习、为解放台湾、统一祖国贡献力量。……在总理出国期间，邓大姐又亲自过问对我们住房、生活、参观等各方面的安排。"[31]

4月25日，毛泽东主席从外地视察回来，接见和宴请了卫立煌夫妇。韩权华说："毛主席详细地询问了我们在海外的情况，谈到当年国共合作的往事和解放以来国家的发展情况以及远景。"[32] 陪同毛泽东主席一起接见的是杨尚昆，随后又邀来李济深、章士钊、陈叔通、黄炎培等，大家共进晚餐。饭后放电影以前，邓小平匆匆赶到，与卫立煌亲切叙旧。

1955年5月29日，卫立煌夫妇从他们暂住的北京饭店搬到政府专为他们安排的新居：东单麻线胡同2号。你没有看错，就是韩权华的六姐韩恂华住的那处宅院。政府相中了这个院子，邝家马上腾出来搬到黄兽医胡同。

卫府新居在中国新闻社记者杨木的笔下是一座富有民族风格的建筑物，雕梁画栋，髹漆鲜明。客厅前面，是一个花园，假山鱼池，有树有亭。当大地春深、绿满枝头的时候，红亭一角实具庭园幽趣。外婆高珍也说："也不知是谁的主意，噼里啪啦，拆了重建。我们帮六姑搬家的时候，那里正拆呢，后来弄得太好了，雕梁画栋的。"

卫立煌回来之初，行政级别定为四级，每月工资五百元，配有专车、警卫、司机、厨师以及服务员，柴副官也住在院里。

搬进新居不久，周恩来与邓颖超就两次登门探访。

据卫家人回忆："朱德晚一些（来的）。他来访的那日，季节已入伏，天气微热。"那时卫立煌正忙于整理文稿，柴副官通报："统战部徐冰副部长陪同朱德总司令来访。"迎入客厅后，卫立煌说："怎么不先打个招呼？"朱德说："到你这里来要打什么招呼，这样最好嘛。"卫立煌当即叫备茶，但手边仅有小桃数枚。韩权华忙出来招呼，说明新来甫到，招待不周，只有以小桃数枚、山茶待客。晚饭前，朱德告辞，称谢主人待客雅意。韩权华后来说："全军尊敬的领导人朱老总谦虚和蔼，使我们全家感动异常。"

1938年1月，朱德与卫立煌第一次见面。朱德平易朴素的外表、诚挚谦逊的态度、从旧军队高级将领变成红军总司令的不平凡经历，都给卫立煌留下了难忘的印象。卫立煌在指挥著名的忻口会战时，与朱老总多有往来，他敬佩这位忠厚长者。而朱德也发现卫立煌爽直、实在，和他有过几次长谈，不仅向他讲解共产党的理论政策，还把马克思的《资本论》介绍给他读。朱老总知道卫立煌军务忙，细心地把书里最重要的一些章节的书页都折了角，启发卫立煌寻求真理。

1948年底，卫立煌被蒋介石软禁在南京家中。在被特务宪兵包围的危急情况下，他不得已销毁了一包多年的珍藏之物——四十多封信件和十几张照片，其中，信件多数为朱老总亲笔所写，而照片中有卫立煌和朱老总在山西前线和洛阳的好几张合影。

韩权华说："卫立煌回国后，共产党和人民政府给了他很高的荣誉，先后让他担任中国人民政治协商会议全国委员会常务委员、全国人民代表大会代表和国防委员会副主席等职务，并且几次参加了毛主席亲自主持的最高国务会议。共产党和人民政府还十分关心我们的学习，在政治上、生活上都给以无微不至的关怀和照顾……卫立煌和我都多次参加过人民政府组织的参观、访问活动，到各地基层工厂、农村、学校去了解情况，这对我们是学习和受教育的极好机会。"[33]

1956年下半年，全国政协成立了社会主义学院。周恩来在政协会上讲到了成立这个学院的目的——帮助各党各派和各方面人士提高认识，接受新的知识，改造世界观，共同进步。卫立煌当场表示赞成，第一个报名进入社会主义学院学习。

当时的社会主义学院，借政协礼堂三层楼上的一些大会议室上课。学院设有三门课程：哲学、政治经济学和中国革命史。卫立煌选修了政治经济学，有课时就到学院听课，平时在家中自己看书。他很认真，韩权华回忆这一时期的往事时对来访的记者说："从社会主义学院学习回来时，他总是和我谈到许多新知识，有许多是我当时还不懂的政治经济学名词。"

《人民画报》对此曾有专题报道，在卫立煌的照片旁还有他以"追求真理"为题写的一段文字：

> 在社会主义学院这一期的同学中，有许多是我的老朋友和老同事，如黄炎培、李德全、陈铭枢、张轸、侯镜如、黄雍、郑洞国、覃异之、黄翔、张知行等诸位先生。我们的年龄平均在五十岁以上，有的已年逾古稀。这样高龄的人，每天能精神奋发，孜孜不倦地认真学习，是什么力量推动的呢？我认为唯一的力量是为了追求真理，追求放之四海而皆准的马克思列宁主义的真理。
>
> 国外有人把这种追求真理的学习说成"洗脑"，其实，如果去掉反动宣传对"洗脑"二字的歪曲成分，"洗脑"并不是坏字眼。因为脑子里旧的、错的思想不去掉，新的、对的东西就进不来。㉞

1958年，参加五一劳动节观礼时，卫立煌在天安门城楼上突觉心里难受，被扶到休息室休息片刻后便提前回家了。回家后，他睡不着，喝水也咽不下去，似食道不通，怀疑是"中风"，当天就被送到北京医院，后经中西医会诊治疗，逐渐恢复正常。不料，由于冠状动脉硬化，又突转心肌梗死，后来就一直住院了，身体也时好时坏。

那时韩权华刚参加社会主义学院的学习，卫立煌生病后，院领导立即转告她，以后学习的机会多得很，当前她最重要的任务就是照顾好卫先生的病。三舅回忆说："七姑那一年多每天都到医院陪着卫立煌，风雨无阻。"

1958 年 9 月，卫立煌在病中请家人代笔写信给周恩来："今早由家人给我读报时，听到您关于台湾海峡地区局势的声明，我全心全意地热烈拥护这一声明。解放我国领土是我国人民的神圣权利，任何外力不能干涉。……昨天承邓大姐亲自到我家来，并送鲜花，实不敢当。知道主席同您对我的关怀尤为感谢。我一定加意疗养，决心战胜疾病，以求早日恢复，好为社会主义建设和解放台湾贡献一份力量。现在我虽卧病，但对我力所能及的事，愿意尽力量来作。"[35]

韩权华说："在立煌患重病住院期间，总理两次亲自去医院探视，并握着他的手，鼓励他同疾病做斗争。卫立煌当时感动得说不出话来，两眼流下了热泪。"[36]

1959 年冬，北京有过几次寒流，卫立煌的几种老病未见减轻又添了肺炎，最终医治无效。到了最后两天，他已经神志不清，朱德委员长还一再去探视，坐在床边，久久不忍离去。

在患病后期，卫立煌问韩权华："你记不记得？在我们结婚的第一天，我就和你说过，中国的希望在于共产党而不是国民党。"[37] 他临终前最遗憾的事就是没有看到台湾的解放和祖国的完全统一。

卫立煌于 1960 年 1 月 17 日逝世，享年六十四岁（虚岁）。

新华社当日发出两条有关卫立煌逝世的电讯。《人民日报》1 月 18 日刊登了卫立煌先生治丧委员会的名单，中共党政军领导人周恩来、朱德、叶剑英、刘伯承、陈毅、陈赓、罗瑞卿、习仲勋、彭真、贺龙、聂荣臻、谭政、李克农等均在名单中。我的外公韩诵裳也在名单中,他当时是全国政协委员,又是卫立煌的内亲。

更高的规格体现在公祭卫立煌。1960年1月20日上午,首都各界在中山公园内的中山堂公祭卫立煌先生。韩权华回忆说:"在治丧问题上,党和政府安排得极仔细、隆重。骨灰停放在中山公园中山堂。特别难忘的是,为了卫立煌的追悼会,总理连夜乘专车从上海赶到北京,并亲自到灵堂献了花圈。"㊳

公祭现场,卫立煌夫人韩权华站在亲属行列第一位。身后搀扶着她的,右边是她的外甥女李惠年,左边是她的侄女韩德常。记得吗?1945年在昆明,卫立煌从袁复礼家里取走两张韩权华的照片,一张是韩权华的单人照,另一张三人合照正是韩权华、李惠年、韩德常正值青春年华时的合影。四十多年过去了,南柳巷25号那个以韩权华为中心的"三姐妹"相扶着一起送别亲人。

棉花胡同的二十五个春秋

卫立煌逝世之后,韩权华请求搬家,觉得不应该住那么大的房子。她把麻线胡同2号交出来了,搬到了棉花胡同10号。

这条胡同位于安定门内大街,东西走向,东起交道口南大街,西头连接的就是著名的南锣鼓巷,全长四百多米,紧邻北兵马司胡同、板厂胡同、雨儿胡同以及后圆恩寺胡同。这一带能找出很多名人故居,有齐白石故居、茅盾故居、僧王府、达贝子府等。本条胡同里也有,比如15号是清末民初凤山将军的宅邸,这是一座有青砖雕花大拱门的三进四合院；又如39号，原是北洋政府总理靳云鹏的家，后来捐献出去了，1952年中央戏剧学院在此建院。

韩权华搬进的是棉花胡同10号，这里是一处修葺一新的四合院，三围都是平房，内部设施却很现代。母亲带着我们去过多次。我对院子、房子的印象平平，反倒是这条胡同的频繁改名让我印象深刻：第一次去时叫棉花胡同，1965年改成交道口南七条，"文化大革命"中叫大跃进路三条，1979年时为了与西城区的棉花胡同相区别，最终定名为东棉花胡同。

卫立煌去世不久，韩权华就收到了盖有周恩来总理签名章的国务院参事任命书。在国务院历任参事名单中，至今还可以找到韩权华的资料：

> 序号 姓名   籍贯   党派   生卒年   在任时间
> 091 韩权华 女 天津市 无党派 1903—1985 1960—1985
> 备注：爱国将领卫立煌先生夫人 全国人大代表 1960年5月26日第101次国务院全体会议任命为国务院参事。

从这条资料可知，韩权华担任过全国人大代表。经查，她是在1975年被选为第四届全国人民代表大会代表的，此后又连任第五届、第六届全国人大代表，并当选第六届全国人大一次、二次会议主席团成员。

1974年9月30日，在人民大会堂宴会厅，周恩来总理亲自主持了盛大的国庆招待会。韩权华卧病在床，没有参加。她回忆说："第三天，邓大姐就到家里来看我，并说，总理知道名单上有你，但报纸上没有报道你的名字，我打电话问才知道你病了……我万万没想到在几千人参加的宴会名单中，总理还注意到我没出席……更万万没想到，这是我失去了和总理见面的最后一次机会，这是我终生的最大憾事。"㊴

国庆招待会前，周恩来总理在病床上审阅宾客名单时，亲笔致信中央政治局，要求增加五人：

> 今晚又将两千多见报名单细细翻阅。在第十七类爱国人士方面，据统战部提出起义将领四夫人韩权华（卫立煌夫人）、郭翼青（程潜夫人）、洪希厚（张治中夫人）、刘芸生（傅作义夫人）及张学铭（张学良之弟、张学思之兄，因吕案解案被禁多年，去年已无罪释放）五人。我看，四夫人对国内外影响也不小。至于张学铭，则因林彪利用东北军一案大搞东北民主人士，现吕正操同志已平反，张学思已死（此案亦应弄清），故邀张学铭出席有此必要。㊵

在有关周恩来的传记、文献纪录片中，都收入了这个重要的、感人的历史细节。

卫立煌去世后，他的小儿子卫道然从香港回北京定居了，带着夫人周仪方和韩权华住在一起。

我与卫道然有过一面之交。90年代，我在中国新闻社当记者，每年都去采访北京市的两会。有一次，我在市政协会场上遇到了他，他和卫立煌一样是大脸盘，穿一件当时不大常见的柔软皮子的夹克。我上前主动做了自我介绍，并说："我应该喊您一声表舅。"他非常客气，邀请我有时间去他家坐坐:"记得吗?还在棉花胡同。"

卫道然1960年回北京后,一直在北京汽修公司当技术员和工程师,他是第七、第八、第九届北京市政协委员。

棉花胡同10号,七姑婆韩权华在这个院子里又住了二十五年。

外婆高珍对那个家有一段精当的描述:"家里特干净。当然了,那是什么家?按待遇、按他们的经济情况,应该很华丽贵气,但七姑不然,家里陈设很简单,政府当时配给什么家具就是什么,七姑自己没有添买。一进她那个家会感觉比较冷清,发阴。屋子挺大,有书桌、沙发、床,还有两个瓷盆的万年青。书桌上摆着他们夫妇的照片,条案上光光的,什么摆设也没有。要说她那个地位,买什么都可以。她这个性情啊,有钱不愿意花,非常谨慎,非常简朴。"

我对七姑婆家的记忆也是如此。政府配给的这座深宅大院,房间可不少,是由老宅改建的,老砖厚实得像线装古书。正房的客厅、卧室整洁又阔朗。摆设确实简单,但每个细节都透露出主人极其讲究,也极其干净。

有一年冬天,母亲带着我去探病。当时暖气还没来,或者暖气不足,屋里摆着一个高高的圆柱状的黑色煤炉,四周用光可鉴人的白铁皮围着。那时北京人家几乎都用煤炉取暖,烧煤球或者蜂窝煤,每天都要捅炉子、撖灰、加煤,炉边难免落灰。但七姑婆家的炉具却黑白分明,一尘不染,简直像个艺术品。

七姑婆心脏不大好,晚年深居简出,有时犯病就要卧床休息。我去时只见她坐在床上,倚着雪白的大枕头,搭着雪白的被子,穿着高领、深色的中式棉袄,年已七旬的老人仍像画中人一样,让我目不转睛地傻傻看了许久,以至她和我母亲说了些什么,和我说了些什么,全都不记得了，只在脑海中留下了这幅图景。

在外婆高珍留下的那盘采访录音中，她对她的两个小姑子韩恂华和韩权华是对比着描述的："六姑、七姑两人感情好，但性情真不一样。七姑不爱说话，六姑爱说话，说起来没完没了，七姑有时都会嫌姐姐话太多。在六姑家里住的时候，有一次，七姑看姐姐不对眼，因为六姑早上起来穿的是一件棉睡袍，自己做的，大花边，还卷着袖子。七姑说：'你把袖子撂下来，卷着多难看。'七姑管得特厉害，就这么一个性情。其实，家常卷袖子有什么，可七姑本人是无论什么场合都衣冠整齐的。"

"文革"中韩权华一直得到周恩来总理本人的政治保护，邓大姐在生活上也无微不至地照顾她，她没有受太多的冲击。

1978年以后，她还参加过国务院参事室的一些活动。母亲说："七姑时不时去开个会什么的，但到最后几年，会开不动了，很少出来了。后来她有点自己把自己封闭起来了。她一出去就说有病不舒服。"

1984年夏天过后，韩权华身体日益衰弱。我记得母亲心中忧虑，经常去她的家中看望，后来是到老皇城内的北大医院住院部探视。

1985年1月30日，韩权华去世，享年八十二岁。

这些年来，每逢清明祭扫，卫立煌的孙子卫智都会把韩权华的骨灰盒从八宝山革命公墓西三室捧出，与放在中一室的卫立煌的骨灰盒摆在一起，献上鲜花。他说"让爷爷奶奶团聚"。

我很幸运，在这次写作中，终于突破了宏大叙事，挖出了一些别样的史料与老照片，让我与20世纪二三十年代的青年韩权华有了一次穿越时空的相遇。

三、韩恂华、邝寿堃：海归世家　实业救国

1948年11月底，在麻线胡同2号照完相，不到半个月的光景，我又被母亲带到这里。那时解放军已经进驻西苑，父亲让母亲带着我和妹妹徐溶进城，他一个人留守在燕东园的家里。母亲带着我们投奔到麻线胡同2号邝宅。

我那时两岁多一点，妹妹还在襁褓中。邝宇宽表姨至今还记得："溶溶躺在小推车里，躲在椭圆长桌底下。泓泓推着一个小车，在屋子里转，嘴里念叨'上颐和园儿，上颐和园儿'。"我们白天玩耍的地方正是照片中的大客厅，晚上母亲带着我们睡觉的地方则在西侧小楼的一层客房。邝大表姨说："我们家房子大，屋子多，我妈又热心，韩家有点事都上我们这儿来。"

邝宅这位热心好客的女主人就是我母亲的六姑，我的六姑婆韩恂华。

"五四"新女性的青春期

韩恂华生于1899年，那时正值新旧文化对撞与激荡之时，她也因此度过了一段"五四"新女性式的青春期，这造就了她与姐妹们不同的个性，飞扬又泼辣。

她1914年入直隶第一女子师范学校（简称"直隶女师"）学习。这是中国最早的女子师范学堂，1906年设于天津，1913年由私立改为省立，1916年改名为直隶第一女子师范学校。这所女校专为培养小学教师而设，课程设置分文科、理科，要修代数、几何、三角、物

理、化学、生物、历史、地理、伦理、教育，以及体育、音乐、图画、手工等。

直隶女师在天津"五四"爱国学生运动中的表现是载入史册的。我很早就听家人说，六姑婆当年可不是等闲之辈。听的最多最生动的来自她的自我描述："'五四'学潮时，天津学生的游行队伍里，男生那边举旗子的是周恩来，女生这边举旗子的就有我韩恂华。"我1992年在采写《揭开历史的一个盲点》这篇长篇通讯时，查看了大量关于觉悟社的史料，发现韩恂华竟是觉悟社第二批入社的八名社友之一，才知道六姑婆真不是夸海口。

天津市河北区宙纬路三戒里4号，这个由七间青砖平房组成的小院落静谧而低调。1919年9月16日，天津爱国学生的进步团体"觉悟社"成立，社址就设在这里。

天津"五四"爱国学生运动中涌现出两个活跃的学生组织，一个是以南开中学的周恩来为首的天津学生联合会，一个是以直隶女师刘清扬、郭隆真、张若名为首的天津女界爱国同志会。1919年9月，郭隆真、张若名在与周恩来等男同学研究天津"五四运动"的发展方向时，提出打破男女界限，男女学生合并建立一个统一的革命团体。这个建议得到大家的赞成，起名为觉悟社。大家公推周恩来为觉悟社主席，他起草了觉悟社成立宣言。为了表示男女平等，觉悟的二十名成员，男女成员各十名。觉悟社成立不久，即邀请北京各大学的知名学者鲁迅、钱玄同、刘半农等来天津演讲。9月下旬，李大钊应邀来天津演讲，演讲后又到觉悟社与社员长谈，唤起这些热血青年新的文化觉醒，鼓励他们接受马克思主义和苏联十月革命的经验。正如觉悟社的社员歌里所唱的："世界潮流，汹涌澎湃，来到中华地，社会革命，阶级斗争，大家齐努力。二十几个同志，大家携手作先驱，奋斗牺牲是精神，推翻恶势力。"

觉悟社成员谌小岑先生曾经写过一篇长文《回忆天津五四运动及"觉悟社"》，在谈到觉悟社成员时，有这样一段文字："'觉悟社'又吸收了三个新社员（二女一男），但他们都只参加过很少几次谈话，等于没有入社。另外又通过社友八人，男女各四人，男社友有黄爱（原名黄正品）、陶尚钊、胡嘉谟、梁乃贤；女社友有王贞儒（后改名王卓吾）、李愚如、郭蔚廷（郭隆真的妹妹）、韩恂华（北京大学第一批女生韩权华的六姐）。"[41] 在一份关于觉悟社成员的资料中，也有如下说明：觉悟社后来又陆续吸收了五名女社友：周颖（周之廉三妹）、李愚如（又名李锡志）、王贞儒（又名王卓吾）、郭蔚廷（郭隆真之妹）、韩恂华；四名男社友：陶尚钊、黄爱、胡嘉谟、梁乃贤。

韩恂华的名字在两份名单上都有，都排在女生组的最后一位。不知韩恂华是何时入社的，又是谁做介绍人推荐入社的？按照觉悟社的规定，需有三位推荐人才能成为社员。韩恂华参加过觉悟社的哪些活动？上述问题现在都很难找到答案了，但韩恂华在"五四"时期确实接受过进步思想，深度参与过学生运动，她和后来的共产党人周恩来、邓颖超、郭隆真等曾经是觉悟社时期的战友。

1920年11月，周恩来、刘清扬、郭隆真、张若名赴法留学。觉悟社的活动停止了，其成员各奔前程，选择了不同的人生之路。韩恂华的选择是什么？

在1920年北京大学招收的第二批女旁听生的名单里出现了韩恂华的名字。爬梳北京大学首开女禁的史料，我寻找到了进一步的信息：韩恂华1920年3月成为北大旁听生，同年9月转为北京大学哲

韩恂华的毕业照

学系一年级正式生。就在这个月里,京津各女校学生五百余人到教育部请愿,要求打破男尊女卑、改革女子教育制度,韩恂华与邓颖超、黄英、王孝英等一起被推选为请愿代表。看来,她进入北京大学以后也没有脱离学生运动。

韩恂华二十一岁上北大。韩家老人们回忆说她二十六岁出国留洋,也就是说,她1925年从北大毕业后即前往美国求学,所修专业为营养学。她的这段经历没有留下文字材料,我几次询问邝宇宽表姨:"您母亲上的什么学校?哪年回国的?"她说:"真可惜,妈妈在世的时候,我们没有好好问过她。她的一些文件、证件都放在一只黑皮箱里,箱子上还贴着不少外国航运的标签,但'文革'抄家时都被抄走了。"她只留下了一张毕业照。第一次看到这张照片时,我瞬间被一种大方、明媚的美所吸引,惊呼:"比七姑婆一点儿也不逊色呀!"

三舅韩德扬说："六姑在中国留美学生中的外号叫'黑牡丹'，大眼睛，很漂亮，就是黑点儿。"透露"黑牡丹"这一绰号的是外公韩诵裳的挚友孙明哲，他当年在美国费城宾夕法尼亚大学留学。由此我推测韩恂华所上的大学应在美国东海岸一带。1928 年 11 月，梅贻琦到东海岸的华盛顿接任清华留美学生监督一职，1929 年底，五姑韩咏华带着三个孩子也来到美国。1928 年左右，七姑韩权华也在美国留学，她就读的音乐学院就在东海岸。但在他们的记述中，好像都没有提到过韩恂华当时也在美国，我推测韩恂华可能与他们擦肩而过，学成归国的时间大约在 1929 年。

记得听我的母亲说过："六姑胆子大，好交际，还有经济头脑。去美国留学时，她的行李里带了不少中国工艺品，丝绸什么的，到那边可换美金。"

留洋工程师下井搞实验

韩恂华回国以后，即进入协和医院营养科任营养师。她很快就谈恋爱了，很快就结婚了，丈夫邝寿堃也是一位海归。

从我的两位舅舅口中都听到过六姑与六姑父谈恋爱的笑话：

二舅韩德刚说："六姑父骑摩托车带六姑兜风，六姑没骑稳，掉下去了，六姑父都不知道，一溜烟儿往前跑。"

三舅韩德扬说："他俩第一次约会在东安市场，那里有一个广东饭馆叫'一亚一'，是东安市场唯一的粤菜馆。两人在那儿吃饭，聊得得意，六姑父不拘形式，脚蹬着，把椅子晃呀晃，'哪'一声，椅子折后头去了，晃荡到人家的座位上了。"

我的两位舅舅最喜欢洋派十足的六姑父，他抱着一女一子，好快乐

    他们都喜欢这位六姑父，因为他会踢足球，在清华学堂上学时，参加过远东运动会，而且是和国脚李惠堂[1]一块儿踢的。

    三舅兴致勃勃地回忆六姑父有一次教他们踢12码："我们念高中的时候，爱踢足球。有一次，他问：'你们什么时候踢球？'我们说礼拜天。他说看看去。看球时给我们做了一次示范，踢的是12码。他说：'你们踢的这个不行。踢这个12码，你要是踢高了，或者踢贴地的球，守门员都容易接。这个球进门的时候一定要这么高。'他抬脚一踢，还真是这样，他踢的那个角度正是守门员最难扑的也是最难掌握时间的。我们都服了。他那时都五十多岁了，多年不踢了，这一脚

---

[1] 李惠堂，字光梁，号鲁卫。出生于香港，祖籍广东梅州。从十七岁开始足球生涯，活跃于20世纪二三十年代的亚洲足坛，被称为"亚洲球王"。

踢得真棒！"

邝寿堃，1916年入清华学堂采矿系学习，1919年公派留学美国明尼苏达大学采矿系，1923年毕业，在美国岛湾煤矿公司任实习工程师两年，归国后入职北京门头沟中英煤矿公司，从井下工程师做起，很快晋升为副总工程师、总工程师。

这次写作，我翻遍故纸堆，得友人之助，搜出邝寿堃1927年写的一篇文章（登在《仁声》杂志第1卷第2期的通讯栏目里），讲述了他回国之初的经历和感想：

> 余处此僻静矿区，殊乏生活趣味，无新闻可言，今姑就余之工作，略述一二。余得入中英煤矿公司，常私以为幸。盖挽（晚）近学工程返国者，颇难得相当位置，尤以学矿者为甚。国中矿业，因内战频仍，交通梗阻，歇业者多。故大公司开滦，每星期亦仅开工四五日而已。余在中英公司，待遇尚佳。中有比（比利时）人四，英人二，华人三，均管理工程事物。余曾充地下工程。深夜在地下做工，寒风侵入，辛苦万状，非躬历其境者不知。嗣觉难支，渐萌退志。继思余既学矿，当终始其事，俾展余之所学。且矿中应改革处极多，余虽欲辞，亦应本余所知，呈报公司，聊尽一得之见。乃著《门头沟矿务报告书》详述如何改良之法，如何减轻成本，如何增加出货，半月竣事。此书既呈，公司嘉纳，立即升余为副工程师。余喜出望外，尤当克勤厥职，使公司营业蒸蒸日上，将来可容纳吾国多数之学工程者，则余之愿遂矣。

一位留洋回来的工程师，从基础工作做起，从下井做起，深入到矿工干活的掌子面。打眼放炮，曾震聋过他的耳朵；井下冒水，他和矿工们挤在一个木筏子上，漂了一个星期。在门头沟、开滦两个最早开采的煤田，邝寿堃先后试验成功了井下采煤的新方法：新房柱式采煤法和倾斜长壁采煤法，降低了生产成本，增加了安全系数。

邝寿堃1946年离开门头沟中英煤矿公司，到数百公里开外的开滦矿务局任工程师，1948年还兼任了林西矿的矿长。他对这片煤田的井下情况了解得又透又深，三十年后，这点在唐山大地震时发挥了作用，那时他已年近八十岁。震后的一天，开滦矿务局几个人赶到北京找他，紧急需要各矿的坑道、废弃坑道和出风口的位置图，这些老爷子都记得，给他们在图上标得一清二楚。事后不久就传出唐山抗震救灾有两个奇迹，其中之一就是开滦煤矿井下当班的万余名工人，死亡七人，其余全部生还。开滦矿务局下辖七座煤矿：赵各庄矿、唐家庄矿、范各庄矿、林西矿、吕家坨矿、马家沟矿、唐山矿，邝老爷子1946—1949年任总工程师时管过其中的五个，还当过林西矿的矿长，自然对井下情况了然于胸。这次地震逃生，关键是要找到巷道，包括废弃的巷道，再找到出口（出风口）。当然，奇迹的产生，还是人的因素第一。矿领导（那时候的矿领导可是亲自下井的）、老工人在关键时刻站了出来，沉着带领矿工们有序逃生。开滦矿务局的人找到邝寿堃的时候，这一万多矿工大多已经脱险，因此他凭记忆画出的这份图可能与这个奇迹的创造没有直接关系，但是对下一步难度更大的抢险救灾，其指导意义就显而易见了。

韩恂华婚后很快就辞掉了协和医院的工作，跟着丈夫到门头沟去住了。她的三个孩子——大女儿邝宇宽，儿子邝宇平、邝宇忠都出生在门头沟。

韩恂华与四个孩子在林西矿长宿舍门前合影，摄于1947年暑假。自上至下：邝宇宽、韩恂华、邝宇正、邝宇忠、邝宇平

谈到对父亲的印象，邝宇宽表姨说："我们家有个特点，父亲基本没有和我们一起生活过。我八岁以前住在门头沟，父亲每天上班。八岁以后搬到城里，他一个月才回来一次。他到开滦以后，小半年才回来一次。1948年，父亲在林西矿长任上，解放战争的炮火已经蔓延至煤田，护矿与毁矿的斗争十分激烈。父亲抵制了国民党军队让他炸掉一处电站的命令，始终坚守在矿上，乃至和家里失联三个月，把我妈妈急坏了。"

邝大表姨还说："父亲不主张置房地产，我们家从来只租房不买房。"她历数了1939年从门头沟迁回北平城里以后，母亲带着他们四个孩子住过的地方：无量大人胡同50号、贡院头条1号、小六部口、铃铛胡同4号，后来住到了麻线胡同2号。无巧不成书，邝家租的这处住宅，房主也曾是一位留美幼童，他的名字叫梁敦彦。

梁敦彦1881年回国后，历任汉阳海关道、天津海关道、外务部尚书、外务部大臣等职。民国以后，他担任过北洋政府的交通总长。还是在清末担任外务部尚书时，他买下了麻线胡同2号这处宅子。为适应经常会晤一些西方外交人员的需要，他对宅院大肆修葺，把它改建成北京胡同中一个中西合璧式的建筑。梁敦彦去世后，此宅由他的儿子梁志和居住。他的太太（我舅舅和邝宇宽表姨称她"梁大奶奶"）经营着房产出租，按北京话说是"吃瓦片的"；她还参与办教育，出任"明明小学"的校董。这所学校收的学生大都是协和大夫的孩子，邝大表姨和她的弟弟们也都在这儿上学。六姑婆韩恂华也是校董，估计基于几层关系，两家相熟，梁大奶奶把麻线胡同2号的一半租给了邝家。邝宇宽表姨说："前边是我们家，后边是他们家，中间有一间房，互相通着。"

母亲带我们去过麻线胡同2号多次，包括北平围城之时，不过那都是1955年以前的事情了。当时我们年纪小，对它的具体记忆已经模糊，只有它的阔达与幽深藏在脑海中挥之不去。

印象里，大院坐北朝南，临街有一大八字影壁，大门一间，门内有两棵极大的银杏树，树龄有几百岁了。树后有一山湖石砌的屏门，横额为"春谷"。两旁有大青条石楹联，正面背面都镌刻有字，是我们不认识的字，好像还有一个印章，据说是哪位皇帝老儿的。我只记得这院里廊子特别多，房前均带走廊，廊上有坐凳台阶，各房之间都有走廊相连。从西边前出廊走起，与北房前廊相通，可以一直走到东边的爬山廊。

邝宇宽表姨说："西边小楼的二层租出去了。1949年前，租给了河北省财政厅厅长施奎龄,1949年后,母亲的好朋友刘清扬带着两个女儿住在那儿,那时她和张申府已经离婚了。"

施奎龄是谁?施奎龄,字念远,毕业于南开中学,曾与时子周、马千里、伉乃如、韩慕侠、周恩来、李福景等演出话剧《一圆钱》。他们演出了三次,在校内引起轰动,社会观众也络绎不绝,于是又加演两次,每次男女来宾都不下千人。在剧中,施奎龄饰演赵家老主人赵凯,周恩来男扮女装饰演"性情聪颖且知礼仪"的孙慧娟。抗战时期,施奎龄与周恩来也多有来往。日本战败后,施奎龄作为国民党第十一战区司令参加了在天津举行的接受日军投降的仪式,后来去了台湾。

原来麻线胡同2号邝宅的两位租客刘清扬和施奎龄,都是韩恂华学生时代的故旧。

1955年早春的一天,我的姨姨韩德庄迈进了麻线胡同2号的门槛,她给六姑韩恂华带来一个出人意料的邀请:"总理和邓大姐请您到他们家里作客。"

邝宇宽表姨多年以后回忆说:"那天我妈从西花厅回来很兴奋,见到了阔别几十年的总理和邓颖超,三个人叙旧忆故人,聊家常话,很亲切。总理夫妇还请妈吃了饭。韩二姐作陪。"我问吃的是什么,表姨回答:"我妈记得很清楚:烧饼夹酱肉、炒鸡蛋、小米粥,还有两个素菜。邓大姐说:'老朋友啦,就这样简单了。'"我又问:"你妈妈后来还见过总理和邓大姐吗?"表姨回答:"没有见过。妈妈很低调,你别看她平时爱咋呼,交往广,其实很谨慎,从不攀缘附会。"

周恩来总理后来为韩恂华办了一件事。席间,他听说韩恂华的丈夫邝寿堃在抚顺煤矿学校教书,关心地说:"怎么这么大年纪了还在那儿呢？记下来，我来办。"1959年，邝寿堃调回北京；1961年，邝寿堃被国务院任命为北京矿业学院副院长，周恩来的签名章盖在这张任命书上。

人生的最后一程

外婆高珍和三舅韩德扬都很感慨："六姑有福气，她的生活一直非常优越，最后还躲过了一劫，在'文化大革命'刚开始时就去世了。"

她的大女儿邝宇宽，1949年考入燕京大学生物系，1953年毕业留校，那时已是院系调整后的北京大学生物系。她任助教、讲师，她的先生吴鹤龄也在生物系执教。因同在北京大学，同在燕园，我们自小就和邝大表姨很熟，叫吴鹤龄表姨夫"大嘴先生"。2019年春天，八十八岁高龄的邝大表姨详细地追忆了母亲韩恂华的最后时刻：

> 妈1964年体检发现肺部有阴影。医生要她再去检查，她说："我的病不少，就一个肺、一个胃是好的。我不去，不希望再查出什么病来。"
>
> 我妈抽烟很厉害，从我记事时就抽。抗日战争时，日本人怀疑我爸通八路，两次抓他，他都躲出去了。我妈在家等他的消息，担惊受怕，一个晚上没有睡。早上起床看到妈坐在沙发上抽烟，沙发扶手上烧出好几个洞。三年困难时期，好烟凭票供应。我爸有那个待遇，但我妈让外孙女到楼下小卖部买烟时叮嘱说："好烟要留给你外公。"她自己却抽了不少劣质烟。
>
> 1965年11月，我到密云参加"小四清"，走前去看妈妈。她

说:"我感冒老好不了。"我动员她去医院照片子检查。1966年新年过后,系里打电话通知我母亲生病住院了。我赶去协和医院,主管大夫告诉我是肺癌晚期。

1966年5月下旬,我背了一个书包回来看她,路上买了两双袜子。见到妈时,她说:"我所有的东西都有了,就差一双袜子。"我把袜子给她,她反复念叨:"这我就全了。"她已经觉得自己不行了。

我妈是6月5号凌晨走的。我爸天天来看妈,6月4日晚上临走前问大夫:"怎么样?"大夫说:"过今晚大概没问题。"结果半夜里人就没了。妈走时身边没有一个亲人,只有我们家的老用人陈大妈。第二天,老姨(韩权华)帮助爸处理了全部后事。后来听老姨说:"你妈妈是有福气的人啊!就差那么一两天,协和就要把所有资产阶级出身的住院病人都赶出去了。"

邝老爷子"文革"前期没有受太大的苦,只是陪斗和扫马路。家里被抄了,造反派看到邝家有不少贵重物品,以为揪出一个大家伙。外调人员到门头沟调查了一溜儿够,不承想,工人们都说:"那可是一个正派的好老头儿。在门头沟待了二十多年,连一条板凳腿儿都没有拿过。"

邝老爷子在"文革"中期受罪了。1969年,根据林彪的"第一号通令",京校外迁。十三所外迁高校中就包括北京矿业学院。驻校"工宣队""军宣队"到河北峰峰矿区等地联系,准备把学校迁到距离北京不远的地方,但受到煤炭工业部军代表的反对。考虑到战备的需要和煤炭分布情况,适逢四川重庆以北的华蓥山地区发现了大煤田,煤炭工业部决定将华蓥山矿区合川县三汇坝作为北京矿业学院的外迁校址，并改名为四川矿业学院。

坝是土话，意思是山间的平地。三汇坝字面的意思即三条河流汇集的小平原。此地距重庆市有几十公里，在华蓥山南侧。但矿院的新校址没有建在三汇坝的平地上，而是选择建在白岩山的半山腰。1970年6月，一辆满载矿院搬迁职工的专列由北京抵达重庆。邝寿堃这位七十二岁的老人，只身一人随队来到重庆。尽管条件十分困难，无论是食宿还是参加劳动，他都和中年、青年单身职工一个标准，从未提过任何个人要求。

邝宇宽表姨说："在四川，我爸和一个右派住一屋，中间拉一个帘子，好像就是牛毛毡搭建的棚子。（他）吃得也非常差，一碗半干不稀的粥，加点青菜而已。他打听到山脚下有个铺子卖粥，就每天早上拿个小锅下山去打粥。后来，我爸发现这个铺子后边有一条小街，还有卖其他食品的。他就又往深处走。街道很窄，有一次，他被一辆吉普车撞了，甩带出去五六十米。他自己没说，路上有人看见了。矿院领导觉得老爷子年纪大了，不适宜留在四川了，就和他商量：'你的户口进北京很难，你有一个儿子在兰州，是否转到兰州？'我爸回答：'太太去世前嘱咐我只能跟女儿。'矿院领导想到我爸'文革'前和另一位老师在编《中国矿业大辞典》，还没有编完，就以继续编这本辞典为理由，打报告让爸爸回北京了。1974年，他回来了，满头白发。他和我家住在一起，他的户口十年以后落实政策时才解决。"

1979年，邝寿堃随女儿家搬至燕东园北边的北大5公寓。80年代，落实政策后给他发还了扣发的工资。说到工资，还有趣闻一桩。邝老爷子调到矿院以前，一直享受保留工资待遇，1956—1958年，他曾四次主动提出要求降薪。降薪后的工资是多少呢？到北京矿业学院以后，学生们之间很快流传开来：来了一个比毛主席工资还高的副院长。1986年11月，邝老爷子委托女儿邝宇宽给矿业学院党委写信，表示要把他多年的积蓄捐赠给学校，矿业学院以此设立了面向研究生的"邝寿堃奖学金"。

从四川回京以后，邝老爷子全心投入编写《英汉矿业词汇》。他本是极认真的人，面对浩繁的工作，一丝不苟，尽心尽力。几次听说他与出版社的编辑发生冲突，他不满意他们用红笔做的修改，与他们争得面红耳赤。红封皮精装版《英汉矿业词汇》在他去世七年后，即1997年9月面世。

1990年1月4日，邝老爷子刚过完九十二岁生日，不久就因病去世了。

邝宇宽表姨说："丧事全部由矿院承办，骨灰放在八宝山革命公墓。上墙的时候，好位置已经放满了，只有下层空着，邝宇忠说：'爸谦让了一辈子，咱们也别等了，就放在第三层吧！'当年我妈去世时，骨灰盒也放在八宝山，不过是在人民公墓。那里的规矩是只存五年，期满就集中一起埋了。看坟的老人看到我家用人陈大妈每年清明都去扫墓，很受感动，就告诉她：'我把老人家的骨灰单独埋了。'他还画了一张图，标明埋的地址。我父亲回来后，陈大妈就把这张图交给他了。他去找了几次，但没有找到。所以这次在爸的骨灰盒里，放进了我妈用过的一些首饰，还有一个小包，就算合葬了。"

韩恂华是我母亲的五位姑姑里第一个走的，邝寿堃是她的五位姑父里最后一个走的。

【附】解开一个海归世家之谜

韩恂华、邝寿堃的西式婚礼照，摄于1930年

　　韩恂华嫁进了一个富有传奇性的海归世家。她的公公邝国华（原名邝国光），字冠亭，广东新宁人。1875年10月，他赴美读书，是清政府送出的留美幼童[1]之一。最新找

---

[1] 中国留美幼童指中国历史上最早的官派留学生。1872—1875年，由容闳倡议，在曾国藩、李鸿章的支持下，清政府先后派出四批共一百二十名学生赴美国留学。这批学生出洋时的平均年龄只有十二岁，以来自广东的八十四人、来自江苏的二十一人为主。他们来自比较富裕开化的农民阶层以及与洋务有关的家庭，并具有一定的中文功底。他们中有五十多人在中学毕业后得以进入哈佛、耶鲁、哥伦比亚、麻省理工等著名学府继续深造。

到的一张老照片极其珍贵，让我见到了邝国华老人。

如果不算两个小花童，这张照片中共有二十三人出镜。按照婚礼照排列的惯例，我首先辨认出了新郎新娘双方的父母。照片中新娘左侧的两位老人即韩恂华的父亲韩渤鹏（老先生戴着一副眼镜）和母亲韩老夫人（卞珩昌，头上戴着镶玉的抹额）。

在他们身后站着新娘的亲戚：第四排左二，戴眼镜的是我的外公韩诵裳，照片中他的右上方是我的大舅韩德章，他的左上方、剪着一头齐眉穗的小女孩是我的母亲韩德常。只是对站在韩诵裳左边那位圆脸的女士，我有些犹疑：那是我的外婆高珍吗？四位美丽的女傧相中有两位是韩家人：第三排左一是韩权华，第三排右一是李惠年。

在识别新郎的父母时，我一眼就盯住了照片中新郎右侧的那位老人。他身材魁梧，国字脸，五官端正，一字胡白得帅气，虽然身着长袍马褂，但通身英气勃勃。这就是邝国华老人。他曾入学美国马萨诸塞州的阿默斯特学院，在学业中途被召回国，入天津北洋水师学堂深造。1885年，他任"定远"舰大副，后出任江南船坞总办，投身于办实业。1914年，他任江南造船所副所长，1927年3月被国民政府任命为江南造船所所长，主持这所中国海军最大的造船厂三十载。

我满怀敬意地仔细端详，突然发现在邝国华老人的身后还站着的一位老人，也是帅气的一字白胡须，长相与他像一个模子刻出来的。《大清留美幼童记》的作者、我的好朋友钱钢曾告诉我，留美幼童名单里来自广东新宁的有两位：邝国光和邝炳光，他们都出生于1863年，或者是亲兄弟，或者是堂兄弟。已证实邝国华原名邝国光，那么这张照片中的另一位白胡子老者应该就是新郎的叔父邝炳光了。当年邝炳光在美国入学伍斯特理工学院（也是梅贻琦先生的母校），回国后走的也是实业救国之路，曾在京奉铁路和煤矿业任职。

在韩家的亲戚圈里，与留美幼童有关的有三位，第一位是韩咏华的三女婿钟安民的爷爷钟文耀。邝国华、邝炳光老人是第二位、第三位。前文还提及邝家租住的麻线胡同2号的房主梁敦彦，他也是。这样，本书就提到了四位留美幼童。钟文耀、梁敦彦为1872年派出的第一批留美幼童，邝国华、邝炳光为1875年派出的第四批留美幼童，四位都是广东人。感恩这次写作，为我打开了观察从清末留美幼童到20世纪40年代几次大留学潮的视野。

婚礼照片的故事还在继续。邝大表姨帮我进行了"人脸识别"，她说："照片里有我的三伯父和三伯母。即我父亲的哥哥嫂嫂。三伯父应该是站在最后一排右边那个高个子，面容与我爸酷似。"

前文在写梅贻琦1909年参加庚子赔款留美考试获得第六名时，对排在他前边的第二名邝煦堃，我就产生了好奇，顺手查了一下此人的籍贯——广东新宁，不觉心中一动：他和六姑姥爷邝寿堃有什么关系吗？我向邝大表姨询问："您的父亲有什么兄弟吗？可知道邝煦堃吗？"她答复:"邝煦堃是我父亲的哥哥,我们的三伯父。"这次看到了相片,哥俩长得还真像,深眼窝,高鼻梁,典型的广东人。

在邝煦堃赴美留学的经历中,我最感兴趣的是他乃第一个毕业于哥伦比亚大学新闻系的中国学生。他1914年毕业于普林斯顿大学,即入哥伦比亚大学研究院,1915年再入哥大新闻系。留美期间他一直热衷新闻业,在普林斯顿大学时担任了《普林斯顿人日报》的编辑,是校刊编辑部中的第一个外国人。到哥伦比亚大学后,他又主办了《中国学生月刊》。1915年,他还代表中国参加了巴拿马展览会的国际记者招待会。我在几篇研究中美新闻教育交流的论文中都找到了这位新闻界先驱的名字。可惜,归国后,他在报界只是蜻蜓点水般一掠而过,后进入民国政府外交部门供职了。

最近从邝家的老照片中我又发现了一张珍贵的合影,里面有六姑姥爷邝寿堃的姐姐邝翠娥和弟弟邝安堃。

邝翠娥和邝安堃姐弟相差五岁,两人早年即出国留学,攻读的都是医学。弟弟1919年赴法留学,1933年获得法国巴黎大学医学院医学博士学位。姐姐邝翠娥1921年赴美留学,1926年毕业于美国康奈尔大学医学院。她仅用了五年就拿到了医学博士学位,是何等的学霸!他俩先后回国,姐姐1927年回来,弟弟1933年归来,分别在当时上海最好的两所教会医院行医。

邝翠娥所在的西门妇孺医院,1884年由美国传教士玛格丽特·威廉逊创办,以救治贫苦的妇女儿童为要义。医

这张照片摄于上海邝家花园洋房的草坪上。邝大表姨说:"中间坐的是我奶奶邝陈氏。照片左边是四姑邝翠娥,中间是小叔叔邝安堃,右边是我爸,家里排行第五。"

院的位置在法租界,位于西门外,由四栋二层半的砖砌小楼组成,楼与楼之间有封闭的通道连接。它的楼顶是红色的,老上海人都知道它,称它为"红房子医院"。邝翠娥1942年出任了这所医院的首位中国籍院长,兢兢业业地主持了十年,并以精湛的内科医术闻名沪上。她终身未婚,一心从医,不问政治,1968年不幸辞世。

邝安堃所在的广慈医院,即现在的上海瑞金医院,1907年由法国天主教会创办。医院的中文名"广慈",取意"广为慈善",法文名为圣玛利亚医院。这所医院的建筑,立面多处为双立柱,前有平台,两侧有大台阶。它的主楼尤为华丽壮观，两侧以风雨长廊连接法式风情的病房大楼，犹如一个慈爱的母亲伸出双臂拥抱自己的儿女。楼前还有巨大的法式花园。

邝安堃进入广慈医院即任内科、皮肤科、小儿科三个科的主任。他有一枚印有"indigent"的小戳，出诊时遇到贫苦的病人，就在单子上盖上此章，如此一来，病人只需自付膳费，诊治、化验等均不再付费。当年这所教会医院拨出大比例的资源为贫苦病人服务，医院里有五百张床位，其中三百多张预留给贫民。据1936年全年门诊资料记录，病人一半以上为贫民，他们获得了免费或者半自费的治疗。

广慈医院严格采用法国医学院的教材，用法语授课。1950年，邝安堃培养出五个得意门生：陈家伦、许曼音、王振义、龚兰生、唐振铎，他们每人都能讲一口流利的法语，都成了各自学科的领军人物。陈家伦、许曼音还结为夫妻，生有一子。孩子长大后也立志学医，80年代赴法留学，学成归来后效力祖国，曾担任中华人民共和国卫生部部长，他的名字叫陈竺。

做完此番采访，不胜唏嘘。过去只知道六姑婆韩恂华的公公是留美幼童、第一代海归，现在发现她的丈夫以及三伯、姑姐、小叔子四人都是海归，三人留美，一人留法，且个个事业有成。这样的海归世家在民国时代大约也不多见，在中国留学生史上真应该好好记上一笔。

四、李惠年、汪德昭：鸾凤和鸣　科学报国

李惠年是韩家大姑韩俊华和李莲普的女儿，也是我母亲的表姐。她是在南柳巷 25 号大宅门里长大的。前文讲过，在这个大宅门里存在过以韩权华为中心的情深义重的"三姐妹"。若从年龄看，李惠年居中，她和我母亲的关系极好。

李惠年 1925 年毕业于京师女附中。那个时代的女附中的学生，多是齐眉齐耳的短发，清清爽爽；夏季白衣黑裙，冬季蓝布长衫。

花季少女　改造社会

在京师女附中读高中时，李惠年遇到了一位才情俱佳、不平凡的老师和朋友，即被称为"民国四大才女"[1]之一的石评梅。二人结下了一段深厚的情谊，这让李惠年终生难忘。

石评梅在这里教体育，兼教国文。同时她热衷文学创作，发表了大量的诗歌、散文和小说。80 年代，北京书目文献出版社出版了《石评梅作品集》。我发现在书信集目录里收有石评梅写给李惠年的信。这次写作时，得到李惠年后人的大力协助，我看到了珍存的石评梅给李惠年的书信与便笺的原件以及珍存的石评梅的遗物——几片题字的枫叶。

石评梅给李惠年的信件总计四十九封，从 1924 年底开始，到 1928 年 9 月止，其中 1925 年写得最多，大约有二十九封，约占全部信件的五分之三。正是在这一年的 3 月，石评梅的恋人、中共早期革

---

[1] 民国四大才女，一说为"吕碧城、萧红、张爱玲、石评梅"，还有一说为"庐隐、萧红、张爱玲、石评梅"。

自左至右为韩德常、李惠年,二人1925年摄于南柳巷25号

命领导者之一高君宇因病去世。自1926年以后,石评梅的信有所减少,这时李惠年已高中毕业,以第一名的成绩保送北京师范大学生物系,两人不在一个学校了,但仍保持着亦师亦友、如闺蜜一般的情谊。石评梅的最后一封信写于1928年9月10日:

惠年小姐:

久违了,想来近好!今天在一年三班门外是不是你,我未看清楚。如果是你,请原谅我那时不能下来招呼你……近来我颇努力看书写文章,想极力恢复到四年前白屋梅巢的生活,静寂有诗意的生活。

近来作何消遣?

梅姊　九月十日夜

在这封信的边页上，李惠年用红笔注着："一九二八年九月十七日生病，三十日卒于协和医院。"她的老师发出这封信的七天以后就患急性脑膜炎住院，二十天后就病逝了。

信中的"白屋梅巢"是李惠年常去的石评梅宿舍，老师在这里批改作业，和学生交谈，并伏案写作。受到"五四"精神的熏陶，石评梅的作品以追求个性解放、爱情、自由为主题，越到后期她的反叛精神越鲜明。不过总体来说，其创作风格未脱多愁善感、清冷、抑郁的气质，就像她把自己的宿舍称为"小白屋"一样。多年以来，李惠年都珍藏着这些信件。1982 年，出版社编辑《石评梅作品集》时，她亲自选了其中的十三封交给出版社公开发表。

李惠年会弹钢琴，还有一副好嗓子，在女附中上学时就担当过花腔女高音。在师范大学读生物系时，她同时在国立艺术专门学校读选科生，主修声乐，副修钢琴。她的钢琴老师是萧友梅先生。

1926 年 5 月 2 日《北京师大周刊》第 287 期第一版刊有消息称："本校西乐社已于 4 月 19 日正式成立，会员共有一百二十一人。……是日狂风大作，黄土蔽天，然出席人数竟超过全体会员人数三分之二！公推汪君主席。"

这个学生社团可不是几个年轻人简单地聚在一起玩西洋乐器，他们胸怀"音乐救国"的抱负，提出了态度鲜明的主张：用西乐改造颓丧萎靡的民族性。他们认为："他（音乐）与人生有莫大的关系；他最能表现人生的精神与生命；他的内容，丰富伟大，可以陶冶精神，提高好尚，辨别美丑于不觉，增加人格于无形；他的和声，可以透澈灵魂的深奥，增进美妙优雅的思想；他的旋律，可以激动全身的血脉，引起深挚的情绪；……"[42] 在他们看来，"要想改造如

北京师范大学西乐社第一届职员合影。这张照片摄于成立日当天,是经选举产生的第一届成员的集体合影。后排左起第一人即李惠年,她入学北京师范大学才半年,就被推举为西乐社副主席,可见其音乐才能在全校知名度颇高。后排左起第三人是被公推为主席的"汪君",即物理系三年级学生汪德昭

我国这样颓丧萎靡的民族性,要想使人们生活不致干躁寂寞,我们非积极提倡音乐不可"[43]。

在西乐社第一届职员的合影中需要打捞一个人物。请注意前排中间那位戴眼镜、穿西装、打领带的男士,他就是久已被历史湮没的高等音乐教育的先驱之一柯政和先生。

柯政和是台湾嘉义人,曾留学日本东京上野音乐学校,修习钢琴与作曲理论,1922年到北京,在北京师大教书。他是西乐社的发起人和指导老师。《发起师大西乐社缘起》一文开宗明义即说:"我们学校因为有这么一位'废寝忘餐'的柯政和先生的提倡,好像一些久已枯萎的心灵里,骤然得着甘露的浸润,都渐渐地活跃起来了。"[44]在这个业余社团成立之前,柯政和先生已经在北京师大举办过几次音乐会,

为之试水与造势。

搜寻有关史料时,我在 1924 年 11 月 30 日下午北京师大首次举办的音乐会演奏者的名单里找到了熟悉的名字:李惠年(钢琴)、韩德章(钢琴)、李建藩(鸿年,大提琴)、汪德昭(小提琴)。在第二次北京师大音乐会上,出现了一个小型管弦乐队,我又发现了熟悉的名字:李建藩(大提琴)、韩德章(小号[Cornet,即木管号],我这个大舅对乐器无所不能,真惋惜他这辈子没有从事他最喜爱的事业)、汪德昭(小提琴)。原来南柳巷 25 号韩家几位年轻人都是西乐社的骨干分子。

后在 1927 年 6 月 3 日的《世界日报》上看到一则报道:"北京师大学生汪德昭、李惠年、女大学生韩权华等,最近成立一爱美乐社,组织颇为完善,并有各种音乐专家为之指导。闻该社即西乐社之化身。"由此可知,仅仅一年以后,西乐社已经进一步演化为爱美乐社了,它不再是师大一个学校的业余学生社团,有了专业教师的参与,有了更完善的组织。我最惊喜的还是在十九位发起人的名单中,除了李惠年、汪德昭、李建藩、韩德章之外,又发现了一位韩家人——韩权华。

西乐社原来有两个局限:一是成员仅限于师大,二是仅限于西乐。当时这些年轻人认为中国音乐的精粹久已湮没了,要提倡它非先提倡西乐不可,因为西乐是合乎科学的,有条理,有一定的方法、理论和原则。西乐社主力成员汪德昭对国乐有一个颇为经典的动作——挥挥手,还有一句口头语——"去你的吧!"

这两个局限性在爱美乐社都得到校正。韩权华主修的就是民乐,她的老师刘天华是民乐领域的大师级人物,这次师生都参加到爱美乐社中来了。这个新的音乐社团对国乐与西乐采取双管齐下,"即希望以后对'中西音乐有共同的研究',并以一种'古今中外的比较'眼光,来开展他们的工作,而'不得不以西乐为起点',则道出了他们以西乐为标准进而'以西衡中',对中西音乐进行探讨的基点"[45]。当然还有另一层重要的含义:萧友梅、刘天华以北大为阵地,带着他们的学生,倡导奉行的也是"音乐救国"的主张,现在西乐与中乐携手了,北大、师大两校也联合起来了。

爱美乐社的面世,还有更深的社会与时代背景。看到一篇研究20世纪20年代西乐社、爱美乐社的论文,作者李岩认为此举是为了对抗奉系军阀张作霖任命的教育总长刘哲,这位官僚1927年6月将北京所有大学中的艺术科系以"有伤风化"之名加以取缔。爱美乐社针锋相对,在缘起宣言中说:

> 我们在北京这个环境,秽恶的水围绕着古老的城垣,黑色的土填满了所有的街途,朔风吹来,尘沙扑面,腥臭入鼻,白天各处没有美的表现,夜间弄巷里黑漆漆的与鬼为邻。这样的环境能够不使人忧闷吗?耳目所闻,呜呜轧轧,呦呦萧萧,市井呼买的声音,驴马嘶叫的声音,想起政治的腐败,社会的黑暗,能够不使人气短吗?
>
> 北京的空气是何等的龌龊,生活是何等的鄙下,音乐是何等的缺乏!我们的理想就是把北京"美化",我们实行的目标就是把社会"音乐化"。[46]

我从历史的碎片中拼出西乐社、爱美乐社,也寻找到了我那些正值二十多岁的风华正茂的前辈——韩权华、李建藩、韩德章、汪德昭、李惠年。当年在中西文化之间，在传统与现代、野蛮与文明的激烈碰撞中，他们思想的锐利以及行动的勇气令我感佩又惭愧。百年之后，这些矛盾仍然萦绕不去，检讨我们对其的认知，比如对音乐和音乐教育的认知，真还不及他们当年，更遑论改造社会的行动能力。

天作之合　　收获爱情

音乐给予李惠年最珍贵的馈赠就是让她遇到了终身伴侣汪德昭。

汪德昭，生于1905年，是江苏灌云县板浦镇人。他的父亲汪寿序（号雁秋）早年中了秀才，后改习新学，入两江师范学堂，后曾任北洋政府农林部主事，1912年携家眷来到北京定居。汪德昭七岁进北京，按部就班地上学读书：1913年入北师大附小，1919年入北师大附中，1923年入北京师范大学物理系预科，1928年就提前被北京师大校长张贻惠破格聘为物理系助教。

下页照片里是一对幸福的新人，新郎帅，新娘美，如此般配，可谓天作之合。

坊间一直流传着汪德昭追求李惠年的浪漫故事。汪德昭当年在女一中兼课，高三的女孩子见到如此年轻英俊的物理老师，非常淘气。有一次上课，汪德昭给学生们讲太阳系的八大行星（当时冥王星还没有被发现），在黑板上写上了八大行星的名字。上第二节课的时候，黑板上变成了九大行星，多了一颗"惠年星"。原来，她们已经打听出她们的音乐老师李惠年是汪老师的女朋友。

汪德昭终于追到了"惠年星"，这也成为一段佳话。不过，他俩

汪德昭、李惠年的婚礼照片，1933年4月摄于欧美同学会。主婚人是梅贻琦先生（李惠年的五姨夫）。

照片中，李惠年的父母：李莲普（后排左一）、韩俊华（前排左一）；汪德昭的父母：汪寿序（后排右一）、李静珍（前排右一）。在女傧相里，我一眼就看到了母亲韩德常（前排左三），那年她十八岁，多么温婉漂亮

的孙子多年以后听到这段故事时,第一反应却是"这帮女学生调戏我爷爷"。

汪德昭从1931年10月开始,展开了除爱情之外的另一番惊心动魄的追求:立志去法国留学,并想拜物理学家保罗·郎之万(Paul Langevin)为师。1931年,法国著名物理学家郎之万参加一个国际联合教育考察团来华考察,同时与中国物理学界进行了学术交流。他自1931年9月抵达上海后,在上海、北平、杭州做了多次学术演讲。1932年,国际联合教育考察团以英法两种文字发表了《中国教育之改进》这一报告,其他成员离开了中国,郎之万意犹未尽,又返回北平,与中国物理学界继续交流了大约两个星期,促成了中国物理学会的诞生。1932年1月,他才离开北平。郎之万归程走的是陆路,后乘火车穿越西伯利亚回到欧洲。他对这次旅行的印象很深,在一封家信中说:"如果我的年纪允许,我计划再次到中国去。遗憾的是我对中国认识得太迟了。人们隐瞒着中国的真实情况实在是犯罪。"[47]

汪德昭自从在中法大学听了郎之万关于相对论和超声波的演讲后就着了迷。此后郎之万在哪里演讲,他就跟到哪里,完全自掏腰包。郎之万演讲中对科学家责任的阐述激起他强烈的共鸣:一个真正的科学家不能把自己关在象牙塔里,应该对人类和社会进步尽自己的责任。他到郎之万下榻的北京饭店,登门拜访,径直问能不能跟他学习。郎之万询问了眼前这位中国学生的成绩,了解了他的学习热情与决心后欣然允诺。

此时,汪德昭的志向已定,远行的障碍在于囊中羞涩。于是,他在北京师范大学物理系当助教的同时,承揽了更多的兼职课程,先后在女一中、志成中学、孔德中学等教高三的物理和数学。志成中学高三有八个班，他教了其中的四个班。他生活上本来就节俭，如今更加节衣缩食。他说："吃上一份炒饼，再来碗酸辣汤，就算是改善生活了。"

李惠年 1931 年从师范大学毕业后在本校体育系任音乐助教，为了支持汪德昭赴法留学，她也同时在北师大附中、女一中、志成中学兼课教音乐。

李惠年在北师大附中教书的情形，有回忆录可考。指挥家李德伦先生不止在一篇回忆文章中提到他中学时候的音乐课老师是李惠年。学校举行音乐会，她常常在学生的伴奏下表演独唱，而且是花腔女高音。每逢这时，还经常有一位校友被邀请参加音乐会，那就是她的男朋友汪德昭。汪德昭小提琴拉得很好，他拉过巴赫的《G弦上的咏叹调》。新婚半年后，即 1933 年 10 月，汪德昭告别了妻子，踏上从上海开往法国的客轮。李惠年则留在国内继续教书，同时在几所中学兼课，课程表排得满满的，一周甚至上二十一节课。她把挣到的钱（她称为"吃粉笔末儿挣的钱"）一部分汇到法国，供丈夫生活之用，剩余的积攒下来留作自己出国的费用。1936 年，李惠年以优异的成绩，考取了中法基金会的半官费（不管路费）留学资格，前往法国进修音乐。她用自己积攒下来的三百块大洋作为路费乘船来到法国，夫妻终于团圆了。

团聚巴黎　获"虞格"奖

巴黎高等物理化工学院离塞纳河南岸有名的林荫街道——圣米歇尔大街不远。这是一座红砖结构的老式小楼和院子。1898 年，居

汪德昭、李惠年、汪华（欧瑞）的全家福，20世纪40年代初摄于巴黎

里夫妇在这里的一个研究室发现了"镭"。后来，居里夫妇的学生，与爱因斯坦、卢瑟福等杰出科学家齐名的郎之万，他的实验室也设在这里。

1934年6月，汪德昭带着物理学家李书华教授的一封介绍信到郎之万实验室报到。在此之前，他按照先期留学法国的兄长汪德耀的建议已在比利时的布鲁塞尔大学学习了半年法语。当见到郎之万的时候，他的法语已经有了长足的进步。根据郎之万的建议，他又花了三个月的时间在"法语联盟"学校继续进修法语。1934年10月，汪德昭再次见到郎之万。郎之万示意他在自己的办公桌对面坐下，说："欢迎你到我的实验室工作。关于研究课题，假如你同意的话，可以考虑研究低空大气中的离子（ion）这个问题。"[43]于是郎之万把自己毕生关注的一个研究课题"低空大气层中大小离子平衡态的研究"交给了汪

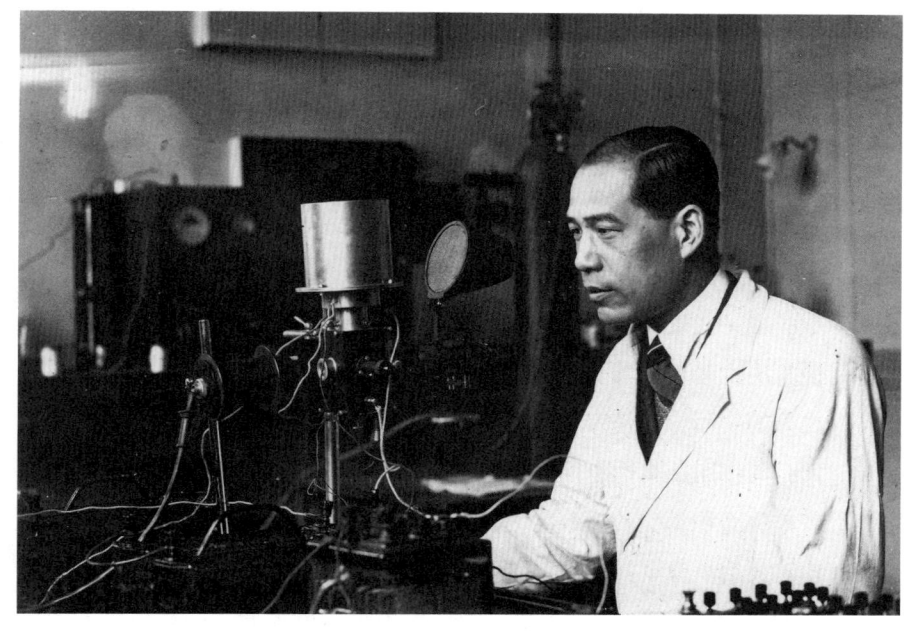

汪德昭在郎之万实验室，20 世纪 40 年代摄于巴黎

德昭。

在导师的指导下，汪德昭经过周密的调查研究和分析，用人工方法创造了一个可以控制的环境，对大离子的半径、单位体积内的数目、迁移率等加以测定，并和郎之万一起推导出了大离子的合成系数理论。汪德昭找到这个人工方法的灵感来自一家中国小餐馆。吃饭时，他看到一盘蚊香袅袅上升的烟气，于是他托在北平的亲戚大量采购蚊香，源源不断地邮寄到巴黎实验室。

1940 年，汪德昭根据这项研究成果写出论文《用 X 射线或放射物质研究气体中悬浮质点的电离》，通过了巴黎大学国家博士学位的答辩，被评议为"最荣誉级"。当时法国的博士分为三种，即大学博士、工程博士和国家博士，汪德昭获得的是最高级别——国家博士。1945 年，这个被称为"郎之万-汪德昭-布里加理论"的研究成果荣获法国科学院一年一度颁发的"虞格"奖。

1939年，德军大兵压境。郎之万实验室已并入法国国防部第四研究组，汪德昭成为法国国防科研机构中被批准留在法国的战时实验室中的唯一一位外籍科学家。他所在的实验室接受了海军部下达的"尽快解决主动声呐加大功率的问题"。利用声呐去发现和跟踪潜艇是郎之万的发明，但是郎之万式的圆盘状声呐换能器虽然灵敏，功率却不大，其作用距离也有限。汪德昭采用新工艺，经过几十次实验，使原来单位面积承受的功率大为加强，提高了声呐的性能。这项技术成功地转交给了盟军。

获1935年诺贝尔化学奖的约里奥·居里夫妇（即居里夫人的长女伊雷娜和女婿约里奥），两人都是郎之万的学生，也在这个实验室里从事研究。汪德昭以他的聪明才干帮助伊雷娜成功焊接了实验仪器上的1微米细的铂金丝，研制出高灵敏度静电计，被命名为"居里-汪氏型"。约里奥·居里夫妇与汪德昭、李惠年成为非常要好的朋友。

在下页这张摄于异国他乡的留影中，李惠年身着中式服装，一袭高领斜襟半袖旗袍，尽显东方之美，优雅脱俗。照片中还有另一个引人瞩目的形象，即坐在台阶左边的那个中国男孩。齐齐整整的偏分头，一身小洋装，一脸小严肃，坐姿端正，一本正经得可爱，他就是汪德昭与李惠年的独子汪华（欧瑞），1937年生于巴黎。

李惠年1936年到法国后，致力于研究欧洲古典声乐、现代声乐和声乐教育方法。初来乍到，她不适应巴黎的气候，拒绝出门："不，我不出门。等什么时候出太阳时，我再出门。"汪德昭回答："惠年呀！出太阳你得等半年，巴黎冬天没有太阳，永远是下雨的。"

1941 年汪德昭全家在约里奥·居里夫妇家里过周末。
后排左起：汪德昭、法国原子能总署秘书长毕加、李惠年、伊雷娜、约里奥

当李惠年 1947 年接到老姨韩权华从英国伦敦发来的信件，告知他们，她和卫立煌将军不日将到法国时，李惠年已经融入了巴黎社会，并出现在不少重要的场合。1945 年 11 月，在巴黎举行了第一届世界妇女大会，会上决定成立国际民主妇女联合会。当时参会的中国代表李佩是受中国劳工协会委派从重庆前往巴黎赴会的，而其他两位中国代表——李惠年和潘玉良，当时就在巴黎，她们的身份分别为音乐家和画家。

汪德昭此时在法国科学界已经享有很高的荣誉，他担任了法国国家科学研究中心的研究指导主任，并兼任法国原子能委员会顾问以及法国、英国几家公司的顾问。

这张最新发现的照片是李惠年参加第一届世界妇女大会的留影,摄于巴黎。前排右二为李惠年、右三为潘玉良、左一为李佩

中关村特楼

中关村特楼为13号、14号、15号。14号楼居中,L型的13号楼与15号楼如两翼。

这是三座苏联式的建筑,楼高三层,灰砖,黑瓦,有朱红色的木窗格。

20世纪50年代初,中国科学院将科研发展基地选址在中关村,除建设一批科研大楼为相关研究所使用,还配套建设了数十栋住宅楼,满足科研人员的起居之用。13号、14号、15号楼内部条件和外部环境最好,专门用以安置海外归来的著名学者、专家居住,被称作"特楼"。其中13号楼,继续了李惠年和汪德昭的故事。

汪德昭一家三口1948年11月离开北平,1949年4月从香港飞赴法国巴黎，此后又过去了七年，母亲以及韩家的亲戚们才再次见到他们。1956年12月，汪德昭响应周恩来总理的号召，放弃了在法国科学界的高职位和优厚的待遇，一家三口回到祖国，投身《1956—1967年科学技术发展远景规划纲要》（简称"十二年科学技术发展远景规划"）的实施进程。这次他们是扎下根不走了。他们的新家就在中关村13号楼。

中关村特楼距离我们在北大燕东园的家不远。我记得，50年代的时候，有几年春节，李大表姨夫妇来我家拜年。两人衣装考究，李大表姨还戴着一顶洋气的法式帽子，很漂亮。表姨夫汪先生身材魁梧，声音洪亮，自我介绍说："本人姓汪，水中之王。"

父亲和汪德昭有共同的话题。1956年通过了"十二年科学技术发展远景规划"，把发展计算机、自动化、半导体、电子学四项列为"紧急措施"，要首先抓起来。当时我父亲任中国科学院计算所三室主任，汪德昭回国之初就担任了中科院电子所的副所长。

父亲和汪先生还有共同的爱好——黑白之道，不过他们难得有时间对弈。后来我只记得他们在谈笑风生之间会交流和张劲夫、方毅下围棋的战绩和招数。这两任中国科学院的领导都会下围棋，他们经常邀一些科学家"手谈"，并借此了解科研情况，这成为他们一种独特的工作方式。

汪德昭不久就更加忙碌了。1957年5月，他被增选为中国科学院学部委员（现已改称院士）。1958年，聂荣臻元帅亲自点将，调他主持筹建国防水声学研究所，以建立水下万里长城——反潜预警体系。1964年，他担任了中国科学院声学所所长。他身居要职，而且工作保密性极强，只要看那办公地点以及从事的科研项目全都变成阿拉伯数字编码就知道了。

好景不长。1966年夏天以后，汪德昭主持的声学所被迫关门，正在进行的重要实验一律停摆。形势从1970年开始好转。周恩来总理要求有关部门提供了一份名单，他亲笔批示，必须对该名单上的一百多名海外归来的科学家严加保护。汪德昭在这个名单之列，于是他恢复了工作。不久，李惠年也从军粮城"五七干校"回到北京。这时她的母亲韩俊华已年近九旬，也从城里搬到女儿家住了。（1967年，李惠年的父亲李莲普病逝，此后他们在南柳巷25号的老宅已不能住了。）自从韩家长辈中资格最老的韩俊华住进特13楼，汪家的大门就向母亲的家族打开了。我的母亲和舅舅们，还有傅家、邝家的表姨们开始去汪家看望韩俊华，与李惠年表姨的来往也频繁起来。

在这次写作中，我特意到中关村13号楼探望，虽然汪家早在1981年就搬走了，但这里终究是汪德昭完成一生中最主要的科研成果与工作业绩的地方。几年前，特13楼、14楼、15楼在北京市大拆大建中险些被夷为平地。幸有专家和媒体人大声疾呼，强力阻止，才得以保存下来，并被列为北京市保护建筑群。我也想去看看现状如何。

走进这个小区，我见到的还是破败的楼群。公寓疏于管理，仍旧是被群租的状况，看来尚未实施任何保护措施。李惠年表姨家被一个少年美术培训机构租用了，朝南的三个房间已被打通成一个大的活动空间。依照房间隔断的痕迹，我找到了当年的书房。

正是在这间书房里，汪德昭曾起草过几份非常重要的文件。

1959年，根据我国海域特点，他提出了"由近及远，由浅入深，（频率）由高到低"的水声考察研究战略，拟定了我国水声科学考察与研究的发展规划。1975年，他起草了我国海岸水声预警体系的研究发展规划。

1977年8月10日，他夜不能寐，奋笔疾书，给邓小平同志写了一封长信，提出："立即恢复中国科学院声学研究所。即把划归海洋局的水声科技人员和物理所声学科技人员重新合并，就可以恢复。归属问题，从事业发展角度考虑，应仍由中国科学院领导，以原声学所的设备为基础（设备仪器完好），所址不变（原中关村所址），必要时略加扩建。把分散的力量再集合起来，形成拳头，这样就可以形成一个有一定设备、相当基础、九百多人的声学研究队伍（包括北海、东海、南海三个水声工作站），为声学基础理论起骨干作用，并为国民经济、国防研究项目服务，特别是为海军声呐现代化服务。不仅如此，对于赶超世界科学先进水平，参加国际学术交流活动，都有推动作用。"[49]在信中，汪德昭还婉言辞谢了有关部门准备让他担任国家海洋局副局长的提议。

此信送上，两周后即收到邓小平同志的亲笔批示："我看颇有道理，请方毅同志研究处理。"[50]1979年1月，中国科学院隆重召开了声学所复所大会。

回想1964年建所初期，汪德昭面临两种选择：一是带学术骨干写论文，尽快出学术成果；一是当"工作母机"，培养人才，带出队伍。他选择了后者，并提出了著名的"拔青苗"计划，经毛泽东、周恩来"圈阅"，从北大、清华、浙大、哈工大等著名高校选拔出一百

椭圆形石碑上刻着中国音乐学院声乐教授李惠年、中国国防水声学奠基人汪德昭

名优秀的大学生,提前半年或一年毕业进所,由汪德昭亲自给他们上课,手把手带他们做实验。这批"青苗"迅速成才,陆续成为遍布全国水声学科研一线的骨干与领导,仅水声所就有四名中科院院士出身于当年的"青苗"。

走出这个单元,回身再看,三层楼六户人家,当年住着五位中科院院士。103号住的是汪德昭、李惠年夫妇,203号住的是郭慕孙、桂慧君夫妇,204号住的是郭永怀、李佩夫妇,303号住的是陈家镛、刘榕夫妇,304号住的是杨嘉墀、徐斐夫妇。其中有四家是从美国归来的,一家是从法国归来的。

这五位院士的家里都有钢琴,各家窗口经常飘出琴声和歌声。数汪家的琴声与歌声最美。李惠年回国后先在中央乐团、后在中国音乐学院教声乐。汪德昭对古典音乐的热爱终身不变。表哥汪华(欧瑞)

说："我爸爸就是一个贝多芬迷。"1956 年，他们从法国走陆路坐火车回国时，途经莫斯科，汪德昭购买了不少密纹黑胶唱片，至今家中的音乐藏品仍以贝多芬的作品居多。书架上还挂着一个贝多芬头像的面具，汪家搬到哪儿就带到哪儿。

汪德昭于 1998 年 12 月 28 日去世，享年九十三岁。

李惠年于 2007 年 10 月 30 日去世，享年一百岁。

他们的墓地在北京天寿陵园。墓地的设计别具一格，一人弹琴，一人拉琴，仿佛回到了爱情的初始，青春、浪漫又热烈。他们满怀改造社会的理想，鸾凤和鸣，相濡以沫。

永远的六十五年。

五、韩德扬：半生蹉跎　半生辉煌

韩德扬，生于 1928 年，是我外公韩诵裳最小的儿子，也是我母亲口中的"小弟德扬"。

他小学上的是北师大附小，中学上的是育英中学。这所男中与我的姨姨韩德庄上的贝满女中相邻，同为美国基督教公理会在 1864 年创办的。育英中学号称"中国素质教育的先驱"，学业抓得紧，英文教学水准高，文娱体育也非常活跃。学校引进了多项欧美体育教学项目，各种球类组织就有几十种之多，甚至还有冰球场。

韩德扬生性开朗，活泼好动，经常带着同学们踢球，高中时又痴迷打冰球。有一天，他不慎踢伤了小腿骨，我外公将球杆折断了，不准他再打冰球。可是伤好后，他多日不吃早餐，用省下的钱买了新球杆，回到北海冰场上继续挥杆奔驰。

少年韩德扬在南柳巷 25 号的院子里的留影：偏分头，穿短袖衬衫、西式短裤，腰间还束着一条小皮带

韩德扬喜欢音乐，天生一副好嗓子，对各类曲调，无论古典的还是流行的，都过耳不忘。他与同学温可铮[1]一起在育英歌咏队唱男低音部，并一同加入了基督教女青年会合唱团。他们每周活动一次，演唱中外名曲，还在圣诞节演出过亨德尔的清唱剧《弥赛亚》。

第一次人生选择

1946 年，就在排练《弥赛亚》的时候，三舅韩德扬和我后来的

---

[1] 温可铮（1929—2007），北京人，男低音歌唱家。1950 年毕业于南京音乐学院，后任上海音乐学院教师、声乐系主任，中国音协第四届理事。1957 年获第六届世界青年欢联节古典歌唱比赛银质奖章。

韩德扬在香港，摄于1949年

三舅妈刘璐相识了。那时韩德扬十八岁，刘璐也是十八岁。刘璐回忆说："我们在排练《弥赛亚》，当时是从教会学校的男中、女中挑的人。你三舅来自育英，他唱男低音，我唱女高音。我们崇慈女中就挑上我一个。我站在第一排，知道身后有个浑厚的男低音。每次练完歌，我们就骑自行车各自回家了。这年秋天，我考入南开大学外文系。在学校里我俩碰见了，彼此一眼就认出来了：'你是刘璐？''你是韩德扬？'原来你三舅也考进了南开，读工商管理。"

据刘璐回忆："当时韩德扬身穿一件深棕色再生布长袍，夹着几本书。这种再生布是旧布回收再纺，纹路粗，所以价格便宜。以这种再生布做长夹袍很少见，当时在校园里算是独一份。"

战后的南开，校园生活十分艰苦。学校食堂一张方桌八人就餐，一个绿瓦罐盛青菜，一个竹盘子装玉米饼。这一届学生来自四面八方，有简朴的东北学生，有穿夹克、蹬马靴的远征军退役军人，也有挽着白袖口、由洋车早晚接送的富家子弟。各种社团也十分活跃。韩德扬和刘璐加入了没有任何政治倾向的"回声合唱团"，演唱《蓝色多瑙河》《山在虚无缥缈间》，向往着完成学业后能出国深造。

然而，这一切都在1948年被打破了。11月28日，北平围城之际，韩德扬被七姑父卫立煌的包机带到了广州，但卫立煌夫妇未容喘息，即被蒋介石押回南京。韩德扬流落在广州，此时南北交通已断。他在原南开大学教授、岭南大学校长陈序经的帮助下借读岭南大学。1949年，卫立煌夫妇从南京逃出，避难在香港，后来韩德扬每周末去香港看望七姑与七姑父，暑假就住在他们家里。

三舅在岭南大学借读时，结识了挚友宋允华。宋允华的父亲宋棐卿，毕业于燕京大学，后赴美留学，回国后创办了天津东亚毛纺厂。宋允华为自己和韩德扬申请到了美国北卡罗来纳州大学的奖学金。两人正商议出国留学的时候，韩德扬收到了两封从北平来的信，一封是姐姐韩德庄写来的，一封是女友刘璐写来的，两信言辞恳切，都催促他尽快回北平，参加新中国的建设。

他在海边思考了一整天，最终决定放弃留学，买船票回去。

听三舅韩德扬讲述这一段时，我特意追问了一句："谁叫您回来的？是我外公吗？是姨姨吗？"他说："太太让我回来的。"

刘璐的父亲刘蓬瀛是大律师，也是法学教授，曾任国民政府最后一届立法委员。她家在南京有洋房、汽车。1949年，蒋介石包机要把立法委员们送到台湾去。刘璐说："我父亲对母亲说：'为蒋介石送殡就送到这儿了。'他携妻子儿女从上海返回北平。当年9月与几十名立法委员共同发表了《原国民党立法委员脱离国民党反动派宣言》。"

1949年9月8日，韩德扬搭乘太古轮船"湖南号"回到天津。该船怕遭国民党特务阻挠破坏，对外佯称开往韩国釜山，实际转到了天津。刘璐和她的大姐夫妇到码头去迎接，见到了与韩德扬同船的多位民主人士，还有一些留美学生。

三舅韩德扬说："我是赶在新中国成立之前回来的，在船上过了七天七夜。和我一个船回来的都是一些政协委员，还有八九个留美学生，他们赶回来参加祖国建设。我认识了一位叫魏鸣一的，他是燕京大学毕业的，在美国布朗大学获了硕士，他的妹妹魏翠一与我跟刘璐是南开的同学。那些人都回国了，后来都不错。"

三舅说的魏鸣一，我也认识，不过是在多年以后了。2014年我接手编辑《燕大校友通讯》，见到了燕京大学校友会的会长魏鸣一先生。那时他已是九十多岁的老人了，双目有神，翩翩风度犹存。他见到我就说："我认识你的舅舅韩德扬，也听过你的母亲韩德常弹钢琴，你的父亲徐献瑜是我的老师，我上过他的物理课、数学课。"

七十年以后，三舅妈刘璐谈起这段往事仍感慨万分："德扬怀着一片爱国心回家，谁能料到他的厄运就此开始了。"三舅也没有想到，在香港、广东逗留短短十个月竟给他带来了长达三十年的梦魇。

1949年9月底，韩德扬回到南开大学，继续在工商管理系就读。刘璐在外文系，和他同级不同系。

1951年大学毕业，国家统一分配，刘璐被系主任罗大冈推荐给著名语言学家罗常培先生，进中国科学院语言所做研究实习员。不久，时任所长的罗常培先生就把他在西南联大任教时收集的景颇族语言资

韩德扬与刘璐的结婚照,摄于1952年10月。新娘素面朝天,没有烫发,没披婚纱,身穿朴素至极的深蓝色干部服,只有胸前衣袋里插的两支钢笔是唯一的饰品,但这一切都掩不住她的端庄清秀。
前排左起:韩诵裳、高珍;后排左起:刘璐、韩德扬

料交给刘璐,让她接替自己做景颇语研究。1952年,所里又派刘璐参加了中央组织的中央访问团第七团,到东北、内蒙古自治区访问少数民族并收集资料。

与刘璐毕业后即分回北京并很快得到单位重用不同,韩德扬被分配到内蒙古自治区工业厅,落户在呼和浩特,奔走于海拉尔、二连浩特、扎兰屯等小城。得知刘璐的男朋友的分配情况,罗常培先生亲自拜托时任国家民族事务委员会主任的刘春协助,由民委直接下调令将韩德扬调回了北京。

1952年,韩德扬与刘璐办了简单的婚礼。

婚礼在10月11日举行，这是一个周六的晚上。三舅妈刘璐回忆说：

> 你外婆给我们俩每人做了一身翻领的深蓝色干部服，就在南柳巷胡同往西走那家裁缝铺做的。老裁缝只会做中式衣服，刚改作西式，裤腰上得还有些别扭。
>
> 我上午还在上班，下午在东四那儿洗头理发，晚上我们就在八面槽森隆饭店请三位老人——你外公外婆，还有我母亲，共进一餐，然后分别乘三轮车回家。
>
> 我们回到南柳巷，在堂屋里坐了一会儿，就进新房了。新房就设在西厢房。我们从堂屋走出来的时候，你大舅就在花厅那边的钢琴上弹起《婚礼进行曲》。
>
> 婚后，由罗常培所长筹划，研究所里的同事们吃了一顿火锅，为我俩祝贺。

1954年1月，刘璐没来得及过春节，就到云南德宏傣族景颇族自治州进行景颇语调查了。景颇语属汉藏语系藏缅语族景颇语支。在中国主要分布在云南省德宏傣族景颇族自治州的芒市、陇川、瑞丽、盈江等县。国外一般称克钦语，主要分布在缅甸北部。国际上已有学者完成了对缅甸北部景颇语的研究，中国这部分仍是空白。为填补这个空白，刘璐第一次出差云南调研的时间竟长达两年半。景颇族住在山区，条件很艰苦，她称为上景颇山。她背着行李和资料上山，有时跟着马帮，有时随着邮递员。以后的二十年里，她七上景颇山，走遍了六个县所有的景颇族居住区，进行语言调查。1959年，中国第一本《景颇语语法纲要》由科学出版社出版。

韩德扬在事业上却历经坎坷。虽然调回了北京，也结了婚，但他的工作一直没有着落。刘璐说："你三舅自己带着档案回到北京，跑了一个多月，可没有一个单位要他。后来还是南开大学工商管理系的主任听说此事，让他回去当助教。回到南开，德扬也没正经教书，就在系里打杂。1955年，中国人民大学办了个工商管理研究生班，给了南开一个名额，但因为此班是由苏联专家用俄语授课，所以没有人报名。德扬争取到了这个机会，他现学俄文，苦修两年，在人民大学完成了研究生学历。"

从人大研究生班毕业后，韩德扬又回到南开。校方仍然没有安排他授课，先是下放他去劳动，后又派他去为天津工业局开办厂长训练班。他并不气馁，自编教材，自己授课。他讲课条理清晰、语言生动，还和学生们一起打球，交了不少朋友。时逢三年困难时期，韩德扬的口粮定量仅二十八斤半，终因营养不良得了肝炎。

1962年养病期间，韩德扬再次到北京找工作。刘璐说："这次在北京市第一轻工业局遇到了一位叫冷林的副局长，他毕业于北京大学理学院，是中共地下党出身，就把德扬收下了。德扬的工作能力充分发挥出来。他跟着领导开会办事，很受重用。但1966年'文革'一开始，局里造反派就贴出'大字报'揭发韩德扬是'特嫌'，控诉走资派重用坏人。"

双重打击　乐天应对

"文革"一开始，韩德扬就被关在局里，接受批斗，不许回家，后来又被关押到北京东郊一个工厂里。后期，他又被发配到一轻局下属的离北京城里最远的通州造纸厂劳动。

  1970年,韩德扬的胸部长了一个不大的包块,为他看病的女军医告诉他这个东西不好,让他到当时的"反帝医院"(即协和医院)去检查。切片检查的结果是单纯癌,属于癌中最厉害的一种。医生说需要马上住院手术。三舅妈刘璐说:"我赶紧找李冰。当时李冰刚解放,自己处境也十分困难。李冰立刻联系吴桓兴院长,由吴院长设计方案,蔡伟明大夫主治。他们给德扬进行了超剂量的放射治疗,救他过了这一关。后来,李冰又介绍德扬去天津人民医院再进行化疗。这时孙方提醒了我:'你们必须投诉。'于是我写了一封申诉信,七姑韩权华也写了一封信,由韩德庄交给邓颖超的秘书赵炜,赵炜再转交邓颖超。邓颖超阅后批了几个字:'请吴德同志酌情办理,有病要治。'吴德当时任北京市代市长,他随即批给了一轻局。一轻局接到批文后,马上到天津找到正在医院化疗的韩德扬,一见面就称他为'同志'了。"

  上面这段话中提到的李冰与孙方是我姨姨韩德庄婆家的大哥大嫂。李冰是李克农将军的女儿,1956—1985年任中国医学科学院肿瘤医院党委书记。她的丈夫孙方,1949年之前从事地下工作的时候曾在南柳巷韩家借住,和韩德扬熟识。三舅妈的这番话让我恍然大悟,原来为三舅平反,最终还是经过了邓颖超。而他的癌症也是因此才得以治疗。想起来后怕,如果没有这层关系,在那个特殊年代,三舅遇到政治和疾病的双重打击可怎么办?

  1971年春天,我因高烧不退、心肌受损,从内蒙古自治区回京看病,在北京住了三个多月。那时我父母下了干校,弟弟妹妹都上山下乡了,只剩下十二岁的小妹妹。她脖子上挂着一把钥匙,白天上学,晚上看家。我在家治病、养病期间，没有惊动任何亲戚，毕竟那时谁家都有一本难念的经。可有一天，三舅不知从哪儿得到消息，上门来看我。从进门的那一刻，屋里就充满了他朗朗的笑声。他和我高谈阔论时事，和小六讲笑话、逗闷子，容光焕发，完全不像正在放疗中的癌症病人。他也是孤身一人在北京治疗，三舅妈带着小女儿艺欣在河南息县"五七干校"，大女儿艺思去了黑龙江兵团。

后来，三舅又从城里赶来看过我几次，一副乐天派的样子。他看到挤在楼道里的钢琴，就提议咱们唱歌吧。他起调那首著名的男低音歌曲《伏尔加船夫曲》，让我伴奏。楼道另一边是木楼梯，他唱起歌曲开头那深沉有力的号子，踩着节奏，一阶一阶走上楼梯。第一次领教三舅大贝斯般的歌喉，真是专业级别，声震整个楼道。歌毕，他很尽兴，连连夸奖："这个楼道共鸣真不错。"

大约到了7月，我病好该回去上班了。离京的那趟火车是早班车，我在前门站台上看到赶来送行的三舅，他递给我两个纸袋："这袋子里是酸梅糕，冲成酸梅汤喝，解暑。这袋子里是面包圈，路上吃吧。"上车以后，我打开袋子，鼻子一酸，心头一热：酸梅糕是信远斋的，那个老字号就在离南柳巷不远的东琉璃厂。面包圈是崇文门春明食品店的，那里是外婆和我母亲喜欢买西点的地方。久违的南柳巷外公家的味道扑面而来，击中了我心里软软的地方。

1978年改革开放，五十岁的韩德扬终于时来运转。他在北京市一轻局当上了外经处处长。不过，他不是党员，所以开会不让他去，但谈项目、接待外宾等活动都要他参加，因为他英文好，还会讲粤语，又熟悉业务。一次，在人民大会堂，他参加了北京市一轻局和香港商人、银行家冯秉芬爵士的项目会谈。走出人民大会堂时，冯秉芬主动

韩德扬家的全家福。后排左起是刘璐与韩德扬,前排左起是韩艺欣与韩艺思

询问韩德扬的教育背景和工作经历,并热情地发出邀请:"希望你帮助我开发中国的市场。"很快韩德扬就收到了聘书,1982年顺利赴香港就职。

三舅妈刘璐两个月以后也顺利抵港。她忆及到港初期的一件小事:"当时五姑已经定居北京了,她的几个女儿轮流从国外回来探亲。梅二姐祖彤,住在伦敦,她来去转机都取道香港,在我们家里歇脚。当时我们住在港岛西区的一座老式居民楼里,那里街道窄,房子面积小,也没有电梯。"1982年秋季的一天,一辆插着港督府小旗子的汽车驶进港岛西区,寻找韩德扬的寓所。原来是港督尤德爵士的夫人彭雯丽(Pamela Fitt)来看望他们的老朋友梅祖彤了。一个月前,梅祖彤途经香港暂住韩德扬家时,联系了尤德夫妇。韩德扬出面邀请梅二姐和港督夫人彭雯丽吃涮羊肉。不承想,港督尤德爵士听说了兴头很高:"我也要来!多少年前我就知道涮羊肉!"当天铜锣湾东兴楼一带净街,东兴楼上下被扫雷扫了几遍。第二天港报就登出来了:港督尤德在东兴楼吃涮羊肉。一个月以后,梅祖彤从北京取道香港回英国,又在韩德扬家落脚。那时他们为节省房租,已经搬了家。港督夫人彭雯丽好不容易才找到韩德扬的寓所,走了几层楼梯才进屋。

三舅妈刘璐回忆说:"我拿起放在地上的暖水瓶给她倒水沏茶。祖彤事后说:'我们那儿早已都不用暖水瓶了,都用电水壶了。'彭雯丽颇有感触地说:'来到你们家,让我了解了香港白领阶层的生活。'港督夫人走后不久,就把梅祖彤接到港督府去住了。梅二姐打电话告诉我们:'我住的那个房间,大得都能打球。'"

把"麦当劳"领进中国内地

1989年5月我赴港出差两个月,三舅韩德扬开车接我出去兜风。他让我坐在副驾驶的位子上,帮我系好安全带,很快就驶出拥挤喧闹的市区,一路开上山。在香港开车,驾驶在右,靠左行驶,半山的路很窄,弯道又多,三舅开车,车速又快,窗外闪过的弯道、路标让我眼晕,紧张得不时要攥攥拳头。

三舅自小酷爱汽车,十几岁就学会了开车。当年卫立煌的专车他也敢开。他的车技一流,据行家说已达到"车人合一"的境界。三舅到香港后终于有了自己的车,而且车型几年一换,这一点最让外婆高珍感到安慰:"德扬这辈子总算过足车瘾了。"

那天,三舅带我经深水湾、浅水湾、赤柱绕了一圈,回到铜锣湾一家麦当劳店。他告诉我,他已经离开了冯秉芬集团,现在是香港麦当劳公司的副总裁。我才知道他从1983年开始作为公司总裁伍日照先生的顾问多次往返内地,协助他引进了适合麦当劳制作薯条的土豆品种,在河北和内蒙古自治区交界的山区开发了土豆种植基地,并且参与了麦当劳的供应商——深圳铭基食品有限公司的筹备工作。这家公司投产后,为中国大区和周边国家的麦当劳餐馆提供了统一标准食材的供应链,奠定了在中国内地发展麦当劳快餐业的基础。1988年底,伍先生正式邀请韩德扬做他的副手,负责在内地创办第一家麦当劳餐厅,并逐步拓展到其他大中城市。

在我离港回京的前几天,三舅拉我和伍先生见过一面。伍先生个头不高,肤色偏黄,态度很谦和。他告诉我,他们的第一家麦当劳准备开在深圳,下一步还有雄心勃勃的计划。我答应回北京以后,找有关的政府文件、政策文本,帮他们咨询一下。

我回北京不久,大约在1990年春天,三舅就带着伍日照先生来访问北京市对外经济贸易委员会了,并受到当时主管"外经外贸"的吴仪副市长的接见。

随着国内形势的好转,三舅那边的好消息不断传来:由他一手操办的中国内地第一家麦当劳餐厅于1990年10月8日在深圳东门开业,当天就创下了麦当劳历史上的单日销售最高纪录。此后,三舅又奔波于香港、北京、芝加哥等地,在美国麦当劳总部和北京市相关部门之间进行协调,于1992年在北京王府井开设了北京第一家麦当劳餐厅。随后,广州、福州、上海、天津、武汉等大中城市的繁华

韩德扬在香港贸易发展局演讲，此时他已被聘为母校南开大学的客座教授

地段都立起了麦当劳餐厅那个黄颜色的大 M，为中国改革开放的国际形象增添了一个标志性的符号。

1996 年，三舅六十八岁，从香港麦当劳公司副总裁的位置上退休了。伍日照先生对全体员工说："没有韩先生，麦当劳进不了中国大陆。"

三舅从小到老都是帅哥。人过五十以后，越发活出阳刚之美。他是天生的衣服架子，穿什么服装都合体有型，尤其西装上身，系上领带，英气逼人。"韩先生气场很大，有明星效应。"香港人的这句评价没错。

1997 年，三舅体检发现他得了脑垂体瘤，还好，是良性的。第二年，他咳嗽，查出已是肺癌晚期并转移，医生预计尚有半年时间，建议化疗。三舅决定放弃一切治疗："我要回北京，我娘还在。"

三舅三舅妈回来了，住在迪阳公寓。我们姐妹几个常去看他。只要神智还清醒，三舅始终以开朗的笑容迎接我们，用那浑厚温暖的男低音和我们谈天说地，直到卧床不起。

对生死，他很豁达，他说："上天又让我多活了二十八年，我已经赚了。"

掐指算一算，三舅1970年确诊乳腺癌，1998年确诊肺癌，中间正好相隔二十八年。在这二十八年里，他一点儿都没有浪费时间，让自己的生命焕发出第二春，光彩照人地活出了他本来应有的模样。是的，辉煌过了，没有遗憾。

让我们姐妹感动的还有三舅妈。她不离三舅左右，照顾得无微不至，在家里给他创造了最好的医疗条件。对这样的绝症病人，医生常常会说想吃什么就吃什么。三舅妈把它真当成医嘱，奋力执行。三舅本是美食家，他想吃的东西，三舅妈尽量做，家里做不出来的就到外边采买，三舅妈管这叫"打食儿"。那两年三舅妈天天出门，满城跑着给三舅"打食儿"。

三舅妈说："你们三舅最喜欢吃鸡素烧，他说这是他爸爸从日本带回来的一种菜。最初我从日式餐馆买回来，后来朋友从日本给买来一个烧这个菜的生铁锅，只需从饭店里把各种食材和汤料买回来，再用这锅加工就可以了。"

三舅最后想吃的鸡素烧，又回到岁月的起点，那是南柳巷25号韩家的味道。

韩德扬2000年8月9日病逝于北京。

三舅自1998年初再次确诊肺癌到2000年去世，比医生预计的半年生存时间整整多活了两年。当年为他治疗的蔡伟明大夫说："老韩又创造了一个奇迹。"

　　三舅韩德扬的墓地在北京昌平区佛山陵园。每年清明扫墓，一路驾车向北驶去，沿途春光无限。进入墓园那缓缓的山道，满山坡的桃花盛开，铺就一片片粉色云霞。在距离三舅墓地不远的地方，跨过一条小路，在一片小松林中有一处比较讲究的老式墓地，碑上有荷花图案，碑前有一对小石狮。这就是他的父亲母亲，也就是我的外公韩诵裳、外婆高珍的墓地。三舅最后回到了他们的膝下。

注　释

① 《杂记赵家》，杨步伟著，广西师范大学出版社，2014年，第210页。
② 《回忆卫立煌先生》，赵荣声著，文史资料出版社，1985年，第242—243页。
③ 引自丁玲为《回忆卫立煌先生》所作的序，《回忆卫立煌先生》，作者赵荣声，文史资料出版社，1985年，第1页。
④ 同上书，第2页。
⑤ 同上书，第3页。
⑥ 同上书，第244页。
⑦ 《梅贻琦日记：一九四一——一九四六》，黄延复、王小宁整理，清华大学出版社，2001年，第143页。
⑧ 同上书，第147页。
⑨ 同上书，第171页。
⑩ 《卫立煌将军》，卫道然著，安徽人民出版社，1985年，第149页。
⑪ 《梅贻琦日记：一九四一——一九四六》，第182页。
⑫ 《回忆卫立煌先生》，第301页。
⑬ 《梅贻琦日记：一九四一——一九四六》，第203页。
⑭ 《我是落花生的女儿》，许燕吉著，湖南人民出版社，2013年，第131页。
⑮ 同上。
⑯ 同上书，第131—132页。
⑰ 《卫立煌将军》，第159页。
⑱ 《回忆卫立煌先生》，第315页。
⑲ 同上书，第328页。
⑳ 同上书，第337页。
㉑ 《卫立煌将军》，第175页。
㉒ 参《回忆卫立煌先生》，第337页。
㉓ 《回忆卫立煌先生》，第338—339页。

㉔ 同上书，第 356 页。
㉕ 以上参考《回忆卫立煌先生》，第 358 页。
㉖《回忆卫立煌先生》，第 359 页。
㉗ 原电录自中央统战部金城同志回忆录稿。转引自《回忆卫立煌先生》，第 367 页。
㉘ 引自中央档案馆资料。
㉙ 引自第四届全国人大代表、国务院参事韩权华女士的广播讲话："与台湾国民党军政人员谈谈学习毛主席《论十大关系》的体会"，中央人民广播电台台播部，1976 年 12 月 28 日 播发。
㉚《周总理是贯彻执行毛主席统一战线政策的光辉典范》，作者韩权华，摘引自《中国新闻》第 7950 期，中国新闻社编印，1977 年 1 月。
㉛ 同上。
㉜ 引自第四届全国人大代表、国务院参事韩权华女士的广播讲话："与台湾国民党军政人员谈谈学习毛主席《论十大关系》的体会"。
㉝ 同上。
㉞《人民画报》，1957 年第 5 期。
㉟《卫立煌将军》，第 225 页。
㊱《周总理是贯彻执行毛主席统一战线政策的光辉典范》，作者韩权华。
㊲ 引自第四届全国人大代表、国务院参事韩权华女士的广播讲话："与台湾国民党军政人员谈谈学习毛主席《论十大关系》的体会"。
㊳《周总理是贯彻执行毛主席统一战线政策的光辉典范》，作者韩权华。
㊴ 同上。
㊵《周恩来选集》下卷，人民出版社，1984 年，第 457 页。
㊶《回忆天津五四运动及"觉悟社"》，作者谌小岑，引自《天津文史资料选辑》（3）（1979 年），天津市政协文史委编。
㊷《发起师大西乐社缘起》，1926 年 4 月 11 日《北京师大周刊》第六版。
㊸《本校西乐社成立盛况》，1926 年 5 月 2 日《北京师大周刊》第一版。
㊹《发起师大西乐社缘起》，1926 年 4 月 11 日《北京师大周刊》第六版。
㊺《朔风起时弄乐潮——20 世纪 20 年代的西乐社、爱美乐社及柯政和》，作者李岩，《音乐研究》2003 年第 3 期。

㊻ 同上。
㊼ 转引自《"遗憾的是我对中国认识太迟"——郎之万的中国行、上海行》，作者李艳平、王洪鹏，见新浪网。
㊽《汪德昭》，刘振坤、柳天明著，金城出版社，2008年，第35页。
㊾ 同上书，第135、136页。
㊿ 同上书，第137页。

第五章
燕东园 40 号

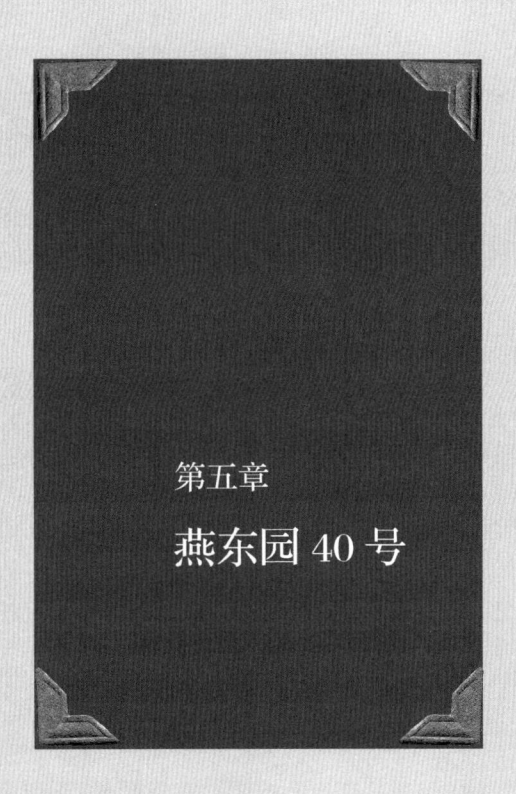

燕东园 40 号，在桥西，紧靠石桥脚下路北的那个院子

我出生时，家住燕京大学燕南园59号，出生后一百天，我家搬到了燕东园40号。

燕南园与燕东园都是燕大中外籍教授、副教授及高层管理人员的住宅区。燕南园在校内，建成于1926年。燕东园在校外，离校园约有一里地。

出男生体育馆大操场东南角的燕大东校门，一直向东，经过两道架着石板的排水沟渠，穿过一百米长的蒋家胡同，路过道边的一座喇嘛庙，走上一道缓缓的坡路，就看到迎面两大扇对开的铁栅栏门，一道虎皮墙围着大园子。

燕东园是1927年开始建的，1930年大局成型。据老住户说，在园子门里曾有一块石碑，刻着1927奠基。

燕南园和燕东园都建在高地上，进园子都要上个坡，所以它们又被称为"南大地""东大地"。不过这是老燕京人亲昵的叫法。

燕东园实际上是建在两块高地上的两个住宅群，中间以一座石砌的桥连接起来，分成了桥东、桥西两部分。桥东有十栋小楼，排号自21至30号，依次而立，由石板路连接，围成一圈，中间有游戏场，内设一网球场、一个大秋千架、两个小秋千架、一个竖梯加横梯、一个大转盘、一个方形沙池，还有一个跷跷板。游戏场最东边的石板路旁，种着十几棵枫树。金秋时节，火红如炬，绚丽异常。

桥西有十二栋小楼，排号自31号至42号，依次而立，也是由石板路连接，围成一圈，中间是一个足球场。在我的记忆中，那就是一大片草坪，长满坚韧的羊胡子草，春夏时节，草地上星星点点地开着小黄花、小白花。

燕东园楼型大体分为两类：少数是带有较大顶楼的一层楼，多数是二层楼，二层楼因各楼面积不尽相同，形态也各有千秋。我家住的是带顶楼的那种。在燕东园这种楼型还有 21 号、25 号、35 号和 38 号。

一、童年时光

屋里院外

走进我家大门，推开走廊右边的黑色木门，是一间二十平方米的房间，朝东有两个单幅的大玻璃窗，朝南是一对双玻璃窗。阳光充沛。这是父母的卧室。我的百日照就是在主卧拍摄的。估计搬家刚一落定，父母就兴冲冲地拿起相机，立此存照，给我留下了这张照片。

我家这种带顶楼的房子有一个讲究的木楼梯，从一层通到顶楼。一层有客厅、饭厅、卧室、书房、阳光房（我们称它"玻璃屋子"）、厨房、浴室、洗衣房、用人房及若干储藏间。顶楼面积不小，有两间卧室和一个盥洗室。楼顶呈坡型，夏天屋顶的瓦被晒透后楼上会很热；冬天却很暖和，春秋天也舒服。小时候我们家一到冬天就搬到楼上住。

楼内的格局与设施基本都是西式的。客厅、饭厅中间是打通的。客厅墙角有壁炉，上有烟道，通向楼顶的烟囱。小时候听母亲说，圣诞之夜，圣诞老人会骑着扫帚从烟囱里钻进来，给孩子们送上圣诞礼物。第二天，我们也确实在枕边找到了放在一只袜子里的礼物。真的有圣诞老人来过吗？

楼里的地板、门窗框都是用上等木料定制的。玻璃窗是上下推拉

我的百日照，母亲和我摄于 1946 年 11 月

式的，不论向上推还是向下拉，都只能开半扇。窗户用的是钢丝纱窗，还有卷轴式的纸质窗帘，一面深绿，一面浅棕。据说，燕东园各楼门窗所用的五金构件和燕京大学的建筑所用的一样，都是当年司徒雷登校长要求从美国进口的。建筑所用的主要木料是美国进口的红松。

厨房有一个中间有两个灶眼、右边带烤箱的大灶，大灶的左边还连着一个小锅炉，供应楼下楼上盥洗室所用的热水。最有意思的是洗衣房，是单独一间。北窗下有两个连着的大洗衣池，那水泥砌的台子高度可及大人的腰间，一左一右各放有一个大水缸。小时候我们喜欢踮起脚尖扒在池边，看里边是否有冷水镇着的西瓜，或者等待上蒸锅的螃蟹。

燕东园各家都有一个用松墙围起来的院子，面积大得近乎奢侈，可能与燕东园初建时一口气买下七十七亩地有关。我家的院门朝西开，一条石块铺就的东西向小路弯弯曲曲地伸延着，小路一旁有七八棵山桃树，春天开花的时候，满树云霞，微风掠过，落英缤纷。

燕东园各家的院子几乎都有独特的一景，比如，38号院里有一百多竿竹子，32号院里有一大架紫藤萝，27号院里有块大草坪，里面有棵高大的圣诞松。又比如，我们的近邻41号院里有两棵枝叶茂盛的杏树，和我家院里的桃树相得益彰，每年开春不久，先桃后杏，次第怒放。可惜一结果实，优劣就分出来了：41号的杏树从长出小青杏开始就被孩子们垂涎，而我们家的毛桃，只有落到地上以后，才有女孩子感兴趣，捡起皱巴巴的桃核玩。男孩子则钟情于毛桃树上长的桃胶，刮下来可以用来粘蜻蜓和知了。每逢雨前雨后，都有一群群的蜻蜓落在松墙枝杈上，而入暑后的三伏天，园子里满树蝉鸣不止。

我家院子里除了桃树，还有两棵枫树、四棵榆树、三棵大柳树，两棵龙角槐。灌木状的有樱桃、丁香、榆叶梅、珍珠梅、迎春，当然少不了燕京大学的校花——黄刺梅，一丛在院子西边的草地上，一丛在客厅的西窗外，都面向燕园的方向。每年4月下旬燕大校庆日，正逢黄花绽放。燕东园不少人家的院子里都种着一丛丛黄刺梅。

我家院子里还栽种了一大片草莓，一畦一畦的，院子里的水龙头按时沿着畦梗灌溉，一看就是有行家里手在侍弄。原来搬进燕东园40号以后，父亲就把单身时为他做饭的张贵请到家里来继续做大师傅。张贵四十多岁，家住西山冷泉，不知何时学得一手烹饪功夫，中餐、

父亲和母亲，摄于 1946 年

西餐都会做。到我们家以后，他不仅掌勺，还把一些粗活儿都包了。再有闲暇，他就除草整地，收拾出一个菜园子。除了搭架的黄瓜、豆角、西红柿，他还种起当时并不多见的草莓。

张贵很喜欢小孩，自己没有，就收养了一个亲戚的孩子，叫丁柱子。张贵来我家不久，我的弟弟妹妹相继降生，家里瞬间人丁兴旺。张贵一个人忙不过来，就把老婆也从冷泉接来，夫妻二人一起在我家打工。不知为什么，我们对张贵直呼大名，却称他的老伴为"张奶奶"。她扎着绑腿，面相比张贵老不少，也喜欢孩子，一心一意地带着我们。

我家门前有三级花岗岩砌的台阶。台阶上发生过不少故事，母亲

我们兄弟姐妹四人在家门口台阶上合影,摄于 1952 年。
自左至右:老三徐潋、老大徐泓、老四徐浩、老二徐溶

最爱讲邻居小孩林盈来探望我的故事。

林盈家住在桥东 21 号,她的父母亲林启武、朱宣慈都是老燕京,司徒雷登先生曾为他们当过证婚人。林盈是他们最小的女儿,出生于 1943 年。母亲说:"我们刚搬来不久,一天有人轻轻敲门,开门一看是林伯伯家的林盈。她说:'我要找你们家的泓泓玩儿。'我告诉她:'泓泓还小,等她长大了,才能和你玩。'她点点头,离开了。过了好一阵子,我们出门,只见林盈一个人坐在台阶上,赶忙问:'你干什么呢?'她说:'我等泓泓长大啊!'"

在燕东园的孩子里,林盈是第一个走上艺术之路的。她 1954 年考入中央音乐学院少年班,与殷承宗、盛中国是同学。十四岁被选中出演电影《冰上姐妹》中的花样滑冰运动员李小玲,二十二岁在电影《烈火中永生》中扮演孙明霞,之后在电影《伤逝》中扮演女主角子君。后来她出国了,现定居加拿大。

我们兄弟姐妹四人在燕东园水泥桥上合影,摄于 1954 年。
自左至右:徐浩、徐泓、徐溦、徐溶

    我家和她家,父母间是彼此相知的老朋友、多年相伴的好邻居。我们两家住的都是带顶楼的平房,房型一模一样,走进彼此的家中,举目一望,皆为熟门熟路。七十多年以后,燕东园早已面目全非,各楼的房主已更换过多次。如今,仅存的燕京老人就剩我们家和林盈家。她每年有半年时间一定要回国在燕东园 21 号度过。我们终于等到了"一起玩"的时候。

    多篇回忆燕东园的文章都提到了照片中的这座桥,有一篇文章甚至说燕东园最美的景致就是那座桥,是燕东园的标志性建筑。

    燕东园没有水面,这其实是一座旱桥,用来勾连起桥东与桥西两片住宅,桥下是起码三人深的沟壑。50 年代,这条沟壑是可以行人、走排子车的土路,还有装着货的骡子车、驴车过往。我家院子紧靠此桥西坡脚下,院子里有长达七八米的西墙。虎皮墙上加有铁丝网,墙不高,可以扒着半弧形的墙头往下看。

上页这张我们兄弟姐妹四人在燕东园水泥桥上的合影,里面有一个细节勾起我温暖的童年回忆。我们四人的脚下都穿着一双小棉窝,那是每年冬天我们在上海的娘姆(按照父亲家乡的叫法,我们称奶奶为娘姆)专门缝制寄来的。女孩子的鞋是红色灯芯绒面、黑绒包边,男孩子的鞋是灰色灯芯绒面、黑绒包边。父亲1939年回国后就一直没有到上海探亲,和母亲结婚后也没有带媳妇回过婆家。娘姆从湖州老家逃难到上海以后,就一直和父亲的二哥二嫂住在一起。父亲和娘姆通过二伯父一直密切地保持书信往来。当我粗通文墨时,父亲就让我给娘姆和二伯父写信,开始我有些字不会写,都是父亲手把手教。记得在我上小学和初中期间,每隔十天半个月就会往"上海天目路85弄19号"寄去一封"徐礼堂同志收"的信。

每年冬天,我们都会早早地穿上娘姆寄来的小棉窝。鞋子漂亮精致,我们舍不得在外边穿,怕被泥水弄脏了。一直到1956年前后,我们每年都能收到从上海寄来的鞋。

父亲以小人书回馈娘姆。50年代中期,小人书(即连环画)风行,"四大名著"以及《封神演义》《东周列国志》都有成套的画本面世。燕东园不少孩子的回忆里都谈到"成套成套的攒小人书"。我们家可能是其中最疯狂的之一。记得父亲经常带着两个弟弟去买小人书,攒全了《三国演义》《水浒传》等。两个弟弟把《水浒》一百单八将的名字加绰号倒背如流。《三国演义》连环画共六十本,他们从"桃园结义"开始一口气背到"三国归晋",而且随意从中间抽出一本,前后情节是什么,他们都能脱口而出。

父亲最看重《红楼梦》,我也喜欢《红楼梦》,里边的人物画得太好了。这次写作我特意查了一下,自1954年7月至1955年6月这一年间出版的这套画册，为连环画名家张令涛、胡若佛、董天野、刘锡永等人联袂创作，如今是拍卖市场上价格最贵的版本。当年这套连环画由于是两个出版社各出版一部分，又是几位名家联袂作画，攒齐十八本很不容易，父亲为此十分上心。我跟着父亲买小人书，多半是为找《红楼梦》。

2013年，我在南京听六叔徐献琨的儿子凯雄讲起我们共同的娘姆，他说："娘姆不识字，但聪明得很。她喜欢看小人书，而且都看得懂。我看过娘姆的一个大樟木箱，打开后，箱底压着一层小人书，小人书下面是银元。"

我追问是什么小人书，他说好像是《红楼梦》。

左邻右舍

这个园子自建成伊始，就住过许多知名学者，文科、理科、工科的都有。如果按照国际惯例，几乎每栋小楼都够资格标上"某某故居"。可惜，政治风云变化无常，各种运动此起彼伏，有多少名字被淹没、被抹杀、被遗忘。

80年代中期，有一些在燕东园住过的"燕二代"开始抢救历史，试图整理出一份燕大时期燕东园住户的资料，但因"档案不完整、史料不详尽"草草收兵。这次写作时，我从他们留下的文字中发现，要研究燕东园早期住户，起码有六位先生不可忽视：他们是先后住过37号、27号的陆志韦先生，先后住过31号、21号的胡经甫[1]先生，住过

---

1 胡经甫（1896—1972），出生于上海。1920年赴美留学，获康奈尔大学博士（生物学）学位。他是中国昆虫学的奠基人之一。

36号的赵紫宸先生,住过42号的谢玉铭[1]先生,住过22号的徐淑希[2]先生,住过34号的张东荪先生。

我家搬入燕东园时已是1946年深秋,赵紫宸、谢玉铭、徐淑希三位先生都已搬出园子。邻居中和我家相熟的老燕京,一是住在桥东21号的林启武、朱宣慈夫妇,一是住在桥东25号的赵占元、胡梦玉夫妇,还有一家是住在桥西33号的高名凯、陈幼兰夫妇。

燕京大学非常重视体育教育,专门设有体育部,赵占元先生当时任体育部男部主任。他1923年毕业于美国密歇根大学体育系,1934年到燕京大学应聘体育部教授。男生体育馆东操场西北角那几个天桥,以及那些四尺、七尺、十尺高的障碍墙,都是赵占元先生一手设计和改造的。"七七事变"以后,他给男生上体育课时加进了打日本鬼子的实战训练,亲自教他们爬高翻墙的技术。赵家有三个孩子,一男二女,年龄都比我们大,他们都跟着我母亲学钢琴。

当时桥西有"鸟居高林"之说。从燕东园西门进来,走大概五十米,左转上几级台阶,就可以踏上一条通往中心草坪的小路。小路的两侧分别是32号和33号,连同32号东边的31号,这三栋楼房都有一簇簇竹林围绕。31号住的是人类学家林耀华、32号住的是日本教授鸟居龙藏、33号住的是语言学家高名凯。这三家被称为"鸟居高林",既是谐音,也讨个"竹林三贤"幽雅高逸的情趣。高名凯是燕京大学国文系主任,他家有四个孩子,一男三女。他家老三高苏,只

---

1 谢玉铭(1893—1986),福建人。1923年赴美留学,1926年获芝加哥大学博士(物理学)学位,曾担任燕京大学物理系主任。
2 徐淑希(1892—1982),广东人。早年赴美留学,1925年获哥伦比亚大学博士学位。曾任燕京大学政治系主任、法学院院长。

比我大一岁，我母亲叫她"小人儿酥"，说她特别像当时一种酥糖糖纸上印的小胖孩。她那时不过一岁多，高家的保姆常抱着她找我家张奶奶串门。我母亲到后院来，看到穿裹成一个棉花包的高苏，圆鼓鼓的脸蛋脏兮兮的，被冷风吹得都皴了，赶紧打热水给她洗脸洗手，抹上厚厚的凡士林。高苏的父母都是留法的，1940年6月，他们坐船回国时因战事频仍，在海上以及亚非沿岸漂泊数月，直到1941年1月才回到北平。陈幼兰女士途经非洲某地时染上了病，50年代以后就卧床不起了。高家的孩子从小就疏于照料，对此我母亲一直很心疼。后来我和高苏小学、中学都是同学，成为发小级闺蜜。我母亲每次看到她，都会感慨"小人儿酥"又长大了。

燕东园住过不少外籍教授，当时我年纪尚小，对他们没有太多认知，但我对1951年发生的一件事记忆犹新。这一年，我家突然多了好几件家具：父母房间里的铜杆大床被一对西式高背床替换了；家里多了两个深棕色硬木的西式柜子——一个矮，有三层抽屉，一个高，有五层抽屉，与床是配套的；此外，还有几把椅子，圆形椅面，带有一个略呈弧线的小椅背，没有椅子把手。我们的床上还多了几条毛毯——两条白色的，一条墨绿色的，厚实又柔软，边角上隐隐有英文字母。父亲说这是美国大兵用的军毯。我们最兴奋的是楼道那间储藏室里突然多了大批美国罐装奶粉和番茄汁。我就是从那时开始爱上了番茄汁。母亲告诉我，这些家具、毯子、奶粉、番茄汁都是燕大的美国教授搬家回国时留下的。

这次写作，我特别留意了在燕东园里住过的外籍教授。"燕二代"赵景伦先生在《怀念东大地》一文中曾说过"桥东还有几家美籍教授，如窦维廉。孩子有Deedee，跟我们打柳条仗，打得不亦乐乎。

再就是 Prof. Wolferz（？）夫人，说得一口北京土话，自己上街买菜，说：'我要一只年纪轻轻的小姐鸡。'"当时桥东有六栋小楼住过外籍教师，分别是 25 号、26 号、27 号、28 号、29 号、30 号。赵景伦先生在文中提到的窦维廉，住在 27 号，曾任燕大校务委员会代主任。燕东园建成之初，他主持过园内的社区管理，组织过网球队，还筹集资金建起了儿童游戏场。而文中那位能讲一口有趣的北京土话的洋夫人，住在桥东 26 号，她的先生有一个中国名字——吴路义。

为了进一步寻访，我不停地打电话请教九十六岁的胡路犀阿姨。她是胡经甫教授的女儿，在燕东园前后住了十五年，对燕大的事一向热心。这次我请老人家帮助回忆在园子里住过的外籍教员。两天以后，她的女儿黄英说："老太太交作业了。她查阅了燕大的早期资料，翻查了厚厚的《燕京大学史稿》，发现 26 号住的是美国的吴路义（Wolferz），27 号是美国的窦维廉（William H. Adolph），28 号是美国的步多马（Breece），29 号是瑞士的王克私（Philipe de Vargas），30 号是美国的米德（Mead），32 号是日本的鸟居龙藏，41 号是美国的戴维斯（Davis），25 号是英国的汉考克（Hancock）。"

1948 年底，在燕大的外籍教授和职员还有三十余人。1950 年 12 月 19 日，中共中央发布了《中央对教会学校外籍教职员处理办法的指示》。根据文件精神，燕京大学的外籍教师陆续全部离开了。现在我终于明白当年家里为何突然出现许多美国货，也记起了母亲后来带着我去燕南园 63 号，向她的老师、音乐系主任范天祥夫妇告别。

老住户搬走了，还有新住户搬来。1949 年夏天，我家正对面的桥东 30 号搬进了一家会讲广东话的新邻居。当二楼的窗口飘出小提琴和钢琴的美妙旋律时，关于新邻居的消息不胫而走，原来著名小提琴家、作曲家马思聪先生和他的夫人钢琴家王慕理女士带着二女一子搬进了燕东园。陆志韦先生盛情邀请马思聪先生到燕京大学任教,向他提供了住房与优厚的薪资待遇,对他只有一个要求:每个月在贝公楼礼堂举办一次演奏会。

马思聪先生住进燕东园的第二年,即1950年4月,就创作出了脍炙人口的《中国少年儿童队队歌》。燕东园21号与30号同在桥东,两家院子之间只隔一条小马路,住在21号的林朱是林启武先生的大女儿,当时十二岁左右,她还记得马思聪伯伯几次叫她到家里来试唱这首歌曲。由郭沫若作词、马思聪作曲的这首歌曲后来被定为中国少年儿童队队歌。1953年,中国少年儿童队更名为中国少年先锋队,于是这首歌同步更名为《中国少年先锋队队歌》。可以说,这首歌嘹亮高亢的旋律响彻了20世纪五六十年代。

燕东园住户更大规模的一次"吐故纳新"从1952年9月开始了。我对此的记忆是与园子里的大杨树连在一起的。桥西大草坪东边的两个角上各有一棵高大的白杨树,树干粗壮,树冠茂密。春天杨树开花,满地"毛毛虫";夏天、秋天,一阵阵风吹过,肥厚的叶子哗哗作响,好像在拍手鼓掌。1953年暑假的一天,我蹲在树下的阴凉处拿个小铲子挖土,突然,眼前出现了一双小皮鞋。一个小女孩问我:"你在干什么呢?"我抬头一看,是一张圆圆的脸,笑眯眯的。我说"我要种树",并反问她:"你是哪家的啊?"她伸手一指紧靠我家的41号说:"就是这家!我是刚搬来的。"我们拉拉手,彼此认识了。她叫何三雅。后来我才知道她的父亲是何其芳。9月里,北大附小开学了,我俩在同一个班,一起成为一年级的小学生。

全国高校院系调整之际,燕东园里最直接的反应是一些人家搬走了，更多的人家搬进来。在我们小孩子的眼里，一下子结识了许多新的玩伴儿，到桥东游戏场打秋千、玩转盘、爬天梯都要排队了。

1952年秋天，孙才先跟随父母搬进了桥西37号。他曾撰写长文《燕东园：我们童年的乐园》，里面写道："我们跟随爸妈——孙承谔和黄淑清，从城里的沙滩中老胡同32号北大教师宿舍搬到了原燕京大学的燕东园。记得一起搬来的邻居还有张景钺（38号）、曾昭抡（30号）、冯至（22号）、贺麟（22号）、朱光潜（27号）、周炳琳（29号）等诸位先生全家。"文中提到的住在38号的张景钺先生，他的儿子张启明也写下了《我记忆中的燕东园》。他俩对燕东园里的两棵大杨树都印象深刻。张启明认为那是加拿大杨，他说："搬来时已有近十丈高了。白杨参天，绿荫匝地。"孙才先则记得大杨树高高的树杈上有喜鹊窝。孙才先的父亲孙承谔教授时任北京大学化学系主任，他的小女儿孙仁先和我小学同班，也是我的发小级闺蜜。他家只住到1958年，后来搬到中关园公寓去了。张启明的父亲张景钺教授时任北京大学生物系主任，他家一直住到1995年。

当时从沙滩老北大宿舍搬进燕东园的还有两位经济学家，他们同住在桥东的29号，赵乃抟先生住楼上，周炳琳先生住楼下。北京大学中文系的两位主任也搬进了燕东园，系副主任游国恩先生住在桥西34号，系主任杨晦先生先住在桥西的39号，后搬至37号。时任北京大学经济系主任的樊弘先生先住在桥西42号楼上，后搬至39号楼下。杨晦与樊弘两位先生都在1950年加入了中国共产党。何三雅的父亲何其芳，当时任中国科学院文学研究所副所长，他是延安时期的老革命。当然，这些情况，我是很久以后才知道的。

院系调整之后,清华大学有些院系的教授也并入了北京大学。当时搬进燕东园的有好几位清华的先生:法语专家罗大冈先生(30号)、英语专家李赋宁先生(33号)、地貌地理学家王乃梁先生(38号)、气象学家李宪之先生(23号)、历史学家周一良先生(24号)、法语专家吴达元先生(26号)。清华来的先生们一律都有留洋的背景,或留法,或留德,或留美。

当年园子里的气氛仿佛世外桃源,各家的小孩都厮混在一起,男孩子一群,女孩子一群,小学生一群,中学生一群,我们脑子里完全没有大人们的学历、资历、待遇、职务这些概念。见到从各楼走出的大人们,我们一律恭恭敬敬地打招呼。当遇见住在桥东26号、绅士派头最足的洪谦夫妇时,我们马上立正站好,弯腰鞠躬:"洪伯伯、洪伯母好!"他们的小儿子洪元硕多年后正是北京国安足球队的著名教练。

【附】他的身后一片缄默

写我童年时期的燕东园时，现存的史料以及我依稀模糊的记忆都会指向一个不解之谜：陆志韦先生无疑是燕东园住户中的灵魂人物，而且燕大时期的燕东园充满了陆志韦气质，但1952年夏天，他委曲求全，黯然搬家，一家人从此离开了燕东园。这是为何？

陆志韦校长的家住在桥东27号，这是一座南洋风格的两层砖木结构小楼，每层有二百平方米左右，处处不讲对称，南窗大，东西窗小。小楼南面一层东部有一个阳台，阳台顶部嵌有花岗石小饰件，小楼西北部还凸出一个小侧楼。我只记得他家的大阳台以及阳台前的大草坪，这可能是燕东园诸家院子里面积最大的草坪。陆伯母请燕东园的孩子们到她家吃冰激凌，就设席在阳台与草坪上。冰激凌是从一个圆木桶里用装在桶面上的手柄摇出来的。陆伯母举着一个冰激凌勺挖出一个又一个球，放在我们各自的小碗中。当时手摇冰激凌很时兴，我还在燕东园、燕南园其他人家吃过，但记忆中味道最好、请客场面最大的还是陆伯伯、陆伯母家。

我看到了陆卓明先生的一些文字。他是陆志韦先生的第二个儿子，生于1924年，1927年随父亲迁至北京，住进燕东园。他就读于燕大附小、燕大附中。1941年，燕大被迫关门，他一家迁至成府路槐树街9号，陆卓明转入辅仁中学，1944年考入辅仁大学经济系。燕大复校后，他1946年转至燕京大学经济系，1948年毕业留校任经济系助教。燕大后期他一直住在燕东园27号家中，留在父母亲身边。

据陆卓明回忆，1948年春天，胡适夫妇和一位美国老者来到他家。他说："父亲当然知道胡适先生的来意，未等他开口，就吩咐我带领胡伯伯去游燕园。"他回忆说："胡先生忙说：'燕园早游够了，你带他（指美国老人）去吧。'我带美国人在校园里慢慢走了一圈，回到燕东园时，胡适夫妇已在我家院门外告别。胡先生说：'这次回来（从南京官场回来）只有四天，特地来看看你，明天就走，不知以后何时再见。'他的语气并不高兴，父亲也板着脸。母亲调和说：'你们一见面就吵，分别还要吵！'他们走后，父亲叹口气说：'他也劝我走啊！'"[①]

虽然陆志韦先生明确表明了不走的态度，但据陆卓明回忆，"今后究竟怎样走革命之路，燕园怎样迎接解放，父亲心中并不清楚"[②]。陆卓明写道："他在晚间从储藏室架上拿出叶剑英送给他的崭新的平装书《新民主主义论》和《论联合政府》读着，想着。两本书说的大原则谁都看得懂，但是具体到燕大该怎样，仍想不出个头绪。他自言自语地像是在问我，我自然更不懂。"[③]文中提到的两本赠书，是抗战胜利后军调部在北平时，中共代表叶剑英送给陆志韦先生的。陆卓明说赠品中还有一条延安生产的毛毯。

陆志韦先生与中国共产党领导人早有接触。这段故事有两个说法,一个来自陆志韦子女的回忆:"还有一件事足以证明燕京人掩护共产党人的周密。30年代中期的一个夏日,美国教员包贵思邀我们一家去吃晚饭。我在那里第一次见到了行踪不定的斯诺。饭前,斯诺忽然要孩子们去北屋看望一位因病而不能到院子里来和大家一起吃饭的妈妈,但是不可以多说话。我们遵嘱只和这位衣着俭朴、面容憔悴的妈妈说了几句上学的事情。我们不知道她是谁,只是猜想她是在农村教书回校治病的燕大毕业生。直到1943年,我们已被日寇赶出燕园而住在校外的时候,先父才偶然对我说:'那次见到的妈妈就是共产党领袖周恩来的夫人邓颖超,日本人不恨燕京才怪呢!'"④另一个说法,来自燕大的中共地下党。1937年,邓颖超同志因患肺病化名在西山疗养。出院后,斯诺介绍她到燕大的美国教员包贵思女士在燕南园的家中休养,之后从那里去天津,再转赴解放区。知情人回忆说此事陆志韦先生是完全清楚的、默许的,他曾让孩子们代表他去看望并提供帮助。这两种说法都被发生于北平解放后的一件事情证实了:1949年6、7月间,邓颖超专程来燕园拜望陆志韦夫妇,感谢他们的"无私之心和热情"。

1949年9月,陆志韦先生作为特邀代表,出席了第一届中国人民政治协商会议。

记忆中,陆志韦伯伯经常如此打扮:穿一袭中式长衫,戴一副近视眼镜,简朴平易,儒雅谦和。他常常骑着一辆旧自行车,有时会到我家来找父亲下围棋。他们是湖州老乡,偶尔会冒出一两句家乡话。

据陆卓明回忆,他的父亲和中共文化教育部门的一些领导人也有往来。1949年初,西郊刚解放,周扬、张宗麟等人就来到燕东园27号,那份"清华大学、北京大学暂时管理办法"就是在陆志韦家中草拟的。1950年,钱俊瑞、张宗麟又一次走进燕东园27号,这次是来说服陆志韦先生继续争取美国托事部的拨款的。

陆卓明回忆:"在我家谈这个问题时,父亲说:'用美国的钱,不但我不同意,我的儿子也不赞成。'张宗麟同志就把我叫去说:'现在刚解放,人民政府还没有钱。你们每次到教育部去听政治经济学讲座,教育部都请你们吃饭。其实教育部自己每天只吃两顿饭,尽量省下钱来办教育。你年轻,不懂事。'"⑤

新中国一成立,陆志韦先生就提出把燕京大学完整地交给国家。1951年,中央人民政府同意陆先生的请求,决定由教育部接管燕大,改为国立。毛泽东主席亲自任命陆志韦先生为国立燕京大学第一任校长。

1952年5月28日,教育部调整燕京大学的领导班子,在由十人组成的新校务委员会里没有了陆志韦的名字。

1952年6月开始,全国高等院校院系调整全面展开,包括燕京大学在内的十三所教会大学全部撤销。燕京大学被一分为八:机械系、土木系、化工系调整到清华大学,教育系调整到北京师范大学,民族系调整到中央民族学院,劳动系调整到中央劳动干校，政治系调整到中央政法干校，经济系调整到中央财经学院，音乐系调整到中央音乐学院，其余各系调整到北京大学。

新的北京大学校址就是原燕京大学校址，湖光塔影，换了人间。

陆志韦先生被打发去了中国科学院语言研究所，当研究员。

熟悉陆先生的人都知道，他平日有一个有些书生气的特点，就是认为自己做对了的事就不愿对别人说，也不管别人就这件事怎么评价自己，采取不宣扬也不申诉的做法。在这次运动中他严格地苛责了自己，没有请任何人，包括过去被他掩护过的学生（指进步学生、中共地下党员等）替他辩白做证。

他对儿子陆卓明说："我有自己也不懂得的错误，连累了燕京人。你也是子承父债啊！"⑥

这一年夏天还未过完，陆志韦先生全家就在催促下搬出了燕东园。从此，他的身后一片缄默。再不见陆伯伯来找我父亲下棋，我也没有再去他家吃过冰激凌了。

二、母亲创作传世的幼儿歌曲

各大幼儿园皆知"韩老师"

燕东园几乎没有全职太太,各家的伯母们同丈夫一样天天上班。我母亲 1952 年以后就在北京大学幼儿园当音乐老师了。那个幼儿园在校内西南角勺园附近的一个大院子里,院子尽西头有一大排高高的松树。我刚上幼儿园的时候不会上厕所,因为在家里只坐过马桶,没见过蹲坑。最初几天,下午家人去接我时只见我两腿岔开站在那排松树底下,老师说:"尿裤子了,晒呢。"

1954 年 1 月,我家小五徐浣出生了。母亲休完产假就不再去北大幼儿园上班了。她有燕京大学音乐系的学士学位,主修过钢琴,当时很需要这样的专业人才,有几个单位想调她去工作。听母亲说,"一个是进文艺界,到北京电影制片厂乐团;一个是进教育界,去北京师范大学音乐系当教员"。母亲选择了后者,她说:"家里孩子多,大学里的工作稳定一些,还有寒暑假。"

1952 年院系调整,燕京大学的教育系并入了北师大,还有一所与燕大、北大、清华齐名的教会学校辅仁大学的主体也并入了北师大。母亲到北师大上班的时候,北太平庄的新校址刚落成,原来在和平门外新华街的旧北师大以及在涛贝勒府南院的辅仁大学正在分批陆续迁入。母亲入职音乐系,主教钢琴和乐理,当时还在城里的辅仁大学旧址上班,每天要走进汉白玉的大拱门。那时,她上课的教学楼大屋顶上还铺着绿琉璃瓦。两年以后她才转到北师大新校区。

无论是到辅仁大学旧址还是到北太平庄的新校址,母亲上班的路

父亲母亲1952年摄于北京大学。这张照片中，父亲身穿干部服，头戴制服帽，胸前别着红底白字的北京大学校徽。母亲也穿着干部制服，翻出一对领子，柔和了单一的色彩与线条。她的发型变化最大，烫发变为直发，两鬓用发卡夹在耳后

程都很远，且出家门只有一条公交线路。这条被两行杨树夹着的马路，当年跑的是从颐和园到平安里的31路公共汽车。这趟车会经过八大学院，在蓝旗营有一站。母亲天天赶车，售票员都认识她了，有时即便她忘记带月票或者月票偶尔过期还没来得及更换，售票员也从来不为难她，还亲亲热热地跟她打招呼。母亲告诉我，车友中一些年轻的妈妈每天抱着孩子风雨无阻地赶车。她看着这些襁褓中的孩子如何一天天长大，有一天竟可以牵着大人的手自己上下车了。

勤快的母亲从不浪费坐车的时间，她手里带着毛线活儿。那时候的公共汽车没有那么拥挤，上车只要找到座位，母亲马上从包里抽出竹针，飞快地编织起来。我们六个孩子小时候穿的毛衣毛裤，都是这么一针一针织出来的。

母亲的车友中有一位陆士嘉阿姨，我一直以为她是母亲在北师大

的同事，直到1986年陆士嘉阿姨去世，我去采访时才知道她是从德国留学归来的著名流体动力学家，也是北京航空学院的筹建者之一。她还是清华大学张维副校长的夫人。

1956年，母亲再次面临职业选择。那时高校院系还在调整，北京师范大学音乐系和美术系接到通知要与东北师大音乐系、华东师大音乐系合并成立北京艺术师范学院。母亲可以去这所新的学院，也可以留在北师大，但就要去一个新的系了。当时北师大教育系有一个学前教育专业需要教音乐的老师，于是母亲欣然投奔那里。

20世纪五六十年代，北师大教育系学前教育专业很有名气，新中国成立以后，它在全国高校中第一个创建了学前教育专业，并有幼儿教育方面的名师坐镇。

一位是关瑞梧先生。她1931年毕业于燕京大学社会学系，后赴美留学，1933年获美国芝加哥大学社会学硕士学位，回国后曾任北平香山慈幼院第一校主任、燕京大学社会系教授。她在民国时期就有多部学前教育的论著问世：《婴儿教保实际问题》《保育法》《区位儿童福利个案工作》《儿童教养机关之管理》等。母亲在燕大读书时，就认识关瑞梧先生以及她的丈夫、燕京大学经济系教授郑林庄先生。夫妇二人当时就住在燕南园。

一位是骆涵素先生，她比关瑞梧先生资历还老。1926年，她留学美国，在哥伦比亚大学师范研究院攻读营养学，1929年获科学硕士学位，是我国第一代营养学家。骆涵素先生就住在燕东园桥东29号楼上，与我家一桥之隔。她的丈夫正是著名经济学家赵乃抟先生。由于母亲和骆涵素先生成为同事，我家与赵家也有了走动。我们都尊称两位老人"赵公公、赵婆婆"。赵公公长须冉冉，仙风道骨，赵婆婆一年四季都是中式长衫。他们真是燕东园里少见的一对老人，如此低调、敦厚、谦和、淡泊。那20年代就双双游学西方的经历、深厚的西学功底，从不显山露水。

还有一位是卢乐山先生。她1938年毕业于燕京大学教育系，1945年获燕京大学教育系研究生院硕士学位，1948赴加拿大留学，1949毕业于加拿大多伦多大学儿童研究所进修班。她和母亲是燕大同学，此外还有另一层关系：她的外祖父正是韩家的世交严范孙先生。她在严氏幼稚园上学时，教她音乐的两位老师正是母亲的四姑韩升华和五姑韩咏华。1956年，母亲从音乐系转到教育系学前教育教研室时，卢乐山领衔完成了《幼儿园教育工作指南》的初稿，这是新中国成立以来第一部幼儿园教育的指导用书。

如整个共和国处于阳光明媚的青春期一样，50年代中期的学前教育教研室的教学与科研工作也生气勃勃。母亲给学生们上钢琴课、乐理课，并讲授幼儿音乐教育课。她还积极加入了卢乐山先生大力倡导的"多下园去"的教学实践。那时，北师大教育系学前组的老师们纷纷下到北京市十几个公立幼儿园，直接指导与培训幼儿园老师。

母亲每天早出晚归。父亲常常带着我们站在燕东园后门的一个高坡上，迎接下班的母亲：暮色合围，只见母亲穿过31路公共汽车经过的那条马路，下坡再上坡，远远地快步向我们走来。

母亲忙得顾不上给我们裁剪新衣服了。1957年以前，我和大妹妹过"六一"儿童节穿的裙子、衬衫都是母亲亲自选择花布、挑选镶在白衬衫领边袖口的花边，然后踩着家里的那架长梭缝纫机赶制出来的。常常有燕东园的伯母们上下打量着我和妹妹，好奇地问："这么漂亮的衣服，在哪里买的呀？"

1954年出生的小五徐浼，不满两岁就被送进了中关园托儿所全托。记得刚进托儿所不久，小五就发烧了，园里把她隔离起来照顾，不让家里接回去，母亲只好下班后偷偷到幼儿园去看她。"一个小人儿孤零零地躺在一张小床上，让人心疼极了。"母亲泪光盈盈，回来后反复念叨。幸好小五很快退烧了，也很快适应了幼儿园的集体住宿生活。

两个弟弟也有一段趣事。老三徐澂，五岁多就拉着四岁多的老四徐浩每天自己去北大幼儿园上学。幼儿园在校园的西南角，他们从东门进去，过未名湖，过临湖轩，再过六院，才到幼儿园。这段路程大人也要走上二十多分钟，而这小哥俩早上八点多从家里出门，一路溜溜达达，到学校向老师问早安时，老师回答："早什么呀！都该吃午饭了！"

1959年10月，我家小六徐涟出生了。那段时间母亲更忙了，不断地"下幼儿园"改造思想，去农村参加社教，她的教学、科研工作频频被打断。这些几乎成为生活的常态。母亲有时候一两个月都不能回家，所以在小六的童年回忆里是"爸爸带着我玩"，"我们之间的暗号是'玛德琳娜'（福利楼卖的一种法式点心）"。

后来我们才知道母亲此时的精力集中在儿童歌曲的创作上。她在任教不久就发现了儿童歌曲的匮乏，尤其是学龄前的幼儿歌曲更是很少被音乐人关注，这激发起她的创作欲望。母亲笔下流淌出一串串自然、清新、活泼的旋律，形成了富有幼儿情趣的独特的音乐语言：《摇啊摇》《小小鸭子》《小老鼠吃米》《堆雪人》《粗心的小画家》等。这些歌曲一经创作出来即不胫而走。

情由心生，我以为这与母亲的天性有关，她对音乐、对孩子、对世间万物有一种纯真的爱。纯真的人，自然童心未泯。母亲还醉心于创作儿童音乐游戏。她擅长通过不同的音调、音色和节拍变化来开发孩子们的智力,例如《我来藏你来找》《小兔和狐狸》《老鹰捉小鸡》,还有律动舞蹈《走和跑》《进行曲》《娃娃》等。

1990年,母亲病逝,在她的讣告中有这样一段评价:"韩德常同志对幼儿音乐教育有很深的造诣,长期坚持理论与实践结合的方向,从事幼儿音乐的研究与创作,前后创作了近百首幼儿歌曲与乐曲,受到几代幼儿的喜爱,在全国传唱至今。"

我仔细翻阅了母亲创作的歌曲与乐曲,发现绝大部分创作于1956—1963年。正是在那段时间里,母亲的事业和名声达到巅峰,当时北京市各大幼儿园几乎没有不知道"韩老师"的。

母亲1975年退休,我当时再次因为严重的心脏病回北京治疗,住在家里。记得那天北师大教育系用专车把母亲送回家,她的胸前戴着大红花,手里拿着鲜艳的花束,但脸上的笑容却有些茫然。第二天早上,她按照往常的时间起床吃早饭,然后拿起手提包准备出门,突然停住脚步,恍然大悟:"我不用赶车去上班了。"

退休以后,母亲想做的事情有很多,包括这些年被耽误的家事,现在总算有了一个可以弥补的机会。她还有一些自己的愿望想实现,比如出去旅游。她有一个最简单易行的旅游计划:母亲一直希望用她的公共汽车通用月票把北京市的每一条公交线路都从头坐到底,不必再像以往匆匆上班赶车时那样只跑一条线,而是悠闲地逛遍全城,把心仪的地方都看一看。但思来想去,她还是把编一本幼儿音乐教材放在了第一位。1964年,母亲和她的同事李晋瑗合作出版过一本《幼儿歌曲选集》。现在已经时隔十一年,她说:"不能这么长时间没有教材,况且我也六十岁了,再不做就做不动了。"她俩重整旗鼓,翻资料、列曲目、分门类、改编修订。那段时间，李晋瑗阿姨经常来家里，母亲也常常俯身在钢琴前，"叮叮咚咚"地反复弹奏。这次的教材她俩精选了九十九首幼儿歌曲乐曲，并全部配上了五线谱和简谱的钢琴伴奏。母亲说："幼儿园音乐教育离不开钢琴，有了钢琴伴奏的两种曲谱，可以方便更多的老师使用。"这本精心创编的《幼儿音乐》于1982年正式出版，很快成为当时全国幼儿园抢手的音乐教材，一直沿用到本世纪初。

母亲留下一段文字表达了她对幼儿音乐教育的认识："音乐是声音的艺术，又是最能影响人的情绪的一种艺术。它有着悦耳的音响、动人的旋律，是最容易吸引孩子并为孩子们所喜爱的。音乐教育不同于一般的说教。美好的音乐能使孩子在美的情绪体验中陶冶性情，增进情绪的愉快，丰富精神世界并发展智力与才情。"

全家八人分处八地

母亲是一个家庭的核心，但我们的家一度曾四分五裂，为此母亲承受了钻心的痛苦。

1968年，在知识青年上山下乡的热潮中，我家第一个离家的是大弟弟徐澂。7月中旬，他去了黑龙江虎林生产建设兵团四师。大妹妹徐溶先是为他缝被子，后又为自己缝被子，因为没隔几天，7月27日她也走了，去内蒙古东乌珠穆沁旗的牧区插队了。到12月17日，二弟弟徐浩也走了，去山西绛县农村插队。1969年8月24日，妹妹徐浣又走了，去黑龙江北安二龙山生产建设兵团一师。她回忆说："那年的8月到10月，几乎隔几天就有一辆专列把十五六岁的我们送到'北大荒'。动员，报名，填表，撤户口，领棉衣裤、军大衣等，前后花

这张珍贵的全家福摄于 1968 年 6 月。
前排左起：韩德常、徐涟、徐献瑜；
后排左起：徐泓、徐浩、徐澂、徐溶、徐浣

了十天左右，办理得极快。记得我把户口销了后，妈妈惆怅若失：'就这么走了？太快了。'"

我们家还有人陆续离家，这次轮到父亲了。据说，北大有两千多人下放江西"五七干校"。父亲也在下放之列。当时不少人以为回不来了，拖家带口的去了鲤鱼洲。在北师大教书的母亲，当即表示要跟着父亲一起走，两人开始考虑如何处理家里的一切。幸亏系里一位工宣队的干部到家里来，丢下一句"又不是不回来了"，父母才舒了一口气。于是，父亲在1970年初一个人去了江西。

1970 年 7 月，轮到我走了。我被分配到内蒙古自治区的巴彦淖尔报社。母亲买了一个新的皮革箱子给我，到北京站为我送行。火车开动了,母亲跟着跑了好几步,站住了还不停地挥手。

一个月以后,母亲也走了,她跟着北师大下放到山西临汾"五七干校"。此时家里只剩下上小学五年级的小妹妹徐涟,她后来回忆说:"妈妈走前本想送我到北大的'收容所',与留校的孩子们在一起,但她去了六院一看,那里大小孩子混在一起,拍'三角'的,捡烟头的,干什么的都有,就又把我带回家了。妈妈走前留给我一沓信封和邮票,告诉我每一位家人的地址。记得当时我一个人在家时就背地址,最幸福的事情就是看到信箱里有信。"

母亲在"五七干校"时被分配去养猪。她的境遇,从没有听她提起。我后来听她的同事说过一些:"韩老师闹痔疮,买了几个苹果润润肠,就受到批判,说是资产阶级作风。"但母亲从来不说这些,不诉苦,不抱怨,心中、口里只有父亲和我们。

1971年9月之后,父亲、母亲陆续回到家里。这时又迎来知识青年返城潮。其实有背景、有门路的早已脱离农村,参军的,招工的,各种"条子"大显神通。可怜书生气十足的大学教授们自己还没从"坦白交代"中缓过神来,哪有什么办法帮助子女回城?后来陆续下来一些政策,家里上山下乡子女少的回城落户还好办,但我们家有四个知青,回城依旧是一道难题。于是,从1974年开始,我家整整用了四年时间才完成了真正意义上的阖家团聚。

到母亲退休时,上山下乡的弟妹们都陆续回北京了,母亲也得以把更多的时间放在子女身上。让她最操心的,是从老二到小五,四个弟妹因上山下乡既耽误了学业更耽误了婚事。他们都是晚婚,老二徐溶三十四岁结婚,老三徐澂、老四徐浩都是三十三岁结婚,小五徐浣

母亲在山西临汾"五七干校",摄于 1971 年

在四个人中是第一个结婚的,也已经二十七岁了。紧接着就是"洋插队"——赴美工作或者留学:1983 年、1984 年、1985 年、1988 年,四个弟妹相继都走了,如果再加上两个弟媳——一个 1986 年赴美,一个 1987 年赴美,几乎一年一个,走马灯式的,直至家里又一次走空了。

母亲还担任着燕东园居委会副主任、主任等职务,热心于园子里的公共事务。经常看到她在家里饭桌上铺开带颜色的纸,研墨提笔,书写各种通知、告示以及宣传稿件。母亲的毛笔字、钢笔字都娟秀有形。这次写作我在翻查资料时,看到了七姑婆韩权华的钢笔手书和李惠年表姨、傅愫斐表姨的钢笔手书,她们的字迹都与母亲的相似;尤其是韩权华的笔迹,初看之时,我竟以为是母亲写的。可见在韩家闺门教育中书法是女孩子的必修课,个个训练有素。

赴美探亲

1986年7月，母亲和父亲开始了期盼已久的赴美探亲旅行。他们从美国西岸到东岸，走访了旧金山、洛杉矶、罗切斯特、康奈尔大学、圣路易斯华盛顿大学、费城、华盛顿、普林斯顿大学以及纽约，历时七十天。

母亲、父亲在这次旅行中见到了已经在美留学或工作的老二徐溶夫妇、老四徐浩夫妇、小五徐浣夫妇（小五全程驾车陪同），他们在徐浣位于罗切斯特的家停留时间最长。徐浣说："爸妈在我们这里住了将近一个月，每天起得较晚。我先送嘉树上班，再回来和爸妈一起吃早饭。早饭后，他们就看一个电视剧——《爱情船》（*Love Boat*）。妈妈特别爱看，这二十多天里只要不出门，上午几乎都是看电视。她说一看电视剧英文就都回来了。到周末我们就去大瀑布、多伦多附近以及千岛湖游览。爸爸妈妈说要好好休息，特别享受美国安静的生活。"

令母亲兴奋的是在美国见到了众多韩氏家族的亲属。在洛杉矶，梅贻琦、韩咏华的大女儿梅祖彬一见到母亲就说："小姐，小姐，你终于来了！"

当年母亲的祖父祖母共有孙辈、外孙辈二十三人，其中女孩子十二人。按照大家族女孩子的排行，我的母亲年龄位居第二，她比大姑家的李惠年小八岁，比四姑家的老大傅悚斐大六岁，比五姑家的老大梅祖彬大五岁，因此傅家、梅家的表妹都称呼她"小姐"。在傅家、梅家女儿们的回忆里，"小姐长得非常好看"。（这次写作时，我从母亲的遗物中找到梅祖彬写于1985年10月3日的一封英文信，起首即称呼"亲爱的小姐"，落款为"彬彬"。）

韩家、傅家、梅家的女孩子们，摄于南柳巷 25 号院中。这张最新找到的老照片生动地重现了当年母亲和她的表妹们之间亲昵的关系。
前排左起是梅祖彤、傅愫斐、梅祖彬、傅愫冉、梅祖杉，韩德常抱着梅祖芬站在后排

徐浣说:"梅大表姨和妈妈特别亲热,还给妈妈剪头发。她和皮特毛(毛文德)开车,陪爸妈去了拉斯维加斯,在那里住了一两个晚上。"

我们姐妹后来与梅大表姨、毛文德保持着亲人般的联系。小六徐涟2000年夏天在洛杉矶举行婚礼,梅大表姨夫妇在众来宾中是最受尊敬、最出众的一对。七十高龄,仍然保持着挺拔修长的身材和老派的高贵气质,两人相拥翩翩起舞,代替我们在天堂的母亲为小六徐涟送上祝福。

刚到罗切斯特时,母亲就着急去康奈尔大学探望她的梅老叔和倪姑姑,也就是梅贻琦先生的幼弟梅贻宝及夫人倪逢吉。

梅贻宝早年就读于南开中学,1915年,与梁实秋、顾毓琇同期考入清华留美预备学堂。有梁实秋的文章为证:"过后不久榜发,榜上有名的除我之外有吴卓、安绍芸、梅贻宝及一位未及入学即行病逝的应某。"⑦1923年,他赴美留学,入欧柏林学院深造,后在耶鲁大学获硕士学位,1927年在芝加哥大学获哲学博士学位。1928年他受聘于燕京大学,担任注册课主任,服务燕大二十年,历任注册课主任、教务处主任、讲师、教授、文学院院长、成都燕京大学代校长。一度与他的兄长梅贻琦先生齐名,被称为"小梅校长"。

在燕大读过书的学生差不多都认识这位儒雅清秀的梅先生。他曾担任过几年招生委员会主席,与报考新生打过一阵子交道,开学后则为入学新生开一门思想方法课程,同时常年教授一两门哲学课程。韩德庄在1947年9月11日的日记中说到新学期选课时,特意注明选了外系梅老叔的课。

父亲、母亲与梅贻宝先生的关系更密切,他俩在燕大上学的时候,梅贻宝是他们的老师;1945年燕大复校,父亲当了燕京大学数学

1986年，摄于梅贻宝先生家。
前排左起：韩德常、倪逢吉、徐浣；
后排左起：梅祖麟、梅贻宝、徐献瑜

系主任，又与梅贻宝成为同事。梅贻宝夫妇住在校内朗润园20号，我家住在校外燕东园40号，距离并不远。梅贻宝夫妇每周总要来燕东园一两次，到陆志韦先生家打桥牌。我父亲也会打桥牌，但不是燕大桥牌队的主力，只偶尔在三缺一的状况下做一下牌搭子。相隔近四十年，此次重逢，梅贻宝先生见到父亲的第一句话便是"献瑜，你好！你还打桥牌吗？"

徐浣说："妈妈将梅贻宝夫妇亲热地称为'老叔和倪姑姑'。我对母亲的这位'倪姑姑'印象很深，她的气质非常好，很和蔼，是一位话很多的老人。嘉树对梅贻宝印象深刻，他说梅先生中等个儿，胖胖的，有点儿灰白头发，和爸爸很熟络。他还带我们到康奈尔大学的校园里走了走。"

倪逢吉也有着不凡的经历。自1914年起,清华学校开始隔年选派十名(有时不足额)专科女生留美,通过公开考试选拔。倪逢吉就是清华大学1921年选派的十名女生之一。她在美国学习社会学,1927年回国,到燕京大学教授社会学,并被推举为燕大董事会中的女教员代表董事。梅贻宝主持成都燕京大学时,倪逢吉担任了家政系主任。

梅祖麟是梅贻宝、倪逢吉夫妇唯一的儿子,在康奈尔大学东语系教中国文学和哲学,当时五十岁出头。梅贻宝在自述中说:"我同逢吉于一九二八年订婚,一九二九年结婚。新郎长袍马褂,新娘则凤冠霞帔,花轿迎入礼堂。盖殊不欲采用西洋婚礼服装也。未料竟成花边新闻,轰动一时。上海图画月刊登载婚礼照片甚多。可惜多年流离迁徙,全都失散无存矣。两年后生祖骥(不幸夭折),又两年生祖麟。论国言家,在我这流离失所的一生中,这几年要算是最快乐的一段时期了。"⑧

梅贻宝先生在那本《大学教育五十年——八十自传》中多次谈到自己的一生是流离失所的一生。他办大学教育,前二十年在中国,后三十年在美国。我对梅贻宝先生离开中国大陆以后的经历略作梳理:1949年,他任美国爱荷华大学东方学教授兼远东中心主任,直至1970年退休;1970年9月,他受聘香港中文大学新亚书院校长,做到1973年6月。他一直持绿卡,曾两度侨居美国(1949—1970年、1973—1997年),直到病逝始终没有加入美国国籍。他的名片上一直印有"现职燕京大学教授"的字样,以示对1952年院系调整后燕京大学的消逝表达永远的怀念。

父亲、母亲从罗切斯特再出发时,老四徐浩夫妇也从得克萨斯州

1986年9月摄于普林斯顿大学校园。
自左至右：徐献瑜、钟安民、梅祖杉、韩德常、袁慧熙、
袁静、欧阳乐茵

赶来了，加入到这个行列。一行人先到费城，见了亲友；又到华盛顿，见了亲友；最后到达纽约，由老二徐溶夫妇接棒。

最重要的一次聚会是在普林斯顿大学。父亲、母亲从纽约出发，梅祖杉、钟安民夫妇和梅祖芬的女儿欧阳乐茵从费城出发，分头赶来拜访住在这里的袁同礼夫人袁慧熙。

上面这张照片中被母亲亲热拥依的老太太，一袭深蓝色风衣，瘦小精干，气质优雅，就是众人专门去拜访的袁慧熙。

我的外公韩诵裳有两个表弟——袁复礼、袁同礼，其中被母亲称为三表叔的袁同礼与韩家关系最近，往来最多。袁同礼的夫人袁慧熙还是韩权华的同学，她毕业于女高师音乐系，学的是钢琴，当年在京城音乐界颇有名气。

到了普林斯顿，老二徐溶说："妈妈进门一见到袁同礼夫人，就喊着'三表婶'，快步上前把她抱住了。"是啊，母亲和她的三表婶有三十八年未见了。最后一次见面还是1948年11月在邝宅聚会拍摄那张最后的大合影时。当时分别，两人互道"过几天见"，没想到过了三十八年才见到。而袁同礼已于1965年因癌症在华盛顿病逝。母亲再也见不到她谦和的三表叔了。

三十八年前，1948年12月21日凌晨，袁同礼夫妇和梅贻琦校长一起在东单临时机场登上了蒋介石派来的第二批飞机，离开北平飞往南京。他滞留在南方，坚决不去台湾，月余后去了美国。1949年7月，他作为中华民国代表团成员飞赴巴黎，出席联合国教科文组织第四次代表大会。当时这个代表团的首席代表是梅贻琦先生，成员有李书华、熊庆来、陈通伯、袁同礼。

联合国教科文组织第四次代表大会结束后，袁同礼由巴黎仍飞往旧金山，自此全家移民美国。袁同礼1949—1957年任斯坦福大学研究所编纂主任，后回到美国国会图书馆工作，是书目提要编著人及美国国会图书馆中国文献顾问。在美定居后，袁同礼远离政治，专心学术研究，笔耕不辍，论述宏富。他的著述大都是关于中西文化交流方面的书目，记载了他一生考察英、法、德、美等西方国家藏有的中国古籍善本的情况以及西方各主要国家研究中国和汉学的成果的汇集，如《西文汉学书目》《俄文汉学书目》《新疆研究文献目录》等。袁同礼所著《中国留美同学博士论文目录》《中国留英同学博士论文目录》《中国留欧大陆各国博士论文目录》具有很高的实用价值。我曾托人尝试检索我父亲和本书中涉及的十几个学者的博士论文题目，很快都一一得到结果。

袁同礼在担任国立北平图书馆馆长时，即被誉为中国现代图书馆事业的先驱，在美定居后很快便成为享有国际声誉的图书馆学家、目录学家。但在中国大陆的图书馆事业史和文化史上，他的名字从1949年以后就消失了，现在已经很少有人知道他了。

袁同礼有三个子女分别为袁静、袁澄、袁清。袁慧熙与在普林斯顿大学教书的女儿袁静住在一起。从照片上看，袁静与她的母亲长得很像。

在这次写作中，我联系到了袁同礼的小儿子袁清，他在俄亥俄州立大学教世界史教了三十多年，现已退休，已年过八十。我俩不仅通了邮件，还通了越洋电话。我称呼他"清表舅"，他叫我"泓侄"。他告诉我："我是我们家最小的。我姐姐袁静比我大九岁，我哥哥袁澄比我大七岁。现在他们都不在了。我叫梅贻琦夫人为五姑。1966—1968年，我住在费城郊区，离她三女儿梅祖杉的家很近，因此我经常带我妈去拜访五姑。我哥哥袁澄和汪德昭、李瑞年很熟，他教欧洲史，所以差不多每年都要去欧洲一次。韩家的人我最熟的应该是韩德扬，主要是在他和刘璐住在香港期间我们熟悉起来的。80—90年代我去中国大陆和东南亚很多次，路过香港时经常住在他们家。"

我的父亲在这次赴美探亲中完成了一件大事。8月中旬，小五徐浣陪着他和母亲坐飞机到了圣路易斯华盛顿大学。这是父亲当年留学的地方，他1939年离美，这是他在近五十年后重返母校。此行实现了他的夙愿。

徐浣说："数学系主任特为爸爸开了一个招待会，校园里也贴出了海报，非常隆重。开始我们以为只有四五十个人呢，实际到会有一百

华盛顿大学校刊头版上的图片。
自左至右是韩德常、徐献瑜、徐浣

多人,房间挤得满满当当的。数学系的老师们、院长们都来了,西装革履的,有的还带着家属。学生们也来了,当时来自中国大陆的留学生还不多,全校总共只有二三十人。我的一个朋友说:'这可是中国人的一大幸事!我们没有想到你父亲是在这里获得博士学位的第一位中国留学生。'那天晚上,我原来担心爸爸多年不用英文,应付这样的场合会有些紧张,没想到他非常镇定,英文发音准确,对答自如。人家都说'surprise',这么多年英语依然流利!在华盛顿大学,爸爸去看了他当年的宿舍,居然还指出了哪个门、哪个窗户是他当年的房间。陪他的数学系主任都觉得这太伟大了、太神奇了。爸爸还指出了学校的图书馆当年在哪儿,哪个房子在哪儿,哪条街在哪儿。"

父亲此次重返母校，旋即成为一段佳话。学校的杂志和当地的报纸都采访了他。校刊的头版还刊登了新闻报道与照片。新闻报道的标题为"第一位来自中国的博士返回母校"。

有一个小花边新闻，我这次才从小五口中听说："爸的一个所谓的女朋友，就是通过这张报纸找到了爸在北京的地址，还给爸写过一封信呢。"

三、父亲学术生涯的重大转折

从 1952 年到 1965 年这十三年里，父亲完成了学术生涯的一个重大转折。此话要从院系调整说起。根据院系史记载："1952 年秋天，北京大学数学系与清华大学数学系、燕京大学数学系组建了北京大学数学力学系。段学复为首任系主任。当时共有教员二十九名，其中教授十名，有原北京大学数学系江泽涵、许宝騄、申又枨、庄圻泰；原清华大学的段学复、闵嗣鹤、周培源、程民德；原燕京大学的徐献瑜、戴文赛。"

当年的亲历者丁石孙先生也谈过这段公案。他在访谈中说院系调整是按照"全面学习苏联"的方针进行的：一是把综合大学的工科分出来，只保留文学院、理学院；二是模仿莫斯科大学把数学系改为数学力学系。其实当时搞力学的只有周培源先生。谈到当年北大数学力学系的领导班子时，丁石孙说："据我后来了解，院系调整时，这三校数学系成立了一个六人领导小组，由三位系主任和各系一位党员组成，负责北大数学力学系的组建工作。清华数学系出的是段学复、林建祥，北大数学系出的是江泽涵、刘世泽，燕京数学系出的是徐献瑜、吴文达。"⑨

据林建祥教授回忆，如何确定北大数学力学系系主任人选是一大难题，当时很多系都在确定系主任人选上颇费周折。当时原北大数学系系主任江泽涵先生与原燕大数学系系主任徐献瑜先生都表示应该由清华年轻有为的段学复先生来担任，他们主动明确表态让贤。事情解决得相当顺利，这使得段学复先生日后能够放手工作。

1953年，北京大学数学力学系成立了数学分析与函数论教研室、代数教研室、几何教研室、微积分教研室、高等数学教研室、力学教研室。其中高等数学教研室要给全校学生开设数学课。按惯例，教授是不愿意完全脱离研究工作的，何况当时学生数量剧增，教学任务很重，但父亲主动承担起这个工作，出任高等数学教研室主任，"这让领导与党组织松了一口气"⑩。

当时正在全盘学习苏联，上课改在大教室，上的是大课，听课人数多时超过一百人。父亲所讲的大课如在燕大时一样受到学生们的欢迎。教材改用苏联的了，父亲突击学习了一个多月的俄语，就参加了翻译苏联高等学校教学参考书《微积分学教程》的工作。1953—1956年，他连续三年担任高等数学教研室主任，热心教学，起到了带头作用，使得整个教研室研究教学的气氛浓厚，为北大开创了重视高等数学的传统，也创造了教学质量高的佳绩。

高校首个计算数学教研室

父亲的学术生涯发生转向是从1956年开始的。北大档案馆的一份资料显示："1956年2月27日，北大数学力学系给学校的报文：为加强计算数学方面的领导，拟即成立计算数学教研室，任命徐献瑜先生为教研室主任，请即呈报校长批准。此文经马寅初校长和江隆基副校长批复。"

这个新学科方向的酝酿，在一年前就已经开始，父亲和他的同事们敏锐地察觉到要开拓电子计算机这个新兴技术领域，计算数学将担当大任，北大数学力学系应开风气之先。于是父亲与胡祖炽、吴文达等筹备组建计算数学教研室，这是全国高等院校中设立的第一个计算数学教研室。

对当时的中国数学界来说，计算数学还是一片处女地，许多学者连计算机是什么模样都没有见过。对父亲来说，也是如此。况且从事计算数学，意味着他在年近半百时还要转行，由他所熟悉的理论数学转向不熟悉的应用数学，特别是要转向应用数学中令人陌生的计算数学。他是如何起步的？

中国科学院院士杨芙清，1955年从北大数学力学系本科毕业，被分配到新建的计算数学专业攻读研究生。她的导师正是我的父亲。她在一篇文章中详细回忆了当年父亲指导她的情景：

> 第一次拜见导师的时候，是在北大燕东园40号，一座掩隐在绿树丛中、小桥旁的小楼中。带着期望而又忐忑不安的心情，我敲开了门，一位高高身材、清瘦的老师，带着亲切的微笑打开了那扇带有纱门的单扇户门。他牵着我的手，带我走进明亮宽敞的客厅中，好像长辈牵着孩子的手一样，一股暖流消除了我的不安，我像回到了家中。
>
> 先生告诉我，他也是第一次进入计算数学专业，因为中国需

要发展计算机科学，教研室的教师们也都是从数学专业转过来的，我是这个专业的第一名学生，一切要去探索，而且仅有苏联的教材可以借鉴。先生交给我的任务是读一本"线性代数计算方法"，要求我，不仅要读懂方法，而且要弄清演算过程，因为我们是要用来解决科学计算的。并为我规定每周见一次面，每周在教研室讨论班上报告一次，并说，我们都在一个起跑线上，只要严谨、踏实、勤奋，一定能读好的。[11]

当时数学系在六院中的一院办公，北边不远的北阁即燕大时期的甘德阁是母亲读书时音乐系所在地，此时已是数学系图书馆。杨芙清在这里觅得一角一桌一椅，白天专心读书做笔记，设计演算流程，晚上就用手摇计算机反复计算每个数据。周末，她按照导师的要求，将演算过程和数据绘成图表，用不同颜色标注演算流程。她说："周一是我见导师的日子，我来到燕东园，交出我的作业，先生帮我复算，分析，指出问题，帮我整理讨论班报告的思路，教我怎么讲。严谨、求实是先生的学风，对我影响颇深，成了我做学问的准则。"[12]

杨芙清认为每周在教研室讨论一次学习报告，对澄清概念、理顺思路很有益："计算数学教研室的老师们有一种与生俱来的开拓新领域的精神，但又各有特长和专长，他们没有架子，使我这个唯一的学生，身在其中感到自然，能够放开。"[13]

中国科学院、中国工程院两院院士王选，1954年考入北京大学数学力学系。二年级下学期末开始分专业时，他选择了计算数学专业，成为这个新建专业的第一批学生。他在日后的回忆中说：

父亲和作为他左膀右臂的女学生，左二为杨芙清，右二为陈堃銶，
摄于 2000 年父亲九十寿辰之时

计算数学专业那年刚成立，我因为看到了计算机的前景而选择了这一专业，当时的专业主任是徐献瑜先生。

徐献瑜先生教过我们两门课程：微分方程和程序设计。他讲课风趣生动。例如在讲授朗斯基行列式的特点，即"行列式内有一点为 0，则统统为 0"时，他打比方说，好比学校内有一个人伤风，则全校所有人统统都伤风。此话引起了哄堂大笑，使我至今仍记住朗斯基行列式的这一特点。

1960 年我作为无线电系的教员到 738 厂搞技术革新，数学系的徐献瑜、吴文达先生也同时下到 738 厂。当时一百多人睡在 738 厂一个仓库的地板上，每人的铺盖只能占到身体宽度的 1.5 倍，非常拥挤。徐先生也和我们一样过这种艰苦的生活。有一次开会，738 厂的一位领导感慨地说：听说北大一位年过半百的教授也睡在仓库的地板上,我们觉得很过意不去。⑭

计算数学专业第一批学生里有一名女生叫陈堃銶,个子瘦小,聪颖异常,1957年毕业后留在计算数学教研室,父亲亲切地唤她"小不点儿"。1976年,她与王选结为夫妻。在日后王选创造汉字激光照排系统时,陈堃銶负责了全部的软件设计。王选多次表示:"在这个项目里,她的贡献和我差不多,也是激光照排的创始者。"

陈堃銶是父亲的得力助教,她和父亲有近半个世纪的师生情。

亲身经历四件大事

从1956年开始,父亲有幸参与了中国电子计算机事业创始阶段的全部工作,他经历了四件大事。

第一件大事,1956年3月10日至22日,苏联在莫斯科召开题为"计算技术发展之路"的国际会议,我国应邀参加。中国代表团一行六人,闵乃大任团长,胡世华任副团长,团员有徐献瑜、吴几康、林建祥和张效祥。他们于3月8日乘苏联民航班机去莫斯科,3月28日返回北京。

我检索了一下中国代表团的组成,发现四人来自中国科学院数学所:闵乃大、胡世华、吴几康、张效祥,两人来自北大数力系——父亲和林建祥。

有意思的是我在搜索代表团团长闵乃大时发现,他竟然是一位德籍华人科学家。1948年,他被梅贻琦校长看中,梅贻琦两度邀请,从海外将他召回清华为母校效力。1952年秋天,中国科学院数学所建立了中国第一个电子计算机科研小组,他被华罗庚先生亲自点将调任组长。从这时起,在中国电子计算机创业初期几乎没有一件大事与他无关,但 1958 年闵乃大返回德国定居,从此在中国这个学科领域中消失得无影无踪。

访苏期间,中国代表团参观了苏联科学院的精密机械与计算技术研究所、计算中心以及莫斯科大学数学系计算中心,看到了苏联当时最先进的计算机,拜访了苏联科学院计算所所长列别杰夫院士、计算中心主任妥罗德尼奇院士、莫斯科大学计算数学专业主任索波列夫院士。父亲说:"当时最吸引我们的是会上讲到的计算机到底是怎么研究制作的,还有就是怎么运用计算机来计算各种问题,开发计算机的功能和作用。当时苏联已经研制出一个叫箭牌的计算机,运行速度每秒 2000 次。他们演示了如何利用计算机做翻译工作,演示的是英文翻成俄文,技术还是比较先进的。"在列宁格勒大学参观时,父亲还专门考察了苏联高等院校计算数学课程的设置与教学。

第二件大事,父亲回国后,立即到西郊宾馆报到,参加了周恩来总理领导的"十二年科学技术发展远景规划"的制定工作。他分在计算技术和数学规划组。这个组由华罗庚领衔,有二十六名成员,几乎囊括了当时全国高校有名的数学家:如北京大学的段学复、江泽涵、徐献瑜,杭州大学的陈建功,复旦大学的苏步青,武汉大学的李国平,中山大学的郑曾同,南京大学的曾远荣等;来自中科院数学所的有闵乃大、吴新谋、夏培肃、关肇直等;来自中科院紫金山天文台的有张钰哲、孙克定。还有无线电专家严养田、温启祥、黄纬禄。而张效祥、周寿宪、范新弼、蒋士騛等几位年纪较轻的,大都是 50 年代

1956年6月14日,父亲第一次走进中南海,与参加科学规划制定的几百名科学家一起,在怀仁堂前的大草坪上受到国家领导人的接见。在这张长长的合影照片中,身着制服的父亲站在最高一排自右至左第三个位置上

初从美国留学归来的专业人才。

  周恩来总理邀请了全国几百位科学家参加"十二年科学技术发展远景规划"的制定,同时邀请了以拉扎连柯为首的十八位苏联专家。会议期间,周总理敏锐地注意到苏联专家中有三分之一是从事计算机、半导体等新科技的,他立即召见了当时负责新中国电子、电信、广播事业的王诤和李强,专门询问了计算机在国外的发展情况。听完汇报,周总理斩钉截铁地提出要突出规划重点,把最紧急的事情搞一个报告。

  按照周总理的要求,规划委员会将计算机、自动化、半导体、电子学四项作为"紧急措施"写入规划。在华罗庚的坐镇指挥下,计算技术与数学规划组经过三个月的紧张工作,完成了这次国家科学规划中的第四十一项"计算技术的建立"任务说明书。

  第三件大事,1956年9月,父亲作为我国第一个计算技术赴苏考察团团员再度访苏。这个考察团由十五人组成：团长是闵乃大，副团长是王正，成员有吴几康、范新弼、蒋士骕、夏培肃、徐献瑜、周寿宪、莫根生、孙肃、严又光，秘书何绍宗，翻译张伟、穆立立、李象生。

父亲在莫斯科逗留了三个月。当结束了面上的参观以后，考察团的成员分别深入到相应的研究机构，带着各自的问题进行专题学习。父亲说："当初去的人大部分都是搞计算机的，搞硬件的，只有我一个人是搞计算数学的，搞软件的。他们每天到计算所看机器，只有我一个人到计算中心去。我觉得我去学习的目的是怎样利用计算机来算数学题目，以及怎样处理数学问题。"

父亲在计算中心时有一段颇具传奇性的经历，父亲回忆说：

> 那个时候计算中心的副主任叫迪特金，他让我在计算机上造一个数学表。数学表的用途很大，在这方面美国很发达。这个数学表美国当时已经做出来了，但不是用计算机做的，是用穿孔卡片做的，因为当时还没有电子计算机。美国加州理工大学的摩尔根教授写了一本关于这个数学表的小册子，名叫 *Tables of Bessel Functions of Imaginary Order and Imaginary Argument*（1947）。迪特金给我看了这本表册。美国当时做数学表是用的4位数组，他们是用这个数学表来做飞机的风洞试验的，而迪特金要求我用8位数组来完成这个表。这个题目很复杂，我拿到时不知怎么去做，也不知怎么去上机操作。后来经过分析，做这个数学表主要是两个问题，一是找出这个数学表的数学公式，二是完成上机操作。第一个问题，因为我以前在美国的时候学过相关的数学函

数，所以经过一个月的查资料和演算，基本完成了。第二个问题，我不知道怎么编程序，因为不会讲俄文。他们派了个讲英文的来教我编程序，那个时候还用机器语言来编。在回国的前一个月，才正式开始编写。

程序编好以后，第一次上箭牌计算机运行时，有很多错误，通过我和教我编程序的人一起修改。第二次上机时，就顺利地运行成功了，结果也算出来了。取样打印出 8 位数的前四位，完全与表册中相同。回国以后，大家都说我的这个程序应该是中国第一个计算程序，而且是完整地完成一个数学题目的计算程序。

父亲从苏联回来的第二年，就把自己的研究生杨芙清送到苏联科学院计算中心和莫斯科大学数学力学系学习了。杨芙清在苏联留学时的一张照片，即是她在父亲曾经使用过的箭牌计算机上操作。我们对杨芙清的印象是从 1959 年她从苏联回国以后开始的，家里来了一位穿布拉吉的漂亮的大姐姐，梳着两条大辫子。而她对我们的印象从她第一次走进燕东园 40 号就有了："徐先生家孩子很多，当然都比我小，很热闹，在这个家中我不觉得拘束。"

这一年父亲两次赴苏联考察，3 月里去了二十天，9 月开始一走三个月，年底才回来。这是我们记忆中父亲离开家时间最长的一次。那年头去苏联好比改革开放初期去美国。掐着指头算日子才把父亲盼回来，我们都围着他的大箱子，眼巴巴地等着分礼物。在一片雀跃中，我得到了一条绸质的红领巾，从此我的胸前飘起一条苏联少先队的红领巾，在那个年代可是无比荣耀。

我记得父亲给母亲带回来几双丝袜，还有一条图案与色彩都异常

外宾参访中科院计算所，左四为华罗庚，左一为徐献瑜

雅致的欧洲风格的丝绸头巾，母亲欢喜异常。丝袜她已经多年没有穿过了，后来每次穿的时候都小心翼翼地一点点套上来，她说："跳一点丝，袜子就破了。"至于那条丝绸头巾，只有在隆重场合母亲才会戴上它。三十多年后，母亲去世时，我们把这条丝巾给她围上，图案与色彩竟还如当年一样新鲜。

第四件大事是1956年末，父亲回到北京后立即投入了计算所的筹备工作之中。

1956年8月，国务院正式批准成立中国科学院计算技术研究所筹备委员会，主任委员是华罗庚（兼），副主任委员是何津（兼）、王正（兼）、阎沛霖，委员有赵访熊（兼）、闵乃大、蒋士骕（兼）、吴几康、周寿宪（兼）、范新弼、徐献瑜（兼）、夏培肃、张效祥（兼）、张克明。

中科院计算所成立初期主要肩负两项任务：一是尽快研制出电子计算机，二是利用电子计算机解决国防与经济建设中亟待解决的重大计算任务。计算所下设三个研究室，一室和二室分别负责整机与元件的研究，主要承担第一项任务；三室则从事计算数学与科学工程计算研究，主要承担第二项任务。父亲被任命为三室计算数学室主任。

父亲从 1957 年初开始，经常去位于二里沟的西苑大旅社 3 号楼开会。经周恩来总理特批，计算所在此租了一些房子，有些用作办公室、实验室，有些用作学员宿舍。直到 1958 年 2 月，一座五层的灰色科研楼在中关村落成，计算所才有了自己的家。这栋楼又称"北楼"[1]，父亲所在的三室办公地点在三楼。

1957 年春天，计算所三室已经集结了七十余名青年科技人员，他们中的很多人，比如高庆狮、黄鸿慈、许卓群、仲萃豪、蒋尔雄、刘慎权、董韫美、李家楷、储钟武、张绮霞、谢铁柱等后来成为中国计算数学界的中坚力量。几十年来，我们从父亲的口中多次听到这些人的名字，有些人还到家里来过。1961 年，三室又迎来了最早一批送到苏联留学的大学生学成归来。当时三室共有六个组，且看下页这张照片，仅第一组就如此兵强马壮。

这张照片中，前排左起第五人是冯康先生。美国数学会会长彼得·拉克斯（Peter David Lax）说起冯康："那个小老头，他瘦小的身影不知疲倦，听到提问题就眼睛发光。"照片中左起第七人为父亲，他那时经常骑着一辆旧锰钢自行车去计算所上班。父亲个子高，跨上自行车，脚一蹬就骑走了。那辆自行车的大梁上有一块木条儿，是为我们小时候专设的车座。

创建一个新学科并不容易。创业阶段的当务之急是要尽快培养出

---

[1] 如今这些有历史意义的建筑都已不复存在了。西苑大旅社 1958 年被改建为西苑宾馆，后又几经翻建，现在是北京西苑饭店。而见证了中国最早的计算机诞生和计算数学发展的"北楼"在 21 世纪的一片拆迁声中也未能幸免。

计算所三室一组全体同志合影，摄于 1961 年 6 月 13 日

我国第一支计算技术专业队伍。1956—1959 年，这三个学年内，计算所连续举办了三届计算技术培训班。父亲为第一届计算数学班主持了题为"初等函数逼近"的专题讨论会，为第二届计算机班和第三届计算数学班主讲程序设计，并带领第三届学员和北大 54 级学生完成了由他提出数学公式的超音速飞机的"超音速干扰气动力计算项目"。

《中科院计算所五十年回忆录》对这个项目有比较详细的报道："当时正值 1958 年科技跃进之际，国防部门设计超音速飞机时遇到小展弦比宽机身组合的翼身干扰问题，当时还没有建成跨音速风洞，所以要估算超音速飞机气动力只能借助数值计算。军事工程学院罗时钧教授提出计算方案，从苏联留学归国的北大青年教师黄敦教授画出了翼身图形，徐献瑜教授据此图形做出了数学公式。然后指导学员们用电动计算机算了一个月，得出了小展弦比宽机身机翼组合体的超音速干扰气动力，交出了一份出色的答卷。"

1958 年父亲的同事、北大数学力学系张世龙教授领导师生团队（学生中包括王选）与空军合作，自行设计研制了"北京一号"。父亲

1958年父亲和部分培训班学员合影,照片中的背景建筑正是北阁"北京一号"计算机机房

正是在这台机器上带领学员们完成了"超音速干扰气动力计算项目"。

1958年8月,我国第一台通用数字小型电子计算机——103机试制成功。1959年9月,104通用数字大型电子计算机开始运行。当时国家正在进行大规模建设,所有的工程建筑、国防工业、科学尖端项目都需要计算。父亲以及冯康、董铁宝带领中科院计算所三室投入上机实践,从1959年到1965年,完成了八十二项工程计算的数学问题,包括电力工程、天气预报、大地测量、石油开发、水坝、建筑、桥梁、飞机、机械制造、人工合成胰岛素以及"两弹一星"相关的重要计算问题。父亲几乎参与了每个计算项目,这对于一个愿以科学报国的知识分子而言是多么快意的事情!

这段时间国家并不消停,各种政治运动接踵而至,但父亲忙着创建新学科、培养专业队伍，解决计算数学问题，没有被卷入政治漩涡之中。况且他把大部分工作重心转移到了中科院计算所，躲开了北大校园里从来没有停止过的是非与风浪。父亲是幸运的。

迟到的春天

从 1966 年初夏开始，政治运动的暴风骤雨接踵而至，各家几乎无一幸免，各家的孩子们也被卷入无休止的"停课闹革命"之中。燕东园作为书香门第的世外桃源，从此销声匿迹，一去不复返。到 1970 年，孩子们上山下乡，大人们去"五七干校"劳动改造，各家东奔西散，燕东园一度败乱不堪，一片狼藉。

1970 年春，父亲下"干校"不久，大妹妹徐溶回家探亲。母亲不放心父亲，嘱托她去江西鲤鱼洲看看。徐溶穿着一件染黑了的军棉袄，足蹬一双马靴上路了。她在南昌下火车以后，找到了去北大"五七干校"的船，在鲤鱼洲码头上岸，已是傍晚时分。徐溶买了一根扁担，把换下的棉衣以及沿途为父亲买的土特产小吃两头一搭，上肩一挑，向路人指的"数学系"方向走去。她回忆说：

> （那里）全是土埂路。到了一个地头，我看到有个高个子，认得是丁石孙，就向他打听："徐献瑜在吗？"丁石孙一指，我发现爸原来就站在稻田里，离我不远。他又黑又瘦，胡子茬都是白的，我没有认出来。爸见我就说："你怎么来了？快回家吧！"等收工了，大家都挑着筐回去，我也给一个女老师搭了把手。宿舍建在一片平地上，大得像仓库，中间用稻草帘子隔着，一边是男

生宿舍，一边是女生宿舍，一排排都是上下铺。我被安排在女生宿舍的一个角上。我和爸一起吃晚饭——红米饭和咸菜。我把路上买的小吃，豆腐干、小排骨什么的都拿出来，爸还招呼了系里的两个同事一起吃。我记得其中一个是胡祖炽伯伯。饭后，他们马上就出去学习了。爸又叮嘱我："明天回去。"

第二天，蒙蒙亮，大家都起床干活去了。我为了争取和爸多说说话，就跟着他们下地了。稻田边有个粪池子，要用脚搅粪，爸第一个下去了，我就跟着下去了。我一边干活一边给爸讲家里的情况。爸一直听着，听完只说："你回去吧！"干了一天的活儿，爸看没有人说什么，放心一些，改口说："既然来了，就多待几天。"转天，我又跟着爸下地干活了，因为只有这个时候可以和爸说说话。晚饭后爸都要上学习班。

第四天，工宣队给了爸半天假。爸送我去码头。后来爸说："码头旁边有个小铺子，你走了以后，我去吃了面条，买了饼干。你带来的小吃，我晚上躲在被子里吃了好几天。"

1971年春节，父亲从鲤鱼洲回家探亲，他的左手吊着绷带。原来，在一次夜间拉练演习中他跨一个沟渠时不慎跌倒，左手腕骨折了，只能草草包扎。每天的生活他都艰难地自理。趁休探亲假回北京，他赶紧正骨就医。十几天的假很快过去了，我和爸是同一天离开北京的，我乘火车向北回内蒙古，爸乘火车向南回江西。他的手腕还打着石膏，最终也没有接好，落下残疾，不能提重物。

父亲回鲤鱼洲后，不再下地干活了，改为养鸡。我后来看到父亲的一个横格本，是养鸡时的日记。翻一翻，满纸"鸡事"，没有一句政治。

1971年9月，局势松动下来。到年底，父亲第一个回来了。他因工摔伤，所以被准回京。小妹妹徐涟高兴极了："我就傻傻地在家等，却想不到爸爸伤势很重，无法拿行李，直到爸爸自己艰难地蹭到家，我才恍然大悟，责怪自己真不懂事。"

徐涟对父亲回家以后父女俩到五道口餐厅吃的第一顿饭记忆深刻：

> 干烧黄鱼加鱼香茄子，爸爸四两米饭我三两，不到一分钟，两人的饭碗全光！"服务员同志，请再各加一份米饭！"又吃完了！爸爸说："再加二两饭，我们分一下把菜盘里剩下的清干净！"哇！真是太香了！好像今天还能回忆出那久违了的味道。就这样，两人吃了一斤六两饭！把服务员同志们看呆了呀！收盘子的过来笑着问："您吃饱了吗？"估计他们以为我俩是刚从监狱里出来的。

"文革"结束后，父亲已年近七旬。中国的计算数学起步并不晚，五六十年代的发展也很迅速，可惜"文革"让它整整中断了十年，而这十年，国际计算机界突飞猛进，中国与世界的距离一下子拉大了。父亲为此深感痛心。现在只能加倍努力，充分发挥中国科技工作者的聪明才智去迎头赶上。

父亲憋着一股劲儿，他要在自己的有生之年为国家再出把力。

1978年，中国计算数学学会在北京昌平成立，父亲被推选为副理事长。同时同地还召开了第二次全国高等院校计算数学学术讨论会。为了推动计算数学的进一步普及与发展，两次会议之后相继出版了我国计算数学杂志《计算数学》《数值计算与计算机应用》《高等学校计

1979年11月,中国计算数学学会分会成立,摄于广州。
这是一张珍贵的留影,荟萃了当年中国计算数学界的奠基人。
前排左起:张克明、徐桂芳、赵访熊、徐献瑜、冯康;
后排左起:吴文达、黄敦、徐利治、孙念增、胡祖炽、周毓麟、林建祥

算数学学报》,以及 Journal of Computational Mathematics(《计算数学》英文版),父亲分别担任前面三个杂志的副主编和后一个杂志的顾问。父亲被中国科学院计算中心继续聘为兼职研究员和学术委员会委员。他集中精力在自己所擅长的函数数值逼近和算法设计领域苦心耕耘,并着力于软件开发。他在计算中心直接指导逼近论讨论班开展理论研究。在大家的共同努力下,取得了丰硕的科研成果,使经典逼近论的内涵得到扩充、延伸和拓展。

1982年,作为当时计算数学界首批博士研究生的指导教师之一,父亲招收和培养了恢复研究生制度后第一届的一名硕士、一名博士。他总结了自己从60年代起带研究生的经验,认为研究生应进一步加强自学的基础训练。例如,精读一本有关的好书,熟悉它的发展方向和近邻学科的知识;适当地博览群书,提出自己独特的看法;努力加强动手能力,熟悉计算机的操作方法,掌握主要的计算手段。按照这样一个思路,他指导博士研究生徐国良撰写的学位论文在有理插值领

域进行了较为广泛的讨论，并取得了一些拓展性的成果。在此基础上，父亲与李家楷、徐国良合力编著了《Padé 逼近概论》，1987 年秋脱稿付梓，1990 年出版。他还主持并参加了切尼（E. W. Cheney）所著的《逼近论导引》的翻译工作。

20 世纪五六十年代，父亲集中力量在解决计算问题，进入 80 年代后，他的目标很明确，就是要改变我国软件领域的落后现状，研制与建立优质的软件库。在他的指导下，计算中心副研究员李家楷等人实现了计算机上任意高精度四则运算的算法，成功地为我国自行研制的巨型向量机（757 机）、KJ8920 机完成了全套标准函数生成的算法设计。之后又逐步实现了多种型号计算机初等函数生成算法最优设计的自动化。1985 年建成软件工具 ODGEF，它相当于一个专家系统，经 757 机及 KJ8920 机等大量次运行的实践，结果表明，它的确能够高效率地产生"优质生成方案"。

1982 年，父亲与计算中心副研究员张绮霞等承担了国家"六五"科技攻关重点课题"数学软件库"的研制任务。此时美国已发表了自己的数学软件库（IMSL）。父亲在主持研制中国软件库 STYR 的过程中坚持从国际现代先进水平起步，特别强调优质，即质量要尽可能好一些，应用的范围要尽可能广一些，让用户使用时尽可能方便一些。计算中心数学软件组和协作单位的大约五十人经过三年的努力，解决了软件可移植技术、软件性能评价、算法设计等关键问题，于 1985 年初冬建成了我国的第一个数学软件库[1]，并于当年通过了技术鉴定，

---

[1] 这个软件库内容丰富，功能比较齐全，包括 18 项软件产品，约 2000 个程序，50 万行 Fortran 源程序，可以适应科学技术、工程设计、经济管理等各领域中的计算需要；且可移植性强，能够在大、中、小和微机上装配使用，可以将工作效率提高 10 倍以上。

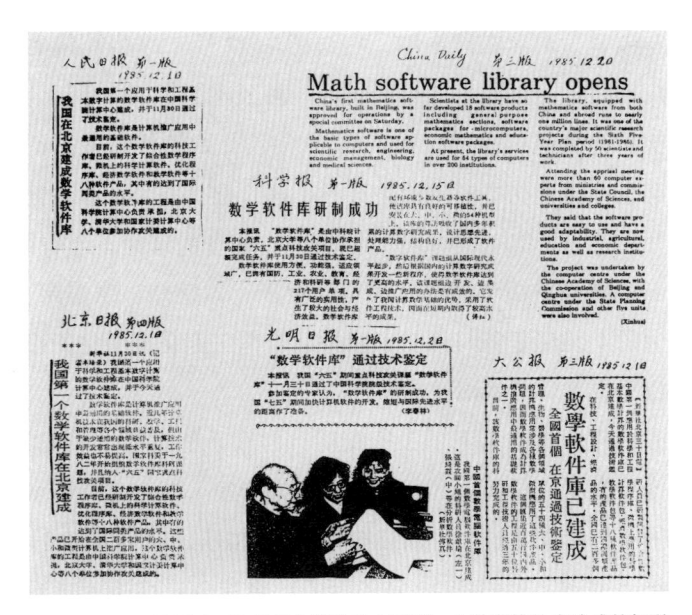

1985年12月各大媒体对中国第一个数学软件库建成的报道

在很短的时间内就装配在国内 50 多种机型上，拥有 217 个用户单位。该项目获得中国科学院"六五"科技攻关奖、院科技进步一等奖、北京市优秀软件一等奖和国家科技进步三等奖。

父亲 1986 年 7 月退休。1990 年 5 月，中国数学软件协会在洛阳成立，会上一致拥戴业已退休的父亲为名誉会长。

四、韩德刚：德泽惠人　无欲则刚

从 1960 年开始，与教授住宅区这一定位毫无关系的建筑开始入侵燕东园。首先，北大附小新建的校园落户在王家花园。原来的王家花园紧挨着燕东园南墙，它与桥东27号、28号相接的部分没有用虎皮墙拦住，只拉了一道铁丝网，甚至还留了一个小门。王世襄（后来被称为京城第一大玩家）从30年代开始就住在王家花园里，父亲王继增在他读初中时就给他买下了这片地。王家花园占地二十几亩，有几间平房、几处泥顶的花洞子、一畦畦的菜地，还有好多树木花草。王世襄在里边种葫芦、遛狗、捉獾、养蟋蟀。燕东园36号赵紫宸先生的女儿赵萝蕤与陈梦家新婚后曾在王家花园借住，没少受到王世襄夜里捉獾后跳墙回家的惊扰。

北大附小买下了王家花园，彻底平整改建，盖起了一排排教室，修了操场，只留下几间平房作为办公室，还有几架藤萝。后来，北大附小继续向北扩张，陆续把燕东园28号、29号、41号、42号蚕食进势力范围。他们把29号楼拆了，将其余三栋楼改建为办公室。不过这些动作是在80年代以后了。

王家花园还有一部分果园，位于燕东园北墙外，1960年以后也荒芜了，渐渐被填平了。北墙被打开了，从北墙出去，过一条马路，可以看到北大在那里建起了序号为4至7的公寓，是四栋红砖的四层楼房。我的二舅韩德刚一家搬进了6公寓，和我们家成为近邻。

"各色"的二舅

二舅韩德刚是母亲同父异母的弟弟，1926年4月生于大连，1932年随父母回到北平南柳巷家中。在母亲娘家的亲戚里，他与我们家关系最好。一来，他和我父亲合得来，二人几乎无话不谈；二来，他和我们最亲。我们从小就是听着二舅的福尔摩斯探案故事长大的。

自左至右：韩德刚、韩德庄、韩德扬，摄于1932年

上面这张照片中当排头兵的正是韩德刚，那时六岁，穿着一身小制服，精气神十足。虽然他比身后的孪生妹妹仅出生早几天，但端正、稳重、大方的模样颇有大哥哥相。

韩家的人多少都有些音乐天赋，韩德刚也不例外。他酷爱小提琴，也能拉上几首名曲。我小时候到南柳巷外公家时，喜欢钻进二舅住的房间，看他举起琴弓熟练地拉起贝多芬的《春天奏鸣曲》。但直到这次写作采访二舅妈陶森时，我才知道二舅并不识五线谱，是全凭耳朵记下来的。

二舅房间的墙上还醒目地挂着一幅炭笔素描肖像——美国著名女影星费雯丽。我好奇地问："从哪儿买的？"二舅说："自己画的。"他随手从桌子上的纸堆中又抽出一张英格丽·褒曼的肖像，说："换着挂。"从那时起，我就很崇拜二舅的美术天赋。

50年代中期，二舅已经是北大化学系的讲师了。他去武汉出差，给我们寄来一封信。我记得，两页信纸都各有一半是画，他把在武汉的所见所闻用几笔就速描出来了。我印象最深的是街头拉洋车的，两人座，一男一女，画得活灵活现。二舅让我们猜和北京的洋车有什么不同。

二舅的履历最简单，从学校到学校。他小学上的是师大附小，中学上的是育英中学，1945年考入辅仁大学化学系，1948年考入北京大学研究生院继续攻读物理化学，1950年研究生毕业后留校任教。1952年院系调整时他迁入燕园，在北京大学化学系任讲师、教授、物理化学教研室主任。直至1992年7月退休，他在北大执教四十年。

旁人都说韩德刚不爱说话，不善交际，对人对事淡淡的。但我们眼里的二舅从来都是热情、幽默、善谈的。他满口故事，每个周末几乎都长在我们家，给我们讲大侦探福尔摩斯，讲《四签名》《王冠上的宝石》《巴斯克维尔猎犬》等。他表情生动，语言丰富，讲述时一个悬念接着一个悬念，吓得我们睁大了眼睛。我成年以后还会看福尔摩斯的书，但再也找不到听二舅讲时的快感了。

二舅和我父亲最投缘，两人见面就打开了话匣子，天南地北，聊得酣畅。听母亲说，两人的默契在她刚结婚的时候就建立起来了。1944年，父母婚后住在东城米粮库，租了一个小偏院。那里距离二舅上的育英中学和后来考入的辅仁大学都不远。二舅放学后不回家，就往姐姐家里跑，找姐夫聊天，吃姐姐做的饭。那时我母亲初下灶台，有时连面条都煮不好，在她家的葡萄架根部埋了不少锅煮坏了的面条。但无论什么样的饭食，二舅都吃得津津有味。后来到了北大燕东

韩德刚的高中毕业照

园40号，二舅还是如此。在没结婚以前，他几乎每周都来，和父亲聊天，给我们讲故事，再吃一顿饭。不过这时我们家的饭好吃了，有大师傅张贵掌勺呢。

听韩家人说，二舅从小有些"各色"。用二舅妈陶森的话说，"生在这个家庭，不少举止不合这个家庭的要求，特别不合奶奶（指我的外婆高珍）的要求。不是受什么革命的影响，而是天生的"。她举了一个例子："有一次过年，奶奶早就给每个孩子都准备好了一身新绸袍，要带他们去拜年。结果你二舅用烙铁把蜡笔融化了，在袍子上留下一片污渍。奶奶又气又无奈，只好不带他去了。"这些二舅妈当然不是亲眼所见，只是事后听说，但我的母亲却多次说过："二弟德刚从来不爱穿新衣服。新衣服拿来，他得把它揉搓够了，弄出许多褶子，才肯穿。"母亲一看到我家老四徐浩也在揉搓新衣服,就叫起来:"你怎么和你二舅一模一样啊!"

我切身感到二舅与韩家人的不同是在为写家史采访他时。我只在他的叙述中听到"两个不同阶层的对立",也听到了他对下层的关注。比如讲到南柳巷周围的环境时,他注意到琉璃厂边有一个哈记牛肉面,"在那里吃面的人,蹲在地上,端着大海碗,挑起的面条特粗,像铁条。娘不让吃,她说那是劳动人民吃的"。也只有他注意到了"看坟的老庞、小庞每年会往家里送桃李瓜果。我娘说是野人,不让进屋"。

这次二舅妈讲到一件事更强化了我这个印象:"你二舅上的育英中学在东城,离南柳巷比较远。家里有包的洋车,奶奶吩咐车夫每天送他们上下学。你二舅坚决不坐,执意要骑自行车上学。他说:'我在车上坐着,别人蹬车拉着,我受不了!'后来他就一直骑车上学。他说:'还有一个更大的好处,自由啊。那几年我骑车跑遍了北京城里的每个犄角旮旯。'我问他:'八大胡同也去过吗?'他说:'当然了。那些地方招徕客人都站在楼上。'"

我在姨姨韩德庄的日记中找到了"二舅骑车"的证据:

> 今天是我和哥哥的生日,姑妈每人给一万元,娘爸给两万[1],大哥给哥哥换了车座子,给我买了一副白手套一块头巾。大哥真细心,这些东西都是我们最需要的。这也许是大嫂的功劳,但大哥也很会买东西,娘说他很摩登,因为他买的手套样子、头纱颜色都很好。吃面时爸也在家,真难得,姑妈姑父也请过来吃的,

---

[1] 查了一下,两万元相当于辅仁大学的学费。

我很满意,新厨子手艺不错,而且今天的气氛非常好,丝毫不紧张,大家有说有笑的。

这则日记写于1946年4月15日,正值韩德刚、韩德庄这对孪生兄妹二十周岁生日。南柳巷25号的生日气氛很浓,长辈有礼金馈赠,大哥还买了生日礼物。韩德庄称呼我的大舅韩德章为大哥,我母亲为大姐,二舅韩德刚为哥哥,三舅韩德扬为小弟。请注意日记中的这一句:"大哥给哥哥换了车座子,给我买了一副白手套一块头巾。大哥真细心,这些东西都是我们最需要的。"韩德刚当时已经上了辅仁,还继续骑车上学。他的自行车折旧速度最快,车座子都骑坏了,大哥送他的生日礼物正是一个新车座。

二舅在辅仁大学念一年级时,还有一段故事。这所学校是德国教会主办的,神甫上课讲德文。韩德刚听不懂,被一个叫宋德刚的神甫点名:"那个和我同名的韩德刚站起来!"二舅站起来,却张口结舌,无法回答神甫所提的问题。他说:"这下把我一下子踩到脚底下了。这是我人生的一个大打击。"这年暑假,在最热的天气里,他把自己关在屋子里,几乎不出来,天天在啃父亲韩诵裳当年留学日本时念的电化学书,那是一本德文教材。四十天以后开学了,韩德刚坐在二年级的教室里,这时的他已经不怵任何课程,也能够流利地回答神甫的各种问题了。

执教北大

1948年,二舅与高他一届的师兄刘若庄相约一起考北京大学化学系的研究生，师从现代物理化学的奠基人之一唐敖庆先生。1952年院系调整，唐先生调到东北人民大学（现吉林大学），与蔡镏生先生（前燕京大学化学系主任）创建了化学系。韩德刚和刘若庄没有跟随导师去东北，两人都留校任教，随之并入新北京大学，搬进燕园。韩德刚担任了黄子卿先生的助教，刘若庄再次被分配去了北京师范大学。后来韩德刚从事化学动力学研究，刘若庄从事量子化学研究，两人保持着终生的友谊。

为黄子卿先生当助教，不是一件容易的事。这位先生所讲的大课"物理化学"是学化学的学生必修的理论课，内容覆盖化学、物理、数学诸科。学生们都知道这门课的重要性，因为学不懂这门课就白学化学了。黄子卿先生在西南联大时为化学系三年级的学生讲授过这门课，声望很高。有学生后来回忆说，老师穿着蓝布大褂，戴着黑边框眼镜，在昆明新校舍破旧的泥墙教室中做精彩的理论化学讲演，居然使学生暂忘饥饿与困苦，一心向往大自然。

1993年，北大化学系63级毕业生返校座谈，在回答对哪位教课老师印象最深时，他们异口同声地说："黄子卿先生讲的'物理化学'。""黄先生的课好在什么地方？"他们笑笑说："堂上从来没有全听懂过。"

韩德刚当年就是给这门课当助教。"物理化学"第一班的学生总结出了学习经验："黄先生讲完，还得听韩先生讲一遍。"连黄子卿的儿子都对韩德刚说："你比我爸讲得好。"二舅说："教书与做学问是两回事。黄先生是大家，论起学问没的说，但教书是另一种创造。有的人就是不善于讲课。第一个就数梅贻琦，他是大教育家，当之无愧，但他教书就是讲不清楚。"

二舅毫不客气地直指他的五姑父梅贻琦。论事评人直言不讳，也是二舅的特点。但他很谨慎，只有在谈得来的人面前才会如此。除了我父亲，还有一位亲戚吴鹤龄也与他很谈得来。他是邝大表姨的老公，北大生物系教授。只要与韩德刚遇见，他们经常站住就聊上一个小时。他匆匆赶回家后，邝大表姨问："上哪儿去了？"他说："和韩二哥在东门外聊天。"这次写作我曾追问吴鹤龄表姨夫："您和二舅聊什么？"他说："一是聊专业，比如胶体化学，我们对这门新学科都有兴趣；二是聊北大的教学与科研，韩二哥对当下的一些状况不满，很有个人的看法。我们还喜欢聊国际时事。"

回想一下二舅和父亲热火朝天的聊天情景，好像也主要是这三方面的内容：一是新学科，我父亲是从物理转为数学的，从根上就与二舅有共同的科学素养和兴趣；一是教改，他们俩都属于专业骨干，对"外行领导内行"搞的那套很不感冒；一是天下大事，二舅善于用一针见血的冷幽默评点之，引得父亲哈哈大笑。

1953年，学校推荐韩德刚到北京钢铁学院为学生上大课"物理化学"。周培源副校长曾说："在北大一个青年讲师能上大课太不容易，到外校出头的机会就多了。"果然，韩德刚在钢铁学院的大课"物理化学"一炮而红，他讲课，概念清楚，逻辑严密，语言生动，又秉承了黄子卿先生的严谨和一丝不苟，受到学生们的欢迎。

在钢铁学院教学两年，韩德刚带出了一个物理化学教研组，但他谢绝了盛情的挽留，还是回到了未名湖畔。从1954年起，他开始在北大化学系讲授物理化学大课，一直讲了近四十年，退休后又教了两届学生。

婚姻大事

二舅的婚姻大事一直拖到 1962 年初才解决。那时他已经三十六了,突然间就带来了一个二舅妈,圆脸,直发,戴眼镜,一身制服装,动作麻利,气质有些男性化。二舅介绍说:"这是陶森,清华大学电机系的老师,系团委书记。"我们都有些吃惊。这个形象和政工干部这个职业在韩家的亲戚中可不大一般。但二舅很高兴,二舅妈也是个自来熟,和我们很快打成一片,再加上我们又吃了不少喜糖(1962 年正是困难时期,吃糖也不容易),二舅好像还请我们吃了一顿饭,于是事情就波澜不惊地过去了。过了两年,我们的小表妹韩彤出生了。1965 年,二舅家从校内的二十四斋集体宿舍搬到燕东园北边的 6 公寓,和我们家成了近邻。

二舅的婚姻完全不符合韩门的择偶观,这在我心里始终是个谜。在这次写作中,我采访了年已八十四岁的二舅妈陶森,终于满足了我的好奇心。

"您和我二舅是怎么认识的?"我问。

"我们第一次见面是 1961 年,在丁石孙家。我妹妹陶晶和他们同住在中科院宿舍,两家是对门,非常熟。丁石孙的夫人桂琳琳,当时在北大化学系,和你二舅是同事,他们从中牵的线吧。记得那天大家在一起打牌、聊天、吃饭,而你二舅既不会打牌也不善言谈。但那天的话题大家有共同语言,聊的是'反右倾'运动的错误。"二舅妈说。

丁石孙 1984—1988 年任北京大学校长。在 1998 年北大百年校庆时季羡林先生说过:"北大历史上有两位校长值得记住,一位是被称为'北大之父'的蔡元培,另一位就是丁石孙先生。"丁石孙是上海人，那时他三十出头，高个子。1952年院系调整时他从清华并入北大数学力学系，担任助教，当年就加入了民盟。据二舅妈陶森说："当时高校党组织挑选了一批青年骨干教师，先让他们加入民盟，条件成熟后再入党。你二舅就是那时候加入民盟的。"丁石孙讲过他担任北大数学力学系民盟小组负责人时的情况："我的兵都是教授呀！有江泽涵、段学复、徐献瑜、吴光磊、胡祖炽等，一共七八个人呢！……当时民盟的主要活动是学习苏联。而系里年纪大一点的民盟成员认为苏联并不怎么样。我作为小组长很重要的工作就是开会说服大家要学习苏联。"⑮

丁石孙1955年加入了中国共产党，但在1957年的反右运动中，他跟不上形势，挨了个党内严重警告的处分，下放到斋堂劳动。1958年回校后，他想好好抓代数教学，又被学生贴大字报说"科研脱离实际"。1959—1960年，丁石孙因所谓的"房地产问题"和"父亲的问题"被诬陷，竟被定为"阶级异己分子"，被开除党籍。1961年开始甄别平反，丁石孙在当年暑假恢复了讲课资格。1962年他正式平反，恢复党籍。

二舅和二舅妈初次相亲是在丁石孙家里，正逢大伙在议论甄别平反这个事。二舅妈说："我的好几个老师都被打成了'新富农'（清华的叫法）。我还问丁石孙：'怎么把您党籍都开了？清华没有开除人。'那时丁石孙快平反了。你二舅已经入党了，是桂琳琳发展的。第一次见面，你二舅就觉得和我谈得来。而我干的这个活儿（指高校政工干部），就是做人的工作。我不喜欢张扬的人。桂琳琳说韩德刚虽然话不多，但人很真诚，从不说假话。我看的确没错。"

我问："你们谈了多久恋爱？有无花前月下？"

二舅妈一撇嘴:"就你二舅?"

我笑着反唇相讥:"就您?咱们得两边说,是不是?"

两人没办婚礼,因为三年困难时期还没有结束,也因为两人都不喜欢应酬,不愿搞繁文缛节。二舅妈说:"我们只在四川饭店请了一次客,请的是丁石孙夫妇、我妹妹陶晶夫妇,还有桂璐璐夫妇。桂璐璐是桂琳琳的妹妹,当时念化学系,是韩德刚的学生。大家都非常高兴。我们没在南柳巷办什么活动。我结婚只做了一件棉袄,还是蓝色的。我记得刚结婚,你二舅就带着我去了你们家。我觉得,在他的心里,你爸才是他的大哥。"

但我相信这位大哥至今也不知道丁石孙是二舅的媒人之一。

1964年,二舅下放参加"四清"运动,还担任了一个工作队的队长。北大去的是位于门头沟的老区斋堂,条件很艰苦。二舅妈记得,二舅每次回家都带着一身跳蚤。

1966年,"文化大革命"开始了,清华是除北大之外的另一个地震中心。陶森很快成了批斗对象。1969年,她下放到清华"五七干校"(也在江西鲤鱼洲)劳动改造。1972年从"干校"回来后,她因为"认罪态度不好"没有被分配工作,天天在白菜窖劳动,继续接受批判。一年多的时间里,系里竟给她开了一百场批判会。

在这不堪回首的岁月里,二舅撑着这个家。二舅妈给我讲二舅,张口没多久,就谈到这段往事:"你二舅为人宽厚,看事透亮,又不纠结。对我的家人也一样。我家兄弟姐妹多,他知道我有责任。我母亲中年守寡,拉扯大我们六个孩子。后来她没有了退休金,韩德刚亲自到天津把老太太接来家里住。我在贵州的姐姐被打成右派,下放到最苦的苗寨。她把她的孩子逗逗给我们送来了。我的小弟弟到新疆去上大学，学哈萨克语。那边冷，你二舅二话不说，就把自己的一件黑色皮外套给了他。你二舅没结婚前是有名的钻石王老五啊，但婚后我俩没有一点存款，全都花到我的家人身上了。"

1968年春天，我的母亲韩德常听说陶森被关起来了，成为清华派系斗争的一个牺牲品，又着急又担心。她嘱咐老二徐溶常去6公寓看看。那时二舅家除了表妹小彤以外，还有一老一小——胖墩墩的逗逗和瘦高高的逗姥姥。明眼人一下就能看出，二舅和他的丈母娘性情、作派迥异。比如，二舅向来烟酒不沾，但逗姥姥烟酒嗓儿，每天手里夹着烟，三顿饭不离酒杯。她的老公原在海关任职，家里也阔过。老公去世后，她当小学教员，抚养六个孩子（陶森是老二），紧日子也过过，但"文革"这种高压下的折磨，她可从来没有经受过。她对徐溶说："我天天喝酒不为别的，我一听清华两派高音大喇叭对着叫阵，就浑身哆嗦，害怕又要揪斗陶森。我吃不下饭，只能以酒为生，这是慢性自杀啊。"

二舅闷声不语，每天到学校参加各种运动。回家见到两个眼神充满警惕又懂事的小女孩——三岁的小彤和四岁半的逗逗，她们都很长时间没有见到自己的妈妈了，二舅赶紧带着她们出去玩。

母亲听了我妹妹徐溶的汇报，又看到二舅安之若素，和丈母娘之间虽然基本无话，但相安无事地过着日子，逐渐放下心来，只连连说："二舅和逗姥姥都不容易。"

老来得子

1979年，二舅最先体察到改革开放带来的对知识分子政策的变化。这一年，北京大学刚恢复职称评定，韩德刚因长期担任主要基础课的教学任务，教学成绩突出，被批准从讲师越级提升为教授。据说当年北大越级提拔的只有三个人，我还查到了一个人是丁石孙。一个普通的一线教员被越级提拔，也只有在那时候的北大才会发生。

1983年2月，韩德刚以访问教授的身份到美国纽约州立大学石溪分校访学半年。他的住房条件也很快得到改善。此时，燕东园作为教授住宅区的边界继续被突破。一大组新楼群——十栋五层的红砖楼房，直接盖到了燕东园北边的那一大片荒地上。原有的树林子、残垣断壁的围墙，还有坡地、土沟、果园子，一律被砍伐、填埋、平整。北大31—40号公寓矗立起来。每栋公寓都是四个单元门，除一层是两户以外，其他都是一层三户。公寓楼群南边的公共车棚、两间社区用房已经紧贴燕东园桥东21号、22号、23号小楼北边的院墙了。二舅家住37楼，就是距离老燕东园最近的一栋，走到我们家，不过二百米。

那时候我们两家来往方便极了。经常出现这种情况，开晚饭了，我家下面条，二舅家包饺子，两边一声招呼，二舅上我们家吃炸酱面来了，而我的儿子小路欢天喜地跑到舅公家吃饺子去了。

1973年，四十七岁的二舅喜得一子，圆头圆脸，五官周正，模样喜人。这也是韩家的大喜事。我外祖父韩诵裳那一代就是阴盛阳衰，他一根独苗单传（还有一个男孩早逝）；下一代虽然有三个儿子，但大舅、三舅都只有女儿，没有儿子。现在二舅妈终于在生下女儿九年之后生下了一个男孩。外婆高珍为孙子起名为"续"，二舅妈嫌太直白，改为同音的"旭"。三舅更干脆，直接叫他"韩根儿"。于是我们一窝蜂地跟着叫他"根儿""小根儿"。他还有一个昵称，叫"小舅舅"。他比我的儿子小一岁，可论辈分他是舅舅，因此我们也跟着小路一窝蜂地叫他"小舅舅"。这个称呼被传出去了。有一天，北大幼儿园放学，各班分别排着队回家。我儿子小路那支学前班的队伍正好和"小根儿"所在的大班的队伍前后而行，于是整队的孩子跟着小路一起高喊起来："小舅舅！小舅舅！"此起彼伏，好生淘气。

当时，北大幼儿园也搬进了燕东园，把桥东 26 号（洪谦先生、吴达元先生家）、27 号（朱光潜先生家）两栋楼房都占了，将其改造成幼儿园教学用房。从幼儿园大门出来，面向西，走小马路，过桥，桥下右边就是我们家。这个齐声呼唤小舅舅的有趣场面，几乎就是在我们眼皮底下发生的，因此至今难忘。

几年以后，二舅又搬家了。北大在中关园拆了一批平房，把这个园子基本改建成了拥有八栋公寓的住宅区。与燕东园公寓相比，这里档次更高一些。每栋楼都五层高，有五个单元门，每户大多为三室一厅。小区的道路、绿化也都经过规划设计。当时分到此处房子的多为北大的教授、副教授。二舅搬到了 45 楼。五姑婆家的梅祖彦表舅也搬进了这个小区，因为表舅妈刘自强在北大西语系任教。

二舅的新家虽然离燕东园远了一些，但在我们家所有的亲戚里（包括父母双方）还是离我们最近的。尤其 1994 年以后，外婆高珍又住到了这里，于是我们和二舅家的走动依旧频繁。

2001 年，外婆离去后，二舅家搬到了蓝旗营小区，住进了院士楼，这次是二舅沾了二舅妈的光。陶森早已从清华电机系调到学校工作，先任校长助理，主管项目与财务，1988 年任清华大学总会计师。二舅妈说："你二舅对我干的工作不屑一顾，后来我已经做得很好了，他还说：'还是回系里搞业务好。'"

二舅搞了一辈子"物理化学"的教学与科研，退休后仍然身兼数职：《物理化学报》执行主编、教育部教材指导委员会成员、《大学化学》顾问等。

我曾特意问二舅妈："我们小时候，二舅那么疼我们，他自己有了孩子，还不是要疼死了？"二舅妈说："你二舅很少用语言来教育孩子，他那个人站在那儿，就是教育。韩旭上大学时，因为不喜欢上某些课，先是逃课，后来干脆退学了。那是我和你二舅感到最揪心的事。要知道，他上的是中国人民大学，进的是新闻系啊。我俩赶到稻香园，那时韩旭住在那儿，领着一帮男孩子在搞乐队。我们开门进去，一看那架势，你二舅一句话都没有说。我原指望他说说儿子，结果他一言未发，但回家几天头发就白了。他知道儿子没法回来了。姐姐支持弟弟，送他到新加坡学音响工程专业，回来后韩旭就正式入行了。"

我的小表弟韩旭终于按照自己的意愿选择了韩家前人从来没有走过的一条路：他先在"滚石"，又到"战国音乐"，后来又到"华谊兄弟"，最后干出来了，当上了独立的音乐制作人。

二舅晚年几乎整天坐在电视机前，他不喜欢看电视剧，说那全是瞎编的。他爱看球，什么球都行，那才是内行看门道。我们都记得"小根儿"小时候足球踢得好，他的足下功夫是二舅一手教出来的。当年五十多岁的二舅几乎每天傍晚带着"小根儿"在北大东操场踢球。

二舅回忆起自己的少年时光："我在育英中学上学的时候，是校排球队队员，还是校体操队队员。每次出去做体操表演，校长都给我们每人两个鸡蛋，还有一小碟酱油。"

二舅韩德刚病逝于 2017 年 2 月 16 日，享年九十一岁。

二舅韩德刚家的全家福，自左至右为韩德刚、陶森、韩彤、韩旭

他在去世前向女儿交代了五条：不开追悼会、不开追思会、不买墓地、不留骨灰以及海葬。

女儿韩彤、儿子韩旭为父亲刻录了一个纪念光盘，标题为"德泽惠人，无欲则刚"。家人按照他的遗嘱，到韩家祖辈所在地天津租了一条船，把他的骨灰撒向大海。

韩德刚与韩德庄这对孪生兄妹，我外公家的两位共产党员，他们最后的归宿都不是回到家族，一个葬在无垠的黑土地，一个葬于无垠的大海中。

五、高珍：跨过了三个世纪的老人

外公韩诵裳去世以后，外婆高珍几十年的经历可以用五次搬家勾勒出来。

第一次是 1964 年夏天，她搬出了南柳巷，新家在朝阳区金台路水碓子小区。

这个小区的楼房据说是清华大学设计的，当时是北京市首批预制板结构楼房，楼层比较高，房间布局也合理，每间房都刷了不同颜色的涂料；设施比较先进，厕所装有抽水马桶，冬天有暖气供应。外婆和三舅家拥有乙七楼 3 单元 2 号和 4 号两套住房。

表妹艺思回忆："2 号在一楼，三间一套，两间向阳，一间向北。我和奶奶住一间，爸爸妈妈住一间。向北的一间是客厅，摆放着沙发和从南柳巷带来的一对欧式风格的硬木玻璃柜。4 号在二楼，两间卧室全向阳，留给大大爷和二大爷回家时用，也摆了一些从南柳巷带来的木箱子、柜子，存着一些奶奶想保留的书画和衣物。中间的厨房也是向阳的，一直给保姆住着。"

艺思记得："一楼有一间房外面有个阳台，奶奶在阳台外种了一些大麦熟，开花的时候，红得灿烂。"是啊，对于外婆来说，终于摆脱了南柳巷的胡同和大宅门，过上了现代化的生活，心情如花儿怒放。

只是外婆对 4 号的安排还保留着在南柳巷时的规矩，尽管大舅、二舅已经成家在外，但家里总有房子留给他们。二舅妈陶森进门不久就体会到了韩家重男轻女的规矩："那时正赶上你外公的葬礼，我发现在亲属席上，德章、德刚、德扬三个儿子和我们三个儿媳站在上一层，你妈妈和德庄站在下一层。当时我就嘀咕：'韩家这么重男轻女呀。'"

外婆搬到水碓子后不到两年，"文革"就开始了。1966 年 6 月，韩家被抄家。据表妹回忆，来者是三楼的邻居（某局的一个处长）之子，带了二十五中的红卫兵。家里的大部分东西都被抄走了。三单元 2 号被贴上封条，被没收，被强占，家里人只来得及搬走一些基本的生活用品。只留 4 号给外婆和三舅一家住。

第二次搬家是 1975 年左右。为解决"文革"时房子被强占的问题，水碓子原有的五间房经协调置换成两套房，其中一套就在三里屯路。外婆希望单独住，就和三舅家分开，搬到这里。外婆家在二层，两个房间，一大一小，中间有个六七平方米的小厅，正好放饭桌。

最初，姨姨韩德庄和外婆一起住，但不久她的癌症病情加重，于是她瞒着外婆说要回自己在农丰里的家住一阵。我家小五徐浣就代替姨姨来陪外婆。那时她考上了北师大一分校中文系，上学的地点就在东大桥，离三里屯坐公交车三站路，骑自行车十五分钟，正好两下都方便。她在外婆家从 1979 年 10 月一直住到 1984 年 4 月。她回忆往事时说：

> 婆婆当时八十多岁，思维清晰，话不多，但都讲在点上。她喜欢听外边发生的大小事，也喜欢说点旧事，可惜当时我不懂珍惜，没往心里去。
>
> 她每天必读晚报，每晚必看电视，以致视力都退化了。
>
> 她的生活基本自理，如洗脸梳妆，她都有条不紊。特别是她每隔几天必须要灌肠，她都是自己操作，从来不求人。
>
> 当时有个住在附近的老陈帮忙买菜做饭。她人很好，会聊天，婆婆挺喜欢她。上午她来收拾屋子，多做些饭，晚上我热热就行。我有助学金，每月给婆婆二十元。
>
> 我周六回北大，周日晚回三里屯，几乎每次都带回很多妈妈

让买的吃的和用的。

  1981年秋天，老陈出车祸了，那一段时间都是我做三餐。常常是早上热好牛奶和粥，摆上桌我就走了。中午有两个小时，我从学校赶回家，路上买点包子、馒头一类的，匆匆吃完再回去上课，下午五点多到家再烧菜、做米饭等。我只记得每天跟打仗似的，十分紧张，好在当时是走读，迟到旷课都无妨，况且下午也常有没课的空闲时间。

这次写作我翻出几封旧信，正好是外婆在三里屯居住期间写的。其中有三封信，从不同的侧面留下了当时的生活痕迹。第一封是外婆写给女婿孙会元的，摘录几句："我看了德庄的病状，万分伤痛"，"医院大夫们已束手无策，无法挽救，只是干看着等待最后一刻"，"与其如此，何不做最后努力，请一个老中医来看看作万一之想……"在信的结尾，外婆写道："带去人参少许，原是你们还未搬家时沙蒂送德庄的，当时她说她不能吃参，虚不受补，沙蒂就转送给我。现在病人已虚弱到如此地步，我想用少量（一小块煮水代茶）浸润喉唇比茶有力……"

这封信写于1980年2月3日。姨姨韩德庄的乳腺癌转移，已然病危，外婆赶去肿瘤医院探视。她心里明白，已经到了生离死别的时候，这是和女儿见的最后一面。外婆一进病房，就抱住了姨姨。我估计这封信是外婆回来以后立即提笔写的，可惜没有什么回应，发出十五天后，姨姨就去世了。外婆把韩德庄的抚恤金全部捐给了北京市盲童学校，并特意嘱咐不留姓名。从此，她的口中再也不提爱女韩德庄。

我的外婆高珍是大舅韩德章的后母，仅比他大九岁。但自从高珍

母女合影，左为韩德庄，右为高珍，摄于 1960 年

进了韩家的门，作为长子的韩德章就十分恭敬，尊她为娘。1982 年，大舅已是七十七岁的老人，身体日渐衰弱，但他仍坚守孝道，隔一阵子就进城去看娘。

我妹妹徐浣说："大舅进门就叫娘，两人话不多，没长句，互问几下就没词了，坐个十几分钟就走了。记忆里大舅没在家中吃过饭。从农大到三里屯相当远，要倒好几次车呢！可他还是去，想想真不容易。"

见面话不多，但书信里话却不少。有一封信是大舅 1982 年写给外婆的。全文如下：

母亲大人安好！

听说您摔了一跤，至为惦念，不知是否因高血压头昏而致，希望及时检查。我近来血压也达到 170/110，正在服用复方降压片，即芦丁。眼睛一时好不了，医生说白内障迟迟不向第三期发展,迄今还不能做手术。又说身体愈衰老白内障发展得愈快,那么宁愿白内障发展得慢些好。

写字很困难,写出字来自己都看不清,不仅缺笔少画,有时还串行。现在正学习吴南愚刻牙技术(现称微雕艺术),不用眼睛看纸,而摸索着写,不料已初步略见成效,可见无攻不可克的难关。

小宁宁对"老奶奶"留有深刻的印象,还没忘那几条金鱼。昨天称了体重已达二十九市斤,体高是二尺七,在农大同年龄的小朋友中已被称为大个儿。

附寄歪诗一首以备高堂一笑,所谓诗虽不佳盖纪实也。

草此叩请　福安

并补叩年禧

男　德章　敬上　二月二十四日

大舅写的信内容丰富,颇有生活意趣。特别此信一头一尾的用语、体例,也让我们这些中国书信文化的文盲长了见识。

与此相映照的还有一封外婆写给我母亲的信,发于 1985 年 11 月 12 日。

德常:

明天就是你七十正寿的佳辰,真难相信你亦是古稀之人了。你的孩子们一定为你庆祝一番,寿糕一定不少,我就不必锦上添花,何况没有人去买(阿姨不会)。所以,派陈阿姨送去浮水一支,平安果四对,聊佐预祝晚宴。

祝你正寿过得快乐

并祝健康

献瑜同此至喜

母字　1985.11.12

外婆高珍同样也是我母亲的后母,她比母亲大十九岁,和母亲的关系也很好。二人晚年更加亲近,母亲时时牵挂着老太太独居的生活。1976年,唐山大地震波及北京。第二天,阵雨频仍,母亲吩咐老二徐溶马上进城把外婆接到我们家住。于是,整整两个月,外婆和我们家挤在一个抗震棚里,母亲铺设了最舒服的位置让外婆休息。外婆每天拄着一根拐杖在燕东园的一段小路上锻炼走路。她说:"我绝不能连累了你们。"母女情深,在上封祝寿信中也可见一斑。当时外婆住在城里,她特意派保姆把寿礼给我母亲送到燕东园来。寿礼很讲究,四对平安果就是八个大苹果,只是浮水一支,我考证了许久也没有弄明白是什么。

最后还想展示一封信,虽然字迹是别人代笔的,但显然出自外婆的口授。全文如下:

德章、德常、德刚、德扬:

接到你们表态的信,这固然是你们的一份心意,但我不能那么做。我虽是法律上的房主,而房子不是我置的,不管多少应该人人有份。现在我自作主张。

我留一半作为养老日用费,其他一半分给大家。虽然每人所得无几,亦可作为纪念,你们不必推辞。如果你们不需要,那就给你们的孩子们。

母字

1984.5.27

咏华、权华两位老姑太太生活比较优裕，因此各送××元作为纪念。

1984年，拨乱反正，各方面都在落实政策。南柳巷25号，当时除韩家自用的二十八间半以外，还有七十多间房屋租给了中华书局用作职工宿舍。现在国家要全部收购，付给原房主一笔补偿费。外婆正是针对这笔补偿费发的"告子女书"。看来她事先征求过四位子女（韩德庄已去世）的意见，大家都表示要全部留给母亲。但外婆言简意赅，讲出不能这么做的原因："我虽是法律上的房主，而房子不是我置的，不管多少应该人人有份。"

她提出的分配方案也十分清楚，而且最周到的是她还考虑到韩家的两位老姑太太，因为这是老韩家的房产，韩咏华、韩权华也应该有份。我觉得这篇文字最能体现外婆高珍处理家事时的深明大义，还有当机立断的风格，令人佩服。

1986年，外婆第三次搬家，从三里屯搬到东大桥，这是为了方便已经上了年纪的儿女们对她进行照顾。1990年，她又从东大桥搬到了海淀的稻香园。1994年，她最后一次搬家，从稻香园搬到了我二舅家——中关园45楼，从此跟着儿子过了。

外婆的家从城里搬到了郊区，搬到稻香园的时候，她说："我住到荒郊野外了。"外婆的家越搬越小，最后只剩一个房间，里面摆着两张床，她和照顾她的保姆各睡一张。

晚年与保姆不对付，成为外婆最大的心结。母亲在世的时候，一直忙着为她换保姆。还在三里屯的时候，我妹妹徐浣就发现："老太太很平静，从未发过脾气，但对阿姨很挑剔，脸上就看得出来。数落阿姨的不是与和稀泥，就成了我俩之间或郑重或调笑的话题。她的结论是'忍'。"后来她还是忍无可忍了。按照外婆的观念，用人是不能和主人上一桌吃饭的，现在竟睡到一个屋子里了。但高龄老人体力日益衰减，已经无法维持她一辈子坚持的体面。即便如此，隔几日需要做的灌肠，她仍然颤巍巍地坚持自己操作。

其实，外婆这一辈子始终保持着最大的体面。她一身中式衣着，永远整洁素雅，百岁之后依然举止端庄，言辞得体，头脑清楚。

她早早地就准备好了自己的寿衣，每年春天都拿出来晒晒，再包好收起来。她身边的一切日常用品都收拾得整整齐齐，总备有几条极干净的素色手绢，折叠好，放在枕边。她晚年的手边书是《文心雕龙》《古文观止》《唐诗宋词》。为了防止记忆力衰退，外婆爱背诵白居易的《琵琶行》。后来她的目力不行了，就听广播，天天手里抱着一个小收音机，波段频率锁定在评书大鼓。

她从青年时代就是丹青高手，尤其寄情于山水，晚年改练书法，每天挥毫写字。妹妹徐溶记得她曾获得外婆的一幅墨宝，上书四个大字"业精于勤"，落款为"九十八岁老人封笔"。或许这是外婆写的最后一幅字。

外婆内心的坚强与隐忍，令我们后辈敬佩至极。她的五个子女，四个都走在了她的前面。她在三十年中经历了四次"白发人送黑发人"的锥心之痛：1980年，姨姨韩德庄病逝；1988年，大舅韩德章病逝；1990年，我母亲韩德常病逝；2000年，三舅韩德扬病逝。尤其是三舅，她最喜欢的小儿子，她知道他的癌症复发了，但一句话不提，一直到她自己去世，也没有人告诉她韩德扬已经走了的消息。二舅妈说："老太太心里什么都清楚。"

外婆高珍 2001 年 8 月 24 日驾鹤西去，享年一百零五岁。

她是韩家寿命最长的老人，1896 年至 2001 年，她跨过了三个世纪。

六、数学是解释世界的，音乐是表现世界的

喜伤心

1990 年 7 月 15 日上午，北京大学将隆重举行徐献瑜教授八十寿辰庆祝活动。我在美国的两个弟弟、在深圳工作的小妹妹都赶回来为父亲过生日。

前一天晚上，我住在自己的家里——魏公村宿舍。夜里 10 点多钟，小五徐浣夫妇突然急敲门冲进来，声音都变了，说："妈妈晕倒了，送医院了。"小五拉着我就冲下楼，上了他们停在外边的车。

车一路疾驶向北医三院。小五告诉我："妈妈在客厅和小六聊得高兴，后来起身到卧室，说想看看明天开会准备穿的衣服。她打开衣橱的大门，爸正坐在书桌前看东西呢，只听脑后'扑通'一声，妈已经倒在地上了。"弟妹们都知道我心脏不好，快到医院的时候，小五才小心翼翼地告诉我："妈可能不行了。"

我一路小跑进了急诊室，一眼见到躺在诊疗台上的母亲，医生已经散开了。我扑过去，腿一软，一下子跪倒在地上，摔得两膝血肉模糊。

妈妈没有了，心中绞痛，大脑一片空白。

以下都是机械反应：给主持明天会议的吴文达叔叔打电话，告诉他我母亲猝死，噩耗还没有告诉父亲，明天的会照开，只是请时间控制得短一些；给家里打电话，让在家的弟弟妹妹陪好爸爸，说我在医院盯着急救妈妈。

第二天，趁爸爸去开会，我和小五回到家里，给妈妈拿好装裹的衣服，再到医院太平间为妈妈最后清洗换装。唯一欣慰的是妈妈面容安详，全身皮肤光洁，完全不像一位七十五岁的老人。

回到家里，父亲已经从会场归来，满屋子摆着为他祝寿的花篮和花束。他站起身，声音嘶哑又颤抖地问："妈妈是不是已经没有了？"

父亲去北医三院太平间和母亲做最后的告别，他俯身在母亲的额头上深深吻了一下，说了声"再见！"

父亲生前从来没有去过母亲在万安公墓的墓地，那是他们两人的墓地。碑上黑字是"韩德常"，红字是"徐献瑜"。他说："等我的名字变成黑色，我就永远地去了。"

母亲去世后，"五七"的时候父亲对我说："过了望乡台、奈何桥，喝了孟婆茶，妈妈就不再回头，把一切往事都忘了。"在母亲"将饮茶"的时刻，我开始回忆她病逝前的一些事情，做了笔记，三十多年后重新翻看，依旧感慨万千：

> 妈走得太突然了。她自己毫无准备，甚至一句话也没留下，倒下就再也没有起来，甚至连片刻苏醒也没有。人们都说这是她的福气、她的造化。或许应该这样想，因为她是在极度高兴中倒下的：爸爸第二天就要过八十大寿，有那么多学生和老友来

为他祝寿，六个儿女五个赶回身边。"喜伤心"，我们竟没有起码的医学常识，在这个非常的时刻，多多关照一下心脏本来就有病的妈妈。

妈妈是最善走路的，可能与她多年来天天上班赶公共汽车有关。她曾经说过，这是最好的早锻炼，定时定量，风雨无阻。她健步如飞，直到晚年，仍步履轻快。小路（我的儿子，从小跟着公公婆婆长大）小时候常常追不上婆婆，大了以后，以能和婆婆一起快走为自豪。因此当妈妈腿不利落，乃至后来腿莫名其妙地疼，甚至行走不便，在落座后起身都要扶一把的时候，她心里的焦虑很难言，大概还有一种恐惧：人老先老腿，她觉得自己要不行了。

妈妈衰弱得真快。去年的今天，她还能走很长的路。记得 7 月 14 日她还和我一起去五道口商场，为爸过生日买东西。我们坐上 375 路公共汽车，五道口站不停，只好在清华园下了车。我和妈妈步行至五道口商场，逛了一大圈才回家。回来后，妈妈说有点累，但她毕竟还能走那么多路。但是半年后，她去校医院都吃力了，后来到中关村也感觉很远了，甚至走到燕东园外边马路旁的邮筒发封信回来，也要休息好一会儿。最后的那些天里，妈妈只围着院子散步了，但她还是不停地走着走着，绕着院子，绕着草坪。也许她怕一旦不走就永远走不动了。

晚上又做梦了，我在三里河车站等妈妈，一起去看住在南沙沟的五姑婆。只见马路那边，妈妈轻捷地穿行过来。她看见了我，明显加快了步伐，甚至带着小跑。她穿着一件紧身的深蓝色羽绒上衣，脖子上系着爸爸从苏联给她买回来的一条绸围巾，那么精神又那么漂亮。要知道那时候，她已经是六十八岁的老人了。

一直为拥有一个美丽的妈妈而骄傲,其实从我记事起,母亲已经不是她在老相册里的装束和样貌了。20世纪50年代末,人们的服饰趋向一律,"文革"中更是清一色的蓝灰黑。即便如此,简装便服的母亲,依然美得出众。好容易到了20世纪80年代,美又重新被召唤回来,但妈妈已经老了,新的苦恼与沮丧陡生。她会为脸上的老年斑着急:"好像脸洗不干净,脏了一块。"看到一些漂亮的衣服,她会为有些变形的腰身感慨:"老了,穿什么也不好看了。"最后几年,妈妈看到自己伸出来的双手,看到手背上有青筋、手指骨节有些变形,竟从此不再弹钢琴了。她也回绝了与一些与老友的会面机会,说:"还是给他们留着当年的印象吧。"

1986年,他们去美国,行前妈妈好好忙乱了一阵子,做了几套衣服。她省钱,不愿花费太多,用的料子多是这几年亲戚从国外带回来的,或是自己在成府街小商店的布匹柜台上扯的。她反复试穿这几件衣服,让院子里的小裁缝修修改改,所以即便是出国置装,实际上也没有几件很像样的。

过了七十岁,母亲不常进城了,她又不愿麻烦别人为她买东西,在穿着上就更将就了。这次清理母亲的衣箱,大妹妹着着实实哭了好几次:"妈没有几件好衣服!"在母亲的箱子里整整齐齐地放着我们姐妹穿剩的一些旧衣服。

母亲去世前一年,我去香港出差,好像有一种预感似的,拼命想给母亲买好衣服。我多次和三舅韩德扬说过这种心情:"我妈一辈子都是漂亮人,现在实在没有漂亮衣服穿了。"当我抱着一大堆各式衬衫和外衣回去时,母亲挺高兴的,她不厌其烦地一件一件换上,在镜子前左顾右盼,恢复了久违的自信的笑容。

青年时代的母亲

　　幸亏有这些从香港买的衣服，送母亲时才勉强应付过去，但当时我没有买到一条合适的裤子，最后母亲竟穿着一条旧的深蓝料子裤走了，腰间还少了一粒纽扣，临时缀上去的。

　　母亲对我们要求严格，衣着要体面，要整洁利落。1972年，我生下儿子小路七十六天后赶火车回内蒙古。大清早，母亲一直把我送出燕东园大门口。我已走上土坡，她又急急地追了过来，没想到她追上来的叮嘱竟是："有些女人生了孩子，就什么样也不要了。不管环境如何，你不能邋里邋遢啊！"

　　1977年我调回北京，在国家建委上班，因为工作关系，开始出入一些高级场所。有一天，从京西宾馆开会回来，我无意中说："我们局长说我了，怎么总穿带补丁的裤子。"听者有心，两天后，母亲给我买了两条新裤子，是笔挺的的确良料子，一条浅咖色，一条深灰色。当时母亲都没有这么好的裤子穿。我很惭愧，自己已经是挣工资的人了，怎么还要母亲买衣服。母亲催促着："快穿上吧！不要再让人说你穿着补丁裤子进京西宾馆了。"

和穿衣服有关的回忆还有一件，深深地埋到我心里去了。

1962年春天，我在101中学上初三，接到了学校的一项任务，到苏联大使馆参加两国中学生的联欢会，会后有晚宴。我们学校挑选了二十多名高中、初中学生，排演了几个文艺节目。我为女声二重唱弹钢琴伴奏。当时正是困难时期，男生在学校食堂吃不饱肚子是常事。为了避免在苏联大使馆的晚宴上"吃相"难看，学校食堂特地在我们出发前给每人烙了一张糖油饼，嘱咐先垫垫底。学校还要求我们每个人都穿上自己最好的衣服。我回家和母亲一说，她想了想，从箱底翻出一件我从来没有见过的深红色毛料的长袖连衣裙，让我穿上试试。穿上以后，母亲推着我去照镜子："自己看看！漂亮不漂亮？"那时我已经身高一米六五，镜子里出现一个从来没有见过的洋气的自己。母亲在我胸前打量了一会儿，说："你真的长大了，穿这样的衣服要用它了。"她又从箱子里拿出一个小小的乳罩，不管我如何红着脸推脱，一定要我戴上。于是我以这身打扮，风头压过了场上所有穿白衬衫、花裙子的女同学。现在我明白了，这是母亲给我的成人礼。不过在那个年代，我这个"资产阶级教授小姐"的名头大约也坐实了，幸亏现场目击者不多。

母亲爱花。她常在院子里东种西栽。邻居家里如果有她喜欢的花，她会叮嘱为她留点花种。母亲去世后，住在21号的林伯母告诉我们，就在前几天母亲还托她留点深红色的天竺花种。母亲在生命的最后三年里交上了一个好朋友——赵访熊先生的夫人王繁，二人就是以花为媒的。她们在一起交流养花之道，王繁阿姨给我们家送来好几盆花，包括一株君子兰。

母亲最珍爱的是南窗下那一大畦奇怪的花，名叫"叶落花挺"。它们在我家扎根好多年了。春天，它们破土长出一丛丛浓绿的叶子。夏天一到，叶子突然悉数脱落，花畦里光秃秃的。7月底8月初，又突然拱出一个个尖尖的小芽，然后窜成花葶，开出一朵朵紫堇色的、极雅致的花，形似玉簪。花开时，没有一片绿叶相扶。这种花的怪异常常引得过往行人驻足，并屡屡发问："这是什么花呀？"

父亲后来告诉我们："这是1952年燕大音乐系主任范天祥回美国时，妈妈从他家住的燕南园院子里刨回来的，但长了好多年，只有叶，不开花。有一年，不知怎么回事，突然钻出花葶来了，开花了。从此年年有花。"

每年父亲母亲都把发现第一个鼓出的花苞视为乐趣。他们经常在晚饭后站在花畦旁，弯着腰仔细地数着冒出了几枝花葶。花有大年、小年之分，有的年份竟能冒出二十几枝，小年也有十枝左右。父亲母亲会为这些花葶命名："这是你的，这是我的，这是泓泓、溶溶、潋潋、浩浩、五儿、小六的。"如果还有，那就属于孙辈了。

母亲去世时，正是"叶落花挺"叶子脱得一干二净的时候，整个花畦杂草丛生。母亲去世后，我们把杂草除去，等待花儿爆花葶，一枝、两枝、三枝，好容易才钻出来六枝花葶。我和老四浩子在花畦边骇然至极，苦苦地又等了三天，终于冒出了第七枝花葶，但从此再没有花葶冒出，直至花朵开败为止。

难道真有天意？那一年，我家的"叶落花挺"只冒出七枝花葶，我们从此失去了妈妈。

所幸的是，母亲去世三十年来，"叶落花挺"茂盛繁殖，主花畦每年都有几十枝花亭亭玉立，淡紫色花朵晕染成片，蔚然成景。分根出去无数，送给亲友邻居，我家院子里也不止这一畦了。

每年冒花葶的时候，父亲照例站在花畦前，认真地一个一个分配着，这时孙辈都有份了："这是小路的、徐徐的、小熊的、铁蛋的、小虎的……"我们家阳气壮，孙辈、外孙辈一水儿的男孩。连第四代，父亲母亲的三个曾孙都是男孩子。父亲曾为"叶落花挺"赋诗一首：

早春绿芽破冻土，旋见茁长成绿围，入夏黄枯。
秋雨花茎争挺立，一片淡霞花朵朵，一年一度。

歌声中唱过童年

母亲去世三个月后，安葬于万安公墓。从墓地回来没有多久，我就大病一场，反复高烧，住进了阜外医院的监护病房。一天夜里，我在高烧昏睡中突然梦见母亲，哭醒了，母亲不见了，一看时间，那天正是她的生日：11月13日凌晨。

被不明高热折磨，我从阜外医院又转至协和医院，还是确诊不了，折腾了两个月回到家里看中医时已经枯瘦如柴。直到转年惊蛰，我才逐渐好了。在家里治病、养病的日子里，父亲陪着我。每天他坐在床边，耐心地把一个个大中药丸捣碎，搓成一个个小粒，方便我吞咽。老中医赵绍琴大夫叮嘱我："惊蛰以后，要出门走走，接地气。"于是父亲又每天陪着我，裹得暖暖的，在外边院子里散步，到北大校园里散步。他口中念叨："妈妈没有了，不能再没有了大女儿！"

半年以后，我正式上班。大病初愈，有一种新生的感觉。想到母亲，想到生病以前的事，恍若隔世。那年我四十五岁，以此为界，开始了后半生的工作与事业。我心中总有一个遗憾，好像没有完成和母亲的告别仪式。直到母亲去世二十五年以后，2015 年，我的朋友、媒体人杨浪精心策划了一场音乐会，在北京大学演出。音乐会的名字叫《歌声中唱过童年》，由著名指挥家杨鸿年率他的少年女子合唱团演出。节目单上有母亲创作的《粗心的小画家》。杨浪在报幕词中特意提到："这首著名的儿童歌曲由作曲家韩德常老师创作，她的女儿就坐在台下。"

北大百年礼堂舞台上，灯光晶莹璀璨。清亮的童声响起，宛如一道道清澈、欢快、跃动的溪流，单声部、多声部、领唱、重唱、轮唱，此起彼伏。歌声如此清丽、明朗，仿佛从天上流淌下来，纯真、圣洁、幸福。我从歌声中听出母亲独有的音乐语言，听出了她对这个世界、对生活、对我们的爱，不禁热泪长流。

我终于完成了与母亲的告别。她在她的儿童音乐世界里获得了永生。

长寿秘诀

父亲高寿，活到了一百岁。家里真是福星高照，我们做儿女的都沾到了他的福气。母亲去世后，在父亲独自生活的二十年里，他的平和、淡定、从容、达观深深地感动和教育着我们。

父亲的生活非常规律，按时起居，饮食适度。白天在书桌前读书、写字、下围棋，晚上坐在沙发上看电视。我们劝他多做一些运动，他一本正经地反问："是爱动的猴子活得长，还是不动的乌龟活得久？"不过，他有自己编的健身操，早晨躺在床上或坐在沙发上搓手、搓脸、搓耳、叩齿等，有不少套路。我曾请教"徐氏"健身操的内容，他秘而不宣，只说因人而异，贵在坚持。

勤动脑，人不老。父亲不止一次说过："脑力活动更重要。什么时候我糊涂了，不能思考问题了，就说明我对这个社会没有用处了，废物一个，对你们也是负担和累赘，那我就可以走了。"

过了九十岁，父亲决定做一件事，那就是向自己的脑力挑战。1956年，父亲在苏联科学院计算中心访问考察的时候，曾用两个月的时间完成了苏方交给他的一个题目：冶金行业所急需的一个函数表的计算机编程。当时不能把这个成果带回国，父亲也从来不提。直到晚年，他才和我们讲了这段经历，并决心凭记忆以及当时的一些记录把这个程序编制过程与算法写出来。

他伏案笔耕，写在方格的老式稿纸上，字迹清秀。我们劝他，不要太累了，还经常给他泼冷水：计算机技术更新的速度太快了，五十年前的编程早就过时了。但父亲不为所动，天天按时工作，对我们唯一的要求就是供应这种老式稿纸，不能断顿儿。后来，杨芙清教授知道了此事，感动地说："这个程序应该是中国第一个完整完成的计算程序。"

在这个工程完成以后，父亲意犹未尽，他觉得自己还可以写，再留下一些有意义的东西。于是九十五岁那年，他又开始为中学生写关于数学的科普文章系列。他说："现在的教育不得法，要从培养孩子们的兴趣入手。"一年里他写出了一本小册子，题目是《由"鹤立鸡群"引出的一个数学问题》。九十七岁时，他在"人过五十"网上开了博客，连载此书。

"人过五十"网站的一位负责人邹士方也是北大校友，他看了父亲的手稿，十分惊叹，专程到我家拜访。父亲在外间工作室临窗的桌前，向他逐页讲解《趣味数学题解》手稿的第二部分。

邹士方说:"老先生像在课堂上授课一样,完全进入了一种最佳状态,精气神十足。他说笛卡尔的怀疑论在人类思想史上有划时代的意义、极限的概念在人类认识史上具有重要的地位。他讲莱布尼茨、讲高斯、讲爱因斯坦,他说人类早期靠体力、武力征服世界,后来才认识到要靠头脑。"邹士方问起父亲的饮食起居,父亲说:"每日 6 点起床,做一些身体上的运动,然后吃早餐,不过是牛奶和油饼。我的牙全是假牙,脆一点的油饼也能够嚼碎。上午看书、读报、写作,午餐是米饭或粥。午后休息到 3 点,睡或不睡。下午仍同上午一样。晚饭吃面食,蔬菜、水果、鱼肉都吃,但从不吃任何保健品,只是晚间服一粒芦荟,为了通便。"父亲强调说:"人类是自己的上帝,人可以靠自身的力量战胜疾病,药物只能起辅助作用。是药三分毒。"父亲还说饭后看电视至 10 点就寝,喜欢看香港凤凰卫视台,并当场说出凤凰卫视许多主持人的名字。父亲也喜欢看《今日关注》,听完鲁健、王世林的评论,才去做就寝的准备。他关心国际时事。我在他留下的小本上看到他写的小诗,署名"也野"(爷爷),其中有多条是关于国际时事的。如:

重阳日

临窗天线坠,雀驻跃勿飞。
觑我读日报,美兵撤退无。

12 月 6 日

今见天线上,雀驻飞跃狂。
认错不撤兵,鬼脸闯天堂。

到父亲晚年的时候，我才知道他喜欢京剧，而且年纪越大越喜欢，家里的电视机经常锁定在戏曲频道，生病住院时病房里的电视更离不开这个频道。他很熟悉《空中剧院》这个栏目，一听到原北京市副市长张百发唱戏，他就喊我："泓泓，快来看百发市长唱戏！"

90年代，我担任中新社北京分社社长跑北京新闻，和号称"平民市长"的张百发很熟悉。有一次他到北大做争办奥运的报告，结束后轻车简从，顺路来我家看看。跨进我家的门，他一眼看到正伏案读书的父亲，就恭恭敬敬地问候："徐老先生好！"尽管只聊了几句家常，但张市长的朴实诚恳、尊重读书人的态度给父亲留下了很好的印象。后来张市长退休了，热心地张罗复兴京剧，自己也能唱上几嗓子老生。他知道我父亲常看《空中剧院》，听说我父亲要过九十九岁生日，他大包大揽："我带几个人到你家唱堂会去，给徐老先生祝寿。"

围棋是父亲终生的爱好。在九十八岁以前，他几乎每天都要摆棋，没有对手，就自己打谱。在美国定居的二弟徐浩回国探亲，是父亲最快乐的时光，因为这个儿子会下围棋。父子俩黑白博弈，杀得兴起。随着年龄越来越大，父亲棋力逐渐下降，他又不肯服输，有时候一天对阵六七盘，下到最后脸都红了。我们赶紧暗示弟弟："快点让子呀！"

父亲病危之际挂念的一件事，也与下围棋有关。1977年形势刚刚好转，北大化学系徐光宪教授经常到家里找父亲下围棋，其间提到他所研究的稀土萃取需要数学计算的支持。1980年，父亲参加了徐光宪教授领导的"串级萃取理论"研究，为此提供了数学模型、算法和数学证明，成功地使用计算机模拟出逆流萃取的动态平衡过

弟弟徐浩说:"每次回家和爸下棋是不可少的,有时下得面红耳赤。有两次回程赶飞机都迟到了,只好回家第二天再说。可刚一进门,爸爸高兴地拍手说:'又可以下棋了!'真好像《三国》徐庶去曹营,刘备见他去而回转,兴奋不已一幕。爸和我最后下的几盘棋已可觉出他力不从心(那时他九十八岁了),但他坚持奋战,终胜我。(我俩下棋从不相让。)这也是我在爸临终前对他说的最后一句话:'爸,最后一盘棋还是你赢了!'我看到爸欣慰地笑了。"

程。该论文登载在《北京大学学报》上。该项工作1983年获国家教育部一等奖。这也是北京大学跨院系合作的重大成果,但就此没有下文了。

三十年后,父亲在病床上听到徐光宪因稀土研究成就获得国家最高科技奖时,他追问了好几次:"是否用了那个数学模型和算法?"

弟弟徐浩对这件事也记忆犹新:"爸和徐光宪下棋,我在旁观棋,爸完胜。爸推我与之对弈,竟被我把大龙吃光,他大败,愧恼至极。出咱家门时他已是晕头转向,不想头重撞纱门,爸连忙劝他小心骑车,他匆匆离去……下棋本是一乐,不知是否得罪了他。也许后来他得奖再不提爸,想来也是我之过也。"

同窗情谊

父亲晚年和杨绛先生的同窗情谊令人感动。他们是东吴大学的同学，1932年结伴来北平求学。杨绛先生去清华学了文科，父亲留在燕大学了理科。90年代，杨绛先生已蜚声文坛，她写的书，父亲每本必看。《干校六记》这本书，我就是从父亲那里知道的。他和母亲说："季康写的，一定要看，太好了。"当时，我还没有把"季康"和杨绛先生对上号。

1988年，杨绛先生的《洗澡》由生活·读书·新知三联书店出版。我那时已经是中国新闻社的一名记者了。杨绛先生是看在我父亲的面子上，打破了不接受记者采访的惯例，让我完成了对这本书的报道。父亲母亲也就此和钱锺书、杨绛夫妇有了联系，主要是通过我的信互相传递问候。

钱锺书先生的签名很独特，三个字合一。他用毛笔写，杨绛先生用钢笔写，一手娟秀、柔中有刚的小字。

1990年，我的母亲病逝。这以后，杨绛先生还时有信函问候父亲。7月酷夏，她在信中说："请问候你爸爸，天气闷热，希望他善自珍摄，你自己也保重。"

1998年，钱锺书先生病逝。2003年，杨绛先生出版了《我们仨》。这本书刚一面世，父亲就催着我们马上买回来。这本书在他手里停留的时间很长。他经常不忍卒读，长长叹气。反复看完以后，他让我们收起来，此后再也不去翻动。

2010年7月16日,父亲过一百岁生日。父亲的学生杨芙清院士几十年如一日地第一个到家里来,送上花篮和寿桃,还亲自为父亲拍照留念。父亲生前最后的这张照片就是杨芙清院士拍摄的

2009年以后,杨绛先生和我父亲开始书信往来。她给父亲寄来几张自己的照片,信中一一注明这是哪一年拍摄的。其中1997年的一张照片,背后写着:"1997年1月在三里河南沙沟寓所,钱锺书在医院里,1998年12月去世(北京医院)。女儿在西山脚下医院里,1997年3月去世。1996年11月,我方知她病情。学校、医院和女婿都一直瞒得紧腾腾,我以为她的病一定会好,到病危时方才告诉我,但我还是很镇静。"

父亲反复看这封信,喃喃自语:"季康啊,季康。"

2010年7月16日,父亲百岁生日,之前很早就收到了杨绛先生的贺卡:

好一尊老寿星。

多福、多寿、多子、多孙，

一家人和和顺顺无比温馨。

今日寿星百岁生辰，

料想贺客盈门，

人人喜笑欢欣，

我也一片至诚，

祝贺您

万福万寿万事如意称心。

第二天，7月17日是杨绛先生的生日，父亲特意打电话问候。两位老人因耳朵都已不大灵光，没有多谈。但从父亲的第一句问候——"季康，你好勿啦"开始，两人就用吴侬软语交谈了。三天以后，父亲因肺炎高烧住院，三个月以后，父亲病逝。所以，这是父亲生前打的最后一个电话。

在病重住院期间，父亲高烧时曾有幻觉，总觉得他对面的墙上有字。其中幻觉之一就是他问："这是季康的信啊，你们回了吗？"父亲最后一次收到杨绛先生的信大约是在当年5月。信挺长的，两页纸，说了不少老古话忆旧，还问了一些当年的问题，杨绛先生特意说明："你不耐一一回答，让你任何儿女代答，或打个电话就行。"

父亲办事从来认真，何况是对老同学老朋友的来信，于是他口述，让我妹妹代笔回复，还特别叮嘱我看看，话说的是否妥当，回答的问题是否有遗漏。回信早已发出。冥冥之中，父亲最后还有牵挂。

"徐献瑜,再见"

2010年10月15日凌晨,因肺炎住院的父亲病危。在以后的三天里,两个在美国的弟弟全都赶回来了,我们兄弟姐妹六人日夜守护在父亲的身边。

这一年7月16日,父亲过完一百岁生日,三天以后就因肺炎发烧住进医院。9月5日出院,回家仅仅住了十五天,肺炎再度发作,他又被急救车送回医院。协和医院的大夫们几次提醒我们,要做好准备,但看到父亲一次又一次地渡过险关,心电图、血压、呼吸、血氧的指标显示着顽强的生命力,我们都祈祷奇迹的出现。

10月20日上午,父亲招呼我们摇起病床,拉过小桌板,他要笔和纸。在这之前,由于不断地吸痰,父亲的嗓子哑了,想说话说不出来。我们曾经几次试着让他写,父亲努力过,颤抖着、吃力地划,有时候是中文,有时候是英文,有时候是数字,有时候是图形,都搅在一起,我们看不懂,也猜不明白。

这次,父亲拿起笔来,慢慢地写,显然比过去有力气。纸上出现了他的签名:徐献瑜。这几个字是从上至下竖写的。我们屏住呼吸,等待下文。父亲从左至右横写了"再见",一笔一画,笔锋有力。父亲向我们最后告别了,从容,潇洒,刚毅。

父亲2010年10月23日凌晨病逝,享年一百岁。

父亲的告别仪式在八宝山殡仪馆东厅举行,很隆重,来的人很多。父亲的两位学生杨芙清院士和陈堃銶教授现场亲自坐镇。杨芙清院士称"徐献瑜先生是我国计算数学的奠基人和开拓者"。

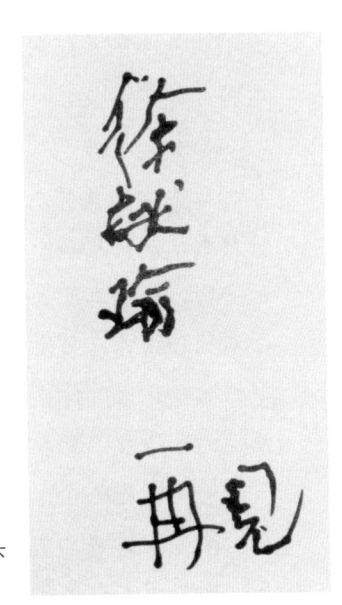

父亲一笔一画地写下
"徐献瑜再见"

没有播放传统的哀乐，与二十年前母亲的告别仪式一样，贝多芬的钢琴奏鸣曲《月光》的第一乐章萦绕在整个东厅。这是母亲最喜欢的曲子。

在关于父亲的纪念文章与发言中，我最喜欢林建祥教授那篇《高寿的老人一定是富有的》。林建祥教授与父亲很熟悉，他曾任数学力学系党总支书记，1956年曾和父亲一起去苏联考察。他是一位不讲官话、套话、大话的干部。他说：

> 徐先生的子女多。在50年代，当时工会曾做过调查，徐先生（的）家庭不是收入低的，但却是家庭人均收入较低的，因为多子多女，这在当时是不多的，但在徐先生辛勤、良好的家庭教

育下，六个子女都事业有成，为社会、为国家做出了贡献，这实在是一笔不可多得的财富。

徐先生的学生多，高等数学本来班大，每年都有许多新学生。徐先生的优秀教学效果，学生都铭记在心。而1956年建立计算数学起，几乎所有计算数学学科的参与者都认徐先生为自己的老师，而且真的是老师，因为计算数学必需的两门课，计算方法与程序设计，必须掌握才能进行工作。徐先生是训练班最早的开课教师，当时计算数学大发展，训练班学生数量相当大，直接受业的已不少，更多都还是学生的学生，所以八十寿辰时，送礼学生的规模是空前的。

徐先生解决的数学问题多。建国初期，预示数学会有大发展，因为国家要大规模建设，所有工程问题，科学尖端问题，最后都要计算。而当时几乎每个计算项目都有徐先生的参与，这是多么快意的事情啊。

我接触到许多老教授，他们都学富五车或达泰斗水平，比徐先生理论水平可能还要高。但许多理论型的学术成就，自己能体会，许多一般众生未必能体会到其价值，实际贡献也未必都能达到徐先生的规模。

这种经历对于徐先生也许是偶然的机遇，但实在是与徐先生的一贯务实、低调风格分不开的。

举行遗体告别仪式的第二天，2010年10月30日，《中国青年报》刊登特稿，题目是《再见，"徐献瑜"一代》。

父亲这一代，主要指的是出生于清末民初，三四十年代留学欧美，立志以科学救国、以科学报国的这个知识分子群体。这一代人几乎有着共同的经历：国难的时候回来了，国运转折的时候留下了，历次政治运动经受了，改革开放以后再尽力了。

父亲说过："我和你们的母亲最大的共同点，就是我们都是研究数字的：1、2、3、4、5、6、7。只不过，数学是解释世界的，音乐是表现世界的。(Mathematics could be used to explain the world, music could be used to express the world.)"

父亲、母亲的墓碑的碑面上边是一行数学公式，这是当年父亲在美国写博士论文证明的，并以他的名字命名；下边是一行五线谱的曲子，这是母亲创作的儿歌《摇啊摇》。

父母墓碑

1988年，我家院子里的"叶落花挺"盛开，父亲、母亲与它们开心地合影留念

设计墓碑的时候，父亲要求加上一个图章型的图案，也是数字组成的，呈田字格，上下左右怎么念都是34或者43。父亲是三十四岁结婚的，我们猜34可能代表这个，但43呢？我们问过父亲多次，他含笑不语。于是，父亲、母亲永远地带走了一个只属于他们两个人的秘密。

注 释

① 《燕京大学：1919—1952》，陈远著，浙江人民出版社，2013 年，第 201 页。
② 同上书，第 202 页。
③ 同上。
④ 《忆燕园　忆先父》，作者陆卓明，引自《雄哉！壮哉！燕京大学：1945—1951 级校友纪念刊》，第 240 页。
⑤ 《燕京大学 1919—1952》，第 206 页。
⑥ 《忆燕园　忆先父》，作者陆卓明，引自《雄哉！壮哉！燕京大学：1945—1951 级校友纪念刊》，第 250 页。
⑦ 《清华八年：梁实秋自传》，梁实秋著，江苏文艺出版社，2011 年，第 36 页。
⑧ 《我与燕京大学》，作者梅贻宝，收入《燕大校友通讯》第 76 期，燕京大学校友会编印。
⑨ 参考《我在北京大学的前期经历——丁石孙访谈录》，丁石孙口述，袁向东、郭金海访问整理，《科学文化评论》2012 年第 2 期。
⑩ 《悠悠往事意味长——徐献瑜先生二三事》，作者林建祥，刊登于《北京大学校报》第 1196 期第 3 版。
⑪ 《淡定从容　高洁睿智——贺导师徐献瑜教授百岁寿诞》，作者杨芙清。后这篇文章发表于《北京大学校报》。
⑫ 同上。
⑬ 同上。
⑭ 参考《王选回忆北大数学力学系的大学生活》，作者王选，引自《北京大学数学学院九十年纪念文集》。
⑮ 参考《我在北京大学的前期经历——丁石孙访谈论》，丁石孙口述，袁向东、郭金海访问整理，《科学文化评论》2012 年第 2 期。

后　记

2019年夏天，我结束了在深圳的教学任务，彻底退休，回到北京的家，开始闭门写作。整整两年过去了，到2021年夏天，我终于完成了这件心心念念的大事。

动笔之初，我计划写母亲的家族史，记述天津"八大家"之首的"天成号"韩家迁到北京的这一支，从母亲的曾祖父韩荫棻、祖父韩渤鹏、父亲韩诵裳到母亲自己这韩家四代人的故事。韩家到了第三代已阴盛阳衰，男丁只剩韩诵裳一人，而五个女儿韩俊华、韩升华、韩咏华、韩恂华、韩权华却各自活出了不同的风采。

我对母亲的家族史发生兴趣，其实最早也是来源于对母亲的这几个姑姑的好奇。进入我的记忆时，她们都已年过半百，但那份气质脱俗的民国范儿、高龄之后依然保持着的娴雅和从容着实令人过目难忘。无论境遇如何，她们从未失却体面和风度。她们是20世纪初中国女性中接受现代教育的一代先驱，她们的婚姻又将各自的人生无可回避地卷进了时代的漩涡。周恩来总理曾称呼她们为"韩家姐妹"，她们的命运与中国共产党的统战政策也结下了不解之缘。

按惯例，写家族史是以男性为主干的一个纵向的树状结构，当我的笔锋逐步转向韩家姐妹，转向与韩家联姻的李连普家、傅铜家、梅贻琦家、邝寿堃家、卫立煌家时，一个以女性为主的横向的家族图谱出现了。我希望借助这个纵横交错的新结构吸纳更厚重的历史容量、折射更丰富的时代底色。

《韩家往事》时间跨度为一百年，此时中国社会正在经历着百年大变局。母亲家族的几代人以及他们的朋友圈、社会关系网，正是一个典型的中国知识分子群体，而且他们绝大多数曾留学美国、法国、英国、日本等，此时何去何从？感恩这次写作，为我打开了观察几次大留学潮的视野，包括清末留美幼童，包括庚款留美、赴法留学以及20世纪三四十年代的留学潮，有机会通过记录先人、长辈悲欣交集的人生经历与彷徨求索的精神世界来对接百年变局的大历史叙述。

在这次写作中，我坚持立足于"个体叙事"。当然，个体叙事，即便是亲历者也有各自的局限，受到各种遮蔽，也会有偏见，很难还原历史的原貌。不过，每一个人都说出自己所经历的那一点，众多碎片完成的拼图也许会使大历史的叙事更多面、更真实。坚持这一点并不容易，多年从事新闻工作的路径依赖让我对"宏大叙事"太熟悉了，经常不假思索、脱口而出。现在要把被它消解、掩藏甚至抹杀的"个体叙事"讲述出来，不仅需要换一种思维方式，也需要一种新的语态表达。

两年来，母亲家族的许多长辈接受了我的采访，包括在大连的梅祖芬表姨，在北京的二舅妈陶森、邝宇宽表姨、袁刚表姨以及在美国的三舅妈刘璐等。她们都已耄耋之年，每次采访时间都在三个小时以上，而且不止一次。她们的回忆和讲述构成了本书最生动、最真实的部分。还有早期的一些准备，如20世纪80年代对外婆高珍的采访录音、90年代对三舅韩德扬的采访录音、2013年对二舅韩德刚的采访录音，这些为我勾勒出本书的基本轮廓。但还是有遗憾与自责，我动手太晚了，就在最近这几年，最后一批当事人、见证人，甚至一些相关的历史研究学者都相继逝去，我原本可以抢救下更多的"口述历史"。

母亲的家族（包括李家、傅家、梅家、邝家、卫家）后代众多，我的表兄弟姐妹不下六十人（三分之二定居在美国、加拿大）。这次写作中，表哥汪华、表弟李楯、表妹李蒂雅、表弟卫智、表妹韩艺思等也多次接受我的采访。李楯和卫智还提供了珍贵的历史文献资料。写家族史，能够得到同辈人的理解、支持和信任，其重要性不言而喻。我衷心地感谢他们。

"个体叙事"，自然是以写"人"为中心。基于多年所受的记者职业训练，我要求自己尽可能地搜集不同信源的史料、不同角度的叙事，并用常识、推理和想象激活它们，还原每一个具体人物所处的历史现场；同时要发现与挖掘更多的细节，从细节入手，写好每一个人的故事。老照片帮了我的大忙。如果没有母亲留下的一本老相册，就不可能有这次的写作。图像的信息量很大，只是还需要一双慧眼，不少史料的发现与挖掘都是通过解读图片、人脸识别完成的。以图索史、以图证史、以图推进叙事，成为写作中的一大乐事。

写作开始以后，母亲家族的各家都翻箱倒柜，帮我搜寻老照片。在美国的表弟梅佳禾提供了他手中所有的梅家照片。最大的意外之喜来自李惠年表姨的孙子，他交给我一个U盘，里边有上百张他爷爷奶奶的老照片的扫描件。这是他从2015年开始，花了五年时间整理出来的，并分门别类，一一造册。他还参与了对这些照片的索史、证史，从中发现了多段新的历史叙事。我一直担心下一代、再下一代对前世之事已不屑一顾，而他的热心参与打消了我的顾虑。感谢他给予的支持和激励。

老照片以及据此挖掘出的史料、钻进故纸堆翻查的史料，还有那些口述史，都有力地助我突破"宏大叙事"。两年来，我沉潜下去，静下心来，尝试与先人、前辈对话，打捞他们的个人记忆，为每一个生命寻找其独特的存在价值。码字的同时也享受到自我破茧的愉悦，常有茅塞顿开的醒悟：历史的现场竟有如此不同的呈现，社会、生活、人性竟如此复杂而多变，个体的选择竟会受到如此多因素的牵制。我的笔下越来越克制，越来越审慎，对历史的敬畏、对书中所有先人长辈们的理解与温情日引月长。

　　历史就在每一个人的生活中。我希望有更多的读者能看到这本书。虽然书中讲的都是我母亲家族的往事与故人，但他们在当时所面临的矛盾——国家的、政治的、社会的、个人的，至今仍然萦绕不去。面对百年变局，他们做出过怎样的求索和选择，至今仍有借鉴意义。

　　很荣幸本书能够在商务印书馆出版。责任编辑王振峰女士对书稿如切如磋、如琢如磨，精心编辑，付出了极大的心血。资深出版家李昕先生对本书的写作与成稿多次中肯地给予指教与支持，在此一并致以最深的谢意。

徐泓
2021 年 7 月